Richard Andrews
TEMPEL DER VERHEISSUNG

RICHARD ANDREWS

# TEMPEL
# DER
# VERHEISSUNG

## DAS GEHEIMNIS
## DES HEILIGEN BERGES
## VON JERUSALEM

Aus dem Englischen von Karin Miedler
und Heike Schlatterer

GUSTAV LÜBBE VERLAG

# INHALT

VORWORT

Der Ursprung dieses Buches reicht bis zu einer Begegnung im Jahr 1970 zurück. Ich stamme aus einem katholischen Elternhaus in England und meldete mich vor achtundzwanzig Jahren freiwillig zur Arbeit in einem Kibbuz in Galiläa. Das eröffnete mir die Möglichkeit, nach Jerusalem zu reisen. Jerusalem war die Stadt, die meine Phantasie beflügelte, seit ich in meiner Jugend die Briefe von T[homas] E[dward] Lawrence gelesen hatte, die er während des Arabischen Aufstands von 1917 geschrieben hatte. Im Bus von Jericho zu meinem Zielort überredete mich ein junges jüdisch-orthodoxes Paar, eine Station früher auszusteigen und die letzten Kilometer zu Fuß zurückzulegen. Begeistert versicherten sie mir, an diese Erfahrung würde ich mein ganzes Leben zurückdenken. Bei diesem ersten Anblick der Altstadt von Jerusalem sah ich den Tempelberg von Südosten; zwischen der Stadt und mir lag noch das Kidron-Tal. Meine Reisegefährten, deren Namen ich nie erfahren habe, hatten recht: Seit jener Zeit – und ich war damals gerade siebzehn Jahre alt – ließ mich die Geschichte Jerusalems nicht mehr los.

Mein erster Besuch galt einer wiedervereinten Stadt. Vier Jahre zuvor hatte Israel als Folge des Sechstagekrieges von 1967 Jerusalem vollständig unter seine Kontrolle bringen können – das erste Mal in der Geschichte seit dem Jahr 70 n. Chr. Somit konnten Juden aus der ganzen Welt ungehindert an der Klagemauer beten, was ihnen seit dem Unabhängigkeitskrieg im Jahr 1948 verwehrt gewesen war.[1] So waren die Ereignisse im Juni 1967 für alle Juden ein Triumph des Lichts über die Finsternis, ein grandioser nachträglicher Sieg der Kinder Israels über Nationalsozialisten, Araber und englische Soldaten der britischen Mandatsmacht (mein Großvater hatte übrigens von 1937 bis 1938 in Palästina gedient).

Die Vereinigung der Stadt unter dem Davidstern brachte jedoch keinen Frieden. In den Jahren, die seit meinem ersten Besuch in

**Abb. 1:** Die Südwestecke des *Haram al-Sharif* auf dem Tempelberg; Blick von der alten Straße nach Jericho über das Kidron-Tal. Aquarell.

dieser Stadt bis heute verstrichen sind, hat sich die Stimmung in
Jerusalem grundlegend geändert. Nach dem Sechstagekrieg be-
schloß der neuernannte israelische Verteidigungsminister Moshe
Dayan, den Tempelberg unter muslimischer Kontrolle zu belassen.
Das war ein diplomatischer Akt, der noch heute vielen fanatischen
Zionisten und orthodoxen Juden die Zornesröte ins Gesicht treibt.
Heutzutage stehen weitaus komplexere Fragen auf der Tagesordnung, die heimtückischere Gefahren in sich bergen als ein Wie-
derauffflammen der arabisch-israelischen Grenzstreitigkeiten: Das
israelische Volk sieht sich infolge der Bedrohung durch religiöse
Intoleranz und Fanatismus vor einer inneren Zerreißprobe. Außerdem naht die Jahrtausendwende, die dem religiösen Fanatismus
neuen Auftrieb verleiht, wie dies auch schon in der Vergangenheit
bei jeder derart bedeutsamen Zäsur zu beobachten war. Der Tempelberg steht im Mittelpunkt der Absichten und Ziele aller religiösen Fanatiker. Die Geschichte dieses Berges ist tief in der Psyche
und den religiösen Zeremonien der drei großen Glaubensrichtungen der westlichen Zivilisation – des Judentums, des Islam und des
Christentums – verankert. Der Felsendom behütet eine Kalkstein-
platte, den *Sakhra*, den Gipfel des Berges Morija, der zu Recht als
Entstehungsort und Kreuzungspunkt der neuzeitlichen Religionen
betrachtet wird. Der Glaube verbindet diesen Ort mit der westlichen Welt, und aus den diversen geologischen Schichten, die
Archäologen bisher freilegen konnten, sind Erfolg und Scheitern
des mehr oder weniger friedlichen Miteinanders der verschiedenen
nen Glaubensrichtungen abzulesen. Man kann diese Geschichte
als ganz praktische Aufzeichnung unserer Beziehung zu einem
einzigen Gott betrachten. Sie ist einer permanenten Veränderung
unterworfen und vom wachsenden oder abnehmenden Einfluß der
Religion auf die Gesellschaft charakterisiert. Wenn religiöser Eifer
von neuem aufflammt und der prekäre Frieden in Jerusalem erneut
durch religiöse Intoleranz in eine gefährliche Schieflage zu geraten
droht, dann bleibt die Herrschaft über den Tempelberg eine Frage
von zentraler Bedeutung.

In den letzten acht Jahren hat es vier – offiziell bekannt gewor-
dene – Versuche von seiten ultraorthodoxer Juden gegeben, den

Felsendom in die Luft zu sprengen. Diese extremen Ziele einer Minderheit innerhalb der jüdisch-zionistischen und der religiös-orthodoxen Bewegung werden von messianisch-christlichen Gruppierungen aus Amerika unterstützt und finanziert, die sich aktiv für die Rückkehr der Juden auf den Tempelberg einsetzen, um dort die Macht des Alten Testaments wiederherzustellen. Sie wollen erst dann mit ihrer Vergangenheit in Verbindung treten, wenn der Schutt des zerstörten Felsendoms auf die Dächer der Stadt niedergegangen ist und alle Spuren der Anhänger Mohammeds auf dem Berg getilgt sind.[2] Seit 1967 führen israelische Archäologen südwestlich des Tempelbergs Grabungen durch, um die auf Vermutungen und Spekulationen gründende Geschichte durch historisch exakte Fakten zu ergänzen. Trotz einer Vielzahl von Drohungen und selbst angesichts von Steinbombardements durch orthodoxe Juden arbeiten sie unverdrossen weiter. Auch die Vorwürfe einer Rechtsverletzung, erhoben von der Waqf, der muslimischen Behörde, die über den Tempelberg oder *Haram al-Sharif* wacht, konnten sie nicht entmutigen. Derart leidenschaftliche Emotionen haben die Befürchtungen vieler Gemäßigter bestätigt, daß der Tempelberg eine historische Zeitbombe ist und die Jahrtausendwende der Funke sein wird, der zur Explosion führt. Wenn man an einem solchen Ort lebt, ist es schwierig, einen objektiven Standpunkt einzunehmen. Für viele Israelis und Palästinenser sind die Spannungen unerträglich. Ich habe am eigenen Leib die Erfahrung gemacht, daß sich niemand, der sich ernsthaft mit dem Tempelberg und seiner Geschichte beschäftigt, einer kritischen Betrachtung und Bewertung durch andere zu entziehen vermag.

Mir ist bewußt, daß eine historische Darstellung auf die Projektion persönlicher Neigungen und auf parteiische Schlußfolgerungen verzichten muß. Nur eine derartige Geschichtsschreibung kann vor einer Verzerrung der Wahrheit bewahren. Wie notwendig dies ist, wurde der Öffentlichkeit zur Genüge durch revisionistische »Historiker« vor Augen geführt, die den Holocaust und die Ermordung von sechs Millionen Juden durch die Nationalsozialisten leugnen. Ich habe in diesem Buch versucht, so objektiv und ausgewogen wie möglich die Geschichte des Tempelbergs, wie ich sie erfahren und verstanden habe, zu schildern. Der Tempelberg birgt immer noch ungezählte Geheimnisse. Eines der größten ist das Rätsel um den Verbleib der Bundeslade. Manche sind davon überzeugt, daß die Lade in dem unterirdischen Labyrinth aus Gewölben und Geheimgängen verborgen ist, das bekanntlich die Grundmauern der Tempelberg-Plattform durchzieht. Die Beschränkungen, die Archäologen gleichermaßen von muslimischen wie von jüdischen Behörden auferlegt werden, tun ein übriges, solchen Spekulationen Vorschub zu leisten. Auf diese Weise werden die Geschichten, die sich um den Tempelberg ranken, mit der Zeit immer mysteriöser. Während ich im Laufe der Jahre mit Arabern und Juden zusammenlebte und -arbeitete, konnte ich aus erster Hand Krieg wie auch Frieden in diesem geteilten Land kennenlernen, konnte zuhören und beobachten. Zugleich begann ich, Informationen zu sammeln, denn ich hoffte, die Geschichte dieses hochverehrten und höchst umstrittenen Felsblocks erzählend wiederzubeleben. In der jüdischen Liturgie wird der Tempelberg treffenderweise »der Nabel der Welt« genannt.

Daher bin ich meinen unbekannten Gefährten zu tiefstem Dank verpflichtet, die mich vor vielen Sommern auf der alten Straße nach Jericho absetzten und mich so auf den Weg brachten, der in das vorliegende Buch mündete.

Richard Andrews, im Mai 1999

# EINFÜHRUNG

Heute bietet der Tempelberg in Jerusalem einen unvergeßlichen Anblick. Der ihn dominierende Felsendom erhebt sich prunkvoll in der Mitte einer uralten, von Menschen geschaffenen Freifläche, zugleich Krönung einer archäologischen Vielfalt von Kalksteinschichten. Und aus Kalkstein wurde einst auch die Stadt König Davids erbaut.

Aber der Friede dieser reizvollen Landschaft ist trügerisch. Denn der Tempelberg ist ein Ort, an dem sich Tragisches ereignet hat; seine turbulente Geschichte reicht bis ins 1. Jahrtausend v. Chr. zurück. Die Vielzahl immer wieder ausbrechender Aufstände und Unruhen innerhalb eines derart kleinen Gebietes hat in der Geschichte der Menschheit nicht ihresgleichen.

Der Tempelberg umfaßt heute eine Fläche von etwa 144 000 Quadratmetern, ungefähr ein Sechstel der Größe der Altstadt von Jerusalem. Im Laufe der Jahrhunderte lagerten hier viele Schätze, aber weitaus entscheidender als Gold und Juwelen ist für die Entwicklung des Tempelbergs der Glaube gewesen. Die Israeliten unter Führung König Davids waren die ersten, die dem Berg eine religiöse Bedeutung zuwiesen. Um das Jahr 1000 v. Chr. wurde er von König David zum letzten Aufbewahrungsort der Bundeslade bestimmt. Aber nach einem kampferfüllten Leben galt David als unrein für die Aufgabe, einen heiligen Ort für die Bundeslade zu schaffen, und so ging die Verantwortung auf seinen Sohn Salomo über.

Im Jahr 962 v. Chr., vier Jahre nach Davids Tod, begannen König Salomos Steinmetzen mit dem Bau eines Tempels für Jahwe, den Gott der hebräischen Nation. Im Innersten dieses Tempels entstand eine Kammer für das Allerheiligste, das *Kodesh Hakodeshim*; darin wurde die Bundeslade untergebracht. Der Tempelberg wurde mithin bereits tausend Jahre vor der Geburt Jesu Christi zum heiligen

Schrein und zum mächtigsten Symbol der monotheistischen Religion des israelischen Volkes. Nach dem Tod Salomos 926 v. Chr. zerfiel das Königreich Israel in zwei selbständige Einheiten. Jerusalem und der Tempel verblieben unter der Stammeshoheit des Hauses Juda, das den Süden des Königreiches regierte. Rest-Israel fiel unter die Herrschaft von Jerobeam (928–907 v. Chr.); er ließ als Konkurrenz zum Tempel in Jerusalem Kultstätten einrichten, in denen man statt der Bundeslade goldene Stierbilder anbetete. Die folgende Periode verheerender Kämpfe zwischen dem davidischen Königreich Juda mit der Hauptstadt Jerusalem und dem Reich im Norden dauerte vom 10. bis zum 8. Jahrhundert v. Chr. In dieser Zeit wurde eine Kraft immer bedeutungsmächtiger, die nicht einmal von Königen ignoriert werden konnte: die schriftliche Prophezeiung. Die Propheten des Königreiches Juda spielten bei der Festigung des monotheistischen Glaubens eine ganz entscheidende Rolle, und der Tempelberg in Jerusalem war dessen Zentrum. Sie sagten auch voraus, wenn das Volk von Juda sein Versprechen, Jahwe treu zu dienen, nicht einhalte, würden die Zerstörung der Heiligen Stadt und die Zerstreuung des jüdischen Volkes ins Exil folgen.

604 v. Chr. begann der babylonische König Nebukadnezar II. einen Eroberungsfeldzug, und 597 v. Chr. kapitulierte Jerusalem. Die Soldaten aus dem Delta von Euphrat und Tigris verschonten den Tempel, entnahmen ihm aber seine Schätze und schickten sie zusammen mit tausend Gefangenen, unter denen sich auch der judäische König befand, nach Babylon.

Nebukadnezars Nachsicht geriet bei den in Jerusalem zurückgebliebenen Juden bald in Vergessenheit. 587 v. Chr. brach ein Aufstand aus, und nach achtzehnmonatiger Belagerung eroberte das babylonische Heer ein weiteres Mal Jerusalem. Diesmal zerstörten die Krieger des Nebukadnezar den Tempel systematisch. Das Gebäude wurde in Brand gesteckt, und die Bundeslade mit den Zehn Geboten verschwand. Die Zerstörung des Tempels war für das jüdische Volk die schlimmstmögliche Katastrophe. Der Bund der Israeliten mit Jahwe, der seine ständige Anbetung vom Berg Morija aus gebot, war zerbrochen und die Bundeslade, das mate-

rielle Verbindungsstück zur göttlichen Gegenwart, von einem fremden Volk gestohlen worden.

Trotz dieser Katastrophe kehrten die jüdischen Gefangenen
und ihre Kinder und Kindeskinder 538 v. Chr. zurück, um den Tempel wieder aufzubauen. Im Jahr 516 v. Chr. vollendeten sie eine be-
scheidene Rekonstruktion von Salomos ursprünglichem Bauwerk.
Gegen Ende des 1. Jahrhunderts v. Chr. stand das alte hebräische
Gebiet Juda unter römischer Militärherrschaft, und Herodes der
Große wurde zum Gouverneur der Provinz ernannt. Zu diesem Ver-
waltungsbezirk, der nun Judäa hieß, gehörten auch Jerusalem und
seine engere Umgebung. Herodes nahm eine umfassende Restau-
rierung auf dem Tempelberg in Angriff. Seine Steinmetzen erweiter-
ten die gemauerten Grenzen des früheren Ersten Salomonischen
Tempelbezirks mit riesigen, umsäumten, quadratischen Blöcken
aus Kalkstein, deren unterer Verlauf auch heute noch das Fundament des Tempelbergs bildet. Der aufwendig gestaltete und pracht-
volle Zweite Tempel des Herodes bildete nicht nur ein Monument
des jüdischen Eingottglaubens innerhalb der Einflußsphären des
griechischen und römischen Pantheismus, er war überdies mit
etwa der vierfachen Fläche der Akropolis in Athen der größte Tempelbezirk der Antike.

Im Jahr 66 n. Chr. rebellierten die Juden gegen die römische Be-
satzung, und es kam zu einem mehrjährigen Krieg. Die Geschichte
der Belagerung von Jerusalem ist uns im *Jüdischen Krieg* des Histo-
rikers Josephus Flavius überliefert. Dieses Werk, das 75 n. Chr. abgeschlossen wurde, gewährt uns einen unvergleichlichen Einblick
in jene Periode des Tempelbergs. Der Kampf der Juden gegen die
römische Besatzungsmacht dauerte vier Jahre und endete mit dem
Sieg Roms. Der Tempel des Herodes brannte bis auf die Grundmauern nieder.

Zwei Generationen später entfachten jüdische Rebellen einen
weiteren Aufstand, der sich aus nationalem Fanatismus speiste.
132 n. Chr. versuchte Simon Bar Kochba, die Streitkräfte Roms aus
dem judäischen Gebiet zu vertreiben, doch sein Heer wurde drei
Jahre später von der römischen Militärmaschinerie zermalmt. Die
Ruinen des Tempelberg-Komplexes, Ergebnis der Zerstörung im

Jahr 70 n. Chr. durch Titus, wurden dem Erdboden gleichgemacht und die Trümmer als Baumaterial für ein neues, römisches Jerusalem verwendet, das den Namen *Aelia Capitolina* erhielt.

Im 4. Jahrhundert n. Chr. wurde unter Kaiser Konstantin das Christentum zur Staatsreligion des Römischen Reiches erhoben. Dadurch entstand in Jerusalem die Notwendigkeit, heilige Stätten anzulegen. Die Pilger verlangten nach festen Schreinen, und unter diesem Aspekt wurden die Heilige Stadt und der Tempelberg von der byzantinisch-christlichen Kirche einer gründlichen Prüfung unterzogen. Man wies die Stätten verschiedener Begebenheiten aus dem Leben Jesu, seiner Passion und seines Begräbnisses als Orte der Verehrung aus, doch der Tempelberg wurde während der byzantinischen Herrschaft vom offiziellen Christentum weitgehend gemieden. Erst der Islam, den Mohammed Anfang des 7. Jahrhunderts begründete, führte zu einer Wiederentdeckung des Tempelbergs als Zentrum des monotheistischen Glaubens.

Im Jahr 637 ergaben sich die byzantinischen Herrscher dem muslimischen Kalifen Omar. Die neuen arabischen Herren der Stadt waren über den Zustand des Tempelbergs zutiefst schockiert: Die byzantinischen Behörden hatten ihn zur städtischen Müllhalde verkommen lassen. Die Muslime, die auch viele Propheten Israels verehrten, gestalteten die Plattform des Herodes-Tempels um und errichteten Gebäude, die den Ort auf Dauer in ein Zentrum ihrer Glaubensgeschichte verwandelten. Sie bauten außerdem den Felsendom, der noch heute zu den architektonischen Meisterwerken der Welt zählt. Er wurde an jener Stelle errichtet, an welcher der islamischen Überlieferung zufolge der Prophet Mohammed einst durch die sieben Sphären himmlischer Offenbarung aufgefahren war, was den Felsen, der auf arabisch *Sakhra* heißt, zur drittheiligsten Stätte des Islam machte. Der Ruhm des *Sakhra* sollte noch zunehmen. Jüdischen Gelehrten des Mittelalters galt er als Ort des Allerheiligsten, als Ruhestätte der Bundeslade. Außerdem wurde Abraham, Patriarch von Israel und zugleich Prophet des Islam, für alle Zeiten in Zusammenhang mit dem Ort gebracht, nachdem man diesen als Gipfel des Berges Morija identifiziert hatte, also als den Berg, auf dem Isaak geopfert werden sollte. Bis zum Ende des

11. Jahrhunderts blieb der Tempelberg von politischen, militärischen oder religiösen Unruhen verschont, doch dieser Friede wurde durch die Landung der Heere des Ersten Kreuzzuges in Palästina auf grausame Weise gestört.

Das Erbe des byzantinischen Jerusalem als heiligste Pilgerstätte des Christentums erfuhr durch eine Rede des Papstes neue Strahlkraft, in der er die Christen aufforderte, die Heilige Stadt von den Ungläubigen zurückzuerobern. Der Erste Kreuzzug begann 1096, und drei Jahre später hatten die Kreuzritter die Mauern Jerusalems erreicht. Am 15. Juli 1099 durchbrachen die Kreuzfahrer unter Führung von Gottfried von Bouillon den Nordteil der arabischen Verteidigungslinie. Sie kämpften sich durch die engen Gassen der Stadt auf den Tempelberg zu und metzelten alle, die ihren Weg kreuzten, unterschiedslos nieder. Wie schon im Jahr 70 n. Chr. floß das Blut in Strömen. Das Gemetzel schockierte sogar die abgebrühtesten Beobachter, aber für das Kreuzfahrerheer war der Fall Jerusalems ein Triumph von prophetischer Bedeutung. Die Herrschaft Christi war wieder in Jerusalem eingezogen, und anders als Byzanz erkannten die Königreiche Europas den einzigartigen geistigen und historischen Rang des Tempelbergs auf der Stelle an. Der Felsendom wurde zu einem christlichen Gebäude erklärt und in *Templum Domini*, Tempel des Herrn, umbenannt; man grub den *Sakhra*, den bloßen Stein unter dem Felsendom, aus und schlug die Fundamente für einen Altar in seine Oberfläche.

Die Gründungsmitglieder des Ordens der Armen Ritter vom Tempel Salomos, besser bekannt als Tempelritter, bezogen nur wenige hundert Meter südlich des *Sakhra* Quartier in der al-Aksa-Moschee, die nach der Eroberung durch die Christen den Königen des lateinischen Königreiches von Jerusalem als Residenz diente. Aber der christliche Einfluß auf die heilige Stätte dauerte nicht einmal ein Jahrhundert. 1187 fiel Jerusalem an Saladin, den legendären Gegner des englischen Königs Richard Löwenherz. Von einer kurzen Periode im 13. Jahrhundert abgesehen, ist der Tempelberg seither unter islamischer Herrschaft geblieben.

Angesichts einer solchen Vergangenheit ist es nicht verwunderlich, daß die bevorstehende Jahrtausendwende eine starke

Zunahme religiöser Intoleranz bewirkt. Aber die Saat der heutigen Konflikte ist so alt wie die Bibel, und um die Krise, mit welcher der Tempelberg konfrontiert ist, ganz zu verstehen, müssen wir zu den monotheistischen Ursprüngen der drei großen Weltreligionen zurückkehren, also in die Zeit Abrahams, der auf Geheiß Gottes an diesen Ort kam, um seinen geliebten einzigen Sohn zu opfern.

# 1. DER BERG MORIJA

Im Winter ist es kalt in den Bergen von Jerusalem. Wenn der Wind
von den Höhen des Libanon und aus dem syrischen Hinterland
im Norden herunterweht, bringt er häufig Schnee mit sich. Die
Sommermonate dagegen können in der Stadt sehr schwül sein. Da
Jerusalem jedoch mehr als sechshundert Meter über dem Meeres-
spiegel liegt, kann der Abend eine segensreiche Linderung der
Tageshitze sowie den Anblick eines Nachthimmels versprechen,
der von Sternen übersät ist. Geographisch gesehen, liegt die Stadt
im Herzen des alten Judäa, weit abseits der westlichen Handels-
straße zur Mittelmeerküste und der alten Nord-Süd-Route vom
Jordan-Graben nach Osten. Aber diese isolierte Lage hat die strategische Bedeutung von Jerusalem nie mindern können. Eine glückliche Kombination natürlicher Vorzüge hat der Stadt im Laufe der
Jahrhunderte Vorteile gegenüber den östlich und westlich vorbei-
führenden Straßen verschafft. Die Bergkämme, auf denen die
Altstadt liegt, eignen sich gut zur Verteidigung, und frisches Quell-
wasser, zum Überleben von ganz entscheidender Bedeutung, ist in
ausreichender Menge vorhanden.

Die von Belagerungen und Invasionen gezeichnete Geschichte
Jerusalems übt auf jede Generation unwiderstehlichen Zauber aus.
Durch das jäh ansteigende Terrain stellen archäologische Arbeiten
hier besondere Anforderungen an die Wissenschaftler. Ein zusätzliches Hindernis sind die heiklen religiösen Überzeugungen, die
alle berücksichtigt sein wollen. In der zweiten Hälfte des letzten
Jahrhunderts führte jedoch die Neukartographierung von Jerusalem zu einer grundlegenden Neubewertung der Geschichte des
Tempelbergs.

FESTPUNKTE UND DIE BIBEL

Am 3. Oktober 1864 traf Captain Charles Wilson von den British Royal Engineers, dem Königlich Britischen Pionierkorps, in Jerusalem ein, das damals unter osmanischer Herrschaft stand und von Konstantinopel aus regiert wurde. Wilson hatte mit seiner fünfköpfigen Gruppe, die sich aus den Obergefreiten Francis Ferris und John McKeith, den Pionieren John Davison und Thomas Wishart sowie Sergeant James McDonald zusammensetzte, England am 12. September via Southampton verlassen. Nach gut über dreiwöchiger Reise kamen sie in der Heiligen Stadt an. Wilson war nach Palästina gesandt worden, um die Stadt zu kartieren und die Wasserversorgung zu vermessen, damit diese zum Wohl der Pilger, welche die heiligen Stätten des Christentums aufsuchten, ausgebaut und verbessert werden konnte. Die Vermessung sollte zudem die technische Grundlage für künftige archäologische Expeditionen des Palestine Exploration Fund (PEF) schaffen, einer Gesellschaft, die sich unter der Schirmherrschaft von Königin Victoria der Aufgabe widmete, das Wissen über die alten biblischen Stätten in Israel zu vertiefen. Daneben gab es noch einen geheimgehaltenen militärischen Zweck der Aktion, der erst später bekannt wurde und nicht ganz so philanthropisch war. Das 1859 begonnene Bauprojekt des Suezkanals in Ägypten, der das Mittelmeer mit dem Roten Meer verbinden sollte, näherte sich 1865 seiner Vollendung. Die Gelegenheit, Jerusalem zu vermessen, war daher aus strategischen Gründen für das Kriegsministerium ebenso lohnend wie verlockend. Denn der Transport von Truppen und Material vom indischen Subkontinent und aus den anderen englischen Kolonien im Osten würde durch die Kanalverbindung ganz erheblich beschleunigt werden.[1]

Wilson war von der britischen Armee abgestellt worden; seine Mission wurde durch eine Spende finanziert und von der Church of

England gefördert, denn dieser lag sehr viel daran, die sanitären
Bedingungen für christliche Pilger im Heiligen Land zu verbessern.
Der Gedanke, die Wasserversorgung in Jerusalem zu erneuern,
stammte von Miss (später Baroneß) Burdett-Coutts, die der Prince
of Wales und spätere König Edward VII. als »die nach meiner Mutter bemerkenswerteste Frau im Königreich« bezeichnete.[2]

Miss Burdett-Coutts spendete fünfhundert Pfund, und jeder
Penny davon wurde benötigt, um das von ihr vorgegebene Ziel zu
erreichen. Wilsons Auftrag war erschreckend anspruchsvoll, weil
er aus vielen verschiedenen Teilbereichen bestand. Von Sir Henry
James, dem Direktor der Obersten Landvermessungsbehörde, hatte
er den Befehl erhalten, das historische Jerusalem nach den Maßstäben der amtlichen britischen Landvermessung zu kartieren. Sein
Hauptziel, die detaillierte Vermessung des *Haram al-Sharif* oder
des »verehrungswürdigen Heiligtums«, auch bekannt unter der Bezeichnung Tempelberg, war der schwierigste Teil seiner Mission.
Im Zentrum des *Haram* stand der Felsendom, und unter seiner
goldenen Kuppel befand sich der Heilige Gral der Vermesser, der
*Sakhra*, der freiliegende Fels, der nach der Überlieferung als Teil
des Berges Morija galt. An diesem Ort hatte Abraham die Opferung
seines Sohnes Isaak vorbereitet, und hier wurde dem Propheten
Mohammed die göttliche Offenbarung zuteil.

Der neunundzwanzig Jahre alte Charles Wilson war ein erfah-
rener Vermesser, denn zuvor hatte er vier Jahre für die Boundary
Commission in Nordamerika gearbeitet und dabei einen der kälte-
sten Winter erlebt, die dort jemals verzeichnet wurden.[3] Trotz der
eher zufälligen Abordnung zu dieser Mission erwies er sich als
gute Wahl:

»Bedingung war, daß fünfhundert Pfund alle Kosten decken
sollten, einschließlich der Schiffspassage der Vermesser hin und
zurück und der Erstellung der Pläne in Reinschrift. Ein Offizier
sollte daran teilnehmen, aber dieser sollte all seine Ausgaben aus
eigener Tasche bezahlen und keinen zusätzlichen Sold erhalten.
Die Aufgabe wurde verschiedenen englischen Pionieroffizieren
angeboten, aber die Bedingungen waren so schwierig und die Möglichkeit, die Arbeit im Rahmen der veranschlagten Kosten erfolg

reich abzuschließen, so gering, daß alle ablehnten. Ich war zufällig im Zimmer eines der Offiziere, als er den Brief mit dem Angebot erhielt. Er lehnte ab, und dann bat ich ihn, in seinem Bericht zu schreiben, daß ich den Auftrag übernehmen wolle ... Man war allgemein der Ansicht, es sei ein hoffnungsloses Unterfangen. Viele glaubten, ich würde finanziell Schiffbruch erleiden, und sogar jene, welche schon Erfahrungen in Palästina und Jerusalem gesammelt hatten, hielten es für unwahrscheinlich, daß die türkischen Beamten mir gestatten würden, die Stadt zu vermessen.«[4]

Wilson verfügte neben der Fähigkeit, extreme Klimaverhältnisse zu ertragen, auch über eine beeindruckende Redegabe. Bald gewannen seine Männer und er das Vertrauen der türkischen Behörden und erhielten unbegrenzten Zugang zum *Sakhra*, was noch nie zuvor geschehen war.

Zu den Schwierigkeiten vor Ort mit an den *Haram* angrenzenden Privatgrundstücken und den unhygienischen Bedingungen gesellten sich außerdem noch die Vorgänge innerhalb der verschlungenen osmanischen Bürokratie, was Wilsons Aufgabe so schwierig gestaltete, wie ihm allgemein vorhergesagt worden war. Trotz solcher Widrigkeiten machte sich Captain Wilson an die Arbeit und schlug die Vermarkungspunkte der britischen Landvermessung in die Mauern der Stadt. Dazu wurden bleibende Festpunkte in die Kalksteinblöcke gemeißelt, und zwar an jenen Stellen, an denen Wilson seine Höhenlinien für die Kartierung bestimmen wollte.

In Band II der zweiten Auflage des *Oxford English Dictionary* findet sich folgende Definition:

»Festpunkt **bench-mark**.

Vermarkung eines Vermessers, die in dauerhaftes Material wie Fels, Mauern, Torpfosten, die Fassade eines Gebäudes u.ä. eingekerbt wird, um den Beginn, das Ende oder einen Zwischenpunkt in einer Reihe von Ebenen für die Bestimmung von Höhen auf der Oberfläche eines Landes anzugeben. Sie besteht aus einer Reihe von keilförmigen Einschnitten in der Form eines ›breiten Pfeils‹ mit einem horizontalen Balken durch seine Spitze, also ⊁. Der Querbalken ist der wesentliche Teil, der Pfeil wird nur zur Identifika-

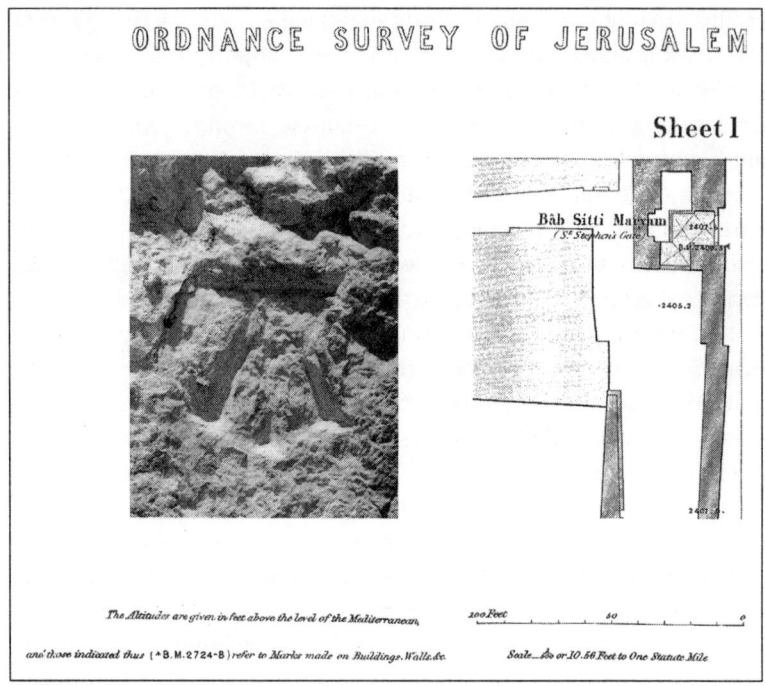

**Abb. 1.1:** Captain Wilsons Festpunkt 2409.3 von 1864, von ihm in die
südliche Torsäule des Löwentors (Stephanstors) geschlagen, Nordostecke des
*Haram*-Bezirks, mit Auszügen aus der Landvermessung von 1864/65.

tion hinzugefügt (ursprünglich von der Landvermessung). Beim
Ablesen wird ein Winkeleisen 7 mit dem oberen Teil in den Querbalken eingelegt und bildet kurzfristig eine Bank *(bench)* zur Unterstützung der Nivellierlatte, die so stets auf genau dieselbe Ebene
gebracht werden kann. Daher der Name.«

Wilson und sein Team arbeiteten den Winter 1864/65 durch,
und das Ergebnis war ein Meisterstück der Vermessung und der
Möglichkeiten der technischen Zeichnung jener Zeit, was auch sofort von seinen Vorgesetzten erkannt wurde.

»Die Vermessung ... (die nur durch die Großzügigkeit von Captain Wilson zustande kam, der seine gesamte Zeit und Arbeit un-
entgeltlich zur Verfügung stellte) hat gezeigt, wieviel mit Fein-

gefühl, Mäßigung und Ausnutzen einer günstigen Gelegenheit erreicht werden kann, ohne den Widerstand der Behörden oder der Bewohner zu provozieren. Die jüngsten Briefe von Sir H. James und anderen in der ›Times‹ legen Zeugnis von der bemerkenswerten Eignung Captain Wilsons für solche Unternehmungen ab.«[5]

Zum erstenmal lag damit eine exakte Reproduktion des legendären Felsens auf dem Berg Morija vor. Alle Wissenschaftler, die sich seitdem mit der Archäologie des Tempelbergs beschäftigt haben, stützen sich auf die Arbeit Wilsons. Dessen Festpunkte stehen inmitten der architektonischen und archäologischen Wirrungen im Jerusalem des 20. Jahrhunderts noch immer für exzellente Leistung und unbestechliche Präzision.[6] Trotz aller Hemmnisse konnte Charles Wilson seine Vermessung der Stadt und des Tempelbergs, des *Haram al-Sharif*, im Frühjahr 1865 abschließen.

Zwei Jahre nach dem Ende seiner Arbeiten schickte der Palestine Exploration Fund Lieutenant Charles Warren nach Jerusalem. Warren war aus anderem Holz geschnitzt als sein Vorgänger. Wenn Fotografien wirklich etwas über den Charakter der aufgenommenen Person aussagen können, dann läßt sich behaupten, daß Wilson eher zurückhaltend war, während Warren das genaue Gegenteil verkörperte. In seiner weiteren Karriere sollte Warren eine gewisse Berühmtheit erlangen, denn in seiner Funktion als Commissioner der Metropolitan Police von London war er zehn Jahre später führend an der Untersuchung der Morde an sechs Prostituierten durch Jack the Ripper beteiligt.[7] Als Warren nach Jerusalem entsandt wurde, war er siebenundzwanzig Jahre alt. Bei Grabungen führte er weitere Vermessungen im *Haram*-Gebiet durch, und auf der Grundlage von Wilsons wegweisenden Arbeiten verbiß er sich geradezu in seine Aufgabe. 1870 zwangen ihn gesundheitliche Probleme, nach England zurückzukehren, aber seine Arbeit und somit sein Beitrag zur Geschichte des Tempelbergs sind bis heute von unschätzbarem Wert. Nachdem ihm die osmanischen Behörden verboten hatten, stratigraphisch zu graben, das heißt allmählich Schicht für Schicht von der Oberfläche nach unten freizulegen, trieb Warren vertikale Schächte und Tunnel in den Boden, um sich

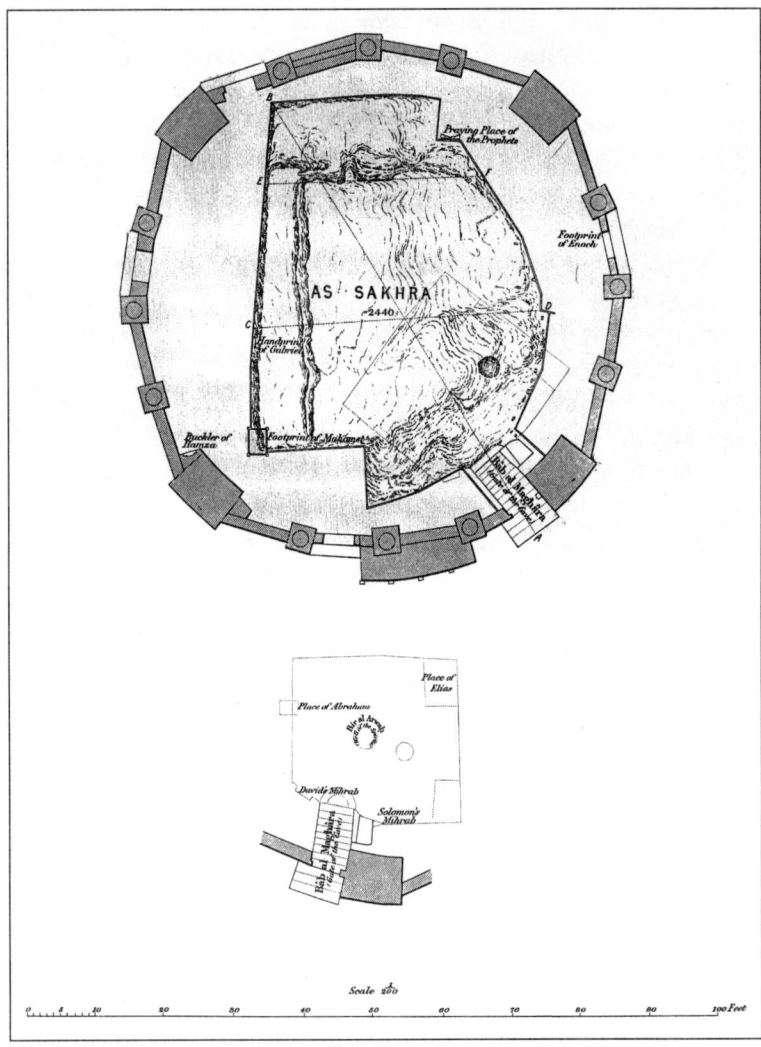

**Abb. 1.2:** (a) Amtliche Karte von Jerusalem von Captain Charles Wilson,
Königlich Britischer Pionier, 1865; Abb. II – Detail des *Sakhra* im Maßstab 1:200.
(b) Eine der wenigen Schwarzweißfotografien des *As Sakhra*; Zeitbelichtung,
1930 aufgenommen von Punkt B auf Wilsons Karte.

buchstäblich in die Geschichte des Berges einzugraben. An der südöstlichen Ecke des *Haram* fand Warren in annähernd sechsundzwanzig Meter Tiefe das Fundament der herodischen Plattform des Tempelbergs, und die »phönizischen« Beschriftungen, die einige Steine aufweisen, geben Archäologen und Historikern bis heute Rätsel auf. Warren und Sergeant Henry Birtles erkundeten die unterirdischen Kanäle und Zisternen unter dem Tempelberg-Gebiet und konnten die vielerorts geäußerte Vermutung bestätigen, daß das *Haram*-Gebiet ein System versteckter Tunnel, Räume und Korridore enthielt. Wilson und Warren wichen zwar in ihren historischen Schätzungen voneinander ab, aber möglicherweise sind beide Männer, ohne es zu ahnen, der größten archäologischen Entdeckung aller Zeiten einen wichtigen Schritt näher gekommen – jener seit vielen Jahrhunderten verschwundenen Bundeslade.

Die Entdeckungen von Wilson und Warren bieten daher das ideale Vehikel für eine Reise durch die Zeit. Charles Wilsons wissenschaftliche Kartierung des Tempelbergs in Jerusalem illustriert anschaulich dessen heiligen Status und das Mysterium, das seine

Vergangenheit und die ihm zugeschriebenen legendären Ereignisse umgibt.

Die Vermessung, die Wilson in den Jahren 1864/65 durchführte, zeigt Grundriß, Aufriß und Querschnitt des *As Sakhra*. Diese Fläche des freiliegenden Felsens unterhalb des Doms umfaßt etwa zweiundsiebzig Quadratmeter. In seiner Nähe sieht man eine beeindruckende Liste der Namen von Königen und Propheten. Wilson zeichnete seine Aufsicht im Maßstab 1:200; darin listet er folgendes auf:

> Gebetsplatz der Propheten
> Fußabdruck von Enoch
> Fußabdruck von Mahomet (Mohammed)
> und Handabdruck von Gabriel.

Wilson zeigt auch ein Detail jenes Felsens, der das Dach einer Höhle bildet, die auf arabisch *Maghara* heißt oder auch *Mugharat al-Arawah*, Höhle der Seelen. In dieser Höhle, rund um das *Bi'r al-Arwah*, die Quelle der Geister – ein rätselhaftes und unerforschtes, versiegeltes Loch in der Mitte des Bodens –, befinden sich folgende Ortsangaben:

> Platz des Elias
> Salomos Gebetsplatz
> Davids Gebetsplatz
> und Abrahams Platz.

Die Muslime, die den Felsendom über dem *Sakhra* errichteten, verehren Abraham als Propheten Allahs. Obwohl ebenfalls Semit, war Abraham Jude, nicht Araber, und der Weg dieses umherwandernden hebräischen Patriarchen steht, chronologisch betrachtet, am Anfang der Geschichte des Tempelbergs, einer Geschichte, die im Buch Genesis überliefert ist.

DER WANDERNDE PATRIARCH

Im Leben Abrahams, des Begründers des israelitischen Volkes, spiegelt sich das Schicksal der Juden wider, die einen Großteil ihrer Geschichte gezwungen waren, als Nomaden zu leben. Es ist inzwischen allgemein anerkannt, daß die biblischen Geschichten von Abraham und den frühen Patriarchen auf Erzählungen basieren, die lange nach den geschilderten Ereignissen niedergeschrieben wurden. Diesen Legenden zufolge wurde Abraham zwischen 1800 und 1700 v. Chr. im Mündungsgebiet des Euphrat geboren. In der Bibel ist zu lesen, daß Abraham und seine Familie auf Gottes Befehl hin die Stadt Ur[8] verließen, um für sein Geschlecht neues Land zu suchen und sich dort anzusiedeln. Laut nachbiblischer jüdischer Überlieferung ist das einzigartige Wesen Gottes Abraham schon als kleinem Kind offenbar geworden.

»Als er drei Jahre alt war, kam Abraham aus der Höhle heraus. Er überlegte: Wer hat Himmel und Erde und mich geschaffen? Und den ganzen Tag hindurch betete er zur Sonne. Aber am Abend ging die Sonne im Westen unter, und der Mond ging im Osten auf. Als er den Mond sah, umgeben von Sternen, sagte er zu sich selbst: Er ist der Schöpfer des Himmels und der Erde und meiner selbst, und diese Sterne sind seine Werkzeuge und Diener. Und die ganze Nacht hindurch betete er zum Mond. Am Morgen ging der Mond im Westen unter, und die Sonne ging im Osten auf. Er sagte: Diese beiden sind machtlos. Sie haben einen Herrn, und zu ihm werde ich beten, vor ihm werde ich mich zu Boden werfen.«[9]

Die Menschen von Ur beteten den Mond an. Ob aber diese Version der Offenbarung authentisch ist oder erst später aufgezeichnet wurde, um Abrahams Rang als Patriarch des Judentums zu unterstreichen, ist für die Geschichte des Tempelbergs und das Entstehen des Monotheismus unerheblich. Da es nicht möglich ist, die Existenz Abrahams und damit seine Rolle bei der Entstehung des

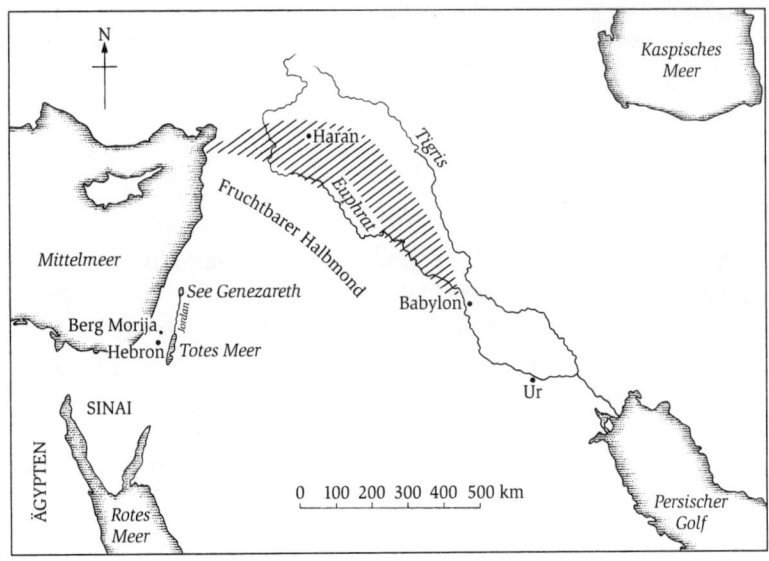

**Abb. 1.3:** Karte des Nahen Osten mit den wichtigsten Städten, u. a. Ur und Babylon, und dem Berg Morija.

ältesten uns bekannten monotheistischen Glaubens wissenschaftlich zu belegen, erscheint eine detaillierte Erörterung dieses Themas fruchtlos. Aber die Geschichte von Abrahams lebenslanger Suche nach der Wahrheit mit der dramatischen Opferszene auf dem Berg Morija als Höhepunkt, wovon uns die Genesis berichtet, bleibt für unser Verständnis der historischen Entwicklung monotheistischer Religionen und der Geschichte des Tempelbergs in Jerusalem von zentraler Bedeutung.

Abraham verließ Ur und zog in Richtung Nordwesten weiter. Nachdem er die kleineren Königreiche im Delta von Euphrat und Tigris durchquert hatte, kam er in die Stadt Babylon, die ungefähr achtzig Kilometer südlich von Bagdad, der Hauptstadt des heutigen Irak, liegt. Von Babylon wanderte er weiter zum Königreich Sippar und folgte dann dem Verlauf des Euphrat, bis er zum Königreich Mari und dessen Hauptstadt gelangte (deren Ruinen befinden sich an der heutigen Ostgrenze Syriens zum Irak). Als Abraham mit sei-

ner Familie und seinen Anhängern Haran in der heutigen Südtürkei
erreichte, wollten sie sich dort niederlassen. Aber die Zeit der Wanderschaft war noch nicht zu Ende. Wie es in der Genesis heißt, zog
Abraham im Alter von fünfundsiebzig Jahren auf Gottes Geheiß mit
seinen Gefährten aus dem sicheren Haran gen Süden. Seine Route
führte ihn durch Syrien in das Land Kanaan und in die judäischen
Berge, dann wandte er sich nach Westen, durchquerte die nördliche
Sinaiwüste und kam nach Ägypten. Sein außergewöhnlicher Weg
führte ihn über die Bergkämme Judäas, auf denen König Salomo
siebenhundert Jahre später den Ersten Tempel für Jahwe errichten
sollte. Abraham vergaß das Hochland von Kanaan nicht, das Schauplatz seiner größten Prüfung war und seine letzte Ruhestätte
wurde. Die Bibel berichtet, daß die anderen aus Abrahams Stamm
ihre Schaf- und Rinderherden weitertrieben, bis sie das Nil-Delta
mit seinen saftigen Weiden und seinem stetigen Wasservorkommen
erreichten – beides Folgen der alljährlichen Überschwemmung
durch den Nil. Diese Landschaft löste Erinnerungen an das Eu-
phrat-Gebiet aus. Die Ankunft in einem fremden Land brachte
jedoch, abgesehen von der Sicherung der einfachsten Existenz-
grundlagen, noch weitere Probleme mit sich. Die Schönheit von
Abrahams Frau Sara blieb dem Pharao nicht verborgen. Er hielt sie
für Abrahams Schwester und nahm sie in seinen Palast auf. Der Irr-
tum war beabsichtigt: Abraham befürchtete, daß Saras Schönheit
die Ägypter veranlassen könnte, ihn zu ermorden, sollten sie erfahren, daß sie in Wahrheit seine Frau war. Im 12. Kapitel der Genesis,
Vers 17, heißt es: »Aber der Herr plagte den Pharao und sein Haus
mit großen Plagen um Sarais, Abrams Frau willen.« Daraufhin forderte der Pharao Abraham verständlicherweise auf, Ägypten zu verlassen und Sara mitzunehmen. So kam es, daß Abraham und Sara
mit ihrem Neffen Lot und mit ihren Schafen, Rindern und Zelten in
das Land Kanaan zurückkehrten. Nachdem Abraham sich von Lot
getrennt hatte, wandte er sich gen Norden den judäischen Bergen
zu, wiederum von seinem Gott geleitet, der, wie die Bibel schreibt,
den Patriarchen über dessen weitere Rolle für die Geschichte des
auserwählten Volkes nicht im Zweifel ließ. In den bewegenden Versen 14 bis 18 des 13. Kapitels wird zusammengefaßt, welch unge-

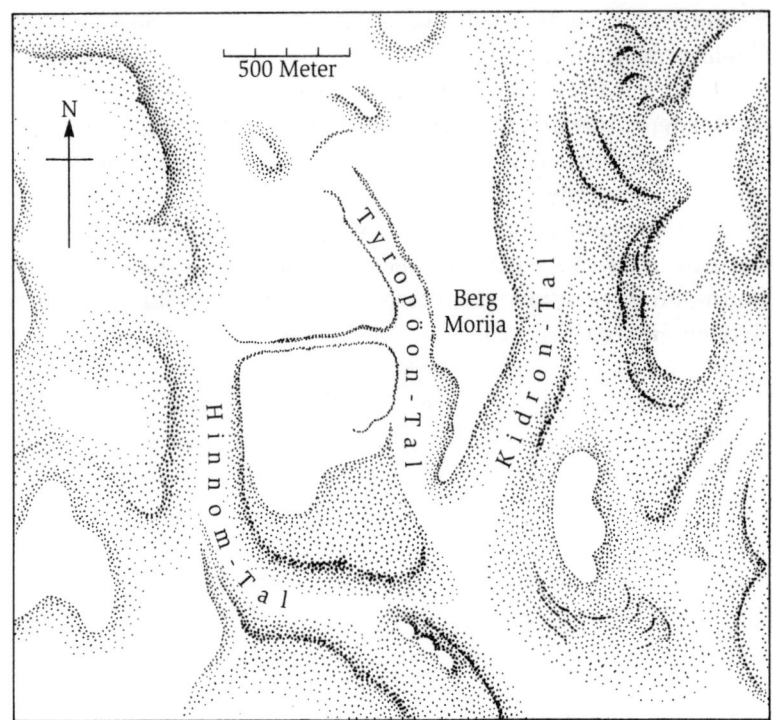

**Abb. 1.4:** Geophysische Karte von Captain Wilson aus dem Jahr 1864/65: Jerusalem mit dem Kidron-, dem Tyropöon- und dem Hinnom-Tal sowie dem Berg Morija und Abrahams möglicher Route.

heure Verantwortung auf den Schultern eines Mannes lastete, der nach einem von Unsicherheit und Unruhe geprägten Leben, auf Wanderschaft durch fremde Länder, nun das Ende seines Weges erreichte.

»Als nun Lot sich von Abram getrennt hatte, sprach der Herr zu Abram:

Hebe deine Augen auf, und sieh von der Stätte aus, wo du wohnst, nach Norden, nach Süden, nach Osten und nach Westen.

Denn all das Land, das du siehst, will ich dir und deinen Nachkommen geben für alle Zeit

und will deine Nachkommen machen wie den Staub auf Erden.

Kann ein Mensch den Staub auf Erden zählen, der wird auch deine Nachkommen zählen.

Darum mach dich auf, und durchzieh das Land in die Länge und Breite, denn dir will ich's geben. Und Abram zog weiter mit seinem Zelt und kam und wohnte im Hain Mamre, der bei Hebron ist, und baute dort dem Herrn einen Altar.«

Abraham hatte immer noch die schwierigste und doch vielleicht die kürzeste Reise seines Lebens vor sich. Sein Ziel war der Berg Morija im Hügelland von Jerusalem, nur dreißig Kilometer nördlich von Hebron.

DER BERG MORIJA

Die südliche Route nach Jerusalem folgt dem Kammlinienweg der judäischen Berge. In dieser Region sind Hebron im Süden und Jerusalem im Norden die größten Orte. Im Westen kann das Regenwasser infolge der leichten Neigung des Geländes ohne Schwierigkeit ins lockere Erdreich sickern; östlich des Gratwegs in Richtung Jordan und Totes Meer ist die Böschung steiler. Wegen der langen Trockenperioden fließt das Regenwasser aus Jerusalem mit großer Geschwindigkeit ab und gräbt neue Kanäle in den Untergrund. Diese alljährlich auftretende Überflutung hinterläßt eine Sedimentschicht aus Kieselsteinen, Felsbrocken und häufig auch kleinen Terrakottascherben – Teile von zerbrochenen Haushaltsgefäßen aus Ton, materielle Hinterlassenschaften der Menschen, die im Lauf der Zeit in Jerusalem gelebt haben. Hätte Abraham sich Jerusalem von Süden her genähert, dann hätte er zu seiner Rechten das Kidron-Tal erblickt und genau vor sich das Tyropöon-Tal. Zu seiner Linken wäre das Hinnom-Tal gewesen, das in östlicher Richtung von links nach rechts verläuft, das südliche Ende des zentral gelegenen Tyropöon-Tals mit dem Kidron-Tal verbindet und auf diese Weise alle drei Täler zusammenführt. Diese dreizackartige Formation von Hinnom-, Tyropöon- und Kidron-Tal wird von zwei in Nord-Süd-Richtung verlaufenden Kämmen zwischen den Talzacken durchzogen. Der Westhügel erhebt sich zwischen dem Hinnom- und dem Tyropöon-Tal. Im Osten ragt steil der Berg Ophel zwischen Tyropöon- und Kidron-Tal auf; er wird vom Tempelberg gekrönt.

Im Alter von neunundneunzig Jahren hätte Abraham annehmen können, daß sein Beitrag zur Entstehung des Monotheismus beendet sei, aber aus der Genesis wissen wir, daß das nicht der Fall war. In den ersten sieben Versen des Kapitels 17 erneuert der offenbar stets fordernde Gott seinen Bund mit Abraham und teilt ihm

ein künftiges Ereignis mit, das Abraham wieder auf Wanderschaft
schicken sollte: zurück zum östlichen Kamm von Jerusalem und
auf die Hochebene des Tempelbergs.

Die Ereignisse, die einige Jahre vor dieser Reise stattfanden,
waren für den Ausgang entscheidend. Im fünften Vers der Genesis
sagt Gott dem alten Patriarchen, daß dessen Name in Anerkennung
seines Ranges als Urahn zukünftiger Könige für immer und ewig
von Abram in Abraham geändert werden müsse. Und dies war erst
der Anfang einer neuen Offenbarung. Der Bericht in Kapitel 17
sieht ein unverwechselbares Kennzeichen für das auserwählte Volk
vor, auf daß sich das Volk Abrahams von anderen unterscheide:
die Beschneidung als Merkmal des Bundes zwischen den Israeliten
und Jahwe, ihrem einzigen Gott, dem Herrn der Schöpfung. In Vers
15 wird der Name von Abrahams Frau Sarai in Sara geändert, und
in Vers 16 enthüllt Gott schließlich die Fülle seiner Pläne:»Denn
ich will sie segnen, und auch von ihr will ich dir einen Sohn geben;
ich will sie segnen, und Völker sollen aus ihr werden und Könige
über viele Völker.« Abrahams Reaktion auf die Aussicht, im Alter
von neunundneunzig Jahren erneut Vater zu werden, kann man
durchaus nachempfinden: »Da fiel Abraham auf sein Angesicht
und lachte und sprach in seinem Herzen: Soll mir mit hundert
Jahren ein Kind geboren werden, und soll Sara, neunzig Jahre alt,
gebären?«[10]

Gott bekräftigte jedoch seine Worte, und in Abrahams hundert-
stem Lebensjahr schenkte Sara Isaak das Leben. In Begleitung sei-
nes geliebten Sohnes trat Abraham seine Reise nach Norden in
Richtung Jerusalem an, und in der besten Tradition dramatischer
Berichte reisten sie unter dem Zeichen eines nahen und tragischen
Endes. Die Genesis beschreibt die schrecklichen Instruktionen
Gottes.»Und er sprach: Nimm Isaak, deinen einzigen Sohn, den du
liebhast, und geh hin in das Land Morija und opfere ihn dort zum
Brandopfer auf einem Berge, den ich dir sagen werde.«[11] Nach einer
dreitägigen Reise zusammen mit seinem Sohn und zwei weiteren
jungen Männern sah Abraham den Berg Morija am Horizont auf-
tauchen. Vater und Sohn ließen die beiden Männer zurück und
stiegen zum Kamm hinauf. Das Holz für den Scheiterhaufen hatten

sie bei sich. Weiter heißt es in der Genesis, daß Isaak, der bis dahin nichts von Abrahams Vorhaben wußte, sich ohne Widerrede dem Wunsch seines Vaters gefügt hatte. Abraham errichtete den Opferaltar, band seinem Sohn Hände und Füße, legte ihn auf das aufgeschichtete Opferholz, hatte schon das Messer in der Hand und war bereit, den Befehl seines Gottes auszuführen. In diesem Augenblick sah Jahwe ein, daß sein Diener Abraham gehorsam und treu war, und befahl ihm, Isaak zu schonen. Ein Widder, der sich ganz in der Nähe mit seinen Hörnern in einer Hecke verfangen hatte, wurde statt dessen als Opfer dargebracht.

Da so viele Jahrhunderte zwischen uns und Abraham liegen, könnte man die Genauigkeit der Genesis mit einigem Recht in Zweifel ziehen und weiterhin davon ausgehen, die eigentliche Wahrheit sei den Eingriffen und Erfindungen jener zum Opfer gefallen, welche die Darstellung der Bibel niederschrieben und von Jahrhundert zu Jahrhundert weitergaben. Könnte in einer Zeit, in der die Verteidiger des Glaubens und die Wissenschaftler stark divergieren, nicht der *gesamte* biblische Bericht über Abrahams Leben der Phantasie entsprungen sein? Zu welchen Schlußfolgerungen man auch gelangt, unbestritten bleibt, daß die Szene auf dem Berg Morija, sei sie nun authentisch oder nicht, den Ausgangspunkt aller drei großen monotheistischen Weltreligionen (Judentum, Christentum und Islam) bildet. Außerdem teilen sie ein zentrales Element – das Versprechen der Vergebung –, das ausschlaggebend für ihren Erfolg ist. Die Vorstellung eines göttlichen Erbarmens, wie es Jahwe gegenüber Abraham unter Beweis stellt, ist noch heute das Fundament der engen Beziehung zwischen einem einzigen allmächtigen Gott und der Gemeinschaft der Gläubigen.

Die Identifikation des *Sakhra* mit dem heiligen Felsen auf dem Berg Morija hat dem Ort seit jener Zeit eine hohe symbolische Bedeutung verliehen; in den Augen der Gläubigen wurde dieser Berg durch die Geschichte von Abrahams Opfer eminent wichtig.[12] Das erklärt auch, wieso die Hebräer um die Mitte des 2. Jahrtausends v. Chr. den östlichen Hügel Jerusalems als Bindeglied zwischen Himmel und Erde ansahen. Abraham soll in Hebron be-

graben sein, und sein Auftrag wurde von seinen Nachfahren wei-
tergeführt. Fast tausend Jahre später errichtete man den Tempel
Salomos, der im Altertum am innigsten verehrt wurde, auf dem
Berg Morija, und im Allerheiligsten stellten die vereinten Stämme
Israels die Bundeslade auf, die heiligste Reliquie überhaupt.

# 2. DAS ALLERHEILIGSTE
## 1290-963 v. CHR.

DER GRUNDSTEIN

»Wie der Nabel in der Mitte des menschlichen Körpers liegt,
so ist das Land Israel der Nabel der Welt
und Jerusalem in der Mitte des Landes Israel
und das Heiligtum in der Mitte Jerusalems
und der Heilige Ort in der Mitte des Heiligtums
und die Lade in der Mitte des Heiligen Ortes
und der Grundstein vor dem Heiligen Ort,
denn von ihm aus wurde die Welt begründet.«

Midrasch Tanchuma, *Qedoshim*

Die Geschichte der hebräischen Stämme von der Zeit Abrahams
(etwa 1800 v. Chr.) bis zur Gründung des Ersten Tempels unter
König Salomo im Jahr 963 v. Chr. ist, betrachtet man sie einmal
nicht unter dem makrohistorischen Blickwinkel des Judentums, die
Geschichte eines Kampfes ums Überleben. Das wichtigste Ereignis
dieser Epoche war ohne Zweifel der Exodus aus Ägypten, der zwar
bezüglich des Tempelbergs zunächst keine unmittelbare Bedeutung zu besitzen schien, sich jedoch für dessen Historie als durchaus entscheidend erweisen sollte. Denn die Einführung des jüdischen Gesetzes sowie die Entstehung eines bis zum heutigen Tage
ungelösten Rätsels fällt in diese Zeit. Der Aufbruch der hebräischen Stämme aus Ägypten wird auf den Anfang der Regentschaft
von Ramses II. datiert, also etwa auf das Jahr 1290 v. Chr.[1] oder,
anders ausgedrückt, rund fünfhundert Jahre nach dem Tod
Abrahams. Obwohl wissenschaftliche Forschungsergebnisse in
den letzten Jahren auf eine Neubewertung der Parallelchronologie
der Bibel und des Ägyptens der Pharaonen verweisen, wird im allgemeinen noch immer das 13. Jahrhundert v. Chr. als Zeitpunkt des
Exodus angenommen.[2] Die Geschichte des jüdischen Auszugs aus

dem Land am Nil ist bekannt, und auch Hollywood hat sich dieses dankbare Sujet im Cinemascope-Format zunutze gemacht. In diesen filmischen Epen wird geschildert, wie Moses seine recht disparaten Anhänger zu einer homogenen Gemeinschaft, somit zum vereinten Volk Israel, formt. Moses vertiefte Abrahams Botschaft, daß die Hebräer einen einzigen Gott verehren sollten, und ging sogar noch einen wesentlichen Schritt weiter. Er schuf einen Kodex, die Thora, worin er die Lehren niederschrieb, die das geeinte Volk künftig zu befolgen hatte. Die Thora enthielt die Gebote, die Gott dem auserwählten Volk und Moses auf den zwei Gesetzestafeln übermittelt hatte. Die schriftlichen Regeln führten auch zur Einigung der Stämme. Nachdem diese Gottes Anweisungen akzeptiert und einen Bund geschlossen hatten, wurden die beschrifteten Steintafeln, die Zehn Gebote, die Moses von Jahwe auf dem Berg Sinai empfangen hatte, in eine speziell für sie angefertigte Truhe, die Bundeslade, gelegt. Diese Lade, der sichtbare Beweis für den Bund mit Jahwe, wurde so zum höchsten Signum der Macht der israelitischen Stämme. Und im 12. Jahrhundert v. Chr. wurde sie auf einer langen und ereignisreichen Reise nach Jerusalem, zu ihrer letzten Ruhestätte auf dem Tempelberg, gebracht.

Für eine kleine Nation des Altertums, die im 2. Jahrtausend v. Chr. permanent den Angriffen benachbarter Großreiche ausgesetzt war, bedeutete Sicherheit sehr viel, und die Stärke der Verteidigungsmauern ihrer Städte war von elementarer Bedeutung. Der Transport der Bundeslade an einen sicheren Aufbewahrungsort konnte folglich nur auf der Grundlage politischer und militärischer Macht erfolgen. In den beiden Jahrhunderten nach dem Auszug aus Ägypten war das Volk Israel schließlich imstande, den erforderlichen Standort einzunehmen, an dem der Erste, der Salomonische Tempel errichtet wurde.

Die hebräischen Stämme drangen unter Josua, der Moses als Führer nachfolgte, in das Land Kanaan ein, schlugen zuerst die Jebusiten im Süden und danach die Kanaaniter im Norden.[3] Die Vereinigung der in Kanaan eingefallenen Hebräer mit den dort verbliebenen Juden war das eigentliche Fundament für das Volk der Israeliten, das, wie die Bibel berichtet, von Gott auserwählt und

mit dem Gesetz Moses bedacht worden war. Und auf diesem Gesetz
gründete ihre Gesellschafts- und Glaubensordnung. Zwölf Stämme
fanden eine Heimat im Lande Kanaan, das von den Ältesten regiert
wurde; Recht wurde nach dem mosaischen Gesetz gesprochen. Die
Israeliten hatten den Übergang von einem nomadischen zu einem
seßhaften Leben gut bewältigt, und doch war ihre Existenz von
einem schwerwiegenden Nachteil belastet: dem Land Kanaan
selbst. Dieser schmale Küstenstrich im Gebiet des heutigen Palästina war für eine so junge Nation keine gute Wahl. Im Norden und
Osten von Bergen umgeben und im Süden von den schier endlosen
Negev- und Sinaiwüsten begrenzt, war diese Region unter dem
Blickwinkel der Abwehr möglicher Angreifer ein Alptraum. Nur
das hochgelegene Jerusalem in der Mitte des Landes verfügte über
Befestigungsmauern, die einem Angriff standhalten konnten, und
war somit als einziger Ort gegen Belagerungen gerüstet. Am Ende
des 2. Jahrtausends führte der Einfall der Philister, die zum einen
von Süden und zum anderen von der Mittelmeerküste aus in Richtung Westen angriffen, zu einer großen Schlacht, aus der die Invasoren als Sieger hervorgingen. Als König Saul, der erste gesalbte
König Israels, einsehen mußte, daß die Niederlage nicht mehr ab-
zuwenden war und er den Feinden in die Hände fallen würde,
stürzte er sich in sein Schwert. Dieses Verhalten im Angesicht des
Feindes – lieber durch eigene Hand zu sterben, als die Schande der
Gefangenschaft auf sich zu nehmen – sollten die in der Festung
Masada verschanzten Zeloten einige Jahrhunderte später während der Belagerung durch die Römer wiederholen. Den Leichnam
des Saul banden die Philister außen an die Mauern von Beth-
Schean, einer etwa achtzig Kilometer nordöstlich von Jerusalem
gelegenen Stadt am Westufer des Jordan.[4] Um den grausigen Ritus
ihres Triumphes noch zu steigern, hackten sie ihm den Kopf
ab und legten diesen in den nicht allzuweit entfernten Tempel des
Dagon.[5]

Einige Jahre zuvor, Saul war noch nicht zum König von Israel
gesalbt worden, hatten die Streitkräfte der Philister während eines
Angriffs auf die Stadt Silo die Bundeslade erbeutet und diese
Kriegstrophäe in der Stadt Ashdod im Tempel des Dagon aufgestellt.

Aber die Lade war weniger glückverheißend als Jahre später der Kopf des Saul. Dem Buch Samuel zufolge[6] führte eine Reihe rätselhafter Ereignisse, als deren Quelle die Bundeslade angesehen wurde, zu einer Panik in Ashdod, angefacht durch den Ausbruch einer unerklärlichen Seuche, durch welche die Menschen mit Geschwüren übersät wurden und nach kurzer Inkubationszeit starben. Da monatelang Aufruhr und Chaos herrschten, kamen die Führer der Philister überein, die Bundeslade auf israelitisches Gebiet zurückzubringen. Nach Sauls Tod war das Königreich Israel an einem Tiefpunkt angelangt. Obwohl die Bundeslade, einst das einende Symbol des Volkes, übernatürliche Kräfte haben sollte, vermochte sie die Stämme nicht mehr zusammenzuhalten. Zu einer Zeit, als Einigkeit gefordert war, flammten zwischen den einzelnen Stämmen Kämpfe auf. Erst nach sieben Kriegsjahren wurde den Stammesältesten klar, daß nur Einigkeit und Einheit das Überleben sichern konnten, und so kamen sie in Hebron zusammen. Sie wählten David, den Führer des mächtigen Stammes Juda und früheren Waffenträger des verstorbenen Königs Saul, zum König von Israel. David hatte die Wahl in erster Linie seinen militärischen Fähigkeiten zu verdanken, die, wie man hoffte, die Nation retten würden.

Das jüdische Königtum unterschied sich deutlich von den anderen polytheistisch-heidnischen Monarchien jener Zeit. Der gesalbte König war der Führer des Volkes, und die göttliche Macht Jahwes war von der weltlichen Macht des Königs deutlich getrennt. Mithin war die Macht des Jahwe-Kults sämtlichen Israeliten direkt zugänglich. Diese bemerkenswert demokratische Position wurde erst in späteren Jahrhunderten durch die Priesterschaft im Tempel angegriffen, die dem Volk ein theokratisches Regime aufzwang. Mit Davids Nachfolge auf dem Thron Israels begann ein neues glorreiches Zeitalter für das Volk der Juden, und wie der Weg seines sagenumwobenen Vorfahren Abraham führte auch der seine von Hebron nach Jerusalem und schließlich auf die Hochebene des Berges Morija.

Jerusalem war während der Zeit der Philister-Invasionen ein jebusitisches Bollwerk geblieben. Die Stadt teilte das Land der jüdischen Stämme in den südlichen Bereich Juda und den nördlichen

Israel. Davids erste Maßnahme als neuer militärischer Oberbefehlshaber war es, an die Tore Jerusalems vorzurücken, um die
Stadt einzunehmen und die jebusitische Hochburg zu seiner
Hauptstadt und Operationsbasis zu machen. Dies wurde um das
Jahr 1000 v. Chr. erreicht. Dreißig Jahre nach der Eroberung Jerusalems starb David. Zum Zeitpunkt seines Todes hatte er die Philister bis in die Küstenebene von Gaza, Ashkelon und Ashdod zu-
rückgedrängt und neue Gebiete vom Fluß Euphrat in Nordsyrien
bis nach Akaba am Roten Meer hinzugewonnen. Unter seiner Führung hatte sich Israel zur mächtigsten Nation im Fruchtbaren
Halbmond entwickelt.

Nach der Eroberung Jerusalems erwarb David vom geschlage-
nen jebusitischen König Arawna, der seinen Landbesitz außerhalb
der Stadtmauern behalten durfte, ein felsiges Gelände auf dem
Berg Morija.[7] Dieses Stück Land bezeichnet die Bibel als Dreschplatz für Weizen, und hier ließ David, dem Gott verboten hatte, ein
gemauertes Haus für die Bundeslade zu errichten, einen Altar für
Jahwe bauen. Inzwischen hat sich in der Wissenschaft die Ansicht
durchgesetzt, daß Arawnas Tenne der Platz war, an dem Abraham
seinen Sohn Isaak opfern wollte.[8] Für Historiker und Archäologen
gleichermaßen ist das Fehlen präziser archäologischer Beweise
problematisch; somit ist die exakte Stelle nur äußerst schwer zu
lokalisieren. Mindestens acht Jahrhunderte liegen zwischen Abraham und David und wiederum fast drei Jahrtausende zwischen
David und uns am Ende des 20. Jahrhunderts. Berücksichtigt man
diese Schwierigkeiten sowie die ohnehin komplizierten Verhältnisse im Tempelberg-Bezirk auf dem Berg Morija, ist eine genaue
wissenschaftliche Beweisführung ein Ding der Unmöglichkeit. Was
David, Abraham und den Dreschplatz des Arawna betrifft, ist allerdings der Glaube weniger stark gefordert als in anderen Fällen der
älteren Geschichte des Tempelbergs. David war im Besitz der Bundeslade, des heiligsten Objekts in der Geschichte seines Volkes,
und selbst wenn Arawnas Dreschplatz nicht der Ort war, an dem
Abraham seinen Altar errichtete, dürfte die sagenumwobene Hoch-
fläche des Berges Morija in geographischer Hinsicht der Wahrheit
doch zumindest recht nahe kommen.

David starb als sehr erfolgreicher Kriegerkönig. Sein Sohn Salomo nutzte die militärische und politische Stabilität, die sein Vater erkämpft hatte, und ließ in seinem Königreich imposante Bauten errichten. Diesen Luxus konnte er sich als Friedenskönig leisten. Nachdem Abraham und sein Sohn Isaak annähernd tausend Jahre zuvor auf dem Berg Morija gestanden hatten, waren nunmehr sichere Rahmenbedingungen für eine gefahrlose Aufbewahrung der Bundeslade am Gründungsort des jüdischen Monotheismus gegeben.

DIE BUNDESLADE

*Arca:* lat. Kiste, Lade, abgeleitet von dem Verb *arceo*, einschließen, bewahren. Eine Kiste oder Truhe, die im Altertum zur Aufbewahrung von Geld, Kleidern oder Wertsachen diente.[9]

*Aron:* aus dem Hebräischen, Truhe, in Genesis 50,26 mit »Sarg« übersetzt.

Als die Philister den Israeliten die Bundeslade zurückgegeben hatten, brachte man sie nicht wieder nach Silo, sondern nach Kirjath-Jearim, zwanzig Kilometer westlich von Jerusalem an der südwestlichen Grenze von Sauls Königreich. Die Lade wurde von levitischen Priestern im Hause des Abinadab aufgestellt, und in dieser bescheidenen Umgebung blieb sie, bis David sie einige Generationen später nach Jerusalem bringen ließ.

Die Bundeslade war am Fuße des Berges Sinai gebaut worden, und aufgrund der Details über die Herstellung und ihr Aussehen, die in der Bibel dokumentiert sind, kann man sie sich heute recht genau vorstellen. Dabei fällt die Ähnlichkeit mit anderen rituellen Behältnissen, wie sie in Gräbern ägyptischer Pharaonen gefunden wurden, ins Auge.[10] Dies wird dann verständlich, wenn man weiß, daß die hebräischen Schreiner, die den hölzernen Korpus herstellten, ihr Handwerk in Ägypten erlernt hatten. Die Seiten bestanden aus Rahmen mit eingesetzten Paneelen, ganz so wie jene Truhe, die im Grab von Tutenchamun gefunden wurde. Die Paneele hatten in den inneren Rillen etwas Luft, so daß keine Spalten oder Risse entstanden, wenn sich das Holz mit der Zeit zusammenzog. Die Lade hatte – wieder eine Parallele zum Grab des eben erwähnten Pharaos – zwei Tragestangen und bestand aus Akazienholz. Sie war 2,5 Ellen lang, 1,5 Ellen breit und 1 Elle hoch. Der Handwerker Bezalel, den Moses mit der Aufgabe betraute, hatte den Kastenkör-

**Abb. 2.1:** Eine Zeichnung der Bundeslade von Richard Andrews, basierend auf der »königlichen« ägyptischen Elle von 53,35 Zentimetern (7 Handflächen oder 28 Finger). Länge 133,375 Zentimeter, Höhe und Tiefe je 80,025 Zentimeter. Die Cherubimfiguren sind dem Vorbild des heute im Beiruter Museum befindlichen Sarkophags von Ahiram, dem König von Byblos am Ende der Bronzezeit, nachempfunden.

per innen und außen mit reinem Gold überzogen.[11] Der Deckel der Lade, der ›Gnadenthron‹, bestand wie die beiden Cherubim, die einander gegenüber an den Enden des rechteckigen Deckels mit ausgebreiteten Flügeln angeordnet waren, aus purem Gold. Die Länge einer Elle ist in der modernen Archäologie heftig umstritten, da der allgemein gängige Wert von 18 Zoll, was 45,72 Zentimetern entspricht, nicht völlig gesichert ist. Und was die Sache noch komplizierter macht: Je nach Zeit und Ort war eine Elle unterschiedlich lang. Molletts *Dictionary of Art and Archaeology* von 1883 gibt den Wissensstand gut wieder:

»**Elle**. Ein Längenmaß der Ägypter, Griechen und Römer. In Ägypten gab es zwei Ellen: Die gewöhnliche Elle entsprach 45,7 Zentimeter (6 Handflächen oder 24 Finger), die *königliche* Elle maß 53,35 Zentimeter (7 Handflächen oder 28 Finger). Jede Unterteilung der Elle war einer Gottheit geweiht. Die griechische Elle maß etwa 18 Zoll. Die römische Elle war knapp über 17 Zoll lang.«

Diese Diskrepanzen behindern natürlich die Anstrengungen
der Wissenschaftler, die exakte Lage und die genauen Abmessungen des Salomo-Tempels zu bestimmen. Den Verächtern der Pe-
danterie ist die von Fall zu Fall unterschiedliche Länge einer Elle
ein Gottesgeschenk, da sie je nach Bedarf verlängert oder verkürzt
werden kann, um sie in Übereinstimmung mit aktuellen Theorien
zu bringen. Die Vorteile sind sofort ersichtlich, wenn man diese
Maßeinheit auf die Entfernungen auf dem Tempelberg anwendet.
Ebenso läßt sich der ehemalige *Standort* der Bundeslade verschie-
ben, die einst im Allerheiligsten stand, was natürlich historische
und archäologische Konsequenzen hat. Die Erbauer der Bundeslade waren, wie erwähnt, in Ägypten ausgebildet worden und hatten daher bei der Herstellung der Lade wahrscheinlich die ägyptische Elle benutzt. Obwohl die Bundeslade und auch der Tempel
des Salomo im Laufe des 1. Jahrtausends v. Chr. fast spurlos von der
Erdoberfläche verschwanden, ist es doch möglich, die Abmessungen der Lade mit einiger Genauigkeit zu bestimmen. Sie hatte eine
Länge von etwas mehr als 1,3 Meter und eine Tiefe und Breite von
jeweils 80 Zentimetern.

Das heute gängige Bild der Lade beruht auf der Schilderung
in der Bibel, welche die immense Bedeutung der Bundeslade für
das jüdische Volk herausstreicht. Es ist daher kaum verwunderlich,
daß, wie das 15. Kapitel der Chronik in Vers 29 berichtet, König
David musizierend und tanzend der Bundeslade voranging, während sie von Kirjath-Jearim nach Jerusalem gebracht wurde, in
jene Stadt also, die David eingenommen und zur Hauptstadt von
Israel erhoben hatte. Die jebusitische Stadt Jerusalem war am südlichen Teil des Berges Morija erbaut worden, der heute den Tempelberg stützt. Erst in jüngster Zeit sind umfassende Grabungen
durch Archäologen der Israelischen Altertumsbehörde in diesem
Gebiet abgeschlossen worden. Sie erbrachten den Nachweis, daß
hier in aufeinanderfolgenden Epochen immer wieder von neuem
Verteidigungsmauern errichtet wurden. Somit ist eine genaue
Aussage hinsichtlich der Größe der Stadt Davids sehr schwer. Jedes
archäologische Urteil wird von neuen Ausgrabungsergebnissen
revidiert. Man kann sich vorstellen, daß eine Ausgrabung in einem

immer wieder von neuem überbauten Stadtgebiet in den Bergen ein Alptraum für jeden Archäologen ist. Überbleibsel der Vergangenheit, Schutt und brüchiges Mauerwerk machen eine chronologische Zu- und Einordnung der einzelnen Schichten nahezu unmöglich; nicht zu vergessen ist auch, daß man in einer Rinne am Hang gräbt, also auf eine gewisse Stabilität zu achten hat. Die bekannte britische Archäologin Kathleen Kenyon, die zwischen 1961 und 1967 an Ausgrabungen in Jerusalem teilnahm, hat dies leidvoll am eigenen Leib erfahren müssen:»Davids Jerusalem ist ein Kardinalpunkt in der Geschichte Israels. Unsere Ausgrabungen haben wenig genug davon enthüllt. Ich bin sicher, daß wir es eingegrenzt haben. Ich glaube, mehr archäologische Beweise sind nicht erhalten.«[12]

Eine korrekte Lokalisierung der Stadt König Davids ist offensichtlich sehr verlockend, und Archäologen sind weiterhin mit der Bestimmung der Schichten beschäftigt. Bedeutsames Material wurde von den Wissenschaftlern bewußt vorenthalten, beispielsweise Karten früherer Ausgrabungen, durch die man eine überflüssige Störung dieser hochbedeutsamen Stätte hätte vermeiden können.[13] Obwohl sich der erste Standort der Bundeslade innerhalb Jerusalems befunden haben muß, ist es doch für die Untersuchung ihres letzten Aufbewahrungsorts unerheblich, wie weit die Stadtmauern Jerusalems während der Herrschaft Davids reichten. Die Tenne Arawnas lag etwa siebenhundert Meter nördlich auf dem Kamm des Morija. Den Versen 3 bis 11 im 28. Kapitel aus dem Ersten Buch der Chronik ist zu entnehmen, welche Anweisungen David seinem Sohn Salomo für den Bau des Tempels und für die endgültige Aufstellung der Bundeslade gab:

»Aber Gott ließ mir sagen: Nicht du sollst meinem Namen ein Haus bauen; denn du bist ein Kriegsmann und hast Blut vergossen...

und er hat zu mir gesagt: Dein Sohn Salomo soll mein Haus und meine Vorhöfe bauen; denn ich habe ihn mir erwählt zum Sohn, und ich will sein Vater sein...

So sieh nun zu, denn der Herr hat dich erwählt, daß du ein Haus baust als Heiligtum. Sei getrost und richte es aus!

Und David gab seinem Sohn Salomo einen Entwurf für die Vorhalle des Tempels und für seinen Bau, seine Gemächer und Ober-
gemächer und inneren Kammern und für den Raum des Gnadenthrones.«

DER SALOMO-TEMPEL

Die Lebenszeit des Salomo war für Israel das Goldene Zeitalter. Die Beschreibung seiner Regentschaft und seiner Leistungen nimmt einen großen Teil des Ersten Buches der Könige ein. In den letzten zehn Jahren wurde die Version der Bibel hinsichtlich der Bedeutung des Salomonischen Königreiches einer objektiven Kritik unterzogen, was zu hitzigen Debatten geführt hat.[14] Aber wenn der historische Einfluß von Salomos Herrschaft im Fruchtbaren Halbmond des Nahen Osten angezweifelt werden kann, wie akkurat und authentisch ist dann die biblische Beschreibung des Salomonischen Tempels?

Im Alten Testament heißt es, daß der Erste Tempel Jerusalems geplant und erbaut wurde, um die Bundeslade aufzunehmen. Auf dieses Ziel richtete Salomo seine Energien und seine Mittel. Mit dem Bau wurde am zweiten Tag des zweiten Monats[15] im vierten Jahr der Thronbesteigung Salomos begonnen. Da die Israeliten weder über ausreichendes Fachwissen noch über die entsprechenden Rohstoffe verfügten, wandte sich Salomo hilfesuchend an Hiram, den Herrscher der Phönizier, der bedeutendsten Handelsnation der Antike. Deren Hauptstadt Tyrus liegt direkt am Meer im Gebiet des heutigen Libanon. König Hiram hatte entscheidenden Einfluß auf den lebhaften Seeverkehr im östlichen Mittelmeerraum; zudem war Tyrus das Tor zu den Handelsrouten gen Osten und zu den verschiedenen Bevölkerungszentren entlang des Mittelmeers. Die Phönizier waren sehr geschickte Handwerker. Aufgrund ihrer Schiffbaukenntnisse beherrschten sie im Altertum den Seehandel, und ihre Fertigkeiten schlugen sich auch auf dem Feld der Architektur nieder: Wo immer sie Kolonien gründeten, errichteten sie eindrucksvolle Gebäude. Oberhalb von Tyrus erstreckten sich östlich der Stadt riesige dichte Berghänge, in denen der größte und vielseitigste Baum des Mittelmeerraumes wuchs: die Zeder. In den

Bergen von Jerusalem gediehen dagegen infolge der ungünstigen
klimatischen Gegebenheiten und des kargen Bodens nur wenige
Bäume, die sich als Bauholz eigneten. Um seine Aufgabe zu erfüllen, benötigte Salomo nicht nur die Dienste hochqualifizierter
Handwerker und Steinmetzen, sondern überdies eine große Menge
hochgewachsener, regelmäßig gemaserter Baumstämme, die als
Stützbalken und für die Innenauskleidung des Tempels dienen sollten. Schon Jahre zuvor hatte König Hiram dem israelitischen Königreich günstige Angebote für eine Allianz unterbreitet[16] und König
David libanesische Zedern für dessen Palast geliefert.[17] Das Zweite
Buch der Chronik berichtet von der Korrespondenz zwischen
Salomo und Hiram sowie über ihr Abkommen. Salomo benötigte
einen Baumeister, und in Vers 7 des Zweiten Buches formuliert er
seine Bitte an den König von Tyrus folgendermaßen: »So sende mir
nun einen tüchtigen Mann, der mit Gold, Silber, Kupfer, Eisen,
rotem Purpur, Scharlach und blauem Purpur arbeiten kann und der
Bildwerk zu schnitzen versteht zusammen mit den Meistern, die
bei mir in Juda und Jerusalem sind und die mein Vater David
bestellt hat.«

Die Aussage Salomos, daß Hirams Baumeister in der Lage sein
sollte, mit »rotem Purpur, Scharlach und blauem Purpur« umzugehen, läßt erkennen, wie gründlich er die Fertigstellung seines Tempels plante. Er wollte nicht nur ein Heiligtum für Jahwe errichten,
sondern auch einen äußerst kunstvoll ausgestatteten Königspalast.
Die Phönizier verfügten schon seit langem über die Fertigkeit,
aus einer Meeresschnecke, *Trunculariopsis (Murex) trunculus*,
einen Farbstoff zu gewinnen, der im Mittelmeerraum zur Produktion von Purpur verwendet wurde und daher eine wertvolle und
begehrte Ware darstellte. Die Erwähnung dieser Farbe im Buch
der Chronik zeigt, daß Salomo den Komplex bereits in allen Details
vor Augen hatte, ehe auch nur der erste Stein gelegt worden war.
Im Tausch gegen Bauholz schlug Salomo folgenden Handel vor:
»Und siehe, ich will den Holzhauern, deinen Leuten, die das Holz
behauen, zweihunderttausend Scheffel Weizen und zweihunderttausend Scheffel Gerste und zwanzigtausend Eimer Wein und
zwanzigtausend Eimer Öl zur Speise geben.«[18] Die Phönizier von

Tyrus erklärten sich damit einverstanden und schickten einen Baumeister.

Im Austausch für das Getreide, den Wein und das Öl schlugen die Phönizier vor, das Holz entlang der Südküste nach Jaffa zu flößen, um den beschwerlichen Transport zu Lande nach Jerusalem auf ein Minimum einzuschränken. So machten sich aufgrund eines für beide Seiten lohnenden Tauschgeschäfts phönizische Handwerker mit dem Holz König Hirams an die Errichtung des Salomonischen Tempels.

## DIE STEINMETZEN DES KÖNIGS

Man nimmt weiterhin an, daß die geheimen Bräuche englischer und schottischer Freimaurer auf den Bau des Salomo-Tempels zurückgehen. Diese Verbindung wird den Lehrlingen oder den Erforschern der Freimaurer-»Kunst« auf der Stelle deutlich. Der Bericht vom Bau des Ersten, des Salomonischen Tempels ist mit Intrigen, Gier, Mord und Rache gespickt. Der Schlüssel zum Verständnis der einzelnen Stränge dieser verwickelten Menschheitssaga findet sich in der Stufe beziehungsweise, im freimaurerischen Sprachgebrauch, dem »Grad« architektonischen Fachwissens, über das die Handwerker von Tyrus verfügten, sowie in ihren wissenschaftlichen Methoden und Verfahren. Dem Zweiten Buch der Chronik zufolge verpflichtete Salomo alle Nichthebräer in Israel, insgesamt 153 600 Menschen, beim Bau des Tempels mitzuarbeiten.[19] Alter und Geschlecht der Menschen werden in der Bibel nicht genannt, doch gehörten dazu gewiß jene »tüchtigen Männer«, die, wie Salomo erwähnt, sein Vater David beschäftigt hatte. Es ist auch nicht sehr wahrscheinlich, daß der von Hiram zur Verfügung gestellte Baumeister ohne Anhang nach Jerusalem entsandt wurde. Diese Vermutung wird zusätzlich durch die Entdeckung »phönizischer« Buchstaben gestützt, auf die Lieutenant Warren im Lauf seiner Ausgrabungen in den Jahren 1867–1870 stieß.

Mittels des Ausgrabungsschachts an der Südostecke des *Haram* gelangte er bis zur Grundebene der Herodes-Fundamente des Tempelbergs. Das Ausgrabungsteam fand heraus, daß einige der wunderbar gearbeiteten Kalksteinblöcke mit der typischen flachen Front und dem breiten Rand in den unteren Lagen zwei in den Stein gehauene Buchstaben aufwiesen sowie andere, die mit Ockerfarben aufgetragen worden waren. Diese Beschriftungen, von denen man annahm, daß sie aus der *ersten* Bauperiode des Salomonischen Tempels stammten, gaben lange Zeit Rätsel auf. Viele

meinen, daß Herodes jüdische und nichtphönizische Handwerker
für den Wiederaufbau des Tempels beschäftigte. Ganz zu Anfang
war Warren unsicher, ob sich der Tempel horizontal so weit nach
Süden erstreckt habe. Trotzdem flocht er in seinen Bericht an den
Palestine Exploration Fund die Bemerkung ein, daß die Steinblöcke
aufgrund der Schriftzeichen im »phönizischen Stil« zur ersten
Stufe des Tempelbaus gehörten. Untersuchungen dieser Beschriftungen im letzten Drittel des 19. Jahrhunderts bestätigten, daß die
Zeichen, wenn auch aus dem älteren Phönizisch abgeleitet, tat-
sächlich in nachlässigem Aramäisch geschrieben worden waren.
Aramäisch war eine hybride Schrift, die zur Zeit des Herodes von
Juden sehr oft benutzt wurde.[20] Am aufschlußreichsten ist diese
häufige Inschrift:

Sie wurde auf einem Stein am Mauerfundament (dritter Stein
von rechts, »c« von Warrens zweiter Lage »f«) entdeckt und legt
Zeugnis davon ab, wie die Steinmetzen einen Fehler vertuschten.
Buchstäblich heißt sie *K'a K'ak'at – nicht ordentlich gearbeitet*
(siehe Drittes Buch Mose).[21] Es war offensichtlich, daß man diesen
Stein, der keinen Saum an seinem oberen Rand aufweist, dafür unten doppelt so breit wie normal war, als fehlerhaft aussortiert und
deshalb in die unterste Fundamentschicht verbannt hatte, wo er
vor kritischen Augen verborgen war.

Warren insistierte jedoch, daß die unteren Lagen der Ostmauer
aus salomonischer Zeit stammten, und verwies darauf, daß die
Westmauer, die bekanntlich bis zu ihrer untersten Steinreihe herodianisch sei, in ihrem nicht sichtbaren, unterirdischen Bereich aus
unverzierten Blöcken bestehe; die Blöcke an der Südostecke dagegen seien, abgesehen von den fehlerhaften Rändern, ähnlich wie
die Steine im sichtbaren Bereich gearbeitet. Dieser Umstand führte
ihn zu dem Schluß, daß sie auf die Regentschaft König Salomos zu
datieren seien. Wenn seine Schlußfolgerung richtig ist, hieße dies,
daß die aramäische Schrift seit mindestens 960 v. Chr. verwendet
wurde. Das würde auch bedeuten, daß er den ersten echten Beweis
für König Salomos Tempel gefunden hatte.[22] Warren besaß im stillen den Ehrgeiz, die salomonische Vergangenheit des Tempelbergs
zu entdecken, und ging so weit, mit Schießpulver einen Tunnel in

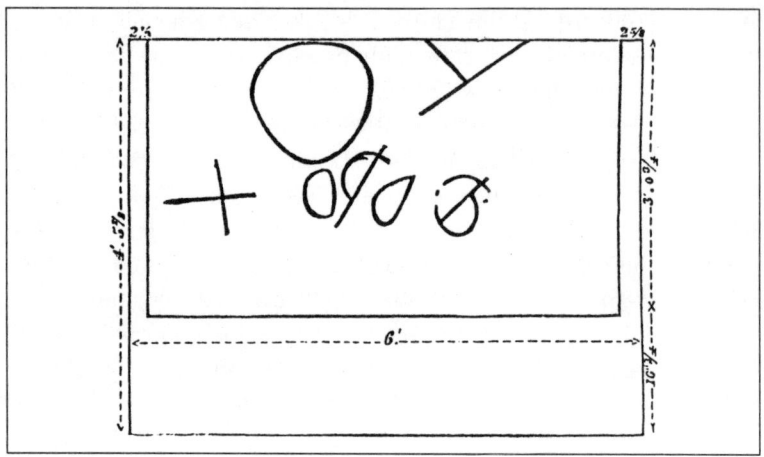

**Abb. 2.2:** Reproduktion der Inschrift, die Warren an der Südwestecke des *Haram* fand.

den unterirdischen Schutt zu sprengen, der den Fortschritt seiner Arbeiten blockierte.[23] Aber sein brennender Ehrgeiz legte sein Urteilsvermögen nicht gänzlich lahm. Deutlich zu sehen war, daß die Ockerfarbe der Zeichen aufwärts geflossen war, was bedeutete, daß man die Steine im Steinbruch gefertigt hatte. Seine Schlußfolgerung lautete, daß der Mann, der für die Abnahme und Qualitätskontrolle der Steine verantwortlich war, sie zum einen mit einem Pinsel markiert hatte, daß ihr oberer Rand zweitens abschüssig gelagert worden war und daß drittens noch flüssige Farbe nach unten getropft sein mußte.

Wenn die Blöcke, die Warren fand, aus herodianischer und nicht aus salomonischer Zeit stammten, so könnte man trotzdem immer noch auf einen zeitlich früheren Bau der Plattform unter Salomo schließen. Der Bau des Tempelkomplexes zu Zeiten Salomos hätte eine stabile Plattform erfordert, und die Blöcke an der Südostecke vermitteln eine Vorstellung davon, welch riesige Dimensionen die behauenen Steine aufwiesen, die für die Gesamtkonstruktion verwendet wurden. Bei solchen Ausmaßen hätte schon das Hauen der Steine genaue Messungen notwendig gemacht. Unter Salomo wären solche Blöcke auch mit einer Säge zugeschnitten, danach im Steinbruch nach einer exakten Planschablone bearbeitet, hierauf markiert, auf den Tempelberg transportiert und an der richtigen Stelle eingesetzt worden.[24]

Der Sold der Arbeiter und Handwerker war von ihren individuellen Fertigkeiten und Kenntnissen abhängig. Der Lohn wurde an verschiedenen Stellen des Tempelgebietes ausgehändigt. Um eine gerechte Entlohnung zu garantieren, wurden je nach Grad oder Stufe der Kunstfertigkeit des einzelnen Arbeiters oder Handwerkers geheime Kennworte und Zeichen ausgegeben. Die Zahlpraxis mittels bestimmter Codes oder Parolen ist somit fast dreitausend Jahre alt und Ursprung jener geheimen Wendungen oder Wortkombinationen, die heute in Freimaurerkreisen gebräuchlich sind. Diese Kennwörter sind für die hierarchische Unterteilung der Freimaurerbruderschaft in *Grade* von wesentlicher Bedeutung. Daß die Freimaurer das Wort »Grad« kannten, spricht für ihren hohen soziotechnischen Entwicklungsstand. Die Fähigkeiten von Salomos Steinmetzen waren für jene Epoche ganz außerordentlich, und ihre statischen Berechnungen basierten auf einer komplexen mathematischen, der Navigation entlehnten Grundlage, welche auf einem System von berechneten Linien und Linienabweichungen von einem festen Punkt aufbaute.

Aufgrund dieser Affinität zu einer Unterteilung in Grade ist es keineswegs verwunderlich, daß die Mathematik, insbesondere die angewandte Geometrie, noch heute bei den Freimaurern als heilige Wissenschaft in hohen Ehren steht. Charles Warren konnte vor über hundert Jahren den unwiderlegbaren Beweis führen, daß der Berg Morija eine stark gewellte Oberflächenstruktur aufwies. Den Baumeistern in Salomos Diensten muß es tatsächlich gelungen sein, mit hochentwickelten Vermessungsmethoden plane Flächen auf dem Berg anzulegen. Die salomonische Plattform wurde neun Jahrhunderte später in den größeren herodianischen Tempelkomplex integriert, und alle Spuren des Tempels von König Salomo sowie der umliegenden Gebäude wurden vom neuen Tempel, dem Herodianischen und Zweiten an diesem Ort, überdeckt und verwischt. Nach der Vollendung – und seiner Zerstörung durch die Römer – des viel größeren Herodes-Tempels steht Archäologen und

Historikern außer dem Bericht im Alten Testament nur wenig Material zur Verfügung, um sich an eine Rekonstruktion des Salomonischen Tempels zu wagen. Die biblische Beschreibung ist allerdings detailliert und liefert genügend Informationen, so daß man sich ein einigermaßen deutliches Bild vom Ersten Tempel auf dem Berg machen kann.

# 3. DER NABEL DER WELT
## 962–954 v. CHR.

Obwohl die Bibel keinerlei Angaben über die Bauweise und die genauen Maße der Plattform des Ersten Tempels enthält, erfährt man
doch einiges über dieses Bauwerk. Im Ersten Buch der Könige wird
bestätigt, daß Salomos Steinmetzen für den Bau der Fundamente
fertig behauene Steine verwendeten. Dieser Darstellung ist auch zu
entnehmen, daß eine solche Konstruktionsmethode nicht aus technischen, sondern vielmehr aus religiösen Gründen eingesetzt wurde.
In Kapitel 6, Vers 7 steht: »Und als das Haus gebaut wurde, waren
die Steine bereits ganz zugerichtet, so daß man weder Hammer
noch Beil noch irgendein eisernes Werkzeug beim Bauen hörte.«
Die Absicht, die religiösen Vorschriften zu befolgen, zeigt, wie sehr
das Volk Israel Jahwe verehrte. Falls diese Stille tatsächlich während des Baus eingehalten wurde, so muß das Geschehen, das sich
oben auf dem Berg vollzog, höchst ungewöhnlich gewesen sein:
Tausende von Handwerkern geräuschlos an einem stetig größer
werdenden Gebäude arbeitend. Siebeneinhalb Jahre nach der
Grundsteinlegung für die Plattform auf dem Berg Morija wurde der
Tempel im Monat Bul vollendet, dem in der Zeitrechnung der Israeliten achten Monat des Jahres. Es existieren keine Quellen, denen
zu entnehmen ist, wie lange die Errichtung der Plattform dauerte
oder wann ein ausreichend großer Mittelteil fertiggestellt wurde,
während gleichzeitig am Tempel gebaut wurde. Allerdings weiß
man, daß der Salomo-Tempel als Rechteckbau geplant war. Im Ersten Buch der Könige sind seine genauen Maße erwähnt: 60 Ellen
lang, 20 Ellen breit und 30 Ellen hoch.
    Selbst wenn man für die biblische Elle die längste Elle zugrunde
legt, die im *Lexikon der Alten Welt* aufgeführt ist, nämlich die
königliche Elle mit 53,34 Zentimetern, so war der geplante Tempel
mit einer Länge von fast 32,5 Metern, einer Breite von 10,5 Metern
sowie einer Höhe von 16 Metern im ganzen gesehen ein recht be-

scheidener Bau. Es gibt jedoch einen einleuchtenden Grund für die Wahl derart zurückhaltender Ausmaße. Der Bau des Salomo-Tempels stand nämlich ganz in der architektonischen Tradition jener Zeit. Zu einem typischen Bau gehörte ein offener, schlichter Innenraum ohne Säulen, diese Schmucklosigkeit des Vorraums zum Allerheiligsten, dem zukünftigen Standort der Bundeslade, war unbedingt einzuhalten. Daher mußten die geraden, von König Hiram gelieferten Libanonzedernbalken die gesamte Breite des Tempels überspannen und als einzige konstruktive Elemente tragende Funktion für das Dach erfüllen. Länge und maximale Belastbarkeit einer Libanonzeder beeinflußten somit den Abstand zwischen den Seitenwänden des Tempels, und dieser Maximalabstand wurde von den Steinmetzen auf fast elf Meter festgelegt. Sobald die Tempelwände die erforderliche Höhe aufwiesen, legten die Steinmetzen die über die Breite des Baues reichenden Dachbalken auf, wobei sie die Enden der Hölzer über die gemauerten Seitenwände hinauskragen ließen. Als nächster Schritt stand nun ein Arbeitsgang bevor, bei dem sich die vielseitige Verwendbarkeit des Zedernholzes und dessen perfekte Eignung als Baumaterial für den Tempel auf dem Berg Morija erwies.

Auf die Oberseite der Dachbalken, welche die Seitenwände des Tempels miteinander verbanden, wurden Zedernbretter gelegt und fixiert. Die steinernen Innenwände wurden ebenfalls, wie Kapitel 6 im Ersten Buch der Könige zu entnehmen ist, mit Zedernbrettern verkleidet. In Vers 15 wird beschrieben, wie Salomo mit der Gestaltung des Tempelinneren fortfuhr: »Er [Salomo] bedeckte die Wände des Hauses innen mit Brettern von Zedernholz. Vom Boden des Hauses bis an die Decke täfelte er es innen mit Holz, und den Boden des Hauses täfelte er mit Brettern von Zypressenholz.« Nachdem die Wände vollständig verkleidet waren, konnte im Inneren mit der prunkvollen Ausstattung begonnen werden. Zedernholz läßt sich aufgrund der dichten und regelmäßigen Maserung ganz ausgezeichnet bearbeiten; deshalb ist es ein Material, das sich ideal für große geschnitzte Schmuckfriese eignet. Salomos Handwerker wußten um die Eigenschaften dieses Holzes und fertigten aus dem geschmeidigen Holz, mit dem Wände und Decken verklei-

det waren, »gedrehte Knoten« und »Blumenwerk«.[1] König Salomo
ordnete an, daß alle sichtbaren Flächen im Tempelinneren mit
Blattgold überzogen werden sollten.[2]

Danach wurden das »Heiligste«, das den Vorraum zum Allerheiligsten bildete, und das Allerheiligste geschmückt; letzteres war ein
fensterloser Raum, in dem die Bundeslade untergebracht werden
sollte. Das Allerheiligste, die wichtigste und heiligste Stätte im
Königreich Israel, war quadratisch und mit jeweils zwanzig Ellen
Länge, Breite und Höhe recht klein. Der Beschreibung in der Bibel
zufolge verwendeten Salomos geschickteste und tüchtigste Handwerker besondere Aufmerksamkeit auf das Allerheiligste. Und der
Anblick dieses Raumes muß überwältigend gewesen sein. Nach
den Angaben in der Bibel maß der Eingang zum Allerheiligsten von
den Seitenpfosten bis zum Sturz exakt ein Fünftel der vorderen
Wand. Da man überdies erfährt, daß die Wand zwanzig Ellen lang
und zwanzig Ellen hoch war, lassen sich die Maße des Durchgangs
leicht errechnen. Denn der Eingang war somit vier auf vier Ellen,
umgerechnet etwas mehr als 1,8 Meter, bemessen. Nimmt man auf
jeder Seite noch ungefähr zehn Zentimeter für den Türrahmen
hinzu, so war jeder Türflügel etwa achtzig Zentimeter breit und
1,8 Meter hoch, was etwa der Durchschnittskörpergröße eines
Mannes entsprach.

Salomo ließ für die Türen Olivenholz verwenden, das wohl aus
dem Kidron-Tal in der Nähe des Berges Morija stammte. Dort befanden sich uralte Olivenhaine, deren Öl im Tausch gegen die benötigten Libanonzedern größtenteils an König Hiram von Tyrus
ging. Im Schatten des Ölbergs, der seinen Namen nicht ohne gewisse Berechtigung trägt, wachsen auf künstlich angelegten Terras-
sen noch immer sehr alte Bäume, die allen Wirren und Konflikten
der Jahrhunderte getrotzt haben. Ihre beträchtliche Größe vermittelt einen optischen Eindruck davon, wie die Türen einst ausgesehen haben müssen, die im Buch der Könige beschrieben sind.
Unbeeindruckt von der natürlichen Härte des Olivenholzes, verzierten Salomos Arbeiter die Türen mit »Schnitzwerk von Cherubim,
Palmen und Blumenwerk«[3] und verkleideten sie innen und außen
mit Gold.

Nachdem die Olivenholztür vergoldet war, begannen die Handwerker mit den Arbeiten am Dekor des innersten heiligsten Raumes, des Allerheiligsten. Das Zedernholz an den Wänden und an der Decke wurde wie die Eingangstür mit Schnitzereien verziert und der gesamte Innenraum – Fußboden, Decke und Wände – mit Blattgold überzogen. In diesem Raum stellte Salomo als besondere Ausstattung zwei zehn Ellen große Cherubim nebeneinander auf, die ebenfalls aus Olivenholz geschnitzt und danach vergoldet wurden. Ihre Flügel berührten einander an der Innenseite, und die äußeren Punkte der großen Schwingen reichten bis an die gegenüberliegende Wand.

Einige Archäologen sind der Meinung, daß die goldene Ausstattung des Tempels und des Allerheiligsten in dieser verschwenderischen Pracht und Fülle eigentlich überflüssig war.[4] Doch das Gold im Tempel ist durchaus von Bedeutung, denn es gibt der Nachwelt Auskunft über die damaligen politischen Verhältnisse. Aufgrund des Fehlens archäologischer Zeugnisse steht uns als Quelle nur die Bibel zur Verfügung, doch die ausführliche Beschreibung im Buch der Könige mit den dort erwähnten Mengen- und Maßangaben ist sehr anschaulich. Die Angaben über den Einsatz von Gold und die detaillierte Aufzählung, aus welchen Gebieten es stammte, vermitteln ein Bild von der Zeit des Tempelbaus unter Salomo. Dessen unerschütterliche Position als Herrscher über Israel machte den Abschluß eines Vertrages mit König Hiram von Tyrus möglich. Ohne die wertvollen Erzeugnisse des Landes wie Öl, Weizen und Wein hätte das Zedernholz nicht eingetauscht werden können; somit hätte es aller Wahrscheinlichkeit nach nie einen Tempelbau gegeben. Im Reich des israelitischen Königs fand man weder Gold, das für die anstehende Dekoration der Tempelinnenräume unbedingt benötigt wurde, noch Zedernholz. Trotzdem war das Land, das Salomo von seinem Vater David übernommen hatte, äußerst wohlhabend. Salomos Reich war für den Handel im Nahen Osten von großer Bedeutung, denn es befand sich zwischen den alten Handelsstraßen Transjordaniens, die sich, von der arabischen Halbinsel ausgehend und entlang des Jordan-Grabens in Richtung Norden verlaufend, bis in das Gebiet des heutigen Syrien erstreckten und die Goldmärkte der arabischen Halbinsel und Indiens mit den Handelsstädten am Mittelmeer verbanden. Für die Prosperität Arabiens wie die der östlicher gelegenen Regionen war der Transport von Waren und Gütern entlang dieser Handelsstraßen von zentraler Bedeutung. Aus diesem Grund hatten die benachbarten Reiche im Norden und im Süden Salomo auch Allianzen unterbreitet.

In den ersten Jahren seiner Regierung hatte Salomo die Tochter des ägyptischen Pharaos geheiratet. Diese Verbindung stellte einen klugen politischen Schachzug der Ägypter dar – vielleicht war die Freude aber auch ganz auf Salomos Seite, der, wie es in der Bibel heißt, durch den Bau eines eigenen Palastes[5] die herausgehobene Position seiner ägyptischen Gemahlin in seinem Harem aus moabitischen, ammonitischen, edomitischen, sidonischen und hethitischen Frauen[6] noch zusätzlich betonen wollte. Die dynastische Verbindung mit Ägypten war die Basis für weitere diplomatische Anstrengungen, die Handelsrouten von und nach Transjordanien offenzuhalten. Der Goldschmuck des Tempels, ob nun verschwenderisch oder nicht, sei einmal dahingestellt, war unübersehbares Symbol der königlichen Macht und sollte Außenstehenden in aller Deutlichkeit den Stellenwert vor Augen führen, den der Jahwe-Kult bei den Israeliten genoß. Die Menge an verwendetem Gold erwies sich, verglichen mit den immensen Tributzahlungen, die Salomo nach der Fertigstellung des Tempels und der angrenzenden Palastanlage von ausländischen Potentaten erhielt, aber als relativ klein – es war eine Epoche geradezu sagenhaften Reichtums, die schließlich im Besuch der legendären und geheimnisumwitterten Königin von Saba ihren unerreichten Höhepunkt fand. Doch zunächst mußte die Bundeslade in das Allerheiligste überführt werden.

DER SOHN DER WITWE

Zur vollständigen Ausstattung des Tempels und der prächtigen Gebäude, die südlich der Tempelanlage geplant waren, benötigte der König die Dienste hervorragender Handwerker, die sich in der Metallverarbeitung und vor allem im Gießen von Bronze oder Kupfer auskannten. Salomo wandte sich ein weiteres Mal an den phönizischen König: »Und der König Salomo sandte hin und ließ holen Hiram von Tyrus – den Sohn einer Witwe aus dem Stamm Naphtali, sein Vater aber war aus Tyrus gewesen; der war ein Kupferschmied, voll Weisheit, Verstand und Kunst in allerlei Kupferarbeit. Der kam zum König Salomo und machte ihm alle seine Werke.«[7] Der »Kupferschmied« Hiram erhielt von Salomo eine Aufgabe von wahrlich fürstlichem Ausmaß. Doch die Qualität der Arbeit, deren Ausführung ihm übertragen wurde, muß völlig in den Hintergrund getreten sein, als er von der ungeheuren Größe der Abgüsse erfuhr, die für den Tempel benötigt wurden. Hiram sollte zwei große Bronzesäulen, ein großes Gefäß, das sogenannte Eherne Meer, in dem Wasser für rituelle Waschungen aufbewahrt wurde, sowie zahlreiche weitere Gerätschaften herstellen, so beispielsweise zehn Bronzebecken. Im Altertum war Bronze normalerweise eine Legierung, die aus Kupfer, Zinn und etwas beigemischtem Arsen bestand. Je nach der Menge an Arsen wurde die Bronze spröde; das hing vornehmlich davon ab, welches Endprodukt, ob Werkzeug oder Dekorationsgegenstand, gewünscht wurde. Obwohl man allgemein glaubt, daß Hiram Bronze goß, ist in der englischen Bibelübersetzung, die auf Geheiß von König Jakob I. von England angefertigt wurde, von Messing die Rede (und in der Übersetzung Martin Luthers von Kupfer). Messing ist eine Legierung aus Kupfer und Zink. Obwohl dieses Material so witterungs- und korrosionsbeständig wie Bronze ist, verfügt es bei weitem nicht über deren Geschmeidigkeit, sondern ist brüchiger und daher für das Gießen großer

Objekte nur wenig geeignet. Die Sprödigkeit von Messing liefert jedoch einen wichtigen Hinweis auf die Zusammensetzung von Hirams Bronze.

Möglicherweise war Hiram von Tyrus mit einem geheimen Verfahren vertraut, eine andere, noch weitaus kompliziertere Legierung herzustellen: eine dreiphasige Bronze, die aus Kupfer, Zink und Zinn bestand. Diese Legierung, die in einem bestimmten Mischungsverhältnis später auch von den Kanonengießern des 16., 17. und des 18. Jahrhunderts verwendet wurde, ist im Englischen als »Gunmetal« bekannt, wird aber oft unter der Sammelbezeichnung *Messing* rubriziert. Hirams dreiphasige Bronze aus Kupfer, Zink und *Arsen* wurde in der englischen King-James-Bibel (diese Bibelübersetzung stammt aus dem 16. Jahrhundert) als Messing bezeichnet, da sie ähnlich spröde wie Bronze war. Hiram, ein großer Architekt und ein Meister der Metallurgie, wurde von allen ihm untergegebenen Arbeitern verehrt. Sein Können war legendär und seine Kenntnisse einzigartig.

Etwa zweitausend Jahre später wurde das Geheimnis um Hiram und dessen alchimistische Triumphe noch einmal durch die mysteriösen Aktivitäten der Tempelritter, eines mittelalterlichen Ritterordens, verstärkt. Diese Vereinigung war nach der Eroberung Jerusalems durch die Teilnehmer am Ersten Kreuzzug im Jahr 1099 als geistlicher Ritterorden gegründet worden und trug anfangs den Namen »Die Armen Ritter Christi vom Tempel *Salomonis* zu Jerusalem«. Durch die Templer, die geheimen und konspirativ anmutenden Riten und Prozeduren ohnehin stark zugeneigt waren, blühte Hirams Ruhm von neuem auf, was nicht zuletzt zur Folge hatte, daß Hiram von Tyrus unter dem Namen Hiram Abiff[8] bei den europäischen Freimaurern mit einem hohen Grad versehen wurde.

Hirams Werk ist von Geheimnissen umgeben, was eine historische Bewertung seines Lebens erschwert. Doch falls er nicht nur der Legende nach über Geheimnisse verfügte, die derart wichtig waren, daß König Salomo sie pries und Christen sie Jahrhunderte später wieder aufgriffen, muß man dann nicht nach Dokumenten, nach einwandfreien Belegen suchen, die das wahre Ausmaß seiner Begabung aufzeigen? Die Antwort darauf findet sich im Ersten

Buch der Könige. Laut dieser Darstellung war die Zahl der Ausstattungsgegenstände und der Arbeitsgeräte, die König Salomo für den Tempel forderte, immens groß. Hirams dreiphasige Bronzegüsse waren die hochwertigsten Bronzeobjekte jener Zeit.

DER TEMPELSCHATZ

Salomo hatte für Hirams erste Arbeit hohe Maßstäbe gesetzt. Er
sollte die beiden Säulen Boas und Jachin gießen, die links und
rechts den Haupteingang des Tempels flankierten. Der Anblick der
hohen Säulen sollte die Besucher an die ehrgeizigen Pläne erin-
nern, die Salomo für den Tempelberg und den Jahwe-Kult hegte.[9]
Jachin und Boas sind durchaus als Bestandteil der Tempelarchitek-
tur zu beschreiben und gehören daher nicht zum eigentlichen Tempelschatz mit seinen Gerätschaften aus Gold, Silber und Bronze. In
materieller Hinsicht waren sie jedoch von einzigartigem Wert, da
ein Guß in dieser Größe im Königreich Israel noch nie zuvor in
Angriff genommen worden war. Die geplanten Ausmaße stellten
Hiram vor eine schier unlösbare Aufgabe.[10] In der Chronik der Könige erfahren wir, daß jeder Säulenschaft achtzehn Ellen maß, also
an die 9,6 Meter hoch war. Im Buch der Könige wird ihr Umfang mit
zwölf Ellen angegeben, was einen Durchmesser von etwas mehr als
1,9 Metern ergibt, legt man die königliche Elle zugrunde. Ein Guß
von solchen Dimensionen ist selbst für heutige Zeiten ein ehrgei-
ziges Unterfangen, besonders wenn man die Beschaffenheit des
damals verwendeten Materials berücksichtigt. Zur Zeit des Königs
Salomo war handelsübliche Bronze etwa ein Viertel so teuer wie
Gold;[11] damit war auch der reine Handelswert solcher Bronzegüsse
recht beträchtlich. Es ist nicht sicher, wo und wie Hiram Jachin und
Boas schuf. Im Ersten Buch der Könige in Kapitel 7, Vers 46, heißt
es über die Herstellung der heiligen Tempelgeräte: »In der Gegend
des unteren Jordan ließ sie der König gießen in der Gießerei von
Adama zwischen Sukkoth und Zarethan.«[12]

Die »Gießerei von Adama« zwischen den alten Siedlungen Sukkoth und Zarethan liegt ungefähr vierzig Kilometer nordöstlich von
Jerusalem im Jordan-Tal. Möglicherweise wurden aus dem Lehm
des Jordan-Tals die Modellformen angefertigt, in die man die nach

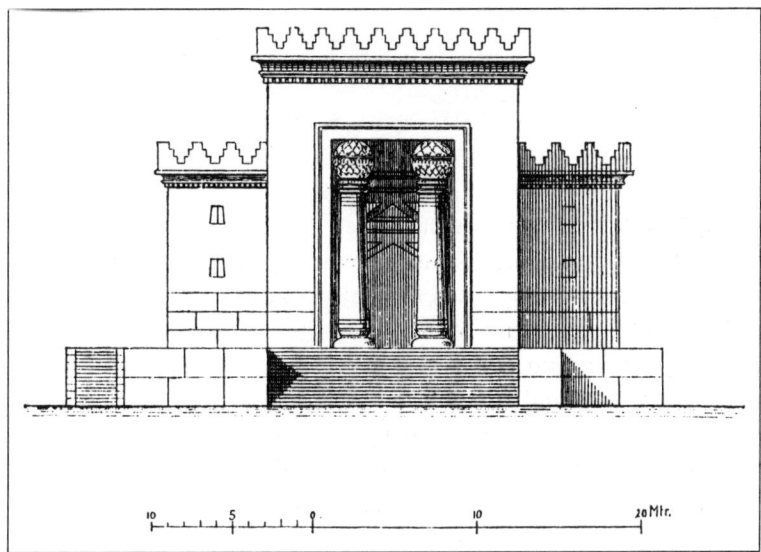

**Abb. 3.1:** Ansicht des Tempels mit dem nach Osten weisenden Haupteingang und den Säulen Jachin und Boas in situ, nach Stade.

Hirams Anweisungen gemischte Bronze goß. Vielleicht goß Hiram Jachin und Boas am selben Ort wie die Tempelgeräte, da für die Formen der Säulen sicher eine große Menge Ton benötigt wurde. Über den Entstehungsort der Säulen kann man nur Spekulationen anstellen, doch über ihre Herstellung weiß man Genaueres. In der Bibel und bei Josephus Flavius, dem jüdischen Historiker, finden sich fast identische Berichte. Über die Herstellung von Jachin und Boas schreibt Josephus: »... Für den Tempeleingang stellte er zwei eherne [hohle] Säulen her, die vier Finger dick, achtzig Ellen hoch waren und achtzehn Finger Umfang hatten.«[13] Josephus Flavius kannte sich offensichtlich gut im Alten Testament aus, denn diese sehr exakte Information stammt nicht aus den üblicherweise als Quelle verwendeten Büchern der Könige oder der Chronik, in denen die Mehrzahl der Angaben über Salomos Tempel zu finden sind, sondern aus dem Buch des Propheten Jeremia, Kapitel 52, Vers 21: »... jede Säule war vier Finger dick und inwendig hohl.« Wenn die Darstellung in der Bibel und in den *Jüdischen Alter-*

*tümern* von Josephus Flavius richtig ist, so wurden Jachin und
Boas entweder in ihrer ganzen Länge um einen Kern aus Ton oder
Kalkstein gegossen oder aus einzelnen Teilen zusammengesetzt.
Die Worte des Propheten Jeremia nehmen im Kontext des historischen Rätsels, in dessen Zentrum der Tempelberg und das Schicksal der Bundeslade steht, einen besonderen Platz ein: Denn er sah
nicht nur die Zerstörung des Salomo-Tempels durch die Babylonier
im Jahr 586 v. Chr. voraus, sondern wurde selbst auch Augenzeuge
dieses Vorgangs. Es ist verlockend anzunehmen, daß Jeremia die
zersplitterten Säulen oder auch die Stelle, die nach der Plünderung
vorhanden war, mit eigenen Fingern ausgemessen hat.

Josephus Flavius verfaßte sein Werk mehr als tausend Jahre
nach dem Bau des Ersten Tempels und fast siebenhundert Jahre
nach Jeremia. Zu Lebzeiten des Geschichtsschreibers waren alle
einst vorhandenen Überreste des Ersten Tempels nur noch in der
Erinnerung vorhanden. Seine Beschreibung der salomonischen Ära
enthält aber häufig Informationen, die nicht in der Bibel stehen.
Man kann daher wohl zu Recht davon ausgehen, daß Josephus sich
auf mündliche Berichte oder, noch wichtiger, auf Schriften stützte,
die seitdem verlorengegangen sind. In seinen *Jüdischen Altertümern* gibt er Hinweise auf die Entstehung und Lage von Salomos
Tempel. In Kapitel 2 von Buch 8 seines Werkes beschreibt er das
Abkommen, das Salomo und König Hiram von Tyrus trafen und
in dem die Warenlieferungen im Tausch gegen die unschätzbar
hilfreichen Libanonzedern und die kundigen Dienste von Hiram,
dem tyrischen Baumeister, geregelt wurden. Der Handel wurde
schriftlich festgehalten und ist im Ersten Buch der Könige und
im Zweiten Buch der Chronik wiedergegeben. Josephus' achter
Abschnitt setzt folgendermaßen ein: »Noch heute gibt es Abschriften dieser Briefe nicht nur in unseren Büchern, sondern auch bei
den Tyriern. Will also jemand sich davon überzeugen, so braucht
er nur die Archivvorsteher in Tyrus anzugehen und wird finden,
daß die dortigen Schriftstücke mit den hier wiedergegebenen über-
einstimmen. Dies erwähne ich bloß, um meine Leser davon zu
überzeugen, daß ich nichts als die Wahrheit zu schreiben beab-
sichtige ...« Das zeigt deutlich, daß Josephus Flavius Zugang zu

Aufzeichnungen aus tyrischen Archiven – oder zu entsprechenden Abschriften – besessen haben muß, in denen sich vielleicht weitere Informationen zu Hirams geheimnisvollen Arbeitsverfahren befanden. In seinen Worten wird zum einen sein Anliegen deutlich, »die Wahrheit« darzustellen, und zum anderen sein Wissen darum, daß eine verzerrte Darstellung die *wahre* Geschichte damals wie heute in Frage stellte, ja bedrohte. Das unterstreicht die Problematik für diejenigen, welche die Historie des Tempelbergs, insbesondere die Geschichte und Archäologie des Salomo-Tempels, verstehen und nachzeichnen wollen. Die schriftlichen Quellen, die uns heute vorliegen, sind zahlenmäßig wesentlich geringer als jene, derer sich Josephus Flavius bedienen konnte. Nur die Archäologie kann genaue Erkenntnisse über den Ersten Tempel zutage fördern. Wer nach größeren Geheimnissen Ausschau hielt, schrieb den hohlen Säulen eine besondere Bedeutung zu. Die Freimaurer waren davon überzeugt, daß die Säulen im Inneren Dokumente enthielten, mit deren Hilfe die verlorengegangenen Geheimnisse von Hiram Abiff, dem Sohn der Witwe, zu entschlüsseln gewesen wären.

Hirams nächste Arbeit war das Gießen des Bronzenen oder Ehernen Meeres. Dieser über fünf Meter breite[14] Behälter wurde von zwölf bronzenen Ochsen getragen. In Dreiergruppen blickten die Ochsen von innen nach außen in die vier Richtungen der Windrose. Auf ihren Schultern ruhte das Gewicht des Bronzebeckens, dessen Wände dem Buch der Könige zufolge »eine Hand breit« gewesen sein sollen. Diese Angabe läßt keinen Zweifel daran, daß das Becken, das eine Daumenbreite dicker als Jachin und Boas war, in einem einzigen Guß gefertigt wurde.

Dieses Eherne Meer diente laut Josephus Flavius zur Reinigung von Händen und Füßen aller Priester, die den Tempel betreten durften und berechtigt waren, die Opferzeremonien durchzuführen. Der Rand des Beckens war zehn Ellen hoch, befand sich also ungefähr 5,3 Meter über dem Boden. Angesichts einer solchen Höhe muß das Wasser, mit dem die Gliedmaßen gereinigt wurden, umgefüllt worden sein. Ein solcher Vorgang hätte beim Waschen der Hände außerdem dafür gesorgt, daß das Wasser im Becken keinerlei Verschmutzung aufwies. Die physische Reinigung war aber

**Abb. 3.2:** Darstellung des Bronzenen Meeres, nach Stade.

nur ein Teil des Rituals. Jahwe zu opfern erforderte eine gründliche Vorbereitung; daher stellte Hiram Abiff für die jüdische Priesterschaft des Tempels, die mit dem Schlachtmesser sehr gut umzugehen verstand, zehn reichgeschmückte und großzügig bemessene Bronzebecken her, welche die Priester für das Blutopfer benötigten.

Diese Becken oder Kessel wiesen einen Durchmesser von vier Ellen auf, ruhten auf einem vierrädrigen Unterbau und ähnelten, so jedenfalls die Darstellung in der Bibel, den Streitwagen jener Zeit.[15] In diesen Kesseln wurden die Innereien und die abgetrennten Füße der Opfertiere gereinigt, bevor man diese als Opfergabe auf dem Bronzealtar verbrannte. Das Jahwe auf dem Altar dargebrachte Brandopfer war eine feierliche Zeremonie und stand ganz in der Tradition des legendären Opfers, das Abraham tausend Jahre zuvor seinem Gott an ebendieser Stelle dargebracht hatte. Die Becken wurden in der Nähe des Haupteingangs aufgestellt. Sobald die Bronzesäulen Jachin und Boas zu beiden Seiten des Tempeleingangs standen, setzte Hiram zusätzlich zwei jeweils fünf Ellen hohe Kapitelle darauf. Dadurch nahm ihre Höhe zu und betrug nunmehr dreiundzwanzig Ellen, also etwas mehr als zwölf Meter. An den üppig geschmückten Kapitellen setzte man ein Gitterwerk in Palmenform an; als abschließende Verzierung wurden dann

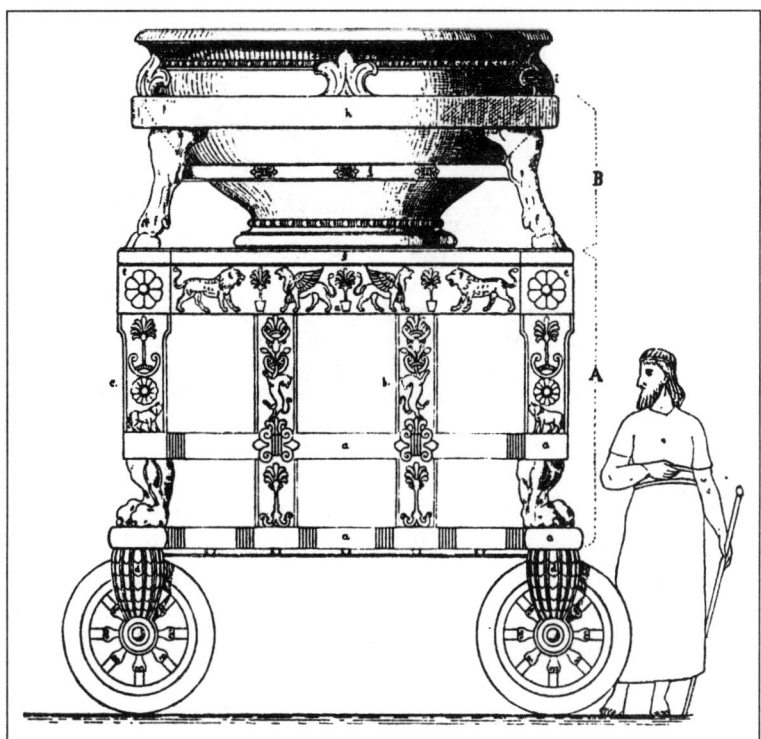

**Abb. 3.3:** Darstellung eines Bronzekessels, nach Stade.

noch zweihundert bronzene Granatäpfel an allen vier Seiten der Kapitelle eingesetzt.

Nachdem die wichtigen Bronzearbeiten fertiggestellt waren, wies Salomo seine Arbeiter an, das »Meer« in der südöstlichen Ecke des Tempelhofes aufzustellen. Und von den Kesseln fanden fünf an der Nordseite und fünf an der Südseite an der Außenwand des Tempelbaus Platz.[16] Im Buch der Könige wird die Herstellung der kleinsten Bronzegerätschaften beschrieben, so jener »Töpfe, Schaufeln und Becken«, welche die Priester zur Opferung der Tiere benötigten.[17]

Den Innenhof durften nur die Priesterschaft und Stammesangehörige der Leviten betreten. Damit waren die Bundeslade, der

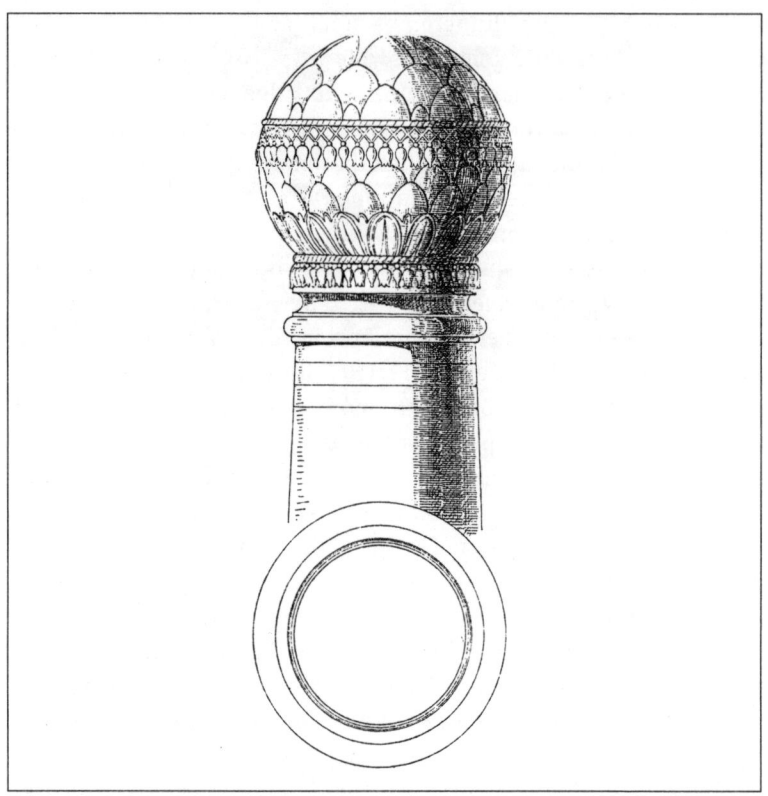

**Abb. 3.4:** Darstellung der bronzenen Kapitelle von Jachin und Boas, nach Stade.

Tempel und der Innenhof für die gewöhnlichen Männer sowie für alle Frauen des Volkes Israel unerreichbar. In den Genuß des Anblicks des überreich dekorierten Tempels gelangten nur wenige Privilegierte. Für die kleine Schar der Arbeiter und Steinmetzen, die Hiram von Tyrus beschäftigte, und für die Schreiber, deren Aufgabe darin bestand, die Arbeiten zu dokumentieren, muß die Anfertigung des Tempelschatzes im Verhältnis zum gesamten Tempelbau eine ebenso schwierige wie anspruchsvolle Aufgabe gewesen sein. In den Augen des jüdischen Volkes erhöhte der wertvolle und prächtige Tempelschatz das Ansehen ihres Kults. Das geheime Wissen der Steinmetzen hatte zusammen mit dem streng geregelten Zugang zum Tempelinneren nachhaltige Folgen. Beides verlieh dem Tempelberg eine geheimnisvolle Aura, was sich deutlich im Alten Testament niederschlug. Es wird allgemein angenommen, daß das Buch der Könige im 7. Jahrhundert v. Chr. zusammengestellt wurde. Somit lagen zwischen diesem Zeitpunkt und der salomonischen Epoche viele Generationen. Zu jener Zeit war der genaue Wert von Salomos Schatz in Vergessenheit geraten. Der oder die Verfasser geben daher auch fast entschuldigend zu:»Und Salomo ließ alle Geräte *ungewogen* wegen der sehr großen Menge des Kupfers.«[18] Der leicht verschämte Ton im Buch der Könige findet sich jedoch nicht in Josephus Flavius' Beschreibung der Bronze- und Kupferkessel. Der Stolz auf seine eigene jüdische Herkunft kommt deutlich bei seiner Beschreibung des Schatzes zum Ausdruck, von dem er behauptete, er sei »so schön gearbeitet, daß er wie Gold glänzte«. Josephus Flavius vervollständigt seinen Bericht über den Schatz des Ersten Tempels mit einer Auflistung der fast unglaublichen Anzahl an goldenen und silbernen Gerätschaften.

»Weiterhin ließ der König eine Menge Tische aufstellen, darunter einen großen aus Gold, der die Brote Gottes tragen sollte, und außerdem eine ungeheure Menge anderer in verschiedenen Formen, auf welche man die Krüge und Schalen stellte, zwanzigtausend von Gold und vierzigtausend von Silber. Dazu kamen nach Moses' Vorschrift eine Menge Leuchter ... Damit waren aber die Geräte nicht erschöpft, denn es kamen noch hinzu achtzigtausend Weinkrüge, zehntausend goldene und zwanzigtausend silberne Becher, ferner achtzigtausend goldene und doppelt so viele silberne Schüsseln, um das Weizenmehl darin zum Altar zu bringen, dann sechzigtausend goldene und doppelt so viele silberne Gefäße ... Ferner zwanzigtausend goldene und doppelt so viele silberne Maße ...«[19]

Vor dem Allerheiligsten befand sich ein kleinerer Altar aus Gold. Auf der einen Seite dieses Altars stand ein einzelner großer goldener Tisch – für die Schaubrote – und auf der anderen Seite ein einzelner Kerzenleuchter, einer jener zehntausend, die in den *Jüdischen Altertümern* erwähnt werden. Die ausführliche Bestandsaufnahme endet mit der Angabe, wie viele goldene Rauchfässer

von den Priestern verwendet wurden. Zwanzigtausend Fässer waren für den Transport von Weihrauch durch den Innenhof zum großen Bronzealtar bestimmt. Weitere fünfzigtausend Rauchfässer
wurden speziell für die Verwendung direkt am goldenen Altar hergestellt. Diese Tragebehältnisse waren für die Rituale im Tempel
wichtig, denn in ihnen wurde der Weihrauch, nachdem man ihn
angezündet hatte, vom Bronzealtar durch den von Jachin und Boas
flankierten Tempeleingang zum Allerheiligsten getragen. Im Inneren des Tempels standen die Priester, nachdem sie sich mit dem
Wasser des Bronzenen Meeres gereinigt hatten, vor dem Eingang
zum Allerheiligsten, in dem die Bundeslade aufbewahrt wurde,
und schwenkten die goldenen, mit Weihrauch gefüllten Rauchfässer. Dem Weihrauch schrieb man reinigende Kräfte zu, so daß damit das Brandopfer purifiziert wurde, bevor man es auf dem Altar
darbrachte.

Nachdem Hiram seine Arbeit an den Tempelgerätschaften abgeschlossen hatte, ließ König Salomo seinem Volk und den Stammesältesten verkünden, daß sie sich in Jerusalem einfinden sollten.
Die Einladung, an der Überführung des größten Heiligtums des
jüdischen Glaubens in das Allerheiligste auf dem Tempelberg teilzunehmen, bildete auf ewige Zeiten ein unverbrüchliches Band
zwischen dem jüdischen Glauben einerseits und der Stadt Jerusalem andererseits und stellte einen Wendepunkt in der Geschichte
Israels dar. So wurden dreißig Generationen später, nachdem Moses mit den in Stein gemeißelten Zehn Geboten vom Berg Sinai herabgestiegen war, die Vorbereitungen für die letzte dokumentierte
Reise der Bundeslade mit ihrer göttlichen Fracht von der tiefer gelegenen Stadt Davids zu Salomos Tempel auf dem Berg Morija getroffen.

## DAS VOLK, DIE LEVITEN
## UND DIE PRIESTER

Seitdem König David die Bundeslade nach Jerusalem hatte bringen lassen, ruhte sie sicher verwahrt innerhalb der Mauern der Stadt, die er auf einer Anhöhe südwärts des Tempelbergs erbaut hatte. Im Buch der Könige heißt es, daß die Mauern aus drei Schichten behauener Steine und einer vierten Schicht aus Zedernbalken bestanden.[20] In seinen *Altertümern* beschreibt Josephus Flavius die Mauern als genau drei Ellen hoch. In Abschnitt 9 des Kapitels 3 ist seine Schilderung etwas ausführlicher, und er erklärt darin, daß die Mauer errichtet wurde, »um dem Volke den Eintritt in den Tempel zu wehren und ihn den Priestern allein frei zu lassen«.[21] Drei Ellen, ob königliche oder kleine Ellen, ergeben eine Mauer mit einer Höhe von rund 1,5 Metern. Das hätte »dem Volke« zwar den Zugang verwehrt, immerhin wäre aber ein Zuschauen über die hohe Brüstung möglich gewesen, so daß das Volk die Priester beim Darbringen der Opfer hätte beobachten können. Die endgültige Verantwortung für das Opfern von Tieren vor der Bundeslade trug die Priesterschaft. Josephus Flavius zufolge lagen zwischen dem Exodus der Israeliten und der Fertigstellung des Ersten Tempels 612 Jahre. Er rechnete aus, daß in dieser Zeit dreizehn Hohepriester dem Jahwe-Kult vorstanden.[22] Im neuen Salomo-Tempel behielten der Hohepriester und die Priester Israels ihre ererbten Rechte bei. Durch die Errichtung eines Altars im Allerheiligsten gewährte Salomo den Priestern im Zentrum des Königreiches eine beinahe unantastbare religiöse Macht. Aus der Darstellung in der Bibel geht jedoch hervor, daß nur eine bestimmte Gruppe den genauen Bauplan kannte, welcher der Konstruktion des Tempels zugrunde lag. Die Ausübung der Pflichten rund um das Heiligtum blieb das Privileg eines einzigen Stammes, der Leviten. Einst war der Versuch unternommen worden, auch Angehörige anderer Stämme zuzulassen, doch davon sah man nach einem Unglück sofort wieder ab. Ein gewisser Usa streckte

beim Transport der Lade die Hand aus, um sie vor dem Umkippen
zu bewahren, und fiel, als er sie berührte, tot um.[23] Der Vorfall be-
eindruckte die Israeliten zutiefst. Ob dies tatsächlich der Fall war
oder nicht, das Privileg der Leviten wurde jedenfalls nie wieder in
Frage gestellt.

Die Aufstellung der Bundeslade auf dem Tempelberg verlangte
nach einer überaus festlichen Zeremonie. Außer den Pflichten
beim Transport der Bundeslade waren die Leviten schon seit den
Anfangsjahren der davidischen Herrschaft auch für die Musik – für
Chorgesang wie für Instrumentalmusik – bei religiösen Anlässen
zuständig. Die Musik war ein wesentlicher Bestandteil des Jahwe-
Kults. Da nun die Bundeslade einen permanenten Standort gefunden hatte, wies Salomo die Leviten an, die Darbringung der Opfer
durch die Priester auf dem Tempelberg in Zukunft musikalisch zu
begleiten.[24]

»Priesterkleider zum Gebrauch der Hohenpriester wurden tausend angefertigt nebst Schultermänteln, Brustlatz und Edelsteinen.
Das Stirnband aber, auf welches Moses den Namen Gottes geschrieben hatte, war nur in einem Exemplar vorhanden, das sich
auch bis zum heutigen Tag erhalten hat. Die Gewänder für die Priester wurden aus Byssus verfertigt nebst zehntausend *purpurnen
Gürteln*, zweihunderttausend Posaunen nach Moses' Vorschrift,
zweihunderttausend Byssusgewändern für die Chorsänger aus den
Leviten; endlich zur Begleitung der Gesänge noch vierzigtausend
Musikinstrumente, welche *Nabla* und *Kinyra* [*Nablae und Cinyrae*,
Psalter und Harfen] hießen und aus Elektrum hergestellt waren.«[25]

Die Farbe für die »Gürtel« wurde aus der Meeresschnecke *Trunculariopsis (Murex) trunculus* gewonnen. Das unterstreicht noch
einmal jenes Detail in Salomos erster Anfrage an König Hiram von
Tyrus sieben Jahre vor der Einweihung des Tempels, in der er sich
nach einem »tüchtigen Mann« erkundigte, der sich nicht nur auf
das Bauhandwerk und die Metallbearbeitung verstehen, sondern
auch in der Lage sein sollte, Purpur herzustellen. Die Fähigkeiten
von Hiram Abiff leisteten dem König vermutlich auch gute Dienste
bei der Produktion von *Nablae* und *Cinyrae*. Elektrum ist ebenfalls
eine uralte und teure Legierung. Obwohl es leichter als Bronze her-

zustellen ist, wurde es teurer gehandelt. Das Elektrum der Psalter und Harfen besaß einen hohen Goldanteil (fünfundsiebzig Prozent) und bestand außerdem aus zweiundzwanzig Prozent Silber und drei Prozent Kupfer.[26] Wenn die Berechnungen von Josephus Flavius korrekt sind, hätten diese vierzigtausend Instrumente aus Elektrum ganz wesentlich zum Wert des Tempelschatzes beigetragen.

Den Leviten oblag zudem die Aufgabe, die Heiligkeit des Tempels zu bewahren und die Bundeslade zu schützen. Sie wurden die Torhüter des Tempels, wie aus dem Ersten Buch der Chronik, Kapitel 26, Vers 17–19, hervorgeht: »Im Osten für den Tag sechs, im Norden für den Tag vier, im Süden für den Tag vier, beim Vorratshause aber je zwei, am Parbar aber im Westen: vier an der Straße und zwei am Parbar selbst. Dies sind die Ordnungen der Torhüter ...« Das verlieh den Leviten eine einzigartige Machtposition. Als Torhüter kannten sie alle Geheimgänge, Geheimkammern und Verstecke auf dem Tempelberg. Dieses Wissen sollte für die Zukunft weitreichende Konsequenzen haben.

DIE STANGEN, DIE BUNDESLADE
UND DIE BIBEL

Es vergingen sieben Monate, bis alle Stammesältesten und Menschen im Lande Israel die Botschaft ihres Königs erhalten und beantwortet hatten. Die Versammlung in Jerusalem muß für die Bevölkerung ein außergewöhnliches Ereignis gewesen sein. Den Menschen aus den Gebieten außerhalb Jerusalems bot sich die Gelegenheit, Salomos Bauwerk auf dem Berg Morija in Augenschein zu nehmen, dessen ödes Felsplateau in eine prächtige Plattform verwandelt worden war, gekrönt von einem prächtigen Tempel.

An einem vom König bestimmten Tag irgendwann im Sommer oder Frühherbst des Jahres 955 v. Chr.[27] wurde die Bundeslade von levitischen Trägern geschultert und trat ihre Reise auf den Tempelberg an. Infolge des Gewichts des goldenen Schreins und der in ihm enthaltenen steinernen Gesetzestafeln war der Anstieg äußerst beschwerlich. Heute wird der Blick von den Ruinen der Davidstadt nach Norden auf den Berg Morija von der hoch aufragenden Südostecke des *Haram* dominiert, der Umfassungsmauer des Tempelbergs. Die Ecke bildet den höchsten Punkt des Berges und weist noch immer die aramäischen Steinmetzzeichen auf, die den Stein als unvollkommen einordneten und auf die Warren 1867 an der unteren Mauerreihe stieß. Das gewaltige Mauerwerk des *Haram* im Norden, das auf den Fundamenten des Herodes-Tempels errichtet wurde, gibt dem heutigen Betrachter ein Gefühl seiner eigenen Bedeutungslosigkeit. Der Felsendom über dem *Sakhra* ist nicht zu sehen, was dem ganzen Berg eine Atmosphäre des Geheimnisvollen und der Abgeschiedenheit verleiht.

Der Menschenmenge, die sich anläßlich der Einweihung des Tempels im Jahr 955 v. Chr. versammelt hatte, war dagegen ein freier Blick auf die Tempelanlage vergönnt. Folgt man Josephus, so war die Plattform des Salomo-Tempels halb so groß wie jene des Herodes-Tempels.[28] Die niedrigeren Wände boten vermutlich einen nicht ganz so düsteren Anblick. Der frisch behauene Kalkstein des neuen Tempels und die glänzende Bronze von Jachin und Boas, die in der Mitte des Berges hoch aufragten, müssen sehr beeindruckend auf die Israeliten gewirkt haben, die etwas derartiges wohl noch nie zuvor gesehen hatten. Die Prozession mit der Bundeslade, an deren Spitze König Salomo schritt, wurde von Opfern und dem Verbrennen einer ungeheuren Menge Weihrauch[29] begleitet, »so daß die Luft ringsum davon erfüllt ward und der süße Duft sich weithin verbreitete ... Auch hörten sie nicht auf, Hymnen und Chorgesänge erschallen zu lassen, bis sie den Tempel erreicht hatten«.[30] Weiter als bis zum Haupteingang des Tempels oder bis zum Tor zum Innenhof durfte die Menge nicht vordringen, und sie war von der weiteren Zeremonie ausgeschlossen. Priester und Leviten trugen die Lade an Jachin und Boas vorbei die Stufen zum Tempel hinauf und dann weiter die achtzehn Meter bis zum Eingang des Allerheiligsten. Das Kultobjekt wurde unter die schützenden Flügel der goldenen Cherubim im Hauptraum gestellt. Die Bundeslade hatte damit ihren letzten bekannten Standort erreicht.

Der Tempelberg mit seiner von Menschen geschaffenen Plattform, die auf einem Sockel aus weichem und leicht zu bearbeitendem Kalkstein errichtet wurde, ist ein idealer Ort, um Geheimgänge und Verstecke anzulegen. Bei ihren Grabungen in Jerusalem stießen Captain Wilson und Lieutenant Warren dreitausend Jahre nach der Regentschaft Salomos auf solche Orte, die jahrhundertelang unentdeckt geblieben waren. Ihnen wurde sofort die große Bedeutung der Geheimnisse deutlich, die im Untergrund des Tempelbergs ihrer Erforschung harrten. In seinem offiziellen Bericht an den Palestine Exploration Fund erwähnte Wilson 1867 einen Tunnel unter dem Tempelberg, den er allerdings nicht gründlich untersuchen konnte, da der Zugang versperrt war. Charles Warren, Wilsons Nachfolger, hielt auf vielen Karten das Wort »Geheimgang« fest. Bereits kurze Zeit nach seiner Ankunft in Jerusalem verlieh Isset Pascha, der türkische Gouverneur von Jerusalem, Warren den Spitznamen »Maulwurf«, denn der Engländer hatte sich rasch den Ruf erworben, von Ausgrabungen geradezu besessen zu sein.[31]

»Im Heiligtum [auf dem Tempelberg] leben Afrikaner und Nubier und bewachen den Ort. ...ihr Fanatismus kennt keine Grenzen; doch es gelang mir, mich mit ihnen anzufreunden. Sie aßen einmal eine große zahme Echse, die mir gehörte und die ich dem Zoologischen Garten in London hatte schicken wollen. Ich nutzte den Vorfall und freundete mich mit ihnen an, so daß sie, wenn ich den Tempel betrat, aufstanden und mich mit Salam begrüßten, anstatt mit Steinen zu werfen. Ich stellte ihre Freundlichkeit jedoch nie allzusehr auf die Probe, und bei diesem Anlaß gab man ihnen einen Wink, daß sie eine Portion gebratener Echse erwarte, wenn sie in eine bestimmte Richtung gingen. Das genügte; sie essen Echsen sehr gerne... und waren uns daher nicht länger im Weg.

Unsere Hammerschläge dröhnten in den Gewölben, und schon bald fürchteten unsere muslimischen Freunde, daß alles entdeckt werden könnte. Doch wir hatten uns darauf eingelassen, wenn wir nun überfallen und statt der Echse gegessen werden sollten, konnten wir genausogut zuerst noch unsere Arbeit beenden. Daher machten wir, wann immer wir angefleht wurden aufzuhören, noch mehr Lärm, bis unsere Freunde in größter Angst in einer Ecke lagen, ihre Bärte zausten und an ihren Gewändern rissen.«[32]

Warrens Schilderung wie auch andere Darstellungen zeigen deutlich, daß die türkischen Behörden oft überhaupt nicht ahnten, wie tief der »Maulwurf« in den heiligen *Haram*, in das Gebiet des Tempelbergs, vordrang. Folglich war ihnen die ganze Tragweite seiner Entdeckungen nicht bewußt. In seinem offiziellen Bericht von 1871 schreibt Warren: »An einigen Stellen gibt es versteckte Objekte von größtem Interesse, daran besteht meiner Meinung nach kein Zweifel...«[33] Warren entdeckte »Objekte«, die in finanzieller Hinsicht uninteressant waren, aber für die Archäologie enorme Bedeutung besaßen. In seinen Berichten an den Palestine Exploration Fund beschrieb er sie in aller Ausführlichkeit. Warren fand allerdings keinen Hinweis auf die Bundeslade, und er hinterließ auch keine Schilderung davon, wie sie seiner Meinung nach ausgesehen haben könnte. Was erfahren wir also aus der Bibel über das bedeutendste Heiligtum des Jahwe-Kults?

Der erste »Hinweis« auf die Bundeslade wirkt beinahe bedeu-

tungslos. Er gründet auf der Diskrepanz zwischen einem einzelnen
Wort in einem parallelen Text im Ersten Buch der Könige und im
Zweiten Buch der Chronik, in dem es um die Verwendung von langen Stangen oder Stäben geht. Für den Transport der Bundeslade
auf den Tempelberg verwendeten die Leviten Stangen, um das An-
heben und Tragen der Lade zu erleichtern. Die Bibel, in der die
Herstellung der Lade fünfhundert Jahre vor der Tempeleinweihung
beschrieben wird, bestätigt die ursprüngliche Funktion der Stangen: »Und zwei goldene Ringe unter dem Kranz zu beiden Seiten,
daß man Stangen hineintue und ihn damit trage.«[34] Die Stangen
steckten also vermutlich in Ringen an der Lade, die aus Gründen
größerer Stabilität an ihrer Längsseite angebracht waren. Im Ersten
Buch der Könige wird beschrieben, wie die Leviten die Lade im
Allerheiligsten abstellen:

»Und die Stangen waren so lang, daß ihre Enden gesehen wurden in dem Heiligen, das ist die Tempelhalle, vor dem Chorraum;
aber von außen sah man sie nicht. Und dort *sind sie* bis auf diesen
Tag.«[35]

Im Zweiten Buch der Chronik, das später als das Buch der Könige entstand, findet sich folgender entscheidender Unterschied:
»Die Stangen aber waren so lang, daß man ihre Enden vor dem
Chorraum in der Tempelhalle sah, aber von außen sah man sie
nicht. Und *sie waren* dort bis auf diesen Tag.«[36]

Bibelwissenschaftler gehen davon aus, daß die Bücher der
Chronik nach der Plünderung des Salomo-Tempels durch die Babylonier im Jahr 586 v. Chr. zusammengestellt wurden.[37] Daraus
könnte man schließen, die Textänderung im Buch der Chronik
solle dokumentieren, daß die Bundeslade auch nach der Zerstörung des Tempels, in deren Verlauf sie aus dem Allerheiligsten
»verschwand«, noch immer auf dem Tempelberg aufbewahrt wurde.[38] Wenn der Verfasser der Chronik »geheime« Informationen
aufzeichnete, was waren dann seine Quellen? Hatte er Kontakt zu
den Nachkommen der Tempelwächter, den Leviten, oder gehörte
er selbst diesem Stamm an und hatte die Aufgabe, die Botschaft
von der Bundeslade an die Nachwelt weiterzugeben? Im Vergleich
zu dem früher entstandenen Buch der Könige ergreift die Chronik

stärker die Partei der Leviten.[39] Außerdem mag die Tatsache, daß
die Bedeutung einer bestimmten Musikantenzunft, nämlich der
levitischen Zunft von Asaph, betont wird, darauf verweisen, daß
der Verfasser tatsächlich zu den Leviten gehörte.[40] Sollte dies der
Fall gewesen sein, hätte er nicht nur Zugang zu geheimen Orten auf
dem Tempelberg gehabt, sondern auch zum geheimen Standort der
Bundeslade.[41]

Bei dem Hinweis auf die Stäbe stützen wir uns auf eine schriftliche Quelle; und wie im Fall der Legende von Abraham, die im
Zweiten Buch Mose überliefert ist, werden wir nie die eigentliche
Wahrheit erfahren. Das Problem der geschichtlichen Wahrheit
wurde kürzlich von dem Historiker Felipe Fernandez-Armesto auf-
gegriffen, der die Schwierigkeiten vieler »Wissenschaftler« betont,
die behaupten, »Priester eines Wahrheitskults« zu sein.[42] Der Verfasser der Chronik *kann* sich auf eine fehlerhafte mündliche Überlieferung gestützt haben; seine Quellen *können* zweifelhaft gewesen sein; Schreiber und Übersetzer *können* die Worte und die
Bedeutung des Originaltextes verändert haben. Aber vielleicht ist
der Verfasser der Chronik auch als Vorläufer einer exklusiven
Schar einzustufen, die sich um die Bewahrung der salomonischen
Geheimnisse bemühte. Und diese Bemühung ist dann von den
Templern und von den Freimaurerbünden in Europa weitergeführt
worden. Auch Josephus Flavius entwirft ein geheimnisvolles Bild.
Nach der Überführung der Lade in das Allerheiligste beschreibt er
die Vorgänge im Tempel folgendermaßen: »Sowie nun die Priester
alles um die Lade her geordnet und das Heiligtum verlassen hatten,
senkte sich plötzlich eine dichte Wolke ... auf den Tempel hernieder
und umhüllte die Augen der Priester mit Finsternis, so daß einer
den anderen nicht wahrnehmen konnte. In allen Gemütern aber
regte sich der Gedanke, Gott sei in den Tempel herabgestiegen ...«[43]

# 4. DER BUND MIT GOTT
## 953–597 v. CHR.

Ob die »dichte Wolke« nun die Gegenwart Gottes signalisierte oder, etwas prosaischer betrachtet, dem Weihrauch zu verdanken war, der in großen Mengen verbrannt wurde – Salomo jedenfalls verstand die herrschende Atmosphäre zu nutzen. Während der Zeremonie hatte er gesessen,[1] doch nun stand er und sprach, der Lade zugeneigt, zu Jahwe, als sei der Gott im Tempel anwesend.[2] Aus Salomos Worten, wie sie Josephus Flavius wiedergibt, entwickelte sich später ein Gebet, das religiöse Gruppen im Nahen Osten, vor allem in Jerusalem, häufig übernehmen:

»... Ich bitte dich, daß du mir auch fernerhin alles verleihest, was du ... zu gewähren pflegst, ... und daß du unser Geschlecht für alle Zeiten erhalten wollest ... Dann aber bitte ich dich auch noch, du wollest deinen Geist in diesen Tempel senden, damit du uns wahrhaft gegenwärtig seist ... Sollte aber das Volk sich einmal gegen dich verfehlen, ... so erhöre es, ... indem du dich seiner erbarmst und es von seiner Drangsal erlösest.«[3]

Dem Buch der Chronik zufolge fiel nach den Schlußworten von Salomos Gebet, in dem man bereits die Struktur des Vaterunsers erkennen kann, »Feuer vom Himmel und verzehrte das Brandopfer und die Schlachtopfer« – ein wahrhaft angemessener Schlußpunkt der Zeremonie.

In der Darstellung im Buch der Könige ist eine solche göttliche Intervention nicht erwähnt. Darin ist nur von der Wolke die Rede, die nach der Überführung der Bundeslade in das Allerheiligste über der Lade schwebte. Diese auffällige Abweichung mag darauf zurückzuführen sein, daß der Verfasser der Chronik ein Levite war, der die mystische Ausstrahlung der Lade unangetastet lassen wollte und auf diese Weise die Bedeutung seines Stammes bei der Bewachung des heiligen Tempelbezirks unterstrich.

DER »HOLOCAUST«

**Holocaust:** Massenvernichtung, Brandkatastrophe, eigentlich Brandopfer [gr. *holókaustos* = völlig verbrannt]

*Duden Fremdwörterbuch*

Steht man heutzutage auf dem östlichen Höhenzug und schaut auf die gegenüberliegende Ostmauer des Tempelbergs, so ist jede Einzelheit der angestrahlten Mauern des *Haram* deutlich zu erkennen. Vor dreitausend Jahren erhellten die flackernden Lagerfeuer der einzelnen israelischen Stämme das Kidron-Tal, das sich entlang des einstigen Flusses erstreckte, der hier die natürliche Nord-Süd-Grenze zwischen Öl- und Tempelberg bildete. Der eindrucksvolle Anblick der prächtigen Bundeslade und ihre Überführung in den Tempel gruben sich tief in das kollektive Gedächtnis des Volkes ein. Im Buch der Könige und in der Chronik wird die Einweihungszeremonie ganz ähnlich beschrieben. In beiden ist von einer gewaltigen Hekatombe, einem Schlachtopfer, die Rede: 22000 Rinder und 120000 Schafe wurden dem Gott Israels als Friedensgabe dargebracht. Der Tempel war auf einen solchen »Holocaust«, eine derartige Massenopferung in einer so hohen Stückzahl, nicht ausgerichtet. Schnell erwies sich der Bronzealtar als zu klein, deshalb ordnete Salomo an, den Innenhof in die zeremonielle Vorbereitung der Brandopfer einzubeziehen.[4]

Die Szenerie beschrieb Josephus Flavius recht drastisch: »Der Tempel stank nach vergossenem Blut.«[5] Die Opferung der Tiere erstreckte sich über mehrere Wochen, bis Stämme und Stammesälteste, mit dem Segen des Königs versehen, wieder in ihre Heimatgebiete aufbrachen. Die Rückkehr der Untertanen König Salomos in ihre Städte und Dörfer war der religiöse Höhepunkt seiner Herrschaft. Die Anweisungen, die ihm sein Vater David einst für die Bundeslade aufgetragen hatte, waren befolgt worden, und die zwölf

Stämme Israels hatten sein Tun gebilligt. Doch in diesem Erfolg schlummerte auch eine Gefahr, denn er war ein elementarer Verstoß gegen den Willen Gottes. Israel trat in eine Zeit der Prophezeiungen und der Träume ein, in deren Mittelpunkt das Schicksal nachfolgender Generationen stand. Die Zukunft sowohl des Jahwe-Kults als auch des Königreiches Israel und nicht zuletzt des Tempels erschien mehr als unsicher.

# KÖNIG SALOMOS TRAUM

»So sollen nun meine Augen offen sein und meine Ohren aufmerksam auf das Gebet an dieser Stätte.«[6] Nach der Überführung der Bundeslade wurden die Bauarbeiten auf dem Tempelberg fortgesetzt, um König Davids Wunsch nachzukommen und den Berg Morija zum religiösen und politisch-administrativen Mittelpunkt seines Königreiches zu machen. Doch wie die Bibel berichtet, erhielt Salomo eine Warnung von Gott. Im Ersten Buch der Könige wie auch im Zweiten Buch der Chronik heißt es, daß Jahwe König Salomo im Traum erschien und diesen davor warnte, die Botschaft des Traums in jener Nacht nicht zu beherzigen. Ansonsten werde das Volk Israel Schreckliches erdulden müssen. Salomo wurde von Gott angewiesen, »vor Gott zu wandeln«, und zwar wie sein Vater David »mit rechtschaffenem Herzen und aufrichtig«, sowie die Gebote zu befolgen, die in den Moses überreichten Gesetzestafeln festgelegt waren, vor allem das Gebot, keine anderen Götter neben Jahwe zu haben.[7] Sollten diese Gebote eingehalten werden, so war den Königen Israels in Aussicht gestellt, unbehindert und »ewiglich« über ihr Land und die zwölf Stämme zu herrschen. Ein Verstoß würde dagegen nicht nur das Ende der Königsherrschaft bedeuten, sondern auch das des Tempels. Als zentraler Verehrungsort des Jahwe-Kults würde er aufhören zu existieren. So verkünden es die prophetischen Worte in Vers 8, Kapitel 9, im Ersten Buch der Könige: »Und dies Haus wird eingerissen werden, so daß alle, die vorübergehen, sich entsetzen werden und höhnen und sagen: Warum hat der Herr diesem Lande und diesem Hause das angetan?« Trotz dieser Warnung verstieß Salomo im vierzigsten Jahr seiner Herrschaft gegen das Gebot Gottes, keine anderen Götter zu verehren, wie den Versen 3 bis 9 im 11. Kapitel des Ersten Buches der Könige zu entnehmen ist:

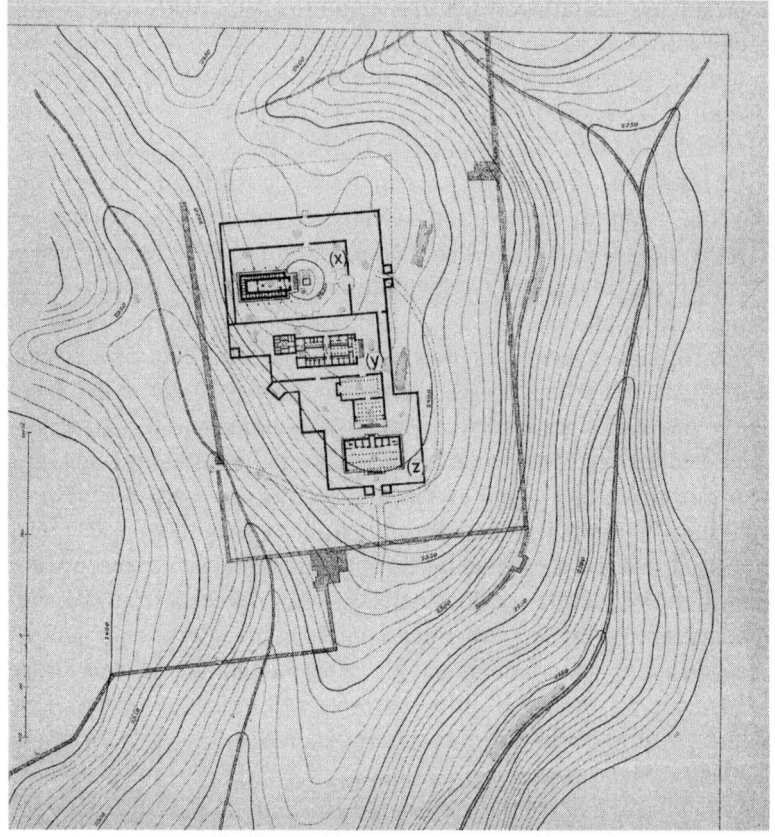

**Abb. 4.1:** Plan von Jerusalem um 950 v. Chr., über den heutigen Plan
des *Haram*-Viertels gelegt. Er zeigt Details des Salomo-Tempels und der angrenzenden Palastgebäude, nach Stade.

»Und er [Salomo] hatte siebenhundert Hauptfrauen und dreihundert Nebenfrauen; und seine Frauen verleiteten sein Herz.

Und als er nun alt war, neigten seine Frauen sein Herz fremden
Göttern zu, so daß sein Herz nicht ungeteilt bei dem Herrn, seinem
Gott, war wie das Herz seines Vaters David.

So diente Salomo der Astarte, der Göttin derer von Sidon, und
dem Milkom, dem greulichen Götzen der Ammoniter.

Und Salomo tat, was dem Herrn mißfiel, und folgte nicht völlig dem Herrn wie sein Vater David.

Damals baute Salomo eine Kulthöhe dem Kemosch, dem greulichen Götzen der Moabiter, auf dem Berge, der vor Jerusalem liegt, und dem Moloch, dem greulichen Götzen der Ammoniter. Ebenso tat Salomo für alle seine ausländischen Frauen, die ihren Göttern räucherten und opferten.

Der Herr aber wurde zornig über Salomo, daß er sein Herz von dem Herrn, dem Gott Israels, abgewandt hatte, der ihm zweimal erschienen war.«

Doch selbst wenn wir den harschen Anschuldigungen in der Bibel Glauben schenken, kann Salomos frühere Hingabe an Jahwe nicht in Abrede gestellt werden. Der Darstellung im Buch der Könige zufolge verwandte Salomo viel Kraft und erhebliche Mittel auf den Bau prächtiger Gebäude, die das architektonische Meisterwerk auf dem Tempelberg ergänzen und flankieren sollten.

Nachdem die Arbeiten am Haupttempel abgeschlossen waren, begannen die Steinmetzen des Königs mit der Arbeit an den benachbarten Gebäuden, von denen ein Teil den Priestern als Wohn- und Arbeitsquartiere dienen sollte, ein anderer war für den König und seine ägyptische Gattin reserviert. Innerhalb von dreizehn Jahren wurden mehrere Gebäude südlich des Tempelbezirks (x) errichtet. Dazu zählten der Palast der Königin, der an den ihres Mannes grenzte – beide waren durch einen ummauerten Bezirk abgeschirmt (y) –, ein Thronsaal neben der Säulenhalle sowie das Libanon-Waldhaus, das als letztes erbaut wurde. Dieses Haus war am weitesten vom Tempel entfernt, es lag südlich davon, und damit war der Plan der Bebauung auf dem Tempelberg, die Salomo und David vorgeschwebt hatte, vollendet. Um den Außenbezirk zusätzlich abzugrenzen, wurde eine weitere Mauer (z) errichtet, die Tempel, Königspalast sowie Innen- und Außenhöfe umgab.

## DER »WAHRE« STANDORT
## VON KÖNIG SALOMOS TEMPEL

Nach wie vor wird vor allem in Jerusalem heftig über den exakten Standort des Salomo-Tempels gestritten. Je mehr die politischen und sozialen Spannungen in der Altstadt von Jerusalem zunehmen, desto stärker verhärten sich die Fronten in diesem Disput. Die orthodoxen Juden glauben den Bericht im Alten Testament Wort für Wort; mit der Begründung, daß ihre Vorfahren als erste den Berg Morija als heilige Stätte erkannt hätten, reklamieren sie den Tempelberg für sich. Gestützt wird ihre Position durch weitere jüdische Überlieferungen, wie zum Beispiel die Mischna, eine Zusammenstellung jüdischer Texte aus dem 3. Jahrhundert. Die arabischen Palästinenser andererseits, die seit dem 7. Jahrhundert auf dem Tempelberg siedeln, ziehen den Anspruch der orthodoxen Juden vehement in Zweifel. Auch die Muslime verehren Abraham als großen Propheten, und der *Sakhra* ist eine historische Stätte des Islam. Spricht man sie auf die Legitimität des jüdischen Erbes an, so kontern sie mit der Gegenfrage, ob denn überhaupt ein archäologischer Beweis für den Salomo-Tempel vorliege. Archäologen und Historiker vermuten, daß Herodes der Große den Tempel auf den Grundmauern wiederaufbauen ließ; im Zuge dieser Arbeiten wurden wohl nur sehr wenige Reste des Salomo-Tempels stehengelassen. Heutige Forscher sind durch diese Maßnahme des Herodes mit einem sehr großen Problem konfrontiert. Seit dem Ende des 19. Jahrhunderts haben sich an der Debatte um den genauen Standort des Salomo-Tempels zahlreiche Gelehrte, Historiker, Forschungsreisende, Archäologen und nicht zuletzt auch Armeepioniere beteiligt. Wenn die genaue Lage des Tempels ermittelt werden kann, dann ließe sich auch der letzte bekannte Standort der Bundeslade präzise bestimmen.

Warren arbeitete stets sehr sorgfältig und hatte auch eine Liste seiner Mitstreiter und der von ihnen vertretenen unterschiedlichen

Ansichten zum möglichen Standort des Tempels erstellt. 1871 hatten fünfzehn Hochschullehrer der interessierten Öffentlichkeit insgesamt fünf verschiedene Theorien über die Ausmaße der Plattform und die Position des Tempels präsentiert.[8] Auf einem Plan des deutschen Professors Bernhard Stade aus dem Jahr 1887 ist der große, vor dem Tempeleingang befindliche Opferaltar aus Bronze direkt auf dem *Sakhra* eingezeichnet, dem heiligen Stein auf dem Berg Morija. Demnach hätte sich seiner These zufolge das Allerheiligste mit der Bundeslade genau dreißig Meter westlich vom heutigen Westeingang des Felsendoms befunden. Warren dagegen gelangte aufgrund seiner 1871 durchgeführten Vermessungen und Grabungen zu dem Schluß, daß sich der ursprüngliche Standort der Lade ungefähr fünfzig Meter südwestlich des *Sakhra* befunden haben muß. Als Argument führte er zum einen ins Feld, daß die unterirdischen Gänge zum Tempel gehört haben könnten, und verwies andererseits auf seine geologischen Kenntnisse, vor allem des Grundgesteins, die er sich bei Grabungen um den heutigen *Haram* aneignete. Warrens praxisorientierte Methode stellt den einzig verfügbaren wissenschaftlichen Ansatz dar, mit dem das größte Rätsel gelöst werden kann, das sich all jenen stellt, die sich ernsthaft der Geschichte des Tempelbergs widmen.[9] Die überwiegende Mehrzahl der heute tätigen Wissenschaftler vertritt jedoch eine andere Position als Stade oder Warren. Für sie ist der *Sakhra* nicht der Standort des Altars, sondern der eigentliche *Mittelpunkt* des Allerheiligsten und deshalb auch die genaue Ruhestätte der Bundeslade. Diese Annahme basiert auf der naheliegenden Schlußfolgerung, daß sich das Allerheiligste auf dem geographisch höchsten Punkt des Tempelbergs befand. Einer der ersten Anhänger dieser These war Claude Reignier Conder, ein englischer Offizier und Landvermesser, der Jahre nach Wilson und Warren vor Ort arbeiten konnte. 1909 publizierte er nach eingehender Beschäftigung mit der damals vorhandenen Bebauung des Tempelbergs seine eigenen »Ergebnisse«. Conder hatte bereits Warrens Identifizierung der aufgemalten Schriftzeichen an der Südostecke der Plattform als »phönizisch« bezweifelt. Seiner Ansicht nach waren sie »aramäisch« und daher »unbedingt herodianisch«. Conder übersah allerdings, daß die »aramäische« Schrift schon lange bevor Herodes geboren wurde, ja vermutlich schon seit der salomonischen Epoche, verwendet worden sein könnte.[10] In seinem Buch *The City of Jerusalem* argumentierte Conder folgendermaßen:

»Der *Sakhra* ist das bestimmende Merkmal, denn er erhebt sich an seinem höchsten Punkt 2,40 Meter über das umliegende Felsplateau. Wenn das heilige Haus (Allerheiligste) über dem *Sakhra* erbaut wurde, dann stimmen die Stufen der absteigenden Höfe mit dem Verlauf des Felsens überein. Wenn man aber den Tempel südlich oder westlich des *Sakhra* vermutet, dann steht er nicht mehr auf dem höchsten Punkt; und jeder Forscher, der eine Zeichnung in Übereinstimmung mit dem Verlauf der Höhenlinien entwirft, erkennt umgehend, daß in einem solchen Fall mindestens neun Meter dicke Fundamente vorhanden sein mußten, welche die schweren Mauern des Gebäudes hätten tragen können.«

Conder führte als weiteren Beleg für seine Hypothese Josephus Flavius an, bei dem es heißt, daß sich der Tempel »auf dem Gipfel des Berges« befand. Eine derart allgemein gehaltene Angabe auf den *Sakhra* beziehen zu wollen ist allerdings wenig überzeugend. Der Salomo-Tempel war fast dreitausend Jahre alt, als Conder in Jerusalem eintraf. Josephus Flavius' Bericht über den Ersten Tempel stammt aus dem ersten nachchristlichen Jahrhundert, und der jüdische Geschichtsschreiber bediente sich vorwiegend biblischer Quellen. Es ist nicht von der Hand zu weisen, daß in der Zwischenzeit sämtliche topographischen Gegebenheiten von den Menschen, die im Laufe der Zeit hier gewohnt hatten, völlig verändert wurden. Die Römer hatten nach der Zerstörung des Zweiten Tempels im Jahr 70 n. Chr. den Berg eingeebnet. Warren war sich sicherlich der Konsequenzen bewußt, welche die Eingriffe von Menschenhand auf die Ruinen des Salomo-Tempels hatten. Er hatte sich zum Ziel gesetzt, die Gesteinsschichten zu kartieren, die möglicherweise archäologisch Interessantes bargen. Aufgrund der Resultate war ein besseres Verständnis der historischen Entwicklung des Berges Morija möglich.

Im Dezember 1997 förderte der Palestine Exploration Fund ein wichtiges Dokument aus seinem Archiv zutage, einen steifen Kar-

ton, der 32 mal 42 Zentimeter maß: die Originalzeichnung von
Charles Warrens Gesteinsaufriß des Morija-Berges. Vorgezeichnet
mit Bleistift und mit schwarzer Tinte nachgezogen, ist darauf die
Lage des »heiligen Felsens« oder *Sakhra* im Verhältnis zur umliegenden Topographie des Bergsockels eingezeichnet. Über den Höhenlinien, die er mittels eines Rasters entwarf, skizzierte Warren
das Gebiet des heutigen *Haram* und markierte den »Tempel« und
»Salomos Palast«. Diese Zeichnung, die nie veröffentlicht wurde,
obwohl sie mit redaktionellen Korrekturen versehen war, in denen
Warren um eine Halbierung des Maßstabs auf 1:5000 bat, demonstriert schlüssig, daß nach seiner Ansicht die einzig mögliche Position des Tempels und damit auch des Allerheiligsten südlich des
*Sakhra* war. Diese Meinung vertiefte er später in seinem offiziellen
Bericht an den Palestine Exploration Fund und auch in seinem
Buch *Underground Jerusalem*.

Laut Warrens detailliertem Bericht gibt es keinen Zweifel daran,
daß im 19. Jahrhundert die höchste natürliche Erhebung auf dem
Plateau der *Sakhra* war, der im Schutz des Felsendoms lag. Die traditionelle Meinung, daß der *Sakhra* die von König David erwor-
bene Tenne war, paßt durchaus zu Warrens These, denn Tennen
wurden häufig auf höhergelegenen Plätzen gebaut, da der Wind
half, die Spreu vom Weizen zu trennen. Conders Vermutung, daß
auf der Anhöhe der Salomo-Tempel stand, ist nach wie vor kritisch
zu betrachten.

Zu Lebzeiten König Salomos hatte das bautechnische und konstruktive Wissen ein recht hohes Niveau, ebenso wie der kreative
Gestaltungswille. Als Salomo König von Israel wurde, stand die
große Cheopspyramide in Giseh schon seit mehr als tausendfünf-
hundert Jahren. Daher kann nicht ausgeschlossen werden, daß der
Berg Morija irgendwann einen neuen, von Menschenhand geschaffenen Gipfel erhielt. Das zehn Meter tiefe Fundament, das für eine
Erhärtung der Warrenschen Hypothese notwendig ist, war für Hiram Abiff und seine Steinmetzkollegen durchaus realisierbar. Hatte
also Warren recht? War Conders Position falsch? Ließ Salomo den
Tempel an einer anderen Stelle errichten, beispielsweise, wie Warren vermutete, etwas weiter südlich? Die Tempelanlage war als eine

Abfolge allmählich absteigender Höfe gebaut. Um jede Ebene waage-
recht zu gestalten, hätte man stark erhöhte Fundamente benötigt.
Könnte der vollendete Tempel mit seinem Fundament und den In-
nen- und Außenhöfen also den »Gipfel« des Berges noch über das
Niveau des heutigen *Sakhra* gehoben haben? Hatte Herodes dann
auf demselben Niveau den Zweiten Tempel errichtet?

Warren vermutete nach den drei Jahren, die er in Jerusalem fast
ununterbrochen mit der Erforschung des Tempelbergs verbracht
hatte, daß Herodes genau so vorgegangen war. Nach Abschluß seiner Arbeiten im Jahr 1871 glaubte Warren sogar, einen stichhaltigen
Beweis dafür geliefert zu haben. Indem er die Ergebnisse seiner archäologischen Forschungen mit den mineralogischen Fakten des
Berges Morija kombinierte, konnte er dem Palestine Exploration
Fund die archäologische Entwicklung des Tempelbergs schlüssig
erklären. Die Skizze des Berges, auf die man im Archiv des Palestine Exploration Fund stieß, enthält aber noch eine weitere Über-
raschung. Conder hatte den Höhenunterschied zwischen dem
*Sakhra* und dem Gebiet direkt im Süden zu groß bemessen. Auf
Warrens Skizze beträgt der Unterschied nämlich sechs Meter statt
neun. Die divergierenden Ansichten von Warren und Conder
machen die Schwierigkeiten deutlich, mit denen man bei der Suche
nach der Wahrheit in der Historie und Archäologie der Heiligen
Stadt permanent konfrontiert ist. Conder, der seine Arbeit dreiund-
dreißig Jahre nach Warren 1909 veröffentlichte, hatte Warrens Erkenntnisse entweder nicht verstanden oder, schlimmer, sie bewußt
ignoriert. Aber auch Warren war keineswegs immun gegen die Einflüsse des politischen und religiösen Fanatismus; zudem war er
über drei Jahre lang, von 1867 bis 1870, im Laufe seiner Ausgrabungen erheblichen Gefahren für Leib und Leben ausgesetzt gewesen,
was einem objektiv-distanzierten Blick nicht gerade förderlich war.
Doch infolge seiner Grabungen vor Ort war der »Maulwurf« anderen Forschern gegenüber im Vorteil; somit wurde seine Leistung
auch nie übertroffen. Warren war als einziger Archäologe dieses
wie auch des letzten Jahrhunderts in der Lage, die Wahrheit hinter
den komplizierten Geheimnissen der Geschichte des Tempelbergs
zu erforschen.

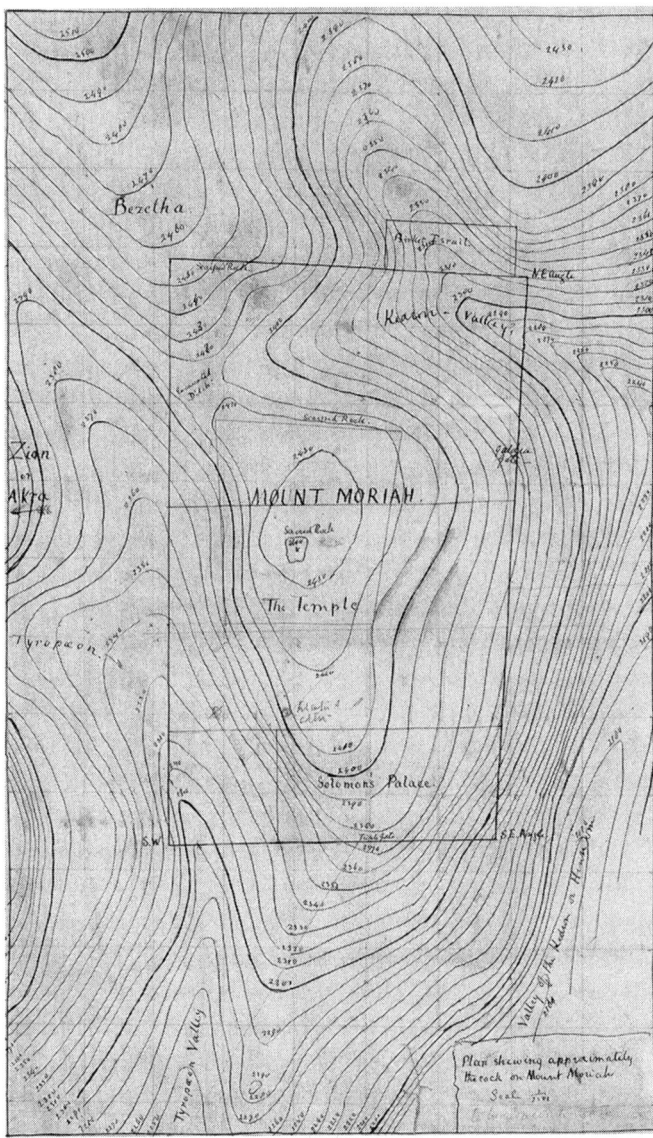

**Abb. 4.2:** Topographische Skizze des Berges Morija mit der Lage des Salomo-Tempels und des Palastes aus Warrens Vermessungsbericht (der Maßstab wurde verkleinert). Die Umrisse des heutigen *Haram*-Gebietes sind unterlegt (mit freundlicher Genehmigung des Palestine Exploration Fund).

DIE SÜDOSTECKE UND DIE NAHTSTELLE

Seit seiner Ankunft in Jerusalem war Warren davon überzeugt, daß die Mauern der Plattform auf dem Tempelberg zusammen mit den unterirdischen Gängen und Zisternen, die einst die Anlage mit Wasser versorgt hatten, den Schlüssel dazu bildeten, die umstrittene Lage des Salomo-Tempels zu orten. Ihm war folgendes klar: Wenn das genaue Ausmaß der Plattform bestimmt werden konnte, dann würde sich daraus der einstige Standort des Tempels ergeben. Wilsons Vermessungsauftrag in den Jahren 1864/65, bei dem der militärische Aspekt – das Sammeln aktueller Informationen für das englische Kriegsministerium – durch einen humanitären Vorwand, nämlich Daten für eine bessere Wasserversorgung der Jerusalemer Altstadt zusammenzutragen, verschleiert wurde, sollte durch den entfesselten archäologischen Eifer seines Nachfolgers Charles Warren völlig in den Schatten gestellt werden. Als Warren 1870 endgültig nach England zurückkehrte, gab er zu, daß sein Aufenthalt in Jerusalem »der Untersuchung jener Mauern« gegolten habe.[11] Im Zuge seiner intensiven Grabungen gelang es ihm, bis zum Fundament der vorhandenen Mauern vorzudringen: eine bis heute nie wieder erreichte Leistung. 1871 wurde der Dekan von Westminster vom Ausschuß des Palestine Exploration Fund gebeten, ein Vorwort zu Warrens Buch *The Recovery of Jerusalem* zu schreiben, das einen von Warren überarbeiteten Bericht über seine drei Jahre in Jerusalem enthielt. Bei der Schilderung der Gefahren, denen er und seine Männer ausgesetzt waren, hielt er sich diskret zurück, doch das Vorwort vermittelt einen völlig anderen Eindruck:

»Jeder Fortschritt wurde von einem ›Knapp davongekommen‹ begleitet. Jeden Tag drohten riesige Steine auf ihre Köpfe zu stürzen. Ein Forscher wurde so schwer verletzt, daß er ›kaum mehr nach draußen kriechen konnte‹. Ein anderer konnte sich verletzt und blutend mit Mühe befreien, während ein dritter von den Rui-

nen begraben wurde. Manchmal erstickten sie fast in der drücken-
den Hitze; zuweilen standen sie stundenlang bis zum Hals im eisi-
gen Wasser eines unterirdischen Stromes oder saßen wegen einer
eingestürzten Decke ohne Licht und Ausweg fest.«[12]
Conder hatte für die Erklärung seiner Schlußfolgerungen nie
solch lebensgefährliche Risiken auf sich genommen. Obwohl sich
der von ihm angenommene Standort des Salomo-Tempels als falsch
erwies, war sein Urteil über das Alter der Steine im Fundament der
Südostecke des heutigen *Haram* korrekt. Diese stammen mit großer Wahrscheinlichkeit aus der Zeit des Herodes. Aber wo war
dann die Mauer aus salomonischer Zeit? Vielleicht folgte sie nie
dem Verlauf der heutigen Ostmauer des *Haram*, sondern befand
sich innerhalb oder auch außerhalb des heutigen *Haram*-Bezirks.
Warren hatte jedoch nicht lediglich im Gebiet der Südostecke ge-
graben, sondern Überreste freigelegt, welche die Ecke mit der Stadt
Davids in Verbindung brachten. Damit könnte die in Nord-Süd-
Richtung verlaufende Ostmauer der Tempelplattform seit der Zeit
König Salomos existiert haben.

Die alte Stadt König Davids, südlich des *Haram* auf dem Hügel-
kamm gelegen, war vermutlich befestigt. Daraus folgerte Warren,
daß dieser Ort durch einen Ausläufer der Festungsmauern mit der
Südmauer der Tempelplattform verbunden war. In einem Brief vom
2. Oktober 1868 setzte Warren dem Palestine Exploration Fund seinen Versuch auseinander, die Überreste einer solchen aus salomonischer Zeit stammenden Verlängerung zu lokalisieren. Sein Bericht, dem er noch ein Diagramm beifügte, war durchaus schlüssig.
Er meldete die Fertigstellung von acht Schächten, die das Vorhan-
densein alter Türme und einer Verbindungsmauer bewiesen. Letztere schloß sich an die südöstliche Ecke des heutigen *Haram* an
und verband sie mit der Ostseite der Davidstadt.

Warren hatte die Überreste einer byzantinischen Mauer aus
christlicher Zeit entdeckt, unter der sich ältere, unbekannte Ab-
lagerungen befanden. Er hatte aber weder Zeit noch Mittel, tiefer
vorzudringen. Erst die Ausgrabungen von Kathleen Kenyon zwischen 1961 und 1967 bestätigten die Bedeutung seiner Entdeckung.
Im Jahr 1974 schrieb sie:

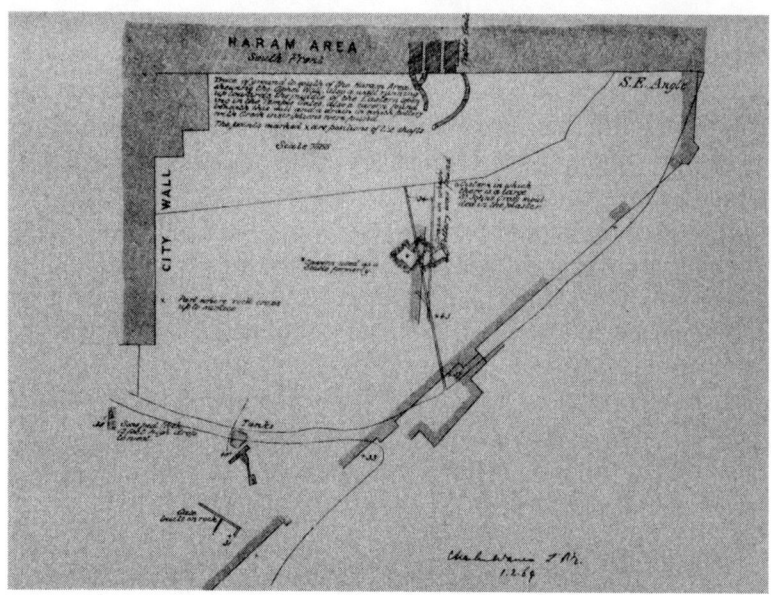

**Abb. 4.3:** Die Mauer, die Charles Warren zufolge die Südostecke des *Haram* mit der Stadt Davids verband (mit freundlicher Genehmigung des Palestine Exploration Fund).

»Eine Fortsetzung [der Stadtmauer der Davidstadt] aus salomonischer Zeit kann nur auf dem Hügelrücken gestanden haben ... Ein interessanter Beweis dafür stammt von (einer Stelle) 105 Meter südwestlich der heutigen Südostecke der Tempelplattform. Dort lokalisierten wir Warrens byzantinische Mauer mit spektakulären Überresten des gefährlichen Ganges, in dem er dem Verlauf der Mauer folgte. Darunter ... befand sich eine Mauer auf dem Grundgestein ... Diese ältesten Mauern lassen sich nach Schätzung der Tonscherben auf das 8. Jahrhundert v. Chr. oder früher datieren ... Zusammengenommen deuten die Funde darauf hin, daß Salomo die Stadt, die er von seinem Vater geerbt hatte, an der Ostseite durch eine Mauer auf dem östlichen Kamm des östlichen Höhenzuges mit der Plattform seines neuen Tempels verband.«[13]

Falls Salomo also die Stadt Davids mit der Südostecke des Tempels verbunden hatte, ist es durchaus nachvollziehbar, daß

Warren die gemalten Buchstaben, auf die er an der Ostmauer des *Haram* gestoßen war, in die Zeit König Salomos datierte. Doch wie Kathleen Kenyon andeutete, konnte das Alter der Südostecke des *Haram* nur durch eine Analyse jener archäologischen Funde ermittelt werden, die unter den Fundamenten der Südostecke ans Tageslicht kamen.

Das Problem bei der Ostmauer des *Haram* bestand jedoch nicht nur darin festzustellen, ob deren unterste Schicht aus salomonischer oder aus herodianischer Zeit stammte. Ungefähr zwölf Schritte nördlich von der südöstlichen Ecke kann man im sichtbaren Mauerwerk eine abrupte Stiländerung wahrnehmen. Zudem fällt auf, daß die beiden Mauerarten nicht ineinandergreifen. Archäologen und Historiker bezeichnen diese Stelle daher als »Straight Joint«, als gerade Nahtstelle. Es ist das einzige Mal, daß eine derartige Bruchstelle in der Umfassungsmauer des *Haram* vorkommt.

Im Frühjahr 1870 setzte Warren seine Arbeit an der Südostecke des *Haram* fort. Vom selben Schacht aus, mit dessen Hilfe er die gemalten Buchstaben in der Nähe der Südostecke entdeckt hatte, trieb er einen Stollen in Richtung der Plattformmauer. Nach 9,75 Metern stieß er nördlich der Ecke auf sie. Da das Erdreich instabil war und der Stollen einzustürzen drohte, konnte Warren, während er den Stollen weiter nach Norden trieb, nur etwa drei Reihen Mauerwerk freilegen. Ungefähr 33 Meter von der Südostecke entfernt bemerkte er jedoch einen durchgehenden horizontal verlaufenden Bruch sowie eine Veränderung im Mauerwerk, die beide auf den ersten Blick dem oberirdisch vorhandenen »Straight Joint« glichen. Daraus zog Warren den Schluß, daß sich die Nahtstelle ohne Unterbrechung vom sichtbaren Teil an der Oberfläche bis zum Fundament der Plattform des Tempels erstreckte. Hundert Jahre später konnte Kathleen Kenyon nachweisen, daß Warrens Fund ein eindeutiger Beleg für die Südgrenze der Plattform aus salomonischer Zeit ist. Sie argumentierte, daß die Steine nördlich der Nahtstelle, die den unvollendeten Mittelteil aufwiesen, aus dem 5. Jahrhundert v. Chr. stammten, als der Erste Tempel wiederaufgebaut wurde. Als Beleg für ihre Datierung verwies sie auf ganz ähnliche Bauten im arabischen Raum, so beispielsweise in Eschnunna und Byblos[14], die der Periode des persischen Großreiches zwischen dem 6. und dem frühen 4. Jahrhundert v. Chr. entstammen. Zahlreichen heutigen Archäologen erscheint diese These allerdings wenig plausibel.

Am 11. Dezember 1997 fand an der Bar-Elan-Universität in Jerusalem eine Archäologenkonferenz statt. Im Mittelpunkt der Veranstaltung stand eine Diskussion der Probleme der Ausgrabungen auf dem Tempelberg. Vor allem die Nahtstelle in der Ostmauer der *Haram*-Plattform gibt noch immer Rätsel auf. In der Bibel wird beschrieben, wie die Juden, die 538 v. Chr. aus dem Exil in Babylon zurückgekehrt waren, sich anschickten, die Zerstörungen zu beseitigen, die König Nebukadnezars Streitkräfte achtundvierzig Jahre zuvor auf dem Tempelberg angerichtet hatten. Das Ergebnis fiel derart kläglich aus, daß viele, welche die Pracht des ursprünglichen Salomo-Tempels mit eigenen Augen erblickt hatten, angesichts des wiederaufgebauten Tempels in Tränen ausgebrochen sein sollen.[15] Kathleen Kenyon nahm an, daß die Nahtstelle das Südende der salomonischen Plattform markierte, welche die Rückkehrer ein zweites Mal angelegt hatten. Allerdings besaß sie keine eindeutigen archäologischen Stücke aus dem Fundament des Plateaus, mit denen sie ihre These belegen konnte. In den neunziger Jahren propagierten einige Wissenschaftler die These, daß das bossierte Mauerwerk nördlich der Nahtstelle aus der viel späteren hasmonäischen Zeit stamme; eine solche Einstufung der Nahtstelle weicht viel stärker von der These einer möglichen Veränderung aus der Zeit nach der Babylonischen Gefangenschaft ab.[16] Damit wäre die Mauer auf das 2. Jahrhundert v. Chr. zu datieren, was das ohnehin bestehende Problem noch weiter kompliziert. Es gab also keinen konkreten Beleg, den man der Debatte um die in salomonischer Zeit gebaute Plattform hinzufügen konnte. Ohne eine Genehmigung für Ausgrabungen auf dem Gebiet des *Haram* oder auch nur für die außerhalb gelegenen Fundamente, die Warren im 19. Jahrhundert kurze Zeit freigelegt hatte, ist es nicht möglich, der Diskussion neue Impulse zu geben. Mitte der neunziger Jahre gewann man jedoch neue Erkenntnisse über die Konstruktionsmethode der Steinmetzen, die am Herodes-Tempel tätig waren, was zu einer teil-

weisen Erhellung des archäologischen und historischen Dunkels
um den Tempelberg führte.

Im Frühjahr 1997 öffneten die israelischen Behörden einen Teil
eines alten, der Nahtstelle der Ostmauer gegenüberliegenden Gangs,
der entlang der heutigen Plattform des *Haram* in der Nähe der
Westmauer verläuft. Die Verantwortung für die Grabung lag beim
jüdischen Religionsministerium, und die Öffnung des Gangs war
in den Augen der Araber eine eklatante Verletzung des heiligen
*Haram*-Gebietes. Es kam zu Unruhen, in deren Verlauf zahlreiche
Menschen starben. Einen positiven Aspekt hatte die Situation jedoch: Archäologen konnten die seltene Gelegenheit zu einer Untersuchung des Plattforminneren nutzen. Es ist vermutlich das einzige Mal in der Geschichte gewesen, daß die Religionspolitik, wenn
auch auf Umwegen, die archäologische Erforschung des Tempelbergs – und vor allem der präzisen Steinmetzarbeit im Fundament
der *Haram*-Plattform – begünstigte. Die Außenseite der Mauer ist
so exakt verfugt, daß es kaum gelingt, die Klinge eines Taschen-
messers zwischen die einzelnen Steine zu schieben, was noch be-
merkenswerter ist, wenn man bedenkt, daß die Steinblöcke Hunderte von Tonnen schwer sind. Wie konnten die Steinmetzen eine
derartige Mauer errichten?

Die Steinblöcke in der Mauer der Plattform waren nicht quader-,
sondern trapezförmig.[17] Ihre Seiten grenzten in einem Winkel an-
einander, der im Verhältnis zur Außenseite größer oder kleiner
als neunzig Grad war. Dies wird verständlich, wenn man das ungeheure Gewicht der Blöcke berücksichtigt. Bugsierte man die
längsten und schwersten Blöcke in die richtige Stellung und ließ
dazwischen jeweils eine kleine Lücke, so konnte ein kleinerer, be-
weglicherer Block in den Spalt eingesetzt und nach vorne gescho-
ben werden, bis beide fast fugenlos nebeneinandersaßen.

Das bedeutete, daß die schwersten Steinblöcke nur richtig plaziert, nicht mühselig eingefügt werden mußten. Die kleineren und
leichteren Blöcke konnten von der Innenseite der Mauer in die Lük-
ken eingepaßt und, wenn nötig, zugehauen werden, wodurch sehr
schmale Fugen entstanden. Einmal an Ort und Stelle, konnte die
vorstehende Frontseite des kleineren Steinblocks mit dem Meißel

so bearbeitet werden, daß er perfekt zu den Steinen links und
rechts von ihm paßte und die Reihe ergänzend schloß. In einem
Brief an den Palestine Exploration Fund vom 22. Januar 1869 beschrieb Charles Warren die gemalten und eingemeißelten »phönizischen« oder »aramäischen« Buchstaben auf den unteren Reihen
in der Nähe der *Haram*-Südostecke. Außerdem führte er über das
Mauerwerk folgendes aus:

»In der sechsten Reihe sind auf fast jedem Stein Zeichen in roter
Farbe; auf dem ersten finden sich keine, auf dem zweiten Stein
steht O Y Q, was wahrscheinlich eine Zahl ist; auf dem dritten bis
neunten stehen in der linken oberen Ecke mit Farbe einzelne Zeichen; auf dem zehnten befinden sich in roter Farbe viele Schnör-
kel, und der elfte weist eine Besonderheit auf: Die Vorderseite kragt
drei Millimeter vor und wurde etwa bis zur Hälfte bearbeitet, auf
dem *vorstehenden* Teil ist ein + in den Stein gemeißelt – dazu zwei
gerade Linien, die senkrecht zueinander stehen; auf den *behauenen* Teil ist ein viel größeres + mit einer Biegung nach unten am
rechten Ende des waagerechten Strichs gemalt. Viele andere Steine
in dieser Reihe weisen Zeichen auf...«

Warren zieht aus seinem Fund keine besonderen Schlüsse,
doch angesichts der neuen Entdeckungen, die Archäologen 1997 im
hasmonäischen Gang machten, gewinnt seine Beschreibung der
Steinmetzzeichen in der Südostecke an Bedeutung. Der »unfertige«
Stein in der Südostecke zeigt, daß man wahrscheinlich versuchte,
ihn an Ort und Stelle zuzuhauen. Wurde die Trapezbauweise der
Westmauer auch am südöstlichen Abschnitt angewandt? Der einzelne unfertige Steinblock in der Ostmauer deutet durchaus darauf
hin. Da die Blöcke in der Westmauer erwiesenermaßen aus herodianischer Zeit stammen, wurde vermutlich auch das Fundament
der Südostecke nicht zur Zeit König Salomos errichtet, sondern anläßlich des Baus des Herodes-Tempels, wie Conder 1909 behauptete. Außerdem weist ein herodianischer Block, der 1997 unter der
Westmauer ausgegraben wurde, zwei in seine ansonsten unbear-
beitete Oberfläche gemeißelte Kreuze auf, welche mit jenen über-
einstimmen, die Warren auf dem Block nahe der Südostecke fand.[18]
Ohne Warrens Schächte und Stollen zu öffnen, wird man vielleicht

nie herausfinden können, welche Ausmaße die salomonische Plattform insgesamt aufwies und wie alt die Südostecke tatsächlich ist.
Eine eingehende Untersuchung der von Warren entdeckten eingemeißelten und aufgemalten Symbole könnte jedoch zur Klärung
des uralten Geheimnisses beitragen. Es ist zu vermuten, daß die
eingeritzten Zeichen auf dem vorkragenden Teil des unfertigen elf-
ten Steins, ein Pluszeichen und zwei gerade, senkrechte Linien, die
persönlichen Zeichen des Steinmetzes waren, der die Vorderseite
des Steinblocks weiterbearbeiten sollte. Innerhalb der Mauer der
Plattform wurden der bearbeitete Teil des »unfertigen« Blocks, den
Warren freigelegt hatte, sowie auch viele andere komplette Blöcke
in der Mauerreihe mit einem farbigen Buchstaben versehen. Man
kann sich daher den möglichen Ablauf folgendermaßen vorstellen:
Inspektoren markierten die vorgefertigten Steine im Steinbruch mit
Farbe und kennzeichneten dann die übrigen, die an Ort und Stelle,
also in der Mauer, fertig bearbeitet werden sollten. Doch lassen
sich den Kontrollzeichen noch weitere Informationen entnehmen?

Die Überlieferung der Freimaurer läßt auf »Paßworte und Zeichen« der Steinmetzen schließen, die am Bau des Salomo-Tempels
beteiligt waren. Obwohl bestimmte Kennworte verwendet wurden,
um den Rang jedes Steinmetzen und sein Recht auf Soldauszah-
lung zu gewährleisten, gab ein solches Codewort andererseits doch
keinerlei Auskunft über die Arbeit, die ein Steinmetz pro Tag geleistet hatte. Angesichts der Vielzahl an Handwerkern und Hilfskräf-
ten, die auf dem Tempelberg tätig waren, wurde wohl Buch über
das tägliche Pensum eines jeden Arbeiters geführt. Jeder Block,
den man auf dem Tempelberg fertigstellte, gleich ob er die Qua-
litätsanforderungen erfüllte oder nicht, wurde kontrolliert und entsprechend gekennzeichnet, wobei man auch seine Position ver-
merkte. Die aufgemalten Buchstaben, die Warren entdeckte, stellen
den einzigen archäologischen Beleg dafür dar, daß ein Vorarbeiter
oder ein Vertreter der Schatzkammer – oder auch beide – die einzelnen Arbeitsschritte und -kosten auf dem Tempelberg sorgfältig
überwachten.

Wenn die Zeichen auf den Steinen im Zusammenhang mit der
Bezahlung der Steinmetzen standen, dann entstammten sie even-

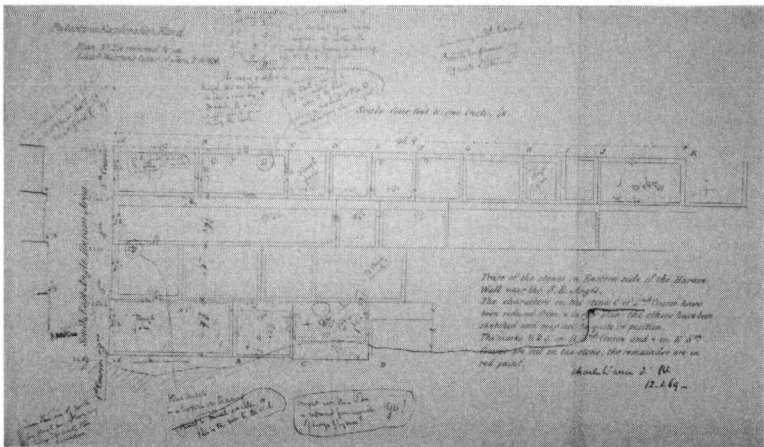

**Abb. 4.4:** (a) Kopie einer mit Kommentaren versehenen Originalzeichnung Charles Warrens von den unteren Steinreihen der Ostmauer an der Südostecke des *Haram* – der »unfertige« Steinblock ganz rechts in der obersten Reihe – sowie (b) eine Detailzeichnung der »Kreuze« auf dem »unfertigen« herodianischen Stein in der Westmauer.

tuell einer Geheimsprache, einer Steinmetzschrift, die bis in die Zeit von Hiram Abiff zurückreichte. Das »Aramäische« hat wie das Hebräische deutliche Wurzeln im Altphönizischen,[19] der Muttersprache Hiram Abiffs, und diese Sprache hatte seit dem 11. Jahrhundert v. Chr. als Grundlage für viele Weiterentwicklungen in der östlichen Mittelmeerregion und auf der arabischen Halbinsel gedient. Somit ist es durchaus möglich, daß die eingeritzten Zeichen und aufgemalten Buchstaben aus herodianischer Zeit stammen, aber der Sprache entnommen wurden, die Salomos Inspektoren und vielleicht sogar Hiram selbst beherrschten. Der Tageslohn der Arbeiter war beträchtlich – ebenso wie später beim Bau des Zweiten Tempels unter Herodes – und dürfte für den Herrscher eines mit so geringen Naturschätzen ausgestatteten Landes wie Israel eine erhebliche finanzielle Belastung gewesen sein. Der Bibel zufolge verbreitete sich der Ruhm von Salomos Leistung schon bald überall in Arabien und bescherte dem Königreich in Form von Tributzahlungen einen großen Reichtum, was die Finanzprobleme lindern half, die durch die Bauten auf dem Tempelberg entstanden waren. Die Schaffung eines festen Standorts für die Bundeslade stellte das Volk Israel aber vor neue Herausforderungen.

DER BERG GOTTES

»Groß ist der Herr und hoch zu rühmen in der Stadt unsres Gottes, auf seinem heiligen Berge.«[20]

Die Mauer um den Tempelbezirk und die Plattform, auf der der Tempelkomplex errichtet war, trennten zur Zeit König Salomos das Quartier der Kleriker vom restlichen Jerusalem. Heutzutage läßt sich aus den vorhandenen Informationen nicht mehr erschließen, ob sich David oder Salomo der Gefahren bewußt waren, die eine sichere Verwahrung der Bundeslade auf dem Berg Morija nach sich zog. Wenn aber Salomos Traum keine spätere Erfindung der Bibel war, hätte diese Vision dem König zumindest einen ersten Hinweis auf künftige Schwierigkeiten geben müssen. Im Jahr 942 v. Chr. hatte Salomo die Kontrolle über die strikt monotheistisch aufgebaute Religion, die eigentliche Kraftquelle des Reiches in vielerlei Hinsicht, an die Priester sowie an die Leviten abgetreten. Salomo glaubte, dadurch ein Zentrum des Glaubens mit einem festen Ritual zu installieren, woraus sich eine dauerhafte religiöse Struktur entwickeln lassen könnte. In gewisser Weise hatte er recht: Ein stabiler Religionskult war Voraussetzung einer guten Regentschaft. Doch indirekt hatte er bereits einer späteren Zerstörung den Weg bereitet. Salomo hatte einem Volk eine starre religiöse Hierarchie aufgezwungen, dessen Angehörige seit alters eine nomadische Existenz führten und ebenso stolz auf ihren jeweiligen Stamm wie freiheitsliebend waren. Die Konzentration des Jahwe-Kults mit seiner spirituellen Mitte auf dem Tempelberg hatte Macht und Reichtum in Jerusalem vereinigt, das als einziger Ort des Landes galt, an dem man Jahwe rechtmäßig opfern konnte.

Neid und Mißgunst führten unvermeidlich zur inneren Spaltung. Es war Salomo bestimmt, die Vorhersage seines eigenen Traums Wirklichkeit werden zu lassen, denn neben Jahwe betete er auch andere Götter an. Seine Verehrung »fremder Götter«, die im

Gebiet Israels schon seit der vordavidischen Zeit verbreitet war, lief seiner Auslegung der Gesetzestafeln zuwider und gab seinen Gegnern Auftrieb. Je länger Salomos Herrschaft dauerte, desto mächtiger wurden seine Widersacher. Die Wehrhaftigkeit des noch jungen Staates wurde auf eine ernste Probe gestellt. Jerusalem und seine Schätze sahen sich von den Feinden Israels bedroht, so wie es in Salomos Traum vorhergesagt worden war.

Das Buch der Könige und das Buch der Chronik im Alten Testament sind unsere einzigen Quellen über die restlichen Regierungsjahre Salomos. Die Fertigstellung des Königspalastes sowie der Tempel und der Gebäude südlich des Haupttempels, in denen staatliche Behörden untergebracht waren, zehrte Salomos Finanzen auf. Sollte der Ausstattungsstandard des Tempels bei den anderen Gebäuden auf dem Tempelberg ebenfalls aufrechterhalten werden, so benötigten die Handwerker viel kostbares Material.

Die militärischen Erfolge Davids hatten Salomo eine nationale Einnahmequelle sowie Tributzahlungen der benachbarten Reiche verschafft, mit denen er den Bau der Plattform auf dem Berg Morija und des Tempels finanzieren konnte. Seine verwandtschaftlichen Beziehungen zu Ägypten waren ebenfalls wesentlich für Reichtum und Wohlergehen seines Landes. Ein gutes Verhältnis zum regierenden Pharao machte die Südgrenze des Landes sicher und kam dem Handel zugute. Zu diesem Zweck ließ Salomo am Ufer des Roten Meeres in der Nähe der heutigen Stadt Elath eine Flotte bauen, wobei er, wie die Bibel berichtet, erneut von seinem ältesten Verbündeten unterstützt wurde: »Und Hiram [der König von Tyrus] sandte auf die Schiffe seine Leute, die gute Schiffsleute und auf dem Meer erfahren waren, zusammen mit den Leuten Salomos. Und sie kamen nach Ophir und holten dort vierhundertzwanzig Zentner Gold und brachten's dem König Salomo.«[21] Gold, Elfenbein und weitere kostbare Materialien, die in Israel nicht vorhanden waren, wurden importiert und für die Ausschmückung des Königspalastes verwendet. In der Levante machten die Schilderungen des märchenhaft ausgestatteten Tempelbezirks auf dem Berg Morija schnell die Runde. Der Ruhm lockte auch die Königin von Saba an.

Die Königin, die, wie man heute vermutet, aus dem südlichen Arabien stammte,[22] reiste nach Jerusalem, um den Salomo-Tempel mit eigenen Augen zu sehen und den König »mit Rätselfragen zu prüfen«.[23] Die schwierigen Fragen der Königin wurden jedoch durch die prächtigsten Geschenke versüßt: »Und sie kam nach Jerusalem mit einem sehr großen Gefolge, mit Kamelen, die Spezerei trugen und viel Gold und Edelsteine.«[24] Im Buch der Könige wird auch berichtet, das geschenkte Gold habe 120 Talente gewogen, umgerechnet etwa 1440 Kilogramm.[25] Das Geschenk der Königin war daher viel wert, auch wenn in der Bibel angedeutet wird, daß sich hinter ihrem Besuch in Jerusalem ein zweites Motiv verbarg: »...Und als sie zum König Salomo kam, redete sie mit ihm alles, was sie sich vorgenommen hatte.«[26] Die romantische Begegnung zwischen Salomo und der Königin von Saba ging in die Geschichte Jerusalems ein. Man weiß nicht, ob die Königin von Saba einige Tage oder gar Wochen und Monate Salomos Gast war, doch ihr Besuch dauerte lang genug: »Und der König Salomo gab der Königin von Saba alles, was ihr gefiel und was sie erbat, außer dem, was er ihr von sich aus gab.«[27]

Nach der Fertigstellung der Anlage auf dem Tempelberg hatte Salomo den Wohnsitz seiner ägyptischen Frau aus der tiefer gelegenen Davidstadt in seinen Palastbezirk verlagert, der sich Warren zufolge wohl auf dem Bergplateau südöstlich des Tempels befand. Die Auswirkungen des Besuchs der Königin von Saba auf die königliche Ehe werden ein Geheimnis bleiben. Man weiß allerdings, daß diese sagenumwobene Begegnung Salomos Reichtum ganz erheblich vergrößerte. Dem Ersten Buch der Könige zufolge erreichten Jerusalem bald nach der Abreise der Königin große Mengen kostbarer Güter, die von der arabischen Halbinsel stammten und vermutlich über die Handelsroute vom Roten Meer über den Golf von Akaba nach Israel gelangten. Das Gebiet wurde von Salomos Flotte kontrolliert; in seinen Diensten standen immer noch die kundigen Seeleute des phönizischen Königs. »Und das Gewicht des Goldes, das für Salomo in einem Jahr einkam, war sechshundertsechsundsechzig Zentner, außer dem, was von den Händlern und vom Gewinn der Kaufleute und von allen Königen Arabiens und von den

Statthaltern kam.«[28] Der Königspalast auf dem Tempelberg wurde
das Symbol für den Reichtum Salomos. Im Buch der Könige findet
sich eine Aufzählung der überaus wertvollen Gegenstände, die Salomo von den Handwerkern in Jerusalem anfertigen ließ:

»Und der König Salomo ließ zweihundert große Schilde vom besten Gold machen – sechshundert Lot Gold [ungefähr zehn Kilo-
gramm] nahm er zu einem Schild – und dreihundert kleine Schilde
vom besten Gold, je drei Pfund Gold zu einem kleinen Schild. Und
der König brachte sie in das Libanon-Waldhaus. Und der König
machte einen großen Thron von Elfenbein und überzog ihn mit
dem edelsten Gold.«[29]

Im Jahr 1996 fanden Archäologen der Israelischen Altertumsbehörde an der Südwestecke des *Haram* Fragmente geschnitzten
Elfenbeins. Auch wenn man davon ausgeht, daß die Stücke einst
zu Möbeln aus dem Herodes-Tempel gehörten und somit nicht aus
salomonischer Zeit stammen, stellen sie trotzdem einen wichtigen
Fund dar, denn mit ihnen kann der Wahrheitsgehalt der oben an-
geführten Passage aus dem Buch der Könige untermauert werden.
Falls Salomos Thron aus Gold und Elfenbein tatsächlich existierte
und nicht nur eine Übertreibung der Bibel ist, dann gab es vielleicht auch den restlichen Goldschatz, wie er im Ersten Buch der
Könige beschrieben wird. In Vers 23 von Kapitel 10 heißt es, König
Salomo sei »größer an Reichtum und Weisheit als alle Könige auf
Erden«. Seine Trinkgefäße und überhaupt alle Gefäße im Libanon-
Waldhaus bestünden aus purem Gold.[30] Dieser Schatz konnte jedoch nicht unter der Führung des Mannes angehäuft worden sein,
dem der Bau des Tempels und seine meisterhaft gearbeitete Ausstattung zugeschrieben werden. Nach der Überlieferung der Freimaurer war Hiram Abiff, der tyrische Baumeister, zu jenem Zeitpunkt
bereits eines unnatürlichen Todes gestorben, und als Schuldiger
wurde König Salomo verdächtigt.

DER TOD VON HIRAM ABIFF

Bis heute bleibt der Tod von Hiram Abiff ein Rätsel. In der Tradition der europäischen Freimaurer läßt sich die Legende um Hiram bis ins frühe 15. Jahrhundert zurückverfolgen.[31] Die »Kennworte« und »Zeichen«, mit denen die jeweiligen Grade der Freimaurer unterschieden werden, sind für den Tod des Baumeisters von zentraler Bedeutung. Hiram hatte sein ganzes Können auf den Tempel und dessen Ausstattung verwandt und war mit jedem Winkel des Gebäudes vertraut; vermutlich hatte er auch zu jeder Tages- und Nachtzeit Zugang zum Tempel. Der Legende der Freimaurer zufolge wurde Hiram schon bald nach der Fertigstellung des Gebäudes von drei Steinmetzgesellen im Tempel angesprochen. Außer ihnen war niemand zugegen. Die Gesellen bedrängten ihn, ihnen die geheimen Kennworte und Zeichen zu verraten, mit denen sie einen höheren Sold ausgezahlt bekämen, als ihnen ihren Kenntnissen gemäß zustand. Hiram weigerte sich, diese sorgfältig gehüteten Geheimnisse preiszugeben, und erhielt einen Schlag an den Kopf. Der Baumeister versuchte, dem betrügerischen Trio zu entfliehen, doch die Männer holten ihn am Osteingang des Tempels ein und ermordeten ihn an der von den überlebensgroßen Bronzefiguren Jachin und Boas flankierten Tür. Seine Leiche schleppten sie aus dem Tempel und verscharrten sie an einem Hang ganz in der Nähe.

Obwohl es sich hierbei nur um eine Legende handelt, ist dieser Geschichte eine gewisse Logik nicht abzusprechen. Die Gesellen glaubten offensichtlich, daß ihnen eine weitere Zeit harter Arbeit bevorstand, für die sie mehr Geld einstreichen wollten, als sie offiziell beanspruchen konnten. Der Mord muß daher vor dem Abschluß des zweiten Bauabschnitts – der Fertigstellung und Einrichtung des Palastbezirks – begangen worden sein. Die Tatsache, daß Hiram im Tempel verfolgt und ermordet wurde, läßt vermuten, daß die Außentore verriegelt oder auf andere Weise geschlossen waren.

Das wiederum erlaubt den Schluß, daß der Anschlag auf Hiram ver-
übt wurde, als zu erwarten war, daß sich weder ein Priester noch
einer der Leviten im Tempel aufhalten würde, höchstwahrscheinlich also während der Nachtstunden, in denen nicht geopfert wurde.
Doch selbst nachts hätten die Leviten den Tempel bewachen müssen. Hatten die Gesellen also eine Absprache mit den Leviten getroffen, wobei sie deren genaue Kenntnis des Tempels nutzten, um
Hirams leblosen Körper durch einen Geheimgang aus dem Tempel
zu schaffen? Es ist sehr unwahrscheinlich, daß drei Männer, die eine
Leiche trugen, im Tempelbezirk selbst mitten in der Nacht nicht
bemerkt worden wären. Hiram kannte jeden Geheimgang im Tempel und in der näheren Umgebung vermutlich genauso gut wie die
Leviten. Wenn man einmal annimmt, daß die Geheimgänge im Berg
noch existieren, erscheint das Szenario der Legende plausibel,
doch gibt es auch eine historische Grundlage für diese Erzählung?
In der Bibel wird Hirams Tod nicht erläutert,[32] doch der Überlieferung der Freimaurer zufolge wurde Hiram infolge eines mißglück-
ten Erpressungsversuchs getötet. Verbirgt sich hinter dieser Erklärung möglicherweise ein Komplott, das noch weitaus düsterere
Aspekte aufweist?

1922 veröffentlichte der Engländer Sir James Frazer, Fellow
am Trinity College in Cambridge, mit *Der Goldene Pfeil* ein funda-
mentales Werk über rituelle Praktiken der Antike. Dieses schwer-
gewichtige Buch enthält auch einen Abschnitt über Rituale beim
Hausbau, die noch bis ins 20. Jahrhundert befolgt wurden:

»Wenn im heutigen Griechenland der Grundstein zu einem
neuen Gebäude gelegt wird, ist es Sitte, einen Hahn, einen Widder
oder ein Lamm zu schlachten und sein Blut auf den Grundstein
fließen zu lassen, unter dem das Tier später begraben wird. Der
Zweck des Opfers ist der, dem Gebäude Stärke und Festigkeit zu
verleihen. Zuweilen jedoch lockt der Erbauer einen Mann in die
Nähe des Grundsteins, anstatt ein Tier zu töten. Er mißt insgeheim
seinen Körper oder einen Teil desselben oder seinen Schatten und
begräbt das Maß unter dem Grundstein; oder er legt auch den
Grundstein auf den Schatten des Menschen. Man glaubt, der
Mensch müsse noch innerhalb desselben Jahres sterben ... Vor

nicht allzu langer Zeit gab es noch Schattenhändler, deren Geschäft es war, Architekten mit den zur Sicherung der Mauern notwendigen Schatten zu versorgen ... So ist der Brauch ein Ersatz für die alte Sitte, ein lebendes Wesen einzumauern oder unter dem Grundstein eines neuen Gebäudes zu zermalmen, um dem Bau Festigkeit und Haltbarkeit zu geben, oder genauer, damit der zornige Geist den Ort heimsuche und gegen Übergriffe von Feinden schütze.«[33]

Frazers Beschreibung demonstriert, daß eine uralte Praxis, die im Mittelmeerraum weit verbreitet war, auch heute noch vorkommt: nämlich Menschen zu opfern, mit deren Blut die Grundsteinlegung oder auch fertiggestellte Gebäude, vor allem sakrale Bauten, zum Schutz gegen Unbilden geweiht werden. Wenn in der Überlieferung der Freimaurer der unnatürliche Tod des Tempelarchitekten von Bedeutung ist, könnte dann nicht auch König Salomo federführend daran beteiligt gewesen sein? In der Bibel wird beschrieben, wie Salomo gegen Ende seines Lebens dem Kemosch und dem Moloch »eine Höhe« baute, »auf dem Berge, der vor Jerusalem liegt«. Man weiß, daß dem zuletzt erwähnten Götzen auch Menschenopfer dargebracht wurden. War »die Höhe auf dem Berge, der vor Jerusalem liegt«, wie die Geschichte der Freimaurer ein Vorwand, eine Umschreibung des Tempelbergs, um den dortigen monotheistischen Jahwe-Kult weiterhin in hohem Ansehen zu halten?

Der »wahre« Kern der Geschichte läßt sich von der Legende der Freimaurer und der biblischen Überlieferung nicht mehr trennen. Allerdings gibt es einige sehr auffällige Parallelen, die man nicht leichten Herzens ignorieren sollte. In der Bibel werden Frauen beschuldigt, den alten Salomo verleitet und ihn Jahwe entfremdet zu haben, doch ist realistischerweise anzunehmen, daß Salomo bereits früher, als die Bibel einräumt, fremde Götter auf dem Tempelberg verehrte. Der schriftlichen Überlieferung der Freimaurer[34] zufolge wurde die Leiche Hiram Abiffs von anderen Steinmetzen an einer Stelle gefunden, auf welche die biblische Beschreibung von Salomos »Höhe« für Menschenopfer auf einem Berg vor Jerusalem paßt. Nach der Entdeckung sollen Hirams Steinmetzkollegen die

Leiche auf dem Tempelberg »erneut begraben« haben. Geht man davon aus, daß das rituelle Opfer, wie es Sir James Frazer beschrieb, bis in die Zeit König Salomos zurückreicht, erscheint es durchaus denkbar, daß Hiram geopfert und auf dem Tempelberg »in einer Wand eingemauert« wurde, damit sein Geist Wache hielt und die Bundeslade vor einem Raub durch die Feinde Israels schützte.

DAS VERMÄCHTNIS DES TEMPELS

Die Geschichte Hiram Abiffs schloß sich der Legende um Abraham und Isaak an und befleckte den Ort des Tempels mit dem Verdacht eines Menschenopfers. Der Tempel wurde errichtet, um dem Gott Israels dort Tiere darzubringen; dies bildete den Mittelpunkt der täglich durchgeführten Zeremonie. Die strenge Einhaltung der Gesetze des Jahwe-Kults mündete allerdings nicht notwendigerweise in ein harmonisches Miteinander der einzelnen Stämme. In der Spätphase der salomonischen Herrschaft stand Israels Einheit vor einer Zerreißprobe. Das im Norden von Jerusalem gelegene Königreich Israel fühlte sich von Salomo ungerecht behandelt. Viele Untertanen glaubten, der König habe die Menschen und Rohstoffe des nördlichen Reiches für den Bau der Tempelberg-Anlage rücksichtslos ausgebeutet, was zu Mißgunst innerhalb der hebräischen Nation und zur Gefahr einer inneren Spaltung führte. In den letzten Jahren seines Lebens übertrug Salomo Jerobeam, dem Sohn seines Beamten Nebat, die Verantwortung für das Königreich Israel. Salomo war anfangs von dem »Fleiß« Jerobeams, eines »tüchtigen Mannes«,[35] beeindruckt, doch dieser sollte sich gegen seinen Herrn wenden. Salomos Traum von einer Bestrafung Israels durch Jahwe, der die Verletzung des Gebots ahndete, keine fremden Götter neben ihm zu verehren, wurde schon bald Wirklichkeit.

Die Bibel berichtet, daß Jerobeam eines Tages auf Ahija traf, einen hebräischen Propheten aus der Stadt Silo, in der einst die Arche gelegen hatte. Ahija sagte ihm die Teilung des vereinten Königreiches Israel voraus; außerdem werde er, Jerobeam, für die Einhaltung der Gebote Jahwes verantwortlich sein. Salomo werde der königlichen Oberherrschaft beraubt sein, ihm würden dann nur noch die Stadt Jerusalem und der Stamm seines Vaters David unterstehen. Denn Salomo und seine Frauen hätten »Astarte, die Göttin der Sidonier, Kemosch, den Gott der Moabiter, und Milkom, den

Gott der Ammoniter«[36], angebetet. Diese biblische Prophezeiung gibt den wahren Grund der Rebellion an, den aufgrund alter Ressentiments geschürten Machtkampf zwischen Jerobeam und König Salomo: Noch immer herrschte im nördlichen Königreich Groll über Salomos Ausbeutung seiner Ressourcen zum Zweck des Tempelbaus. Weiter heißt es in der Bibel: »Salomo aber trachtete danach, Jerobeam zu töten. Da machte sich Jerobeam auf und floh nach Ägypten zu Schischak, dem König von Ägypten, und blieb in Ägypten, bis Salomo starb.«[37] Nach dem Tod König Salomos im Jahr 928 v. Chr. stand es schlecht um das Schicksal seines Volkes. Obwohl er die politische und wirtschaftliche Stabilität Israels errungen und gesichert hatte, sahen die Nachbarreiche in einem Überfall auf Jerusalem und einer Plünderung des Tempels eine verlockende Möglichkeit, ihre Kassen aufzufüllen. Innerhalb eines Jahrhunderts fielen die ägyptischen Nachfahren von Salomos Frau in Israel ein und forderten vom König in Jerusalem Tributzahlungen, die zum Teil aus den im Tempel befindlichen Reichtümern bestehen sollten.

ISRAEL UND JUDA

Nach dem Tod König Salomos wurde sein Sohn Rehabeam König über Israel und Juda. Die enormen Forderungen Judas an Israel, was Arbeiter und Finanzen betraf, wurden unter Rehabeam noch verschärft. Den Ratschlägen der Ältesten maß er nur wenig Beachtung bei und weigerte sich standhaft, dem Wunsch seiner hebräischen Landsleute gemäß, gerechtere Arbeits- und Steuergrundlagen einzuführen. Daher kehrte Jerobeam, der sich dem Zorn Salomos durch die Flucht nach Ägypten entzogen hatte, nach Israel zurück und wurde zum König ausgerufen, was die Abspaltung Israels von Juda und dessen Hauptstadt Jerusalem nach sich zog. Rehabeams Königreich Juda war nun von potentiellen Feinden eingekreist, und schon bald wurde der erste Angriff auf Jerusalem und den Tempelberg geplant. Im zweiten Jahr der Regentschaft Rehabeams, man schrieb das Jahr 925 v. Chr., marschierte Schischak, Pharao von Ägypten, in Juda ein.[38] Der Pharao drang mit einer riesigen Armee, die aus Fußsoldaten, 1200 Streitwagen und 60 000 Reitern bestand, etwa dreißig Kilometer nordwestlich von Jerusalem in Rehabeams Territorium vor.[39] Viele Bibelforscher sind der Ansicht, daß Schischaks eigentliches Ziel die Unterwerfung Israels war und Juda und Jerusalem nicht auf seiner Route lagen. Aber die ägyptische Armee marschierte nach Süden und Osten und legte am Fuß des Vorgebirges von Jerusalem die judäischen Städte Ajalon, Gibeon und Kirjath-Jearim in Schutt und Asche. Der Bibel zufolge bestand eine direkte Verbindung zwischen der pharaonischen Invasion und der Untreue der Israeliten gegenüber Jahwe. Diese Anschuldigung traf Israel und Juda zu gleichen Teilen.

»Und Juda tat, was dem HERRN mißfiel; und sie reizten ihn mehr, als alles ihn reizte, was ihre Väter getan hatten mit ihren Sünden, die sie taten. Denn auch sie machten sich Höhen, Steinmale und Ascherabilder auf allen hohen Hügeln und unter allen

grünen Bäumen. Es waren auch Tempelhurer im Lande; und sie
taten alle die Greuel der Heiden, die der HERR vor Israel vertrieben
hatte.«[40]

Um die Entweihung des Tempels und die Plünderung der Stadt
zu vermeiden, gab Rehabeam dem Pharao Schischak »die Schätze
im Hause des HERRN und die Schätze im Hause des Königs« und
»auch die goldenen Schilde, die Salomo hatte machen lassen«.[41]
Der Tempel blieb dadurch erhalten, und Rehabeams Demut vor seinem Gott wurde belohnt: »Sie haben sich gedemütigt; darum will
ich sie nicht verderben, sondern ich will sie in Kürze erretten, daß
mein Grimm sich nicht durch Schischak auf Jerusalem ergieße.«[42]
Entscheidend ist, ein wie großer Teil des salomonischen Schatzes
dem ägyptischen Pharao übergeben wurde und ob dazu auch das
wertvollste Stück, die Bundeslade, gehörte. In der Bibel wird sie im
Rahmen der Tributzahlung an Schischak nicht erwähnt. Andere
biblische Quellen deuten darauf hin, daß sich die Bundeslade im
7. und 6. Jahrhundert v. Chr. auf dem Tempelberg befand, was ebenfalls bedeutete, daß sie nicht dem Pharao ausgehändigt wurde. Der
Tempel diente nach Salomos Tod weiterhin als zentraler Verwah-
rungsort von Abgaben und Steuergeldern. Seit dem Auszug aus
Ägypten unter Moses mußte jeder Jude jährlich einen Beitrag für
den Religionskult entrichten, so daß die Gelder stetig flossen. Die
Bibel berichtet, daß Rehabeam die goldenen Schilde Salomos aus
dem Königshaus durch bronzene ersetzen ließ; von daher bietet
sich die Vermutung an, daß die Kosten für die Abwehr von Schischaks Armee die Kassen des Tempels zeitweilig geleert hatten. Die
Anhäufung von Goldobjekten diente zum einen als rudimentäres
Banksystem und zum anderen als Reserve, wenn die Zahlung eines
Tributs oder eines Schutzgelds eingefordert wurde. Dadurch bestand auch ein gewisser Schutz für die Bundeslade.

Im Laufe der folgenden vier Jahrhunderte wurde der Tempel
wiederholt überfallen und geplündert. Innerhalb der Periode vor
dem Eintreffen Nebukadnezars, der den babylonischen Königsthron im Jahr 596 v. Chr. bestieg, lockerte sich der Zusammenhalt
der hebräischen Nation zusehends. Der seit Jerobeam und Rehabeam bestehende Konflikt zwischen den Königreichen Juda und

Israel wurde nur unterbrochen, wenn sich beide einer Bedrohung durch fremde Invasoren gegenübersahen. Der Tempelberg und sein Schatz blieben unverändert im Zentrum der Innen- und Außenpolitik. Asa, Enkel Rehabeams und König von Juda zwischen 913 und 873 v. Chr., ließ alles Gold und Silber aus dem Tempelkomplex abtransportieren, um die Syrer zu bestechen, damit sie ihr Bündnis mit Israel lösten. Ein wichtiger Versöhnungsversuch wurde jedoch unternommen. Während der Herrschaft von Josaphat, Asas Nachfolger auf dem Königsthron, schlossen sich Israel und Juda durch Heirat zusammen: Josophats Sohn Joram nahm Prinzessin Athalja von Israel zur Frau. Die Gegnerschaft zwischen den Königreichen wurde durch diese Verbindung vorübergehend gemildert, was beiden Ländern gestattete, den vereinten Kampf gegen das Syrische Reich aufzunehmen, dessen Armeen eine ständige Gefahr für Israel und Juda darstellten.

Der Tempelberg blieb jedoch innenpolitisch weiterhin ein unsicheres Terrain. Prinzessin Athalja von Israel, deren Ehe mit Joram die Hebräer geeint hatte, verfolgte eigene Pläne. Ihr Mann Joram wurde 842 v. Chr. König, doch er fiel nach nur achtjähriger Herrschaft einer unheilbaren Krankheit zum Opfer. Ihm folgte sein Sohn Ahasjas auf dem Thron nach, aber innerhalb eines Jahres kam auch er auf dem Schlachtfeld um. So wurde seine Mutter Athalja zur ersten Frau, die über Juda, Jerusalem und den Tempelberg herrschte.

Obwohl Athalja eine Prinzessin des Königreiches Israel war, stammten ihre Vorfahren aus Phönizien, wo Polytheismus praktiziert wurde. Seit Beginn ihrer Ehe mit Joram hatte sie im Reich die Anbetung »fremder« Götter, die größte Bedrohung des Jahwe-Kults, wiedereingeführt.

# JAHWE UND »FREMDE GÖTTER«

In der Bibel ist zu lesen, daß die Nachfolger Salomos auf dem Thron von Juda in unterschiedlichem Maße zwischen einem strikten Gehorsam gegenüber den Geboten Jahwes und der Anbetung »fremder« oder »unbekannter« Gottheiten schwankten. Der Sprachgebrauch der Bibel verschleiert jedoch die Vehemenz der religiösen Auseinandersetzungen innerhalb der hebräischen Gesellschaft. Unter den vereinten Stämmen der hebräischen Nation war die Tendenz zu einer nichtmonotheistischen Religion trotz der unablässigen Bemühungen der Anhänger des Jahwe-Kults stark ausgeprägt, denn die Vielgötterei hatte in der Nation tiefe kulturelle Wurzeln. Die Bibel spricht von einem jahwegläubigen Volk, das wiederholt von religiösen Krisen heimgesucht wird. Außerdem berichtet sie, daß solche Probleme stets dann auftraten, wenn ein Führer des Landes die strengen Gesetze des Gehorsams ignorierte, die auf dem Heiligen Bund und den Zehn Geboten gründeten, jenen in der Bundeslade in Stein festgehaltenen Regularien. Die historische Realität war allerdings anderer Art. In Wirklichkeit hatten Gottheiten wie Astarte und Moloch, die Salomo und die späteren Könige und Königinnen von Israel und Juda derart in Versuchung führten, kaum etwas »Fremdes« oder »Unbekanntes« an sich. Innerhalb Israels war noch eine andere Form der religiösen Verehrung weit verbreitet. Seit dem Auszug aus dem Land der Pharaonen und den Wanderungen der hebräischen Stämme in der Wüste war die Anbetung Gottes in Gestalt eines Kalbes oder Stieres das eigentliche »Kernproblem«. Im 20. Jahrhundert haben Wissenschaftler diesen beharrlich praktizierten Stierkult gründlich erforscht, zudem konnten archäologische Ausgrabungen weitere Hinweise liefern. Die Wissenschaft konzentriert sich auf Ereignisse, die sich während des Exodus, unmittelbar vor der Entstehung der Bundeslade unter Aufsicht von Moses, zugetragen haben sollen. Einige

Historiker meinen, daß Aaron, der Bruder des Moses, der Begründer und erste »Priester« des Stier- oder Baal-Kults gewesen sein könnte.[43] Der Stierkult enthielt wesentliche Elemente der Anbetung des Fruchtbarkeitsgottes Adad, und die Verehrung Baals wurde zum allgemeinen Oberbegriff für den Kult um Fruchtbarkeitsriten.[44] Unter diesem Gesichtspunkt ist eine Szene im Buch Exodus von großer Bedeutung für die Geschichte des Tempelbergs in den drei Jahrhunderten, die der Vollendung des Salomonischen Tempels folgten. Der Zorn des Moses über das Vergehen seiner Stammesangehörigen war der Auftakt zu einem langjährigen Konflikt zwischen der aaronitischen Priesterschaft Baals und dem Stamm Levi. Letzterer bildete das Rückgrat des Jahwe-Kults, und aus seinen Reihen rekrutierten sich die Bediensteten der Priesterschaft und die Beschützer der Bundeslade.

Während Moses auf dem Berg Sinai weilte, hatte Aaron die Herstellung des Goldenen Kalbs durch die Hebräer beaufsichtigt. Als Moses mit Jahwes Steintafeln im Lager der Hebräer eintraf, zerschlug er das goldene Götzenbild. Die anschließenden Ereignisse zeigen, wie ernst die Anhänger des Monotheismus die Bedrohung durch Aarons Baal-Kult nahmen:

»[Moses] trat [...] in das Tor des Lagers und rief: Her zu mir, wer dem HERRN angehört! Da sammelten sich zu ihm alle Söhne Levi.

Und er sprach zu ihnen: So spricht der HERR, der Gott Israels: Ein jeder gürte sein Schwert um die Lenden und gehe durch das Lager hin und her von einem Tor zum andern und erschlage seinen Bruder, Freund und Nächsten.

Die Söhne Levi taten, wie ihnen Moses gesagt hatte; und es fielen an dem Tage vom Volk dreitausend Mann.«[45]

Zu jenem Zeitpunkt der Wanderschaft, als das Goldene Kalb zerstört und Aarons Anhänger von den Leviten erschlagen wurden, besaßen die Jahwe-Jünger vorübergehend die Oberhand. In den Jahren der Besiedlung Palästinas, des Aufbaus von Jerusalem und der Erhebung dieser Stadt zur Kapitale des vereinten Israel sowie der Entstehung des Tempels unter König Salomo blieben die Baal-Anbeter ihrem in der Wüste Sinai begründeten Stiergottkult treu. Die miteinander kollidierenden religiösen Interessen der Aaroniten und der Leviten prägten das kollektive Bewußtsein des Volkes und zeitigten innerhalb des nationalen Verbundes etliche krisenhafte Situationen. Die unter König David vollzogene Vereinigung der hebräischen Stämme hob die Unterschiede zwischen den religiösen Fraktionen noch schärfer hervor. Zwischen der Stadt Jerusalem und dem übrigen Land verlief eine religiöse Trennungslinie. Historisch betrachtet, dominierte die aaronitische Partei im nördlichen Königreich Israel, was durch archäologische Funde bestätigt wird. Und obwohl Salomo den Wunsch seines Vaters erfüllte und dem Gott Jahwe ein Heiligtum auf dem Berg Morija errichtete, heißt es in der Bibel, daß der Sohn Davids der Versuchung erlegen sei, fremden Göttern zu opfern, und diesen »greulichen« Göttern »eine Höhe«[46], also einen Altar, errichtet habe. Dafür gab es einst handfestere Beweise auf dem Tempelberg, und zwar jene unter Aufsicht von Hiram Abiff gegossenen Bronzegefäße. Wie erwähnt, stützten nicht weniger als zwölf Ochsen das Wasserbecken des Ehernen Meeres. Orthodoxe Anhänger Jahwes stuften dies als Verstoß gegen das Gottesgebot ein, keine Götterbilder im Tempel aufzustellen. Die Verwendung von Ochsen für ein derart bedeutendes Objekt innerhalb der Ausstattung des Tempels kann kein Zufall gewesen sein. Im 2. Jahrtausend v. Chr. wurde »Ochse« mit demselben Schriftzeichen, dem Keilschriftzeichen *remu*, wie »Stier« geschrieben.[47] Insofern sind die zwölf Ochsen als zwölf Stiere einzustufen, mithin als Symbole des Baal-Kults. Zudem verwendet die Bibel öfter das Wort Baal auch für andere Kulte. Diese pauschalisierende Bezeichnung fremder Gottheiten kam durch den Handel und die nomadische Existenz auf, die zur Folge hatten, daß sich die zentralen Lehren des Stierkults in Juda und Israel ausbreiteten und sich mit den in der jeweiligen Region seit längerem praktizierten Kulten vermischten. Auf der Grundlage des Baal- oder Fruchtbarkeits-Kults bildeten sich diverse Unterformen, die allesamt eine Gefahr für den Monotheismus darstellten.

Diese polytheistischen Glaubensrichtungen basierten hauptsächlich auf dem Kriterium der Fruchtbarkeit. Die phönizische Göttin Astarte, der Salomo einen Altar »auf den Höhen« errichtet hatte, lieferte ein Beispiel für einen solchen Fruchtbarkeitsritus, bei dem Baal unter einem anderen Namen verehrt wurde. Wahrscheinlich gründeten die religiösen Einflüsse von Salomos vielen Frauen auf der Bedeutung der Fruchtbarkeit und wiesen große Übereinstimmungen mit der phönizischen Religion des Hiram Abiff auf.

Doch welche anderen Anhaltspunkte können angeführt werden, um die Behauptung der Leviten, also der Anhänger Jahwes, zu stützen, daß der Fruchtbarkeitskult des Baal eine direkte Gefahr für die im mosaischen Gesetz festgelegten Grundsätze war? Die Verehrung Jahwes mit der auf dem Jerusalemer Tempelberg sicher verwahrten Bundeslade als Zentrum stellte eine dem Baal-Kult und dessen Unterformen diametral entgegengesetzte Religion dar. Die Anhänger Jahwes beteten ein abstraktes Idealbild an: Ihr Gesetz war das Wort Gottes. Der Fruchtbarkeitskult des Baal war, verglichen damit, weniger rigide, und genau diese freizügigere Haltung bildete für den Jahwe-Kult die größte Gefahr. Der Hauptzweck eines jeden Fruchtbarkeitskults war es, den Segen der Götter für eine ertragreiche Bestellung des Bodens zu erflehen. Allerdings gibt es auch zahlreiche historische Zeugnisse dafür, daß Promiskuität eine zentrale Rolle für den Kult spielte. Erst durch die jahwistische Religion wurden strenge moralische Vorschriften für das eheliche Zusammenleben und das Sexualverhalten aufgestellt, die später dann sowohl vom Christentum als auch vom Islam übernommen wurden. Für die ausschließlich männliche Priesterschaft des Jahwe-Kults war es unbedingt notwendig, die Kontrolle über die Frauen zu gewinnen, die im Mittelpunkt des Baalschen Fruchtbarkeitsritus standen. Die Besteigung des judäischen Throns durch Athalja, die aus Phönizien gebürtige Prinzessin und Anhängerin Baals, im Jahr 841 v. Chr. beunruhigte die Priester und Leviten auf dem Tempelberg daher zutiefst.

Das Verhalten Athaljas nach dem Tod ihres Mannes und ihres Sohnes hatte weitreichende Konsequenzen. Ob von tiefer Trauer überwältigt, die durch ihre isolierte Position noch verschärft wurde, oder durch politischen Ehrgeiz angestachelt, jedenfalls plante Athalja, die davidische Erblinie von Juda durch Mord auszulöschen. Ihr Plan ging fast auf, denn nur ein Enkel, Joas, entkam den Anschlägen; man hatte ihn »aus der Mitte der Söhne des Königs, die getötet wurden«, gerettet.[48] Der sechsjährige Joas überlebte nur dank der Intervention Jojadas, eines Tempelpriesters, der ihn im heiligen Bezirk versteckte. Joas rückte somit in das Zentrum einer Revolte gegen Athalja, und der Tempelberg geriet – nicht zum letztenmal im Laufe der Geschichte – zum Schauplatz kriegerischer Auseinandersetzungen. Der Bibel zufolge dauerte es sieben Jahre, bis der Priester Jojada, der Führer des Aufstands, für die Konfrontation mit Athalja bereit war. In dieser Zeit sicherte er sich die Unterstützung der rings um Jerusalem lebenden Stammesältesten. Eine Machtdemonstration auf dem Tempelberg war nötig, wenn der Aufstand gegen die Königin erfolgreich sein sollte. Joas wurde sieben Jahre lang versteckt gehalten. Obwohl seine Existenz deshalb aus dem Gedächtnis des Volkes zu verschwinden drohte, kann es für die Rädelsführer einen einfachen Grund gegeben haben, nicht früher loszuschlagen. Joas hatte in diesen sieben Jahren das Kindesalter hinter sich gelassen, und ein fast erwachsener Erbe flößte denjenigen mehr Mut ein, die heimlich den Sturz Athaljas planten. Mit Hilfe eines nahezu erwachsenen Thronaspiranten konnte man auch die Unterstützung der wohl Unschlüssigen gewinnen. Schließlich war das Risiko hoch, das die Anhänger Jahwes eingingen. Sie wußten, daß die Wiedereinsetzung der davidischen Dynastie von einem lebenden Thronprätendenten und von Joas' Inthronisation als König von Juda abhing, sobald er das Alter der Volljährigkeit erreicht hatte.

Mit unseren Kenntnissen über den salomonischen Tempelberg können wir uns den in der Bibel geschilderten Tod Athaljas gut vorstellen. In den Chroniken heißt es, die Leviten seien an der Revolte beteiligt gewesen, die am Sabbat ausbrach, als auf dem Tempelberg ein geschäftiges Treiben herrschte. Die im Tempelkomplex als Torwächter eingesetzten Leviten wurden durch Glaubensbrüder von außerhalb Jerusalems verstärkt.[49] Eine weitere Levitengruppe begab sich in den Tempel und bildete eine Leibgarde für den jungen Joas: »Und die Leviten sollen sich rings um den König herumstellen, ein jeder mit seiner Waffe in der Hand. Und wer in das Haus des HERRN geht, der sei des Todes! Und sie sollen um den König sein, wenn er aus- und eingeht.«[50] Jeder Besucher des Tempelbergs hätte öffentliches Aufsehen erregt, wenn er bewaffnet die Tempelstätte betreten hätte. Damit sich die Kunde von der bevorstehenden Revolte nicht zu früh verbreitete, mußte Jojada auf die im Tempelareal befindlichen Kriegsgerätschaften zurückgreifen, beispielsweise auf einige noch aus der Zeit König Davids stammende »Spieße und Schilde und Waffen«.[51] Diese wurden den Hauptleuten ausgehändigt, welche die Revolutionäre anführten. Als die Vorbereitungen auf dem Tempelberg abgeschlossen waren, wurde Joas aus seinem Versteck geholt und dem Volk präsentiert, damit es sehen konnte, daß ein direkter Erbe König Davids noch am Leben war. Danach geleitete man ihn wieder in den Salomo-Tempel zurück und krönte ihn dort zum König von Juda. Der Lärm des Tumults erreichte auch Athalja, die vom Königspalast herbeieilte. Von Feinden umringt, wurde sie aus dem Tempelbezirk geschleift und in unmittelbarer Nähe des Roßtors des Palastes getötet; keine Hand rührte sich, niemand kam ihr zu Hilfe.[52] Dann schleifte das Volk die auf Anordnung von Athalja errichteten Baal-Statuen.

Joas bestieg den judäischen Thron 836 v. Chr., was den Anhängern Jahwes neue Hoffnung verlieh. Damals war der Salomo-Tempel über hundert Jahre alt und mußte dringend renoviert werden. Joas wies die Priester an, die Arbeiten aus den Einnahmen des Tempels zu finanzieren. Diese staatlichen Einkünfte wurden in Form von Edelmetallen entrichtet, die mit dem Königssiegel versehen waren. Es bestätigte die Reinheit und das korrekte Gewicht der Münzen und Barren. Die religiösen Opfergaben an den Tempel wurden in drei Kategorien eingeteilt: in den einer Person abgeforderten »Wert« für die Ausführung eines Opfers durch einen Priester, in »freie« Opfergaben (Spenden ohne Anliegen) sowie in »Sünden«- und »Schuld«-Gelder, welche Lossprechung von persönlichen Schwächen und Verfehlungen erkaufen sollten.[53] Joas erlaubte den Tempelpriestern, die letzteren für sich zu behalten. Die Erträge aus den ersten beiden Kategorien hingegen waren für die Bezahlung der Reparaturen bestimmt. Doch das Vertrauen, das er in die Priester gesetzt hatte, wurde enttäuscht. Als nach vierundzwanzig Jahren immer noch keine einzige Reparatur durchgeführt worden war,

führte man eine neue Methode ein. Rechts neben dem Tempeleingang wurde ein Kasten aufgestellt, in den alle Opfergaben geworfen
werden mußten. Der Schreiber des Königs hatte die Einnahmen
dann korrekt zu verteilen. Dieser in der Bibel festgehaltene Eingriff
läßt den Einfluß der Monarchie auf den Alltag im Tempel erkennen
und betont dessen zunehmende Bedeutung als Schatzkammer des
Staates. Aber die Verlockung für den Monarchen, sich in Zeiten der
Not der dort aufbewahrten Pretiosen und Reichtümer zu bedienen,
dürfte den Priestern und den Leviten keinen Zweifel am prekären
Status der Bundeslade gelassen haben; schließlich waren bei der
Konstruktion der Lade, vom spirituellen Wert einmal abgesehen,
große Mengen Gold verarbeitet worden. Deshalb – und auch wegen
der Bedrohung des monotheistischen Glaubens an Jahwe durch
den Baal-Kult – waren die Leviten von neuem um die Sicherheit der
Bundeslade besorgt und suchten nach einer geheimen, nur ihnen
bekannten Aufbewahrungsstätte. Wahrscheinlich hatten sie schon
lange vor der drohenden babylonischen Invasion im Jahr 596 v. Chr.
an einer Stelle unterhalb des Tempelbezirks einen geheimen Alter-
nativort für die Bundeslade hergerichtet. Die Vorsicht der Leviten
war wohlbegründet. In den zweieinhalb Jahrhunderten bis zur
babylonischen Invasion war der Tempelberg für den Jahwe-Kult
auch weiterhin ein an Bedeutsamkeit stetig wachsender Ort. Aber
andererseits war diese wichtige religiöse Kultstätte mit den schrecklichen Warnungen konfrontiert, die Propheten wie Jesaja und Jeremia verkündeten.

## EIN STURM BRAUT SICH ZUSAMMEN

Das Schicksal Athaljas war durchaus bezeichnend für das Dilemma, dem sich die Nation Israels ausgesetzt sah. An einem derart eingegrenzten Ort wie dem Tempelberg konnte ein Interessenkonflikt zwischen dem weltlichen Herrscher, dem König, und den Priestern, den geistlichen Führern der Nation, kaum vermieden werden. Und als unter späteren Monarchen eine Krise die andere ablöste, nahmen im öffentlichen Leben der Nation Einfluß und Bedeutung der Propheten zu.

Seit den ersten Tagen des Königs Saul, etwa um das Jahr 1020 v. Chr., bis zur babylonischen Invasion 596 v. Chr. stand die immer stärker anschwellende Prophetenbewegung, die von der Vernichtung Israels kündete, falls Jahwes Geboten nicht Folge geleistet werde, in direkter ideologisch-genealogischer Beziehung zu der auf dem Tempelberg installierten Hierarchie der Priester. Die uralten Begriffe für »Prophet« machen es möglich, diese Entwicklung präzise zu skizzieren.

Historisch betrachtet, ist im Hebräischen das älteste Wort für »Prophet« *ro'eh*, welches »Seher« bedeutet und vom Stammwort *ra'ah*, »sehen«, abgeleitet ist. Später wurde es durch die Vokabel *nabi'* ersetzt, die sich von *nabu* herleitet, einem Begriff der alten babylonischen Sprache der Akkader, der »rufen« oder »sprechen« meinte.[54] Somit bestand die eigentliche Aufgabe eines »Propheten« darin, Sprachrohr Gottes zu sein. Im Fall der frühen Propheten liefert die Bibel etwa für Samuel und Nathan genügend Hinweise darauf, daß dies ihre einzige Funktion war. Das »Rufen« ging, wie häufig bei religiös bedingten ekstatischen Zuständen, mit unkontrollierbaren Körperbewegungen einher. Der Nachweis, daß ein solcher Verlust der Kontrolle über den eigenen Körper den orgienhaft ausufernden Charakter der religiösen Zeremonien des Baal-Kults annahm, kann aber nicht geführt werden. Trotzdem trug das

Verhalten dieser frühen Propheten kaum dazu bei, ihnen die Reputation besonderer Geistesschärfe zu verschaffen. Die Bibel betont an einigen Stellen in recht unverhüllter Form sogar ihre völlige Unzurechnungsfähigkeit.[55]

Der Bau des Salomo-Tempels hatte jedoch dazu geführt, daß »prophetische« Gruppen in Erscheinung traten, die einen »Berufsstand« bildeten und einhellig »Prophezeiungen« aussprachen.[56] Anfangs schien die Existenz dieser Propheten trotz ihrer unabhängigen Funktion ebenso stark von Geld dominiert zu sein wie die der Tempelpriesterschaft. Doch während des 8. Jahrhunderts v. Chr. war auf dem Tempelberg wieder die dem typischen »Seher« eigene Urstimme der Prophezeiung zu vernehmen. Wenig begeistert von Zeitläuften, in denen Weissagungen gegen Bargeld erfolgten, verweigerte sich Amos, selbst Sohn eines Propheten, dem allgemeinen Trend und rief dadurch eine Bewegung ins Leben, welche die prophetische Ordnung auf dem Tempelberg herausforderte. In der Folge überhäufte er das Volk von Juda und Israel mit Warnungen für den Fall, daß das mosaische Gesetz nicht pedantisch genau befolgt werde und die Menschen in der Verehrung Jahwes auch nur im geringsten nachließen.

740 v. Chr. nahm Jesaja Amos' Herausforderung an und verkündete in Jerusalem eigene Prophezeiungen. Er entstammte wahrscheinlich der judäischen Königsfamilie und war zum Zeitpunkt der »Vision«, die ihn zum Propheten werden ließ, als Priester im Tempel tätig. Jesaja sah Jahwe auf der Bundeslade sitzen, umgeben von Seraphim in einer Rauchwolke. Die dokumentierten Worte des Jesaja, Paradebeispiel des Predigers in der Wüste, verliehen dem Versuch zusätzliche Kraft, den monotheistischen Gottesglauben in Jerusalem wiederherzustellen. Auf ihnen baute der weitverbreitete Glaube an das Kommen des Messias auf, der das auserwählte Volk Israel von der auf Blutopfern beharrenden Tempelpriesterschaft erlösen werde. Diese Form der religiösen Verehrung galt glühenden Jahwe-Gläubigen als verwerflich, da durch Tieropfer eine Verbindung zwischen ihrer Religion und den Kultpraktiken der Anhänger Baals und anderer Götzen geknüpft wurde:

»Was soll mir die Menge eurer Opfer? spricht der HERR. Ich bin satt der Brandopfer von Widdern und des Fettes von Mastkälbern und habe kein Gefallen am Blut der Stiere, der Lämmer und Böcke. Und wenn ihr auch eure Hände ausbreitet, verberge ich doch meine Augen vor euch; und wenn ihr auch viel betet, höre ich euch doch nicht; denn eure Hände sind voll Blut. Lernet Gutes tun, trachtet nach Recht, helft den Unterdrückten, schafft den Waisen Recht, führt der Witwen Sache!«[57]

Im Zeitraum von ungefähr 760 bis 698 v. Chr lebte und wirkte Jesaja unter vier über Jerusalem herrschenden Königen, nämlich Usia, Jotham, Ahas und Hiskia. Seine Weissagungen spiegeln die Herausforderungen wider, die über den Häuptern des Volkes Israel schwebten. Die Prophezeiungen enthielten Hinweise zur korrekten Anbetung Jahwes, und warnten vor den gräßlichen Folgen jeglichen Fehlverhaltens.

Aufgrund der geographischen Lage Jerusalems drohte stets Gefahr von außen. 734 v. Chr. veränderte ein Feldzug von beispielloser Brutalität das labile Verhältnis zwischen den israelitischen Königreichen Israel und Juda, das seit mehr als zweihundert Jahren bestanden hatte. Die assyrische Armee unter Tiglath-Pileser III., einem zum König erhobenen früheren Soldaten, stieß durch den Fruchtbaren Halbmond und Nordostsyrien bis nach Palästina vor und bedrohte das Königreich Israel. Mit einer jährlichen Tributzahlung von fünfzig Schekel pro Kopf – das entspricht nach heutigen Maßstäben ungefähr dreihundertfünfzig Gramm Silber – kaufte sich das Königreich frei, doch eine solch enorme Belastung konnte es wirtschaftlich nicht verkraften. Die Fraktion, die für einen militärischen Widerstand plädierte, wurde stärker. Die alten Feinde Syrien und Israel schlossen ein Bündnis zum Kampf gegen die Assyrer.

Aber Ahas, König von Juda, lehnte es ab, sich dem Widerstand gegen das assyrische Heer anzuschließen, was zur Folge hatte, daß sich die vereinigten Streitkräfte von Israel und Syrien gen Süden wandten und auf Jerusalem zumarschierten. Ahas sandte den Assyrern eine Botschaft, in der er ausführlich von seiner Notlage berichtete und um Unterstützung nachsuchte. Diese Bitte bekräftigte er mit einem Geschenk in Form von Gold und Silber, das aus dem Königspalast und der Schatzkammer des Tempels stammte.[58] Der Bibel ist zu entnehmen, daß die Lage, in die sich Ahas manövriert hatte, auf seine Anbetung fremder Gottheiten, insbesondere des verhaßten Baal, zurückzuführen war: Er ließ »seinen Sohn durchs Feuer gehen nach den greulichen Sitten der Heiden, die der HERR vor den Kindern Israel vertrieben hatte«.[59] Die Bücher der Chroniken verweisen darauf, daß mehrere seiner Kinder einen frühen Tod als Opfer der Götzen fanden: »Dazu machte er den Baalen gegossene Bilder und opferte im Tal Ben-Hinnom und verbrannte seine Söhne im Feuer nach den greulichen Sitten der Heiden, die der HERR vor den Kindern Israel vertrieben hatte.«[60] Die Opferung seiner eigenen Kinder ließ die ganze Verzweiflung des Ahas deutlich werden. Offensichtlich nahm er an, Jahwe sei nicht stark genug, ihm und seinem Land beizustehen. Dennoch hing jeder erfolgreiche Versuch, Jerusalem und den Tempel vor dem Zorn der Assyrer zu schützen, stärker von der Höhe der Tributzahlungen ab als von der Menge der Menschenopfer, und durch die Geldgeschenke wurde der Nation Juda eine Gnadenfrist eingeräumt.

Mit einer gesicherten Südflanke und geschützt durch die Jerusalemer Berge, griff Tiglath-Pileser Israel und Syrien an; die unmittelbare Bedrohung war von der Stadt Jerusalem abgewendet. Nach dem Ende des Feldzuges war einzig Samaria, eine kleine, von der assyrischen Invasion umtoste hebräische Enklave, der Zerstörung entgangen. Dieser Rest des Königreiches Israel nahm in einem letzten verzweifelten Aufbäumen die Tributzahlungen an den König der Assyrer wieder auf. Juda steckte in einer ähnlich ausweglosen Situation; die Alternative war, entweder zu zahlen oder von den Assyrern erobert zu werden. Trotz der von Ahas übersandten Schätze verdichteten sich die Anzeichen dafür, daß jedes Jahr Tributzahlungen zu entrichten waren, um das assyrische Heer von Jerusalem fernzuhalten. Zur Bestürzung Jesajas und anderer gläubiger Jahwe-Anhänger versuchte Ahas, Tiglath-Pileser auf andere Weise milde zu stimmen, indem er den religiösen Einfluß Assyriens in Jerusalem förderte. Er ordnete an, einen neuen Altar im assyrischen Stil innerhalb des Tempels zu errichten. Dem Buch der Könige zufolge war dieser Altar eine Opferstätte.[61] Die Chroniken sind

noch etwas deutlicher: Der Baal-Kult sei nach Jerusalem zurückgekehrt, und Ahas »schloß die Türen zu am Hause des HERRN«[62] –
mit katastrophalen Folgen. Der Sündenfall des Königs brachte »ihn
und ganz Israel zu Fall«.[63] Diese Klage in den Chroniken stammt
ganz unverkennbar von einem Leviten. Im Rückblick wollte der Autor der Chroniken auf die Gefahren für all jene verweisen, die vom
Weg Jahwes abkämen.

Die Aussichten für den Tempel waren nicht besser als die für die
Menschen. Wegen Geldmangels verfiel Ahas auf eine andere Finan-
zierungsquelle: Der Tempelhof verfügte über eine große Zahl an
Bronzeelementen, und dieses Material hatte ungefähr ein Drittel
des Wertes von Silber. An Hiram Abiffs zehn bronzenen Waschbek-
ken brach man den mit Rädern ausgestatteten Unterbau ab, und die
zwölf Ochsen, auf denen das Eherne Meer ruhte, wurden ebenfalls
eingeschmolzen. Das massive Bronzebecken wurde der Bibel zufolge »auf einem steinernen Pflaster«[64] zerschmettert. Einige Forscher interpretieren die Zerstörung der verzierten Wagen und der
zwölf Ochsen durch König Ahas als einen Akt später Reue, durch
den die Götzenbilder vom Tempelberg entfernt und Jahwe gütig gestimmt werden sollten. In der Bibel ist davon allerdings keine Rede,
doch ungeachtet seiner Motive waren Ahas' Maßnahmen erfolgreich. Die Assyrer verschonten Jerusalem, und Juda, der Tempel
und die Nachkommen der von David begründeten Dynastie überlebten, zumindest jene, die nicht »im Feuer« verbrannten. Samaria
jedoch, der letzten Festung des Königreiches Israel, war ein solches
Glück nicht beschieden.

In den Jahren 722/21 v. Chr. wurde Samaria endgültig von den
Assyrern eingenommen. Dies war das Ende des Königreiches Israel.
Von den Hebräern, die noch in der Enklave lebten, wurden 27 290[65]
in die Gefangenschaft verschleppt, was jede Hoffnung auf eine
Wiederkehr des glorreichen von David vereinten Königreiches im
Keim erstickte. Jerusalem, die Hauptstadt von Juda, stand nun al-
lein auf weiter Flur und war allerseits von Feinden umgeben. In den
Geschichtsbüchern werden zwei verschiedene Daten für den Tod
des Ahas genannt,[66] doch man nimmt an, daß der König die Niederlage Samarias noch erlebte und wohl um das Jahr 720 v. Chr. starb.

Seine Herrschaft war ein ganz entscheidender Abschnitt für die Auseinandersetzungen zwischen der Tempelpriesterschaft Jahwes einerseits sowie der Monarchie und der Bevölkerung andererseits: hier der Klerus, der vor einer das Wort Gottes beinhaltenden Bundeslade Opferungen vollzog, dort die königliche Dynastie und das Volk, die sich periodisch wieder dem Baal-Kult zuwandten und Menschenopfer darbrachten. Die biblische Beschreibung von Ahas' Opferung seiner eigenen Kinder dokumentiert das Fortbestehen der Baal-Verehrung. Im Verlauf der hundertvierundzwanzig Jahre, die bis zur Invasion der Babylonier verstrichen, eskalierten die Streitigkeiten um die dargebrachten Opfer ein letztes Mal und waren für den Ausgang des Kampfs zwischen Jahwe und Baal von zentraler Bedeutung.

Im 8. Jahrhundert v. Chr. waren die Ebenen nördlich und westlich von Jerusalem bereits seit langem als heftig umkämpftes Schlachtfeld in die Geschichte eingegangen. Die Assyrer hatten in der Region militärische Erfolge errungen, doch ihre Eroberungen waren noch nicht abgeschlossen. Jerusalem stand 705 v. Chr. erneut im Mittelpunkt eines ihrer Feldzüge. Hiskia, der König von Juda, führte eine Koalition an, welche die assyrische Herrschaft abschütteln wollte, was sich als politisch unkluge und strategisch unausgereifte Idee erwies. Die Bündnispartner in Babylonien und Phönizien wurden einer nach dem anderen durch Sanheribs assyrische Heere geschlagen. Um Jerusalem vor der unausweichlichen Rache zu bewahren, bediente sich Hiskia einer Taktik, mit der er in letzter Minute das Ruder herumwerfen wollte. Im Buch der Könige heißt es:»So gab Hiskia all das Silber, das sich im Hause des HERRN und in den Schätzen des Hauses des Königs fand. Zur selben Zeit zerbrach Hiskia, der König von Juda, die Türen am Tempel des HERRN und das Goldblech, das er selbst hatte darüberziehen lassen, und gab es dem König von Assyrien.«[67] Hiskia scheiterte mit diesem Akt der Beschwichtigung, und die Assyrer belagerten Jerusalem und den Tempelberg.[68]

Sanheribs Armee verfügte über die Stärke und über die technischen Kenntnisse, die Stadtmauern einzureißen, in die Hauptstadt der Juden einzufallen und sie zu verwüsten. Doch Jerusalem – die

Belagerung dauerte erst kurze Zeit – sei, wie die Bibel schreibt, durch den »Engel des HERRN« erlöst worden. Dieser »fuhr aus [...] und schlug im Lager von Assyrien hundertfünfundachtzigtausend Mann. Und als man sich früh am Morgen aufmachte, siehe, da lag alles voller Leichen«.[69] Der Tod, welcher einen Großteil des assyrischen Heeres über Nacht ereilte, wird zumeist dem Ausbruch einer im Heerlager grassierenden Pest zugeschrieben. Wahrscheinlicher ist allerdings, daß die Infektionen von unhygienischen Bedingungen ausgelöst wurden. Die über 250 000 Mann starke assyrische Streitmacht lagerte auf den Anhöhen rings um Jerusalem. Die Versorgung so vieler Soldaten mit Wasser war äußerst schwierig; überdies stand ihnen eine wichtige Wasserquelle der Region nicht zur Verfügung. An der Ostseite der Stadt Davids hatte Hiskia es geschafft, das Wasser der Gihonquelle mit einer technisch höchst raffinierten Konstruktion in die Stadt umzuleiten. Die im 19. Jahrhundert durchgeführte Mission Charles Wilsons, von der es offiziell hieß, sie solle die Trinkwasserversorgung der Stadt verbessern, stellte unter Beweis, daß das Problem weiterbestand. Damit diese riesige Zahl von Belagerern gesund blieb, benötigten sie Frischwasser. Eine andere Erklärung lautet, daß das Heer Sanheribs überraschend an der Ruhr erkrankte – seit frühester Menschheitsgeschichte und noch bis ins 20. Jahrhundert eine Geißel aller Armeen im Vorderen Orient.

Hiskia hatte den Assyrern bereits Tribut entrichtet, und als Sanherib während der Belagerung Jerusalems vom Aufstand seines babylonischen Vasallen Bel-Ibni erfuhr, zog er mit seiner Armee ab. Die Stadt Davids wurde somit wohl auch durch die für Sanherib höchst verdrießliche Nachricht und nicht nur durch Seuchen unter den Angreifern gerettet. Für Jesaja war dieser Ausgang der Belagerung ein Triumph, denn Jerusalem war durch das Eingreifen Jahwes dem Untergang entronnen. Gegen Ende seiner Herrschaft erkrankte Hiskia; nach seiner Genesung erhielt er Geschenke der Babylonier und lud daraufhin eine Abordnung nach Jerusalem ein. Mit den Babyloniern erwuchs den Assyrern ein ernsthafter Rivale, was die militärische Vorherrschaft in der Region betraf. Hiskia wußte um das Potential der Babylonier und war durchaus bereit, sie zu umgarnen und ihren Gesandten die Schätze des Palastes und des Tempelbergs vorzuführen. Jesaja war entsetzt: »Da kam der Prophet Jesaja zum König Hiskia und sprach zu ihm: Was haben diese Leute gesagt? Und woher sind sie zu dir gekommen? Hiskia sprach: Sie sind aus fernen Landen zu mir gekommen, aus Babel. Er sprach: Was haben sie gesehen in deinem Hause? Hiskia sprach: Sie haben alles gesehen, was in meinem Hause ist, und es gibt von meinen Schätzen nichts, was ich ihnen nicht gezeigt hätte. Da sprach Jesaja zu Hiskia: Höre des HERRN Wort: Siehe, es kommt die Zeit, daß alles nach Babel weggeführt werden wird, was in deinem Hause ist und was deine Väter gesammelt haben bis auf diesen Tag, und es wird nichts übriggelassen werden, spricht der HERR.«[70]

Nach dem Tod Hiskias hatten die Anhänger Jahwes, vor allem der Prophet Jesaja, wegen des Verhaltens von Manasse, Hiskias Sohn und Nachfolger auf dem Königsthron, noch weitaus mehr Grund zur Beunruhigung.

HINNOM, DAS TAL DER HÖLLE

Vor seinem Tod versuchte Hiskia unter dem Einfluß Jesajas noch, den Tempelberg und die »Kulthöhen«, die auf den Hügeln um Jerusalem gelegenen Götzenschreine, von allen Anzeichen der rituellen Verehrung Baals zu säubern. Manasse setzte bar jeden diplomatischen Verhaltens die Wertschätzung fort, die schon sein Vater für Babylon gehegt hatte. Auf dem Tempelberg führte er den Ritus des Sonnenkults sowie den babylonischen Kalender ein[71] und unterstützte, was eine noch schwerere Kränkung der Tempelpriesterschaft Jahwes darstellte, die Rückkehr zu allen Formen des Baal-Kults. Manasses grenzenloser Eifer, Israel wieder in ein polytheistisches Land zu verwandeln, stellte eine neue Dimension des religiösen Niedergangs in Jerusalem dar.

Dem Buch der Könige zufolge ließ Manasse anderen von den Anhängern Jahwes so gefürchteten fremden Gottheiten geweihte Altäre in den Tempel und in dessen Höfe stellen. Doch er gab sich nicht damit zufrieden, den Fruchtbarkeitskult, etwa den der Astarte, am zentralen Ort der monotheistischen Religion wiedereingeführt zu haben. Im Zweiten Buch der Chronik heißt es: »Und er ließ seine Söhne durchs Feuer gehen im Tal Ben-Hinnom und achtete auf Zeichen und Vogelgeschrei und trieb Zauberei und bestellte Geisterbeschwörer und Zeichendeuter.«[72]

Das Hinnom-Tal verläuft unterhalb des Tempels in westlicher Richtung. Es komplettiert die auf der linken Seite gelegene, sich dreifach verzweigende Geländeformation, die Jerusalems Tälerlandschaft bildet. Aufgrund der topographisch günstigen Lage und der Aussichtslosigkeit, auf einem von der Jahwe-Priesterschaft kontrollierten Tempelberg Menschenopfer und schwarze Magie zu praktizieren, fanden Manasse und seine Anhänger einen Ort für ihre Rituale: das Tal der Söhne Hinnoms. Dort waren als Folge natürlicher Erosion viele kleine Schluchten entstanden. Hier wurden

Brandopferstätten errichtet, die hebräischen *Tophet*, eine vom Begriff für »verabscheute Sache«[73] abgeleitete Bezeichnung. Man gestaltete die *Tophet* so, daß auf ihnen ein ganzer Mensch geopfert werden konnte. Der Vollzug solcher Menschenopfer war den Anhängern Jahwes seit langem ein Greuel, wie die biblische Geschichte beweist, in der Gott Abraham kurz vor der Opferung seines Sohnes Isaak in den Arm fiel und statt dessen ein Widder geopfert wurde. In der Vergangenheit hatten die Anhänger Jahwes dem Baal-Kult dennoch Zugeständnisse gemacht, die allerdings nichts mit Menschenopfern zu tun hatten. Der mit den Zehn Geboten vom Berg Sinai zurückgekehrte Moses zerstörte das unter der Führung seines Bruders Aaron errichtete Goldene Kalb und ordnete den Bau der Bundeslade an. Diese ließ er jedoch mit zwei Wesen schmücken, die den Anhängern Jahwes als götzendienerisch galten. Die Bundeslade, so heißt es in der Bibel, sei von zwei »Cherubim« gekrönt worden. Die Herkunft des Wortes Cherubim ist aufschlußreich. Die *Jewish Encyclopaedia* schreibt dazu: »Der Ursprung des Cherub-Mythos liegt in der frühen Menschheitsgeschichte. [...] In Babylonien gibt es einen geflügelten Sphinx, der den Kopf des Königs trägt und den Körper eines Löwen und die Flügel eines Adlers aufweist. [...] Friedrich Delitzsch folgt den Vorschlägen Lenormants, indem er das Hebräische mit dem Assyrischen verbindet: ›kirubu‹ = ›shedu‹, der Name für das geflügelte Rind.«

Cherubim an der Bundeslade anzubringen, war somit ein Zugeständnis an all jene, die den Stier oder Baal anbeteten. Auch Salomo hatte bronzene Ochsen oder Stiere als Träger des Ehernen Meeres verwendet. Manasse aber hatte kein Interesse an solchen Gesten, vielmehr war er entschlossen, »fremde Götter« in Jerusalem einzuführen. Er trug den Konflikt in das Herz der Stadt und vergoß das Blut der Anhänger Jahwes, der »Unschuldigen«, »bis Jerusalem ganz voll davon war«.[74]

Die im Tal der Söhne Hinnoms auf den *Tophet* vollzogenen Menschenopfer waren laut der Bibel als Opfer für Moloch oder auch Molek gedacht. Wissenschaftler weisen darauf hin, daß mit Moloch keine eigenständige Gottheit gemeint sei, sondern daß dieser Name lediglich Melech oder Melek, »der König«, bedeute.[75] Wegen der im Hinnom-Tal vollzogenen Menschenopfer wurde dieser Ort als Stätte der Greuel oder der Hölle bekannt. Die »Hölle« des Hinnom-Tals und der »Himmel« des Tempelbergs wurden daher zum Vorbild für die spätere christliche Vorstellung vom göttlichen Reich. War die Wahrheit über Hinnom für die Anhänger Jahwes folglich noch beunruhigender, als die Bibel glauben machen will? Hatten die Könige von Juda in Zeiten, da Gefahr für die Stadt drohte, in ihrem Namen Menschenopfer zugelassen, um die Stärke allumfassender göttlicher Macht zu erlangen? Die Selbsterhebung in den Rang eines Gottes war bei den politischen Führern des Altertums keineswegs ungewöhnlich; schlagende Beispiele dafür sind Alexander der Große und mehrere römische Kaiser wie etwa Nero.

Manasse starb 640 v. Chr. Ein späterer Prophet klagte, daß sein Grab nahe an der heiligen Tempelanlage liege. Man darf also vermuten, daß Manasse zu Lebzeiten entweder einen gottgleichen Status für sich reklamierte oder in einen ebensolchen erhoben wurde.[76] Sein Sohn und Erbe Amon herrschte nur zwei Jahre lang und wurde, wie es in der Bibel heißt, in Jerusalem von Verschwörern wegen der Fortsetzung der götzendienerischen Praktiken, die sein Vater eingeführt hatte, ermordet.[77]

Die Menschen riefen Manasses achtjährigen Enkel Josia in der Hoffnung zum König aus, daß ein so junger Herrscher dazu erzogen werden könnte, die fremden Götter auf ewig vom Tempelberg zu verbannen.

JEREMIA, DER UNHEILSPROPHET

»Die Priester fragten nicht: Wo ist der HERR? und die Hüter des Gesetzes achteten meiner nicht, und die Hirten des Volkes wurden mir untreu, und die Propheten weissagten im Namen des Baal und hingen den Götzen an, die nicht helfen können.«[78] Die Herrschaft Josias ist vornehmlich wegen der Reformen bekannt, die zu Lebzeiten Jeremias, des düstersten Propheten von Juda, umgesetzt wurden. Verkündeten Jesajas prophetische Voraussagen wegen des möglichen Niedergangs des Jahwe-Kults schon Schlechtes, so sind Jeremias Worte derart endzeiterfüllt, daß sie die seines Vorgängers noch in einem positiven Licht erscheinen lassen.

König Josia herrschte einunddreißig Jahre lang. Im achtzehnten Jahr seiner Regierung, also zwischen 621 und 620 v. Chr., wurde bei den von ihm angeordneten Restaurierungsarbeiten am Tempel ein altes Buch entdeckt, welches das mosaische Gesetz enthielt. Überdies barg es weitere Informationen, die den König in Schrecken versetzten, nachdem er den genauen Wortlaut erfahren hatte. Den in diesem geheimen Schriftstück enthaltenen Worten zufolge war der Schutz, den Jahwe dem Volk Israel gewährte, nicht verbürgt, wenn das mosaische Gesetz auf dem Tempelberg nicht vollständig befolgt wurde. Daraufhin ergriff der König die Gelegenheit, sein Königreich ein für allemal vom Schandfleck des Baal-Kults zu reinigen, und er brachte eine Reihe von Reformen auf den Weg. »Alle Männer Judas und alle Einwohner Jerusalems«[79] wurden zu einer Lesung aus dem Buch zum Tempel gerufen. Mit Hilfe eines ordnungsgemäßen Opfers im Tempel bekräftigte Josia den mit Jahwe geschlossenen Bund. Im Tempel und in seinen Höfen und sogar im Tal der Söhne Hinnoms wurden alle Spuren des Baal-Kults getilgt, »damit niemand seinen Sohn oder seine Tochter dem Moloch durchs Feuer gehen ließe«.[80] Josia dehnte die Reformen sodann auf das ganze Land aus und versuchte, alle Anzeichen abweichender

Kulte zu entfernen. Er ließ Priester, die nicht Jahwe dienen wollten, töten und ihre Knochen auf den Altären ihrer Götter verbrennen.[81] Im Gegensatz zu seinem Vorgänger Jesaja war Jeremia nicht in Jerusalem geboren. Er kam zwischen 650 und 645 v. Chr. in Anathoth zur Welt, das etwa sechs Kilometer vom Berg Morija entfernt ist. Für diesen Propheten gab es jedoch kaum einen Unterschied zwischen sechs und sechshundert Kilometern. Denn Jeremia war ein Wanderer, der sich unter freiem Himmel, etwa dem der judäischen Wüste, weitaus wohler fühlte als auf dem Tempelberg oder im Getümmel der belebten Straßen von Jerusalem. Sein ganzes Leben hindurch sehnte er sich nach jenem ländlichen Milieu, in dem er seine Kindheits- und Jugendjahre verlebt hatte. Doch im dreizehnten Jahr von Josias Herrschaft, ungefähr um das Jahr 625 v. Chr., empfing er den Ruf Jahwes. In einer Stadt, die Propheten auf den Straßen und auf dem Tempelberg gewohnt war, müssen der Bevölkerung seine einsame Gestalt und seine Botschaft vertraut gewesen sein. Jeremias Warnungen vor einer kommenden Vernichtung des Volkes von Juda stießen aber bei den Menschen auf taube Ohren.

In Palästina änderte sich zu jener Zeit gerade das Gleichgewicht der Kräfte. Die erneute Bestätigung des Bundes mit Jahwe und das dadurch entstandene trügerische Gefühl der Sicherheit verleiteten Josia zu einer militärischen Entscheidung, die sich als fatal erwies. 609 v. Chr. forderte er ein ägyptisches Heer unter der Führung von Pharao Necho II. heraus. Die beiden Armeen prallten bei Megiddo aufeinander, dem legendären Ort des Armageddon nördlich von Jerusalem. Diese im Zentrum der fruchtbaren Ebenen Palästinas gelegene Stätte eignete sich sehr gut für eine Schlacht. Schon in der Anfangsphase des Kampfes, der zugunsten der Ägypter ausging, wurde Josia durch einen Pfeil schwer verwundet und kehrte mit den Überlebenden seiner besiegten Armee nach Jerusalem zurück, wo er kurz darauf starb.[82] Der Pharao konnte nun die Politik in Jerusalem beeinflussen, und er erhob Josias Sohn Jojakim zum König und nicht Joahas, den in der Erbfolge Bevorrechtigten und den Favoriten der Bevölkerung von Jerusalem.

605 v. Chr. wurden die ägyptischen und assyrischen Heere von

den Babyloniern geschlagen. Jerusalem geriet unter den Einfluß des Babylonischen Reiches, und Jojakim zahlte einige Jahre lang Tribut, um eine Invasion der Babylonier zu verhindern. Diese Situation war allerdings nicht von Dauer. Jojakim, so schreibt die Bibel, »tat, was dem HERRN, seinem Gott, mißfiel«,[83] ein sicheres Anzeichen dafür, daß der Fluch Manasses weiterhin das Geschlecht Davids belastete. Jojakim rebellierte gegen die ferne babylonische Macht und vertraute sein Schicksal und das seiner Stadt einem Bündnis mit den Ägyptern an. Der von Jeremia vorausgesagte Zeitpunkt der Vernichtung näherte sich rasch. Der babylonische König, dessen Name für immer mit dem Salomo-Tempel verbunden sein wird, sammelte seine Heere gegen das feindliche Juda: Nebukadnezar marschierte nach Jerusalem.

# 5. VON DER ZERSTÖRUNG DES TEMPELS BIS ZUR GEBURT JESU 596–4 v. CHR.

146 Von der Zerstörung des Tempels bis zur Geburt Jesu, 596-4 v.Chr.

## DIE ERSTE BABYLONISCHE EROBERUNG

In den Wochen, als Nebukadnezar seine Armee aufstellte, starb Jojakim. Sein achtzehn Jahre alter Sohn Jojachin bestieg den Thron und sah sich der größten Gefahr gegenüber, die jemals das Königreich Juda und den Jahwe-Kult auf dem Tempelberg bedroht hatte. Die Bibel erwähnt die Regierungszeit des jungen Königs nur kurz und berichtet, daß Jojachin den Weg seiner Vorfahren nicht verließ und tat, »was dem Herrn mißfiel«[1] – woraus sich schließen läßt, daß die *Tophet* im Hinnom-Tal wieder in Gebrauch waren. Diesmal zeigten sich die Götter der Höhen und des Hinnom-Tals dem Haus David jedoch wohlgesonnen. Jojachins Wiedereinführung von Menschenopfern legt Zeugnis ab vom erbärmlichen Leben vieler Könige dieser Dynastie, aber der Ritus wurde nur kurze Zeit praktiziert. Als Nebukadnezars Armee vor den Toren der Stadt auftauchte, kamen Menschenopfer nicht mehr in Frage, denn das Hinnom-Tal wurde von den Invasoren kontrolliert. Nun mußte sich der junge König ausschließlich auf die Verteidigung seines Reiches konzentrieren. Aber nur drei Monate lang belagerte die Armee des Babylonier-Königs Jerusalem und rannte gegen die Stadtmauern an, bis Jojachin kapitulierte. In der Bibel ist zu lesen, daß sich der König von Juda in Begleitung seiner Mutter Nehuschta, ihrer Diener und Beamten sowie der überlebenden Prinzen der davidischen Dynastie Nebukadnezar ergab.[2]

Zum erstenmal seit Vollendung des Tempels unter König Salomo mehr als 450 Jahre zuvor erzwang sich ein fremder Eindringling Zutritt zum Tempelberg. Nebukadnezar hatte jedoch nicht die Absicht, den Tempelkomplex des Salomo zu zerstören. Vielmehr mußte er seine große Armee bezahlen und überdies noch ein großes Gebiet verwalten. Der Tempelberg war die Schatzkammer von Juda. Und was Nebukadnezar an Silber als Tribut verweigert worden war, das nahm er sich nun als Sieger. Die Gebäude auf dem Tempelberg waren wegen ihrer Reichtümer sein eigentliches Ziel gewesen:»Und er [Nebukadnezar] nahm von dort weg alle Schätze im Hause des HERRN und im Hause des Königs und zerschlug alle goldenen Gefäße, die Salomo, der König von Israel, gemacht hatte im Tempel des HERRN, wie denn der HERR geredet hatte.«[3]

Die Regentschaft Jojachins währte insgesamt drei Monate und zehn Tage.[4] Mit seiner Kapitulation hatte er Nebukadnezar eine lange und verlustreiche Belagerung erspart. Dafür wurde der königlichen Familie freier Abzug aus der Stadt gewährt. Das königliche Gefolge wurde unter Jojachins Führung auf den langen Weg ins Exil geschickt, nach Südosten in das Delta des Euphrat, das Herzland des Babylonischen Reiches. Nebukadnezars nächster Schritt, alle Handwerker deportieren zu lassen, war ein militärstrategischer Coup erster Güte. Dabei dachte er wohl an seine eigenen Erfahrungen, die er bei der Belagerung der Heiligen Stadt Jahwes machen mußte. Obwohl er mit einem überwältigenden Aufgebot angerückt war, hatte sich Jerusalem als schwer einnehmbar erwiesen.

Wenn Jojachin den babylonischen Kommandeuren nicht die Tore geöffnet hätte, dann hätte sich Nebukadnezars Belagerung wohl über Jahre hingezogen, bevor die Stadt entscheidend geschwächt worden wäre. Deshalb traf Nebukadnezar eine kluge Entscheidung. Die Nachfolger Hiram Abiffs, die sich auf die Kunst der Metallverarbeitung verstanden, waren für eine zukünftige Wiederbewaffnung Jerusalems von zentraler Bedeutung. Das Buch der Könige gibt ihre Zahl mit etwa tausend an.[5] Ihre Entfernung aus der Stadt war unumgänglich, wollte Nebukadnezar die Stadt erfolgreich aus der Ferne regieren. Der babylonische König ignorierte die König Jojachin gegebenen Versprechen[6] und ordnete an, daß alle »Zimmerleute und Schmiede«, darunter auch »lauter starke Kriegsmänner«,[7] ebenfalls nach Babylonien gebracht werden sollten. So wurden die Handwerker und Kriegsleute dem entmachteten König von Jerusalem ins Exil nachgeschickt.

Nebukadnezars nächste Maßnahme betraf die Politik, erwies sich aber als wenig durchdacht. Als Militärstratege war er offensichtlich begabter denn als politischer Administrator. Denn obwohl er die älteren Mitglieder des judäischen Adels ebenfalls ins Exil schickte, ließ er einige jüngere in Jerusalem zurück. Nebukadnezar ernannte einen jüngeren Bruder von Jojachin, Mattanja, zum König, der als Zedekia den Thron bestieg. Sein Plan war, einen unerfahrenen und schwachen König einem ebenso jungen Hof vorsitzen zu lassen, was nicht gutgehen konnte, wie sich bald zeigte. Da der babylonische König ein Riesenreich zu verwalten hatte, konnte er sich nicht ständig in Jerusalem aufhalten. Nachdem er die besiegte Stadt verlassen hatte, regierte Zedekia an seiner Stelle. Dieser ließ sich aber von der scheinbaren Autonomie seiner neuen Rolle verführen und war schon nach kurzer Zeit mit den erfahreneren Älteren überkreuz. Es überrascht somit kaum, daß der Prophet Jeremia, der Zeuge jener Ereignisse wurde, die er selbst vorausgesagt hatte, bald mit Hilfe einer Prophezeiung ein Urteil über die neue Lage abgab.

Nicht lange nachdem die Gefangenen abtransportiert waren, entdeckte Jeremia einige Körbe mit Feigen vor den Toren des Tempels. Seinen Worten zufolge waren die Feigen in zwei Kategorien einzuteilen: »sehr gute Feigen«, also bereits reife Feigen, und »sehr schlechte Feigen«, die ungenießbar waren.[8] Aber dann ließ Jahwe dem Propheten in einer Vision eine andere Auslegung zuteil werden: Die guten Feigen seien die Exilierten, die ihm, Jahwe, treu waren, eines Tages nach Jerusalem zurückkehren und den rechten Dienst im Tempel wiederherstellen würden.[9] Die schlechten Feigen seien ein Sinnbild für jene, die vom wahren Glauben abfielen, und so übel, daß Jahwe sprach: »Ich will sie zum Bild des Entsetzens, ja des Unglücks machen für alle Königreiche auf Erden, zum Spott und zum Sprichwort, zum Hohn und zum Fluch an allen Orten, wohin ich sie verstoßen werde, und will Schwert, Hunger und Pest unter sie schicken, bis sie ganz vertilgt sind aus dem Lande, das ich ihnen und ihren Vätern gegeben habe.«[10]

Jeremias Warnung versetzte die Bevölkerung von Jerusalem in Angst und Schrecken. Nach dieser Vision waren Jeremias zahlreiche Feinde nicht mehr bereit, ihn gewähren zu lassen. Aber die

Feindseligkeit, die Jeremia entgegenbrandete, war nur ein Zeichen für die aufziehende Krise. Die Mehrheit des jungen Adels favorisierte eine neuerliche Allianz mit Ägypten, während die Erfahreneren, auch Jeremia, davor warnten, den Zorn des Nebukadnezar törichterweise zu wecken. Der Ausgang dieses Zwistes war letztlich entscheidend für das Schicksal des jüdischen Volkes.

## FALSCHE PROPHETEN UND JAHWE

Jeremia war nicht der erste Prophet in Juda, der bei seinen Zeitgenossen unbeliebt war. Zu Anfang seiner Tätigkeit als Prophet sandte König Jojakim einige Männer nach Ägypten, um den Propheten Uria, der dorthin geflohen war, zu suchen, gefangenzunehmen und nach Jerusalem zurückzubringen. Uria wurde dort auf Geheiß Jojakims getötet, und der König »ließ seinen Leichnam unter dem niederen Volk begraben.«[11] Jeremia drohte ein ähnliches Schicksal. In der ersten Zeit von Zedekias Regentschaft hatte er im Tempel in Anwesenheit der Priester und »in Gegenwart des ganzen Volkes« eine Auseinandersetzung mit Hananja, einem anderen Propheten. Dieser Ort und die große Zahl der dort versammelten Menschen lassen vermuten, daß sich das Volk der Bedrohung des Jahwe-Kults zunehmend bewußt war. Hananja eröffnete die Debatte und prophezeite eine baldige Befreiung der in die Babylonische Gefangenschaft Verschleppten. Jahwe, so Hananja, werde binnen zwei Jahren die geraubten Tempelgefäße zurückbringen und Jojachin, der König von Juda, wieder den Thron besteigen.[12] Jeremia verwarf diese Vorhersage. Statt dessen forderte er die Versammelten auf, ihm genau zuzuhören, damit sie erkannten, wie es tatsächlich um Jerusalem stehe. Jeremia deutete Hananjas Worte als Aufwiegelung gegen die Besatzer und warnte vor den Gefahren solcher falschen Prophezeiungen. Seine eigene Definition von »wahrer« Prophetie faßte er in folgende Worte: »Wenn aber ein Prophet von Heil weissagt, ob ihn der HERR wahrhaftig gesandt hat, wird man daran erkennen, daß sein Wort erfüllt wird.«[13] Erregt entriß Hananja Jeremia dessen »Joch« oder Brustlatz,[14] brach es entzwei und verkündete, daß Jahwe genauso innerhalb der von ihm vorausgesagten Zeit das Joch Babylons brechen werde.[15] Als dieser Zeitraum aber verstrichen war und die Prophezeiung des Hananja sich nicht erfüllte, nahmen Jeremias unablässige Warnungen in den Ohren jener, die ihm lauschten, an Dringlichkeit zu. Die Mächtigen auf dem Tempelberg – der Hof des Königs Zedekia – bemühten sich um ein Bündnis mit Ägypten und schlugen die ständigen Warnungen von Jerusalems treuestem Propheten in den Wind. Wie groß die bewaffnete Unterstützung sein sollte, die Ägypten Juda für eine Rebellion gegen Babylon in Aussicht stellte, um das verhaßte Joch abzuschütteln, ist nicht klar. Aus der Bibel geht aber hervor, daß die einflußreichen judäischen Kreise in Jerusalem sich ausreichend gerüstet fühlten, als 588 v. Chr. Apries den Pharaonenthron bestieg. Zusammen mit der Region Ammon, die etwa siebzig Kilometer nordöstlich von Jerusalem lag, erhob sich Juda gegen das Babylonische Reich. Nebukadnezar marschierte zum zweitenmal innerhalb von zehn Jahren mit einem Heer nach Jerusalem. Juda und Ammon waren jedoch nicht sein einziges Problem. Die militärische Situation in Nordsyrien machte seine Anwesenheit ebenfalls erforderlich, und so schlug der babylonische König sein Hauptquartier in Ribla am Orontes auf.[16] Von dort schickte er die notwendigen Streitkräfte nach Westen, damit sie die Stadt Davids belagerten. So kam es, daß in den ersten Monaten des Jahres 587 v. Chr. eine babylonische Streitmacht Jerusalem und den Tempelberg einschloß.

Dank der früheren Anstrengungen König Hiskias war die Stadt gut mit Wasser versorgt. Anders als sein älterer Bruder Jojachin zeigte Zedekia keinerlei Neigung, sich den Babyloniern zu ergeben. Die probabylonische Fraktion innerhalb der Stadtmauern, deren stimmgewaltigster Vertreter Jeremia war, drängte Zedekia vergeblich zu einer sofortigen Kapitulation. Die Ägypter wußten um die gespaltene öffentliche Meinung innerhalb der Jerusalemer Bevölkerung. Dennoch fiel ein ägyptisches Heer in babylonisch beherrschtes Gebiet ein, und die Babylonier mußten ihre Streitmacht nach Süden verlagern. Das bedeutete für Jerusalem das Ende der Belagerung. Von den sich anschließenden Ereignissen ist nur bekannt, daß die Ägypter geschlagen wurden.[17]

Nachdem dieser Entlastungs- und Rettungsversuch des ägyptischen Pharaos vereitelt worden war, zog Nebukadnezars Heer wieder vor die Tore Jerusalems. Während die Babylonier anderweitig beschäftigt waren, hatten sich die Beziehungen zwischen Jeremia und seinen Gegnern weiter verschlechtert. Jeremia verkündete unablässig seine Prophezeiungen, aber für die proägyptische Fraktion waren seine Ermahnungen, sie sei vom richtigen Weg Jahwes abgewichen, schließlich Grund genug, seine Aktivitäten einzuschränken. Das war jedoch kein leichtes Unterfangen. Von den königlichen Erbprinzen in das Haus des Schreibers Jonathan eingesperrt, das er nicht verlassen durfte, konnte er sich noch immer beim König Gehör verschaffen. Zedekia wollte die Worte eines so bewährten Propheten nicht ignorieren und ließ Jeremia in den Königspalast auf dem Tempelberg rufen. Aber die Botschaft des Propheten war unverändert. So sah Zedekia sich gezwungen, ihn weiter in Haft zu halten, und er bestimmte, daß der Prophet Jahwes täglich ein Brot erhalten solle, »bis alles Brot in der Stadt aufgezehrt war«.[18] Jeremia hatte Gerüchte gehört, daß seine Feinde seinen endgültigen Sturz planten, und so bat er während der Audienz beim König, daß dieser ihn an einem Ort einsperren möge, der mehr Sicherheit für sein Leben garantiere als das Haus des Schreibers. Der König stimmte zu. Nach der Unterredung wurden Zedekias Anweisungen zwar zunächst ausgeführt, aber die Prinzen, die Jeremia zuerst verhaftet hatten, wollten den Tod des berühmten Propheten. Im Hof des Stadtgefängnisses nahmen sie ihn wieder gefangen und warfen ihn an einem Seil in eine trockene Zisterne hinab, auf deren Boden sich tiefer Schlamm befand. Dort unten ließ man ihn als tot zurück.[19]

# DIE ZERSTÖRUNG DES SALOMO-TEMPELS

Um die belagerte Stadt zu isolieren, legten die babylonischen Belagerer Wälle rings um die Stadt an. An strategisch wichtigen Punkten errichteten sie Türme, von denen sie Pfeile und andere Geschosse in die Stadt Davids und auf den Tempelberg abschießen konnten.[20] Nach achtzehn Monaten stand Nebukadnezars Heer kurz vor dem Sieg, wobei es, wie Jeremia vorausgesagt hatte, von Hungersnot unterstützt wurde.[21] Am neunten Tag des jüdischen Monats Av, dem zweiten Tag im August 586 v. Chr.,[22] durchbrachen die Babylonier die Abwehr der Stadt im Norden, dem militärischen wie geographischen Schwachpunkt der Stadt. In diesem Kampf auf Leben und Tod leisteten die Verteidiger verzweifelte Gegenwehr. Erst um Mitternacht hatten die Babylonier die Herrschaft über die ganze Stadt errungen.[23] Die babylonischen Befehlshaber Nergal Sharezer, Samgar Nebo, Rabsaris, Sarsechim und Rabmag betraten den Tempel des Salomo. Im Licht von Kohlepfannen und Fackeln waren sie fest entschlossen, Rache an der aufständischen Stadt zu nehmen. Jene Priester und Leviten, die Belagerung, Pest und Kampf überlebt hatten, wurden Zeugen, wie sich die Voraussagungen des Jeremia bewahrheiteten. Das Schlimmste stand den Judäern aber noch bevor.

Als die babylonischen Heerführer noch ihren Sieg im Tempel feierten, gab Zedekia die Unentschlossenheit auf, die ihn während seiner Regierungszeit ständig behindert hatte, und floh aus der Stadt. Er verließ Jerusalem durch »das Tor zwischen den zwei Mauern auf dem Wege, der zu dem Garten des Königs geht«,[24] begleitet von »seinen Weibern, Kindern, Heerführern und Freunden«,[25] und floh »zum Jordan-Tal hin«.[26] Der Bericht in der Bibel läßt vermuten, daß der »Garten des Königs« an den südlichen Rand des im südöstlichen Sektor der Tempelberg-Einfriedung gelegenen Königspalastes grenzte. Daher ist es wahrscheinlich, daß das »Tor zwischen den zwei Mauern« am Verbindungspunkt zwischen der heutigen Südostecke und den benachbarten alten Mauern der Davidstadt lag, deren Überreste Warren 1868 entdeckte. Die Route, die der letzte König aus dem Geschlecht Davids wählte, war vielleicht die heutige »alte« Jericho-Straße, die aus dem Kidron-Tal parallel zur Südostecke des *Haram* über den Ölberg in die offene Landschaft der judäischen Wildnis führt. Die Ereignisse, die auf Zedekias Flucht aus der Stadt folgten, stützen diese These, da Zedekia und seine Begleiter sofort verfolgt und in Jericho gefangengenommen wurden.

Der König von Babylon beschloß, während der gesamten Dauer der Belagerung in Ribla zu bleiben, und Zedekia und dessen engster Hofstaat wurden in sein Hauptquartier gebracht. Hier kam es zur Begegnung von Nebukadnezar und seinem rebellischen, unterlegenen Vasallen. Zedekia wurde als Verräter verurteilt und mußte mit ansehen, wie seine Söhne und engsten Freunde hingerichtet wurden. Zedekias Hauptleute, die ebenfalls Zeugen des Gemetzels wurden, erlebten dann, welches Urteil ihren König ereilte: Zedekia wurde geblendet. Nebukadnezar schickte darauf Nebusaradan, den Hauptmann seiner Wache, nach Jerusalem. Dieser kam dort »am siebten Tag des fünften Monats« an,[27] vier Wochen nach der Einnahme der Stadt und des Tempelbergs. Nebukadnezar hatte ihm den ausdrücklichen Befehl erteilt, Stadt und Tempelberg zu zerstören; zuvor sollte er aber den letzteren aller Schätze berauben. Nebusaradan »verbrannte das Haus des HERRN und das Haus des Königs und alle Häuser in Jerusalem; alle großen Häuser verbrannte er mit Feuer«.[28] Ehe der Tempelkomplex in Brand gesteckt wurde, hatte man Nebukadnezars Anweisungen ausgeführt und ihn brutal geplündert. Die Wächterstatuen Jachin und Boas waren zerbrochen und das große Eherne Meer, dem seit den Zeiten des Ahas das Fundament aus zwölf Ochsen fehlte, in Stücke geschlagen worden. Die Zerstörung der Meisterwerke von Hiram Abiff war kein simpler Akt des Vandalismus, sondern wohlüberlegt: Die Einrichtung des Tempels bestand aus wertvollen Metallen, aus denen Waffen hergestellt werden konnten. Hirams zerbrochene Bronzearbeiten wurden dem Beutetroß gen Babel einverleibt: »Und die

Töpfe, Schaufeln, Messer, Löffel, und alle kupfernen Gefäße, ... dazu ... die Pfannen und Becken, alles, was golden und silbern war ...«[29] Das Buch der Könige berichtet:»Von den Geringen im Lande ließ er Weingärtner und Ackerleute zurück.«[30] Nebukadnezar schickte Kaufleute, Handwerker, Diener von Bürgern und des königlichen Hofes und alle überlebenden Soldaten nach Babylon den Juden nach, die bereits zehn Jahre zuvor nach Babylon verschleppt worden waren. So verhinderte er, daß Jerusalem jemals wieder eine Gefahr für ihn werden konnte. Diesmal trug Nebusaradan Vorsorge, daß die politischen Maßnahmen ebenso günstige Folgen zeitigen würden wie der hart errungene militärische Sieg.

Gedalja, der Sohn eines Adligen, wurde als Gouverneur über Jerusalem und das Königreich Juda eingesetzt. Die Bibel berichtet, er sei ein Mann des Friedens[31] und – noch wichtiger für Nebukadnezar – Befürworter einer probabylonischen Politik gewesen.[32] Mit seiner Nachgiebigkeit gegenüber der babylonischen Großmacht folgte Gedalja dem Rat des Propheten Jeremia, der bis zu Gedaljas Ernennung eingesperrt gewesen war, nachdem er lange auf dem Grund der Zisterne ausgeharrt hatte.

Jeremia reichte der Schlamm bis zum Hals. Unbeirrt richtete der Prophet seine warnenden Worte an alle, die ihm ihr Ohr leihen wollten.[33] Auch wenn seine Äußerungen vermutlich ignoriert wurden, so heißt es in der Bibel doch, daß man sein Überleben zur Kenntnis nahm. Der Äthiopier Ebed-Melech, ein Eunuch aus Zedekias Palast, hatte Mitleid mit ihm. Er ging zum König, informierte ihn über Jeremias Lage und erklärte, daß der Prophet bald sterben werde, wenn man ihm nicht helfe. Zedekia befahl dem Eunuchen, zusammen mit dreißig Männern Jeremia aus dem Brunnen zu befreien.[34] Ebed-Melech und seine Rettungsmannschaft eilten mit alten Kleidern und Lumpen, die sie in einem Raum unter der Schatzkammer des Palastes gefunden hatten, zur Zisterne. Diese Sachen banden sie eilig zu einem Seil zusammen und ließen es in die Zisterne hinunter. Der Eunuch riet Jeremia, eine große Schleife zu bilden, in diese mit den Armen hineinzuschlüpfen und das Seil dann zu verknoten. Jeremia tat, wie ihm geheißen, und wurde herausgezogen. Wenn auch die Zahl von dreißig Männern, die für

diese Rettungsaktion angeblich notwendig waren, vielleicht übertrieben ist, so kann man doch mit einiger Berechtigung schlußfol-
gern, daß diese Menge eine sichere Rettung garantieren und einen
eventuellen Anschlag auf das Leben des Propheten von vornherein
unterbinden sollte. Jeremia wurde wieder vor seinen König gebracht. Dieser hielt es ratsam für Leib und Leben des Propheten,
ihn wieder einzusperren. So verbrachte Jeremia den größten Teil
der Belagerung im Hof des Gefängnisses.[35] Nach dem Fall Jerusalems wurde Jeremia von den Babyloniern befreit und Gedaljas
Obhut übergeben.[36] In den folgenden Tagen wurde er im Zuge einer
Massenverhaftung irrtümlich gefangengenommen und in Ketten
gelegt. Auch er sollte deportiert werden. Als Nebusaradan hörte,
daß Jeremia nach Babylon gebracht werden sollte, schritt er ein
und schlug ihm vor:»Gefällt dir's, mit mir nach Babel zu ziehen, so
komm, du sollst mir befohlen sein. Gefällt dir's aber nicht, mit mir
nach Babel zu ziehen, so laß es anstehen. Siehe, du hast das ganze
Land vor dir; wo dich's gut dünkt und dir's gefällt, da zieh hin.«[37]
Jeremias Hartnäckigkeit war offenbar weithin bekannt, und Nebu-
saradans diplomatisches Einschreiten hatte den erwünschten
Effekt: Jeremia entschied sich, in Juda zu bleiben.

DIE BUNDESLADE UND DER »TOD«
DER TÜRHÜTER

Die Authentizität des biblischen Berichts der Zerstörung Jerusalems ist, wie die Beschreibung des Salomo-Tempels auch, oft angezweifelt worden. Im Jahr 1933 konnte jedoch der Assyrologe E. F. Weidner die biblische Version der babylonischen Einnahme der Stadt durch eine Untersuchung der Tafeln und Tonscherben bestätigen, die Mitglieder der Deutschen Orient-Gesellschaft 1899 bei Ausgrabungen in Babylon gefunden hatten. Auf vielen Fundstücken, Scherben und Tafeln war eine Bestandsliste der Stadt verzeichnet worden. Diese Liste enthielt Namen, und einer erregte Weidners Aufmerksamkeit. Es war »Ja'-u-Kinu« [Jojachin], »König von Juda«. Die Liste datierte aus dem Jahr 592 v. Chr. Der Bibel zufolge hatte sich Jojachin fünf Jahre zuvor Nebukadnezar ergeben und war nach Babylon ins Exil gegangen. 1955 erbrachte eine ähnliche Analyse von im British Museum in London aufbewahrten babylonischen Tafeln zusätzlich Hinweise darauf, daß der biblische Bericht korrekt ist. D. J. Wiseman, ein Fachmann für die Entzifferung von Keilschriften, stieß auf folgendes:
»Im siebten Jahr, im Monat Kislev, bot der König ... sein Heer auf und zog nach dem Lande Chatti [Syrien]. Gegenüber der Stadt der Judäer warf er sein Lager auf und eroberte am zweiten Adar [16. März 597] die Stadt. Den König [Jojachin] nahm er gefangen, einen König nach seinem Herzen [Zedekia] betraute er mit ihr. Ihre schwere Abgabe nahm er und ließ sie nach Babylon bringen.«[38]
Diese Bestätigung für die historische Richtigkeit der Angaben in der Bibel ist äußerst wichtig, was die Geschichte der Bundeslade während der letzten Jahre des judäischen Königreiches und der Zerstörung durch die Babylonier angeht. Die Bundeslade ist weder in der in Babylon gefundenen Bestandsliste noch im biblischen Be-

richt der Tempelplünderung erwähnt. Viele Beobachter halten das
für ein Versehen und sind der Ansicht, die Bundeslade sei entweder zerstört oder nach Babylon gebracht worden, was aber recht
unwahrscheinlich ist.

Die Bundeslade war zwar, verglichen mit dem übrigen Tempelschatz, nicht sehr wertvoll, aber nichtsdestoweniger eine begehrte
Kriegstrophäe. Ihre Erbeutung oder ihr endgültiger Verlust wären
sicher dokumentiert worden. War es also den Leviten gelungen, im
Tempelberg ein Versteck zu finden, das nur sie und vielleicht einst
auch Hiram Abiff, der schon lange tot war, kannten? Ein Hinweis
darauf findet sich im Zweiten Buch der Chronik. Während des Passahfestes im Jahr 620 v. Chr., dreißig Jahre vor der Belagerung
durch die Babylonier, wandte sich König Josia an die Leviten:»Und
[Josia] sprach zu den Leviten, die ganz Israel lehrten und dem
HERRN geheiligt waren: Bringt die heilige Lade ins Haus, das Salomo, der Sohn Davids, des Königs von Israel, gebaut hat. Nun sollt
ihr sie nicht mehr auf den Schultern tragen. So dient nun dem
HERRN, eurem Gott und seinem Volk Israel.«[39]

Laut der Bibel hatten die Leviten die Lade aus dem Allerheiligsten genommen und sie an einen Ort gebracht, den die Könige
nicht kannten, da sie Angst hatten, sie könne in die jährlichen Tributzahlungen an kriegführende Völker aufgenommen oder durch
die Verehrung »fremder Götter« auf dem Tempelberg in ihrer Heiligkeit befleckt werden. In der Bibel wird nicht erwähnt, ob die
Leviten Josias Befehl Folge leisteten. Wenn man sich das religiöse
Fehlverhalten der früheren Könige und Königinnen von Juda ins
Gedächtnis ruft, hatten sie dazu wenig Anlaß. Da sich im Laufe der
nächsten dreißig Jahre die politische Situation rings um den Tempelberg zusehends verschlechterte und unausweichlich in einen
Krieg zu münden schien, hätten die Leviten die Bundeslade gewiß
in ihrem Versteck gelassen und dieses sehr sorgfältig bewacht.

Die Plünderung und Zerstörung des Tempels, der nach der
zweiten babylonischen Eroberung niedergebrannt wurde, hätte
jedes oberirdische Versteck auf dem Tempelberg enthüllt. Aber
der Tempelberg bietet ideale Voraussetzungen dafür, die Bundeslade unterirdisch aufzubewahren. Somit hätte man sie weiterhin

in ihrem Versteck lassen können, und sie wäre dort auch vor den Verheerungen der Plünderer geschützt gewesen: Auf diese Weise hätten die Wächter der Bundeslade sie der Nachwelt erhalten können. In diesem Zusammenhang hat man den Versen 24 bis 25 des 52. Kapitels im Buch Jeremia bisher allzuwenig Aufmerksamkeit geschenkt. Dort heißt es, daß Nebusaradan vor der endgültigen Abreise von Jerusalem nach Babylon noch den dringenden Befehl von Nebukadnezar erhielt, »den obersten Priester Seraja und den zweitobersten Priester Zephanja und die drei Hüter der Schwelle« zu sich zu rufen und nach Ribla zu bringen. Sobald man davon ausgeht, daß ein kleiner ausgewählter Kreis, nämlich die Leviten, den geheimen Aufbewahrungsort der Bundeslade kannte, gewinnen die Verse eine zweite Bedeutung. Allein Seraja hatte in seiner Funktion als oberster Priester offiziell Zugang zur Bundeslade, und Zephanja hätte ihn gegebenenfalls vertreten. Die drei Türhüter waren hochgestellte Leviten, die den Tempel beschützten und daher den Aufenthaltsort der Lade kennen mußten. Der König Zedekia war bestraft und die potentiellen Thronfolger hingerichtet worden. Zudem hatte man den Tempel zerstört und ausgeplündert. Als Nebukadnezar nach dem obersten Priester, dem zweitobersten Priester und den »drei Hütern der Schwelle« verlangte, wollte er vielleicht erfahren, was sein getreuer Hauptmann noch nicht hatte herausfinden können: Wo war die Bundeslade?

Ohne genaue Karten, die wahrscheinlich nicht existierten, wäre es für die Gefangenen schwer gewesen, die exakte Lage eines Eingangs in den Untergrund unter dem Tempelberg zu bestimmen. Auch war der Tempelberg nach der Zerstörung eine einzige Ruine, Steine und sonstigen Schutt hatte man noch nicht weggeräumt. Daher ist es wahrscheinlich, daß Nebukadnezar einen aus dieser Gruppe oder auch alle bewegen wollte, nach Jerusalem zurückzukehren und die Babylonier zum Geheimversteck zu führen. Entweder konnte Nebukadnezar keinen Priester überreden, oder er wurde einfach ungeduldig; jedenfalls ließ er die ganze Gruppe hinrichten und zusätzlich noch andere ranghohe Juden, die Nebusaradan nach Ribla gebracht hatte. Darunter waren auch sieben enge Freunde des Zedekia, sein Schreiber und ein Eunuch, der vormalige Generalstabschef des Königs.[40] Möglicherweise nahmen sie, die im Jahr 586 v. Chr. in Ribla am Orontes getötet wurden, das Geheimnis des genauen Standorts der Bundeslade mit ins Grab.

DER VERLASSENE BERG

»Wie liegt die Stadt so verlassen, die voll Volkes war! ...
Jerusalem hat sich versündigt; darum muß sie sein wie ein
unreines Weib ... um des Berges Zion willen, wie er so wüst liegt,
daß die Füchse darüberlaufen.«[41]
Der Tempel lag in Trümmern, die Stadt Jerusalem war zerstört.
Das jüdische Volk hatte einen Schlag erlitten, von dem es sich allem
Anschein nach nicht mehr erholen konnte. Sein König saß geblendet im Kerker, die älteren Mitglieder des Tempels waren tot und fast
alle hebräischen Handwerker und Männer im wehrfähigen Alter im
babylonischen Exil. Jerusalem und der Tempelberg lagen wüst und
verlassen da. Jeremias *Klagelieder*, wohl seine persönlichen Eindrücke vom zerstörten Jerusalem, geben in fünf Kapiteln sein Entsetzen darüber wieder, die einst so blühende Stadt geplündert und
eines Großteils ihrer Einwohner beraubt zu sehen.[42] Die »Geringen
im Lande«, die zurückgelassen wurden, lebten in einer Geisterstadt,
wilde Tiere streiften über den Tempelberg, das einstige spirituelle
und politische Zentrum des jüdischen Volkes.

Aber die Lage Jeremias und der anderen verbliebenen Juden im
Königreich Juda war vielleicht nicht gar so düster, wie sie darge-
stellt wurde. Die Zahl derer, die ins Exil geschickt wurden, ist nach
Angaben in der Bibel recht gering:

| | |
|---|---|
| Erste babylonische Eroberung (597 v. Chr.) | 3023 Personen |
| Fall und Zerstörung Jerusalems (586 v. Chr) | 832 Personen |
| Fünf Jahre nach der Zerstörung | 745 Personen |
| Insgesamt | 4600 Personen |

Diese vorsichtige Schätzung aus dem Buch des Propheten Jeremia[43]
legt die Vermutung nahe, daß die Babylonier nur Personen mit Lei-
tungsfunktionen ins Exil verschleppten. Die große Masse der Be-

völkerung in Jerusalem blieb zurück, etwa das Fünf- bis Sechsfache der oben angeführten Zahl. Das Exil sollte nach knapp fünfzig Jahren 538 v. Chr. ein Ende nehmen. Josephus Flavius schreibt, daß »ganz Judäa mit Jerusalem« verlassen dalag.[44] Aber angesichts der Zahlen des Propheten Jeremia handelt es sich hier wahrscheinlich um eine Übertreibung. Für die Anhänger Jahwes bestätigte das Unglück, das über das Volk Jahwes gekommen war, die Macht des Gottes, der zu Moses gesprochen hatte. Schließlich besagte das mosaische Gesetz, was Gott gegeben habe, könne er wieder nehmen. Die Warnungen von Jesaja und Jeremia hatten sich schließlich bewahrheitet. Für die Überlebenden der babylonischen Eroberung lag es offen auf der Hand: Jahwe hatte sein Volk für dessen Sünden bestraft; Nebukadnezar hatte den Tempel verbrannt, und die Bundeslade war verschwunden. Aber der Berg Morija, der legendäre Ort, an dem Abraham einst Isaak opfern wollte, konnte von Menschenhand nicht zerstört werden. An diesem Ort standen noch die Ruinen des Salomo-Tempels, die von Menschen gehauenen Kalksteinblöcke des Tempelbergs, was den Hoffnungen der Gläubigen in Jerusalem Nahrung gab. Aller Wahrscheinlichkeit nach barg der verlassene Berg irgendwo im Grundmauerwerk noch immer die Bundeslade.

Es gab ganz praktische Gründe dafür, weshalb der Bau des Salomo nicht so vollständig zerstört wurde, wie es der Herrscher aus Babylon wünschte. Die Babylonier kannten noch keinen Sprengstoff; somit war es häufig genauso mühsam, etwas zu zerstören wie es aufzubauen. Feuer vernichtet schnell Balken und Holzpaneele, aber der für den Tempel hauptsächlich verwendete Kalkstein bricht bei großer Hitze an natürlichen Schwachstellen oder splittert auch nur oberflächlich ab. Da Tempel und Palast aus Zedernstämmen errichtet worden waren und innen zahlreiche Holzverkleidungen aufwiesen, werden sie wohl eingestürzt sein. Einige Kalksteinwände und die Grundmauern dürften sich aber erhalten haben. Die restlichen Mauern hätte man von Hand einreißen müssen; in einem solchen Fall hätte sich ein riesiger Steinhaufen über den ursprünglichen Grundmauern aufgetürmt. Wenn die Leviten die Bundeslade in ein unterirdisches Versteck gebracht hatten, so wäre der Eingang wahrscheinlich durch die Steinquader verdeckt gewesen.

Die Dauer des babylonischen Exils kann auf etwa achtundvierzig Jahre geschätzt werden; die genaue Datierung ist allerdings in der Wissenschaft umstritten.[45] Während dieser Jahre brachten die in Jerusalem verbliebenen Juden Jahwe auf dem Berg weiterhin Opfer dar. Im Buch Jeremia ist erwähnt, daß Pilger aus der umliegenden Gegend, aus Sichem, Silo und Samaria, nach Jerusalem kamen, um an Opferzeremonien für ihren Gott Jahwe teilzunehmen.[46] Im Zweiten Buch der Chronik steht ebenfalls, daß die Stadt Jahwe treu war und den Sabbat in Ehren hielt.[47]

Als Regierungssitz wählte Gedalja nicht Jerusalem aus, sondern das etwa acht Kilometer nördlich davon gelegene Mizpa. Ob er diese Maßnahme traf, weil die alte Hauptstadt größtenteils zerstört war oder weil vielleicht einige Juden einen Abstand zwischen sich und den Tempelberg und den damit verbundenen Jahwe-Kult legen wollten, ist unklar. Der Konflikt zwischen den Jahwe-Treuen und den Baal-Anbetern war keineswegs beendet, und letztere wurden von den Jahwisten immer noch gefürchtet. Jenen Juden, die das mosaische Gesetz befolgten, standen die Propheten weiterhin bei. Jeremia blieb, wie bereits erwähnt, in Juda und erhob weiterhin seine Stimme für den Glauben an den einen Gott. Und die Juden im Exil sollten sich bald der Dienste eines anderen Propheten aus ihrer Mitte bedienen können.

DIE VISION DES HESEKIEL

Der Prophet Hesekiel war nach der ersten Eroberung von Jerusalem im Jahr 596 v. Chr. mit der ersten Gruppe von Gefangenen nach Babylon geschickt worden. Im Alter von dreißig Jahren hatte er eine Vision von Jahwe. Darin bildeten vier Cherubim Jahwes himmlische Eskorte. Jahwe selbst erschien Hesekiel in Gestalt eines Mannes aus blendend hellem Feuer, der auf einem Thron saß.[48] Der »Geist aus Feuer« – das Wort Gottes – fuhr in Hesekiel und begann Zwiesprache mit ihm zu halten.[49] So wurde dieser Seher zum Sprachrohr Gottes, zum Propheten Jahwes für die Juden in der Gefangenschaft. Verständlicherweise wurde Hesekiels Prophezeiung von ihnen als Bestätigung für die Oberhoheit Jahwes betrachtet. Die Cherubim in seiner Vision entsprechen den Engelsfiguren, die an den Seiten des »Gnadenthrones«, des massiv-goldenen Deckels der Bundeslade, angebracht waren. Hesekiels Prophezeiung beschrieb auch eine Vision des neuen Jerusalem mit dem Idealbild des Tempels als Mittelpunkt. Das Buch Hesekiel gibt eine detaillierte Beschreibung des Inneren und Äußeren eines neuen Gotteshauses.

Als die zweite Welle von Exilierten 586 v. Chr. Babylon erreichte, war Hesekiel bereits ein angesehener Prophet. Das Schicksal der Gefangenen war recht unterschiedlich. Einige wurden zur Zwangsarbeit verpflichtet,[50] den meisten erlaubte Nebukadnezar aber, sich in Sippen niederzulassen und ein Leben nach freier Wahl zu führen. Obwohl dieses Verhalten heute als sehr human und vernünftig betrachtet werden muß, gibt es doch Rätsel auf. Es stand in krassem Kontrast zur Hinrichtung der Hohenpriester und Leviten in Ribla, von denen der babylonische König Näheres über die Bundeslade erfahren wollte. Wahrscheinlich vermutete Nebukadnezar, die Tempeloberen wüßten mehr über den Verbleib des heiligen Objekts. In Jerusalem hatte sich die politische Lage aber trotz der

Katastrophe, die über die Stadt hereingebrochen war, kaum verändert. Noch immer war die Bevölkerung tief gespalten, und im Jahr 582 v. Chr. wurde Gedalja von Ismael, einem Abkömmling der Linie Davids, ermordet. Mit Unterstützung proägyptischer Offiziere wollte er die Herrschaft über Juda zurückgewinnen. Die judäische Bevölkerung erinnerte sich noch gut an die Folgen der Rebellion gegen Babylon und verweigerte ihm deshalb die Gefolgschaft. Daher blieb ihm nichts anderes übrig, als in die Berge des benachbarten Ammon zu fliehen. Die Babylonier setzten einen anderen Regenten ein. Jeremia berichtet, daß 581 v. Chr. noch einmal 745 Juden nach Babylon deportiert wurden, vielleicht infolge der Ermittlungen nach dem Attentat auf Gedalja.[51] Jerusalem und das restliche Juda, weiterer Arbeitskräfte beraubt, waren zu einem abgelegenen Vasallen Babylons degradiert worden und immer häufigeren Übergriffen der stärkeren benachbarten Reiche ausgesetzt. Diese verzweifelte Lage dauerte fast fünfzig Jahre, bis der Vorherrschaft Babylons im Persischen Reich ein ebenbürtiger Gegner erwachsen war.

## DIE RÜCKKEHR AUS DEM EXIL

539 v. Chr., siebenundvierzig Jahre nach der Einnahme Jerusalems durch die Babylonier, besiegte Kyros II., der König von Persien, die Babylonier in Opis. Opis lag hundert Kilometer nordöstlich von Babylon zwischen den Flüssen Euphrat und Tigris in der fruchtbaren Deltaebene, die das Zentrum des Fruchtbaren Halbmonds bildete. Die Perser usurpierten das alte babylonische Königreich. Der Aufstieg des Kyros war von den Propheten in der Babylonischen Gefangenschaft als Beginn eines neuen Zeitalters für das Judentum gepriesen worden. Den jüdischen Propheten zufolge würde Kyros für die Sache des Jahwe-Kults eintreten und den Bewohnern seiner Gebiete ihre alte Religion zurückgeben. Wenn er Babylon besiegt habe, so nahmen die Juden in Babylon an, sei ihre Rückkehr nach Jerusalem gesichert. Sie wurden nicht enttäuscht.

»So spricht der HERR zu seinem Gesalbten, zu Kyros, den ich bei seiner rechten Hand ergriff, daß ich Völker vor ihm unterwerfe, und Königen das Schwert abgürte, damit vor ihm Türen geöffnet werden und Tore nicht verschlossen bleiben:

Ich will vor dir hergehen … und will dir heimliche Schätze geben und verborgene Kleinode …

… der ich das Licht mache und schaffe die Finsternis, der ich Frieden gebe und schaffe Unheil. Ich bin der HERR, der dies alles tut.«[52]

Es ist verlockend, aus den Worten »ich will vor dir hergehen … und will dir heimliche Schätze geben und verborgene Kleinode …« zu schließen, daß den Exilierten bei ihrer Rückkehr als Untertanen des Kyros das Versteck der Bundeslade gezeigt werden sollte. Die Wendung »… der ich das Licht mache und schaffe die Finsternis« ist jedoch deutlicher. Am Ende des babylonischen Exils hatte sich eine wesentliche Änderung vollzogen: Den Juden in Babylon, die Jahwe treu waren, galt ihr Gott nicht mehr einfach nur als höchstes Wesen; vielmehr wurde er jetzt als aktive Figur im Dualismus von »Licht«

und »Dunkelheit« gesehen. Dieses bipolare Konzept hat seine Ursprünge nicht in den Lehren eines jüdischen Propheten, sondern eines Iraners, der von 618 bis 541 v.Chr. im benachbarten Persien lebte. Zarathustra, auf griechisch Zoroaster, war seit seinem dreißigsten Lebensjahr Prophet. Obwohl er selbst nicht jüdischer Herkunft war, wirkten sich seine Lehren entscheidend auf die religiöse Denkweise der jüdischen Exilierten aus. Er glaubte wie die Jahwisten an einen einzigen Gott und verkündete, daß Gottes Schöpfung auf zwei Geistern beruhe, nämlich auf *Ohrmazd*, dem Geist des Guten, und *Ahriman*, dem Geist des Bösen. Diese Geister oder allgemeinen Prinzipien entsprangen einer einzigen Quelle: *Ahura Mazda*, dem höchsten Gott des Lichts. Laut Zarathustra besaßen alle Einzelwesen während ihrer Zeit auf Erden ein Recht auf freie moralische Entscheidungen, auf eine Wahl zwischen Ordnung und Chaos, Gut und Böse, Licht und Finsternis. Mit anderen Worten, es handelte sich nicht um einen popularisierten Jahwe-Kult, da er direkte Teilnahme am Werk Gottes bot, ohne Vermittlung durch Priester. Nachdem die Juden in der Gefangenschaft ihrer spirituellen Mitte beraubt waren, ist es nicht verwunderlich, daß die Lehren des Zarathustra in die jüdische Gottesverehrung eingingen. Doch dieser Dualismus, den die Rückkehrer nach Juda mitbrachten, war eine neue Bedrohung für das mosaische Judentum. Die Philosophie Zarathustras forderte die Priesterschaft des Tempels heraus, da diese als überflüssig bezeichnet wurde. Zarathustra lehrte auch, daß alle Menschen ein Leben nach dem Tod zu erwarten hätten, und erklärte, daß vor der Auferstehung am Ende aller Zeiten, wenn die Kräfte des Bösen schließlich von den Kräften des Guten besiegt würden, ein *Saoshyant*, ein Erlöser, erscheinen werde.[53] Zarathustra starb einige Jahre vor dem Sieg des Kyros über die Babylonier und vor der sich abzeichnenden Rückkehr der Juden nach Jerusalem, doch die Saat seiner revolutionären Gedanken fiel im jüdischen Denken auf äußerst fruchtbaren Boden.

In Babylon führten Zarathustras Gedanken nach und nach zu tiefen Spaltungen innerhalb des Jahwe-Kults. Allseits wurde auf den Beginn eines messianischen Zeitalters gewartet. Der Wiederaufbau des Tempels hatte jedoch absoluten Vorrang gegenüber allen anderen Hoffnungen, welche die Gläubigen hegten. Sowohl die Bibel als auch Josephus Flavius liefern Details über die Rückkehr der Gefangenen. Im Jahr 538 v. Chr., also unmittelbar nach dem Sieg über die Babylonier, entließ Kyros die Juden. Weniger als fünftausend Gefangene stammten aus Jerusalem,[54] während die Zahl der Verbannten, die aus Juda kam, beträchtlich höher war. Das jüdische Volk war in der Gefangenschaft gediehen, und es wird berichtet, daß sich insgesamt 42462 Menschen auf den Weg in das Land ihrer Väter machten.[55]

Vor ihrer Ankunft sandte Kyros ein Dekret an die Regenten des Juda benachbarten Syrischen Reiches. Der Text lautete Josephus Flavius zufolge:»Der König Kyros an Sisianas und Sarabasanas. Ich habe den Juden, welche dazu Lust tragen, gestattet, in ihr Vaterland zurückzukehren und ihre Stadt sowie den Tempel Gottes zu Jerusalem auf derselben Stelle wiederaufzubauen, wo er früher gestanden hat. Meinen Schatzmeister Mithradates und den Vorsteher der Juden Zorobabel habe ich entsandt, um die Fundamente zum Tempel zu legen und ihn in der Höhe und Breite von sechzig Ellen zu erbauen, indem sie je drei Lagen von geglättetem Marmor und eine Lage Holz von Bäumen des Landes selbst aufschichten, sowie auch den Altar zur Darbringung von Opfern zu errichten.«[56]

Achtundvierzig Jahre waren seit der Zerstörung des Tempels verstrichen. Die Rückkehrer, die als junge Männer und Frauen das Ereignis miterlebt hatten, machten sich daran, den Tempel wiederaufzubauen, wie es von Hesekiel und im Buch des Jesaja vorausgesagt wurde. Das Anfangskapital stellte der Perserkönig zur Verfügung. Kyros hatte den Juden großzügig Teile des erbeuteten Schatzes zurückgegeben, außerdem leitete er Steuern aus dem umliegenden alten Juda zur Arbeit am Tempel um.[57] Allein der Tempel erhielt»fünfzig goldene und fünfhundert silberne Schüsseln, vierzig goldene und fünfhundert silberne Becher, fünfzig goldene und fünfhundert silberne Krüge, dreißig goldene und dreihundert silberne Opferschalen, dreißig goldene und zweitausendvierhundert silberne Opferteller sowie eintausend andere Gefäße«.[58]

Der Grundstein zum neuen Tempel wurde 536 v. Chr. gelegt, aber der Wiederaufbau wurde durch Streitigkeiten zwischen den

Rückkehrern und den Einwohnern von Samaria behindert, die befürchteten, eine Wiederherstellung des Tempels könnte den Wunsch nach Unabhängigkeit in Jerusalem von neuem wecken und zu Racheaktionen führen.[59] Erst 521 v.Chr., acht Jahre nach dem Tod des Kyros sowie seines Nachfolgers Kambyses, wurde das Patt durch den neuen persischen Monarchen Dareios I. überwunden. Als Belohnung für die Treue zum babylonischen Thron ernannte Dareios Serubabel, welcher der davidischen Linie entstammte, zum Gouverneur von Jerusalem. Durch eine angeblich »wiederentdeckte« Abschrift des Originaldekrets von Kyros in der persischen Schatzkammer erhielten die Pläne zum Wiederaufbau des Tempels neuen Auftrieb.[60] Es gibt jedoch Hinweise in der Bibel – zum Beispiel im Buch Haggai, das auf das Jahr 520 v.Chr. datiert wird –, daß die zurückgekehrten Juden zunächst andere Absichten hatten. Das Buch Haggai ist nur achtunddreißig Verse lang, aber dafür sehr aufschlußreich. Der Vorschlag des Kyros, die Juden sollten in ihre Heimat zurückkehren, sei von den Exilierten in Babylon nicht mit einhelliger Begeisterung aufgenommen worden, weshalb nur wenige nach Jerusalem zurückkehrten. Es gibt keinen Grund zu der Vermutung, daß die Opferungen auf dem Tempelberg nicht wiederaufgenommen wurden, aber wahrscheinlich war die Zahl der ersten »Rückkehrer« zu gering, als daß der Tempel allein von ihnen hätte wiederaufgebaut werden können.

Trotz der Intervention des Dareios hatte die Arbeit im Jahr 520 v.Chr. immer noch nicht begonnen. Jerusalem hatte eine Dürre erlebt, die laut Haggai darauf zurückzuführen war, daß der Bau von Privathäusern rasch voranschritt, während die Gläubigen ihrer Verpflichtung Jahwe gegenüber nicht nachkamen.[61] Haggais Beschreibung enthüllt, in welcher Lage sich die exilierten Juden wirklich befanden. Das Angebot einer sofortigen Rückkehr im Jahr 538 v.Chr. dürfte nur von jenen akzeptiert worden sein, die keinerlei geschäftliche und familiäre Verpflichtungen hatten. Außerdem war die anfängliche Begeisterung der Rückkehrer sicherlich bald verflogen, nachdem sie in der alten Heimat angekommen waren und sich der Feindschaft der Samariter gegenübersahen. Sie waren gering an Zahl und hatten vielleicht auch keine Gelder von Kyros erhalten, so daß ihnen der Wiederaufbau bald ein Ding der Unmöglichkeit zu sein schien. Es war sicher weitaus einfacher, Privathäuser zu errichten und auf Hilfe zu warten.

Haggai teilt uns mit, der Grundstein zum Wiederaufbau sei nicht 536 v. Chr. gelegt worden, sondern am 24. Tag des sechsten Monats des Jahres 520.[62] In der Bibel steht: »Viele von den betagten Priestern, Leviten und Sippenhäuptern, die das frühere Haus noch gesehen hatten, weinten laut, als nun dies Haus vor ihren Augen gegründet wurde. Viele aber jauchzten mit Freuden ...«[63]

Vor ihnen lag eine riesenhafte Aufgabe, die zusätzlich durch die Tatsache erschwert wurde, daß an der alten, zerstörten Stelle auf den Ruinen gebaut werden mußte statt an einem völlig neuen Ort. Zwar berichtet die Heilige Schrift, daß aus Tyrus Zedernholz geholt wurde,[64] doch weder stand ein Genie wie Hiram Abiff zur Verfügung, noch gab es genug ausgebildete Handwerker. Dem Volk wurde bald klar, daß der wiederaufgebaute Tempel nie dem alten entsprechen würde, und Haggai versuchte, es zu trösten:

»Am einundzwanzigsten Tage des siebenten Monats geschah des HERRN Wort durch den Propheten Haggai:

Sage zu Serubabel, dem Sohn Sealthiëls, dem Statthalter von Juda, und zu Josua, dem Sohn Jozadaks, dem Hohenpriester, und zu den übrigen vom Volk und sprich:

Wer ist unter euch noch übrig, der dies Haus in seiner früheren Herrlichkeit gesehen hat? Und wie seht ihr's nun? Sieht es nicht wie nichts aus?

Aber sei getrost ... Denn ich bin mit euch ...

... nach dem Wort, das ich euch zusagte, als ihr aus Ägypten zogt; und mein Geist soll unter euch bleiben. Fürchtet euch nicht.«[65]

Dareios, der neue Herrscher über Babylon, unterstützte das Werk der Jahwe-Anhänger. Er befahl, das Originaldekret des Kyros zum Wiederaufbau im königlichen Archiv zu suchen. Nachdem man es gefunden hatte, studierte er den Text und verfaßte einen neuen. Inhaltlich stimmte sein Dekret mit dem des Kyros überein, doch es gab eine Abweichung. Dareios erklärt in einem Vers: »Ferner ... wenn irgend jemand diesen Erlaß übertritt, so soll ein Balken aus seinem Haus herausgerissen und er daran aufrecht angeschlagen werden, und sein Haus soll um seiner Tat willen zum Schutthaufen gemacht werden.«[66]

Die Kreuzigung war eine häufig angewandte Todesstrafe bei den Persern und hatte damit ihren offiziellen religiösen Eingang in Jerusalem gefunden. Ob diese extreme Strafe damals je verhängt wurde, ist in der Bibel nicht erwähnt. Jedenfalls wurde nach diesem furchteinflößenden Dekret die Arbeit auf dem Tempelberg ungehindert fortgesetzt. Nach viereinhalb Jahren, im März 516 v. Chr., war der Wiederaufbau des Tempels abgeschlossen. Er wirkte nun wesentlich schlichter, da Serubabels Handwerker keine geeigneten Materialien für die Verkleidung und Dekoration der Innenräume besaßen. Der Altar, einst aus Bronze, der außerhalb des Haupteingangs stand, war nun wahrscheinlich aus unbearbeitetem Kalkstein von zwanzig Ellen oder 10,6 Meter Länge und Breite und von zehn Ellen oder 5,3 Metern Höhe.[67] Jachin und Boas und das Eherne Meer wurden nicht wiederhergestellt, und das Allerheiligste, in dem sich einst die Bundeslade befand, war leer.[68]

## HOHEPRIESTER UND SÜNDENBÖCKE

Die Zerstörung des Tempels und die Babylonische Gefangenschaft hinterließen tiefe Narben in der Psyche der Jerusalemer Bevölkerung. Es war nicht zu leugnen, daß sich die Ankündigungen der Propheten erfüllt hatten, und diese prophetische »Wahrheit« verlieh den Jahwe-Treuen im Kampf für ihren Glauben an den einen Gott zusätzliche Kraft. Die Stadt blieb ohne König, was der Priesterschaft noch mehr Einfluß verschaffte. Persien war vor allem an Stabilität in der Region gelegen. Solange Steuern bezahlt und militärische Forderungen erfüllt wurden, hatte Dareios gegen den Wiederaufbau des Tempels im Namen Jahwes nichts einzuwenden.

Die Juden in Jerusalem standen daher vor einer großen religiösen Herausforderung, und die Priesterschaft machte einen radikalen Vorschlag. Fünfhundert Jahre zuvor hatte Salomo einen Schrein für Jahwe auf dem Tempelberg eingerichtet, der eine Insel des Monotheismus in einem Meer der Baal-Anbetung war. Die Verfechter des neuen Jerusalem im 5. Jahrhundert v. Chr. hielten die göttliche Oberhoheit nun für unangefochten. Es gab nur einen Gott, Jahwe, und sein auserwähltes Volk, die Israeliten, konnte aus der Befolgung seiner Gesetze Nutzen ziehen. Das Volk Jahwes hatte nun die Möglichkeit, innerhalb des persischen Weltreiches einen theokratischen Staat zu errichten, in dem es unter täglicher Beachtung des mosaischen Gesetzes den Bund mit Gott erfüllen konnte. Für die Priesterschaft stand viel auf dem Spiel, denn je weniger gesündigt wurde, desto unbedeutender würde die Rolle der Priester und damit des Tempels werden. Aber sie hatte sich abgesichert: Der zentrale Part des Jahwe-Kults war noch immer das Opferritual, und die Opferungen im Tempel nahmen nicht ab, sondern zu. Außerdem entwickelte sich in den Jahrzehnten nach dem Wiederaufbau des Tempels ein wachsendes Interesse an religiösen Texten, die gesammelt modernisiert wurden. Die Einrichtung neuer Festtage hatte

zur Folge, daß die Priesterschaft weiterhin an der Spitze der Nation
stand; eines der neuen Feste war der Versöhnungstag oder Jom
Kippur.

Der Versöhnungstag war ursprünglich ein Fest der persönlichen
Reue; man feierte es durch Fasten, das Einhalten der Sabbatruhe
und durch Sühneopfer.[69] Unter der Herrschaft der Hohenpriester erhielt es eine neue Bedeutung und wurde zum gemeinschaftlichen
Versöhnungstag Jom Kippur, an dem man der Zerstörung des Salomonischen Tempels im Jahr 586 v. Chr. gedachte. Bei diesem neuen
Ritual wurden im Namen des Hohenpriesters und der Priesterschaft
ein Ochse geopfert und ein Widder auf dem Altar vor dem Allerheiligsten im Namen des Volkes dargebracht. Dann wählte man zwei
Ziegen aus, zog Lose, tötete eines der Tiere und bereitete es ebenfalls zur Opferung vor. Der Hohepriester legte beide Hände auf den
Kopf der anderen Ziege und übertrug auf sie alle Sünden des Volkes. Nach diesem Teil der Zeremonie wurde die Ziege vom Tempelberg hinunter in die Stadt gebracht und in die Wüste getrieben.
Damit die Gläubigen nicht die Gebote des Sabbat brachen, wurde
entlang des Weges der Ziege eine Reihe bemannter Stände aufgestellt. Hatte der Sündenbock eine Station passiert, wurden Tücher
geschwenkt, um die Priester im Tempel darüber zu informieren,
wieviel des Weges bereits zurückgelegt war. Am Ziel[70] zerschnitt
der verantwortliche Priester einen roten Faden. Dies wird in *Joma*,
einem Traktat der Mischna für den Versöhnungstag, beschrieben:[71]
»Was machte er [der Priester]? ... die eine Hälfte band er an den Felsen, und die andere Hälfte band er [dem Bock] zwischen die Hörner, und stieß ihn rückwärts hinunter; er stürzte dann rollend hinab, und bevor er noch die Hälfte des Berges erreicht hatte, bestand
er aus einzelnen Gliedern.«[72] Wenn der rote Faden, der an den Felsen gebunden war, beim Tod der Ziege weiß wurde, dann wußte die
Person, die den Ziegenbock führte, daß das Opfer angenommen
worden war, wie es Jesaja prophezeit hatte: »Wenn eure Sünde auch
blutrot ist, soll sie doch schneeweiß werden.«[73]

Auf »Sündenböcke« trifft man in traditionellen Gesellschaften
häufig. Noch bis vor kurzem wurden in afrikanischen und ameri-
kanischen Stämmen und auch auf dem indischen Subkontinent

menschliche Sündenböcke bestimmt. Auch in den »zivilisierten« Gesellschaften des klassischen Altertums war diese Sitte während des 6. Jahrhunderts v. Chr. im ganzen Mittelmeerraum weit verbreitet. In Massilia (Marseille), einer griechischen Kolonie, wurde ein Freiwilliger der unteren Klassen ein Jahr lang auf Kosten der Öffentlichkeit mit auserlesener Nahrung versorgt. Nach Ablauf des Jahres wurde der »Sündenbock«, in heilige Gewänder gekleidet, durch die Straßen geführt, ehe man ihn aus der Stadt brachte. Hier wurde er entweder in die Wildnis entlassen wie der Sündenbock von Jerusalem oder zu Tode gesteinigt.[74] In Athen, das wie Jerusalem um einen heiligen Tempelberg herum erbaut war, tötete man alljährlich beim Fest der Thargelien einen Mann oder eine Frau auf rituelle Weise, um das Volk von der Last seiner Sünden und seines Unglücks zu befreien; die dergestalt besänftigten Götter sollten dann Hungersnöte oder Seuchen in den nächsten zwölf Monaten von der Stadt abwenden.[75] Das Jerusalemer Sündenbockritual der monotheistischen Jahwe-Anhänger hat starke Anklänge an die Bräuche polytheistischer Kulturen. Obwohl man das mosaische Gesetz in Jerusalem wieder eingeführt hatte, war der Baal-Kult, also die Verehrung fremder Götter durch ungesetzliche Opferungen, noch nicht gänzlich aus der Stadt verschwunden. Der Gott Israels spricht durch seinen Propheten Jesaja:

»Zu einem Volk, das meinen Namen nicht anrief, sagte ich: Hier bin ich, hier bin ich!

Ich streckte meine Hände aus den ganzen Tag nach einem ungehorsamen Volk ...

nach einem Volk, das mich beständig ins Angesicht kränkt: sie opfern in den Gärten und räuchern auf Ziegelsteinen;

sie sitzen in Gräbern und bleiben über Nacht in Höhlen, essen Schweinefleisch und haben Greuelsuppen in ihren Töpfen ...

Siehe, es steht von mir geschrieben: Ich will nicht schweigen, sondern heimzahlen; ja, ich will es ihnen heimzahlen,

beides, ihre Missetaten und ihrer Väter Missetaten miteinander, spricht der HERR, die auf den Bergen geräuchert und mich auf den Hügeln geschändet haben, Ja, ich will ihnen heimzahlen ihr früheres Tun ...

Aber ihr, die ihr den HERRN verlaßt und meines heiligen Berges vergeßt ... wohlan, ich will euch dem Schwert übergeben, daß ihr euch alle zur Schlachtung hinknien müßt.«[76]

Während der jüdische Monotheismus gegen das Erbe des alten, tief im Volk verwurzelten Pantheismus ankämpfte, gab es auch innerhalb des Jahwe-Kults weiterhin Auseinandersetzungen. Die Priesterschaft strebte danach, ihre Herrschaft über den Staat zu festigen. Doch viele Menschen sorgten sich, weil sie keinen König hatten, und glaubten, ein »Messias« oder »Gesalbter« aus dem Geschlecht Davids werde bald erscheinen. Die Aussicht, einen solchen König im sorgfältig austarierten Kraftfeld des neuen Jerusalem integrieren zu müssen, war nur eine der Gefahren für die Priesterschaft. In der Vergangenheit war es den Königen aus dem Hause David eindeutig nicht gelungen, das mosaische Gesetz sowie die Priesterschaft und den Tempel zu schützen, deshalb waren die religiösen Machthaber nicht gewillt, eine Monarchie wiedererstehen zu lassen. Zudem gab es praktische Sicherheitsprobleme. Zwar war unter Serubabel der Tempel wiederaufgebaut worden, doch man hatte die Befestigungsmauern der Stadt und des Tempelbergs zum größten Teil nicht ausgebessert. Mit anderen Worten, Jerusalem war nicht erfolgreich zu verteidigen. Aber etwa siebzig Jahre nach dem Wiederaufbau des Tempels, Mitte des 5. Jahrhunderts v. Chr., versuchte ein Mann Abhilfe zu schaffen.

## NEHEMIA UND DIE MAUERN VON JERUSALEM

Nehemia stammte aus einer Jerusalemer Familie, die nach der Verbannung in Babylon blieb. 445 v. Chr. wurde er Eunuch am Hof des persischen Königs Artaxerxes I.[77] und hatte Zugang zum königlichen Harem. Außerdem wurde er Mundschenk des persischen Herrschers, so daß er sich beim König Gehör verschaffen konnte. Als am Hof Berichte über die Verhältnisse in Jerusalem zirkulierten, konnte Nehemia seinen Kummer und seine Sorge nur schwer verbergen. Artaxerxes bemerkte die Verzweiflung seines Dieners und erkundigte sich nach der Ursache. Nehemia bat ihn, Jerusalem wiederaufbauen zu dürfen, und der König willigte ein. So kehrte Nehemia, begleitet von einer Abordnung königlicher Reiter, im Jahr 444 v. Chr. nach Jerusalem zurück. Kaum war er durch die zerstörten Tore in die Stadt geritten, stieß er bereits auf die ersten Probleme.

Artaxerxes hatte Nehemia mit einem Brief ausgestattet, der ihm erlaubte, die Männer auszuheben und die Materialien zu besorgen, welche er für den Wiederaufbau der Stadtmauern benötigte. Doch bereits am dritten Tag nach seiner Ankunft sah er sich erheblichem Widerstand gegenüber. Da Nehemia keine unnötige Aufmerksamkeit auf sich ziehen wollte, untersuchte er, beritten[78] und allein, den Zustand der Mauern bei Nacht, denn er hoffte, daß seine Widersacher schliefen. »Und ich ritt zum Taltor hinaus bei Nacht und am Drachenquell[79] vorbei und an das Misttor und forschte genau, wo die Mauern Jerusalems eingerissen waren und die Tore vom Feuer verzehrt.«[80]

Obwohl die Orte, die Nehemia erwähnt, nur schwer archäologischen Ausgrabungsstätten zuzuordnen sind, darf man annehmen, daß Nehemia die Stadt in Richtung Südwesten verließ und den Mauern gegen den Uhrzeigersinn folgte. »Des Königs Teich« ist der heutige Siloateich, der im 8. Jahrhundert v. Chr. unter König Hiskia

angelegt wurde.[81] Er liegt an der Südspitze des östlichen Hügelrük-
kens, und von dort an war Nehemias Weg von Geröll versperrt. Er
mußte sich nun entscheiden, sich entweder einen Weg durch das
unwegsame Gelände zu suchen oder seinen Erkundungsgang abzubrechen und umzukehren. Nehemia verzichtete darauf, dem
Pfad am Fuß der Stadtmauer zu folgen, und ritt statt dessen den
Hang zum Kidron-Tal oder *Bachtal*[82] hinunter (so wurde das Tal
zu jener Zeit und noch im 19. Jahrhundert genannt[83]).
Dort kam er zügiger voran und hatte im Mondschein einen bes-
seren Blick auf die Mauern. So ritt Nehemia an der Ostseite der
Davidstadt entlang auf die Südostecke des Tempelbergs zu. Beim
Zusammenfluß von Hinnom und Kidron überblickte er die gesamte
Ostmauer und auch jene Stelle, wo sie auf die Mauern der Tempel-
berg-Plattform traf.

Nehemias Vorhaben war gewagt. Als er den Plan mit den Einwohnern von Jerusalem besprach, rührte er an tiefe Ängste. Seit
der Rückkehr der Juden aus dem Exil hatte die Priesterschaft
Schritt für Schritt ihre religiöse Vormachtstellung in Jerusalem festigen können. Die Ankunft Nehemias wurde von vielen Juden als
Bedrohung des Status quo betrachtet. Der Wiederaufbau der Stadtmauern konnte von den Nachbarn Jerusalems als Versuch aufge-
faßt werden, die Befestigungsanlagen für einen kriegerischen Not-
fall zu verstärken, und somit als eine Bedrohung des momentan
herrschenden Friedens in der Region. Der Statthalter von Samaria
hatte schon 536 v. Chr. befürchtet, daß eine solche Maßnahme Jerusalem erneut in Gefahr bringen könnte.

Darüber hinaus gefährdeten die Menschen aus Samaria und die
anderen Juden, die in Juda geblieben waren, die rechtmäßige Wiedereinführung des Jahwe-Kults. Viele hatten nämlich Nichtjuden
geheiratet, von denen vermutet wurde, daß etliche immer noch
Götter wie Baal anbeteten. Einige Vorfälle in der Geschichte der Samariter gaben permanent Anlaß zur Sorge. Als Juden war ihnen der
Zutritt zum Tempelberg gestattet, aber für die Anhänger der neuen,
vom babylonischen Exil geprägten Orthodoxie war es eine schreckliche Vorstellung, daß ein weiterer »Samariter« aus dem alten Königreich Israel – so wie einst Athalja – wieder die Macht über den

Tempel erringen könnte. In dieser heiklen Atmosphäre machte sich Nehemia an den Wiederaufbau, für den er nur zweiundfünfzig Tage benötigte.[84] Jedes Tor und jeder Mauerabschnitt wurde von einer spezifischen Gruppe instand gesetzt, zu der Priester und Leviten aus dem Tempel ebenso wie Kaufleute und Goldschmiede aus der Stadt gehörten.[85] Die Stimmung war gespannt, denn jeden Moment konnte mit einem Angriff gerechnet werden. Daher hatte »ein jeder sein Schwert um die Lenden gegürtet«.[86] Nehemia beschreibt die unermüdlichen Anstrengungen: »So arbeiteten wir am Bau, ... vom Aufgang der Morgenröte, bis die Sterne hervorkamen ... Aber ich und meine Brüder und meine Leute und die Wache, die mir folgte, wir zogen unsere Kleider nicht aus.«[87]

Nachdem die Mauern wieder befestigt waren, konnte man die Stadt und den Tempel erstmals seit der 586 v. Chr. erfolgten Zerstörung wieder verteidigen. Nun konnte der zweite Teil von Nehemias Plan in Angriff genommen werden: die Durchsetzung strengerer Glaubensvorschriften. Nehemia erstellte eine Liste, auf der jene Juden, die mit Serubabel aus Babylon zurückgekehrt waren, sowie deren Nachfahren aufgeführt waren.[88] Die Familien, die während der Zeit des Exils in Juda geblieben waren und deren Mitglieder Nichtjuden geheiratet hatten, wurden nicht in die Liste aufgenommen, was sich später als nachteilig für sie erweisen sollte.

Nach einem kurzen Intermezzo am Hof des persischen Königs während des Jahres 432 v. Chr. kehrte Nehemia, mit neuen Vollmachten ausgestattet, nach Jerusalem zurück. Der Eifer, mit dem er sich dem Wiederaufbau der Mauern von Jerusalem verschrieben hatte, wurde von seinen persischen Herren durchaus geschätzt. Nun richtete Nehemia seine Anstrengungen darauf, für die neue orthodoxe, von den babylonischen Juden favorisierte Glaubensrichtung politischen Rückhalt zu gewinnen. Während seiner Abwesenheit war der Streit zwischen den Anhängern Jahwes und den stärker dem alten Baal-Kult zugeneigten Juden erneut aufgeflammt. Nach einer Feier anläßlich der Fertigstellung der Stadtmauern war den auf dem Tempelberg Versammelten öffentlich das mosaische Gesetz verlesen worden. Dabei ging man auch auf das heikle Thema der Ehe mit nichtjüdischen Partnern und die möglichen Ge-

fahren für die angestrebte Reinheit des Judentums ein. Die Ammoniter und Moabiter durften »niemals in die Gemeinde Gottes kommen«, weil sie »den Kindern Israel nicht mit Brot und Wasser
entgegenkamen und gegen sie Bileam dingten«.[89]
Nehemia wollte die Spannungen abbauen und beschloß, die
Macht der Tempelpriester zu stärken. Nach dem alten Gesetz
mußte jeder Jude den Priestern und den Leviten als Beitrag zur Erhaltung des Tempels den Zehnten zahlen, also zehn Prozent der
landwirtschaftlichen Einkünfte eines Jahres.[90] Nehemia verlangte,
daß der Brauch, der in Vergessenheit geraten war, wiederaufgenommen wurde.[91] Er bemerkte auch, daß am Sabbat Handelsgüter
in die Stadt gebracht wurden, beispielsweise Wein, Trauben und
Feigen aus dem Umland oder auch Fisch, den Kaufleute aus Tyrus
feilboten.[92] Nehemia untersagte solche Praktiken, die gegen die
Sabbatruhe verstießen. Er redete jedem Juden, der eine auslän-
dische Frau geheiratet hatte, ins Gewissen, beschimpfte auf offener
Straße Juden, die er dieses Vergehens zieh, und züchtigte einige
sogar eigenhändig. Das Vermächtnis der Frauen Salomos war nicht
vergessen, wie aus der Beschreibung von Nehemias zornigem Ver-
halten hervorgeht:
»Und ich schalt sie und fluchte ihnen und schlug einige Männer
und packte sie bei den Haaren und beschwor sie bei Gott: Ihr sollt
eure Töchter nicht ihren Söhnen geben noch ihre Töchter für eure
Söhne oder euch selbst nehmen.
Hat nicht Salomo, der König von Israel, gerade damit gesündigt?
Und es war doch unter vielen Völkern kein König ihm gleich, und
er war seinem Gott lieb, und Gott setzte ihn zum König über ganz
Israel. Dennoch verleiteten ihn die ausländischen Frauen zur
Sünde.«[93]
An dieser Stelle scheint Nehemia seinen Pflichten Genüge getan
zu haben, denn in der Bibel wird er hinfort nicht mehr erwähnt.
Seine letzten Worte galten den Leviten und den Tempelpriestern.
Er behauptet, sie »von allem Ausländischen gereinigt« und ihre
Ämter »für einen jeden nach seinem Dienst« geordnet zu haben.[94]
Doch nach nur zwei Generationen kam es in der Stadt erneut zu
einem religiös inspirierten Aufstand.

Um das Jahr 397 v. Chr.[95] erschien in Jerusalem ein Jude namens Esra, der im babylonischen Exil geboren war und das Ziel hatte, die Arbeit des Nehemia fortzusetzen, also den Wiederaufbau der Stadtmauern und die Wiederherstellung der religiösen und moralischen Reinheit in Jerusalem. Esra war Priester und Schriftgelehrter, »der kundig war in den Worten der Gebote und Satzungen des HERRN«.[96] Sein Plan war einfach: Der Tempelberg, das Zentrum des neuen Gottesstaates, mußte von den Einflüssen des Baal-Kults gesäubert werden. Im Gegensatz zu Nehemia, der mit einer kleinen Militäreskorte gereist war, traf Esra in Jerusalem mit einer Gruppe gleichgesinnter Juden aus dem babylonischen Raum ein, die ihm als Zivilisten bei seiner Mission moralische, eventuell aber auch militärische Unterstützung boten. Er kam mit wertvollen Geschenken. Vor seiner Abreise aus Babylon schenkte ihm der persische König Artaxerxes II. Silber und Gold für den Tempelberg, eine Gabe Persiens an den Gott Israels.[97]

Die Lage in Jerusalem war schlimmer, als Esra gedacht hatte.[98] Verzweifelt über den offensichtlichen Mangel an religiöser Disziplin, den er bei den Einwohnern der Stadt beobachten mußte, bemühte sich Esra um eine Verbesserung der Situation. Artaxerxes hatte ihm zur Bekräftigung des althergebrachten Gesetzes die Vollmacht übertragen, Richter und Rechtspfleger zu erneuern. Esra konnte jeden, der die Gesetze nicht befolgte, mit Tod oder Verbannung bestrafen, dessen gesamte Habe konfiszieren oder ihn ins Gefängnis werfen lassen.[99] Er verkündete, daß alle Juden, die im Exil gewesen waren, an einer Versammlung auf dem Tempelberg teilzunehmen hätten. Wer dem Aufruf nicht innerhalb von drei Tagen nachkam, dessen Land würde beschlagnahmt und er selbst aus der jüdischen Gemeinde ausgeschlossen werden.

Es regnete, als Esra zu den Menschen der Stadt sprach, die ohne Schutz im Tempelhof standen. Esra verlangte, daß sie dem »HERRN, dem Gott ihrer Väter« ihre Sünden bekannten und sich sofort von den »Völkern des Landes [Samariter und Juden aus Juda, mit denen sie Ehen eingegangen waren] und von den fremden Frauen« trennen sollten.[100] Die Versammelten murrten und versuchten Zeit zu gewinnen, indem sie Esra mitteilten, sie könnten bei so schlechtem Wetter nicht länger auf dem Berg bleiben. Außerdem waren sie der Ansicht, daß die Trennung, die er ihnen diktierte, nicht in derart kurzer Zeit geschehen könnte, da es viele gab, die »in dieser Sache gesündigt« hatten, also Mischehen eingegangen waren.[101] Das üble Wetter und die organisatorischen Probleme machten eine sofortige Verwirklichung dieser Idee unmöglich, und so einigte man sich auf einen Kompromiß. Zehn Tage später[102] wurde mit der Registrierung der Frauen begonnen. Esra saß einer Gruppe von Inspektoren vor, die von ihm handverlesen waren, und nahm mit Hilfe der Einwohnerliste, die Nehemia fünfunddreißig Jahre zuvor erstellt hatte, die Bekenntnisse all jener »Schuldigen«[103] entgegen, die versprachen, ihre »ausländischen« Frauen aus Jerusalem zu verbannen.

Die Maßnahmen Esras veränderten den Lauf der Geschichte des Tempelbergs. Das theokratische Konzept wurde nach einer mehr als hundertfünfzig Jahre währenden Instabilität schließlich verwirklicht. Das Leben der Menschen war nun weitaus stärker auf die Religion und die Opferrituale ausgerichtet, die sie Jahwe widmeten. Nachdem dieser nun die einzige anerkannte Gottheit war, wurde den *Gojim*, den nichtjüdischen Nachbarn, denen man bereits die Heirat mit Juden aus Jerusalem verboten hatte, aufgrund der strikt eingehaltenen Reinheitsgesetze auch jedes Betreten des Tempelbergs untersagt. Die erfolgreiche Einführung der monotheistischen Religion barg aber auch neue Gefahren. Die Gaben für den Tempel brachten den Priestern alljährlich enorme Reichtümer ein, was Rivalitäten weckte. Ein neuer Machtkampf entbrannte, in dessen Zentrum wieder einmal der Tempelberg stand. Solange Juda im Einflußbereich der Perser lag, blieb die Situation in Jerusalem relativ stabil, doch in Griechenland entstand eine neue Großmacht, über die sich die verschiedenen religiösen Gruppierungen der Juden nicht einig waren. Mittelpunkt dieses neuen Reiches Makedonien war ein militärisches Genie: Alexander der Große.

## HELLENISMUS KONTRA MONOTHEISMUS

Im Herbst 333 v. Chr. besiegte Alexander der Große den persischen König Dareios III. bei Issos. Obwohl Issos mehr als fünfhundert Kilometer nördlich von Jerusalem liegt,[104] zeitigte der Ausgang dieser Schlacht tiefgreifende Veränderungen für Jerusalem und den Tempelberg. Im Gegensatz zu Persien mit seiner monotheistischen Religion des Zoroastrismus hatte sich die griechische Gesellschaft im Rahmen einer komplizierten Tradition heidnischer Rituale entwickelt. Nach Alexanders siegreichen Feldzügen geriet das alte Juda unter griechische Herrschaft. Der mühsam errungenen Vorherrschaft des monotheistischen Jahwe-Kults und seiner Priester in Jerusalem sowie dem Tempel auf dem Berg Morija standen neue Belastungsproben bevor. Die Kontrollfunktion, welche die Tempelpriester über das alltägliche Leben ausübten, stand in krassem Gegensatz zur Struktur der griechischen Gesellschaft. In den hellenischen Stadtstaaten kontrollierten die Bürger die Politik. Und diese sollte von der Religion nicht beeinflußt werden, auch wenn religiöse Rituale bei den Hellenen eine große Rolle spielten. Jenen Juden, welche die Machtfülle der Priester in Jerusalem ablehnten, bot der Hellenismus eine verführerische Alternative. Die Priester und die orthodoxeren Mitglieder der jüdischen Gesellschaft, die das Gesetz der Väter achteten, stuften diesen neuen Einfluß von jenseits des Meeres dagegen als potentielle Bedrohung ein.

Nach dem Tod Alexanders des Großen im Jahr 323 v. Chr. brachen unter seinen Generälen Kämpfe um die Nachfolge aus. Dieser Machtkampf wurde rasch zum umfassenden Konflikt zwischen den griechisch beherrschten Gebieten Asiens und Mesopotamiens, wozu auch das alte Babylon und Ägypten gehörten. Die Geschichte wiederholte sich also. Jerusalem, südlich der fruchtbaren Ebenen gelegen, war schon häufig Austragungsort der Kämpfe um die Vorherrschaft im alten Königreich Israel geworden. Bei den Auseinan-

dersetzungen zwischen Ägypten und Syrien befand es sich gefährlich nahe einer militärstrategisch günstigen Kampflinie. Trotz
dieser mehr als prekären Gesamtsituation waren die Auswirkungen auf das Alltagsleben in Jerusalem und auf den Tempelberg nur
gering. Weiterhin zogen Pilger zum Berg, und weiterhin wurden
die Opferrituale im Tempel durchgeführt.

Nach zwanzig Jahren gewann die ägyptische Königsdynastie,
die Ptolemaios I. begründet hatte, die Oberhand in der Region und
bescherte der Heiligen Stadt für längere Zeit Frieden und relative
Ruhe. Die ptolemäischen Herrscher in Ägypten waren für ihre religiöse Toleranz bekannt. Die Hohenpriester auf dem Tempelberg
konnten ungerührt und ungestört ihren Zeremonien nachgehen.[105]
Der hellenische Einfluß war aber doch deutlich zu spüren, was zu
Spaltungen innerhalb des theokratischen Systems führte. Die in-
nenpolitische Situation der Juden war bereits kompliziert genug,
da die Priesterschaft Wert darauf legte, ihren Einfluß auf das Volk
zu wahren.

In der Frühzeit der ptolemäischen Herrschaft spalteten sich die
Samariter von der Gemeinde in Jerusalem ab und gründeten ihr
eigenes Heiligtum auf dem Berg Garizim, fünfzig Kilometer nördlich von Jerusalem in Samaria, dem Herzland des früheren König-
reichs Israel. Mit dieser Abspaltung, die entweder freiwillig von
einer samaritischen Gemeinde vollzogen wurde, welche sich durch
die neue Religionsordnung unter Druck gesetzt fühlte, oder von
einer unnachgiebigen ultraorthodoxen Gemeinde ausging, die sich
Esras separatistischer Politik verpflichtet fühlte,[106] zerbrachen die
letzten Bindungen, die zwischen dem Volk Israel und dem Volk
Juda seit der Vereinigung der israelitischen Königreiche siebenhundert Jahre zuvor unter König David bestanden hatten.

Die Bibel erwies sich für die Verfechter des Separatismus als
wichtiges Hilfsmittel. Es wird allgemein angenommen, daß die Bücher der Chronik und die Bücher Esra und Nehemia in letztgültiger
Fassung zu ptolemäischen Zeiten zusammengestellt wurden.[107] Ihr
Inhalt muß der Theokratie der Tempelpriesterschaft Rückenstär-
kung geboten haben, und die tendenziöse Ausrichtung dieser
Schriften, die eindeutig die Orthodoxie favorisierte, komplettierte

mit der vollzogenen Abspaltung der Samariter den Alleinvertretungsanspruch des Jahwe-Kults, den Esra erstmals im Jahr 397 v. Chr. offen vertreten hatte. Trotz der Erfolge des orthodoxen jüdischen Glaubens waren Jerusalem und Juda den politischen und militärischen Ambitionen ihrer Nachbarn fast schutzlos ausgeliefert. In den beiden Jahrzehnten nach 219 v. Chr. griffen die Griechen aus Mesopotamien, angeführt von Antiochos II. aus der Dynastie der Seleukiden, Palästina von Osten her an. Anfänglich betrachteten die Konservativeren innerhalb der jüdischen Gesellschaft diese Kraftprobe mit den Ptolemäern als gute Gelegenheit, den hellenischen Einfluß einzudämmen. Doch die Hoffnung, welche die Juden in eine Allianz mit den Seleukiden setzten, erwies sich als trügerisch. Nach einem fast zwanzig Jahre währenden Konflikt zwischen den Ptolemäern und den Seleukiden, in dessen Verlauf Jerusalem wiederholt angegriffen wurde, geriet die Stadt im Frühjahr 199 v. Chr. unter seleukidische Herrschaft.[108]

Antiochos III. war ein großherziger Sieger, und Josephus Flavius berichtet, daß dieser Herrscher mehrere Edikte erließ, welche die Position des orthodoxen Judentums stärkten.[109] Solcherart vom neuen Herrscher unterstützt, bemühten sich die Tempelpriester, unter denen trotz des Abfalls der Samariter immer noch heftige interne Kontroversen bestanden, die in ihren Augen verderblichen Einflüsse des Hellenismus zurückzuschrauben. Die griechische Vorherrschaft im Nahen Osten führte zur Bildung einer jüdischen Diaspora im Mittelmeerraum. Nach der Machtübernahme von Ptolemaios I. wurden Juden zwar verstärkt aus Juda deportiert, doch auch eine freiwillige Abwanderung setzte sich bis in die seleukidische Zeit fort. Alexandria wurde ein Handels- und Wissenszentrum. Die jüdischen Gemeinden blieben auch in der Ferne der Vorstellung von Jerusalem als heiliger Stadt und spiritueller Mitte treu, doch jene Juden, die in Jerusalem geblieben waren, schien der griechische Einfluß in Versuchung zu führen. Die Priester hatten den Eindruck, abgeschieden inmitten eines sich immer weiter ausdehnenden Sumpfes religiöser Verderbtheit zu leben. Deshalb legten sie die Gesetze auf dem Tempelberg im Laufe der Zeit immer rigoroser aus. Die Vorschriften über die Reinheit von Opfertieren wurden strenger gehandhabt, und alle Juden, die den Innenhof des Tempels betreten wollten, mußten sich verstärkten rituellen Waschungen unterziehen. Der Zugang zum Innenhof wurde allen »unreinen« Juden, allen Nichtjuden und allen Frauen untersagt, ungeachtet ihrer religiösen oder gesellschaftlichen Position. Die ausnahmslos männliche Priesterschaft hielt Frauen erfolgreich vom rituellen Mittelpunkt ihrer Religion fern. Das war für orthodoxe Juden von überragender Bedeutung, vor allem im Vergleich mit der griechischen Religion, bei deren Ritualen Frauen eine wichtige Rolle innehatten. Der Anblick hellenischer Priesterinnen in Jerusalem hätte unselige Erinnerungen an den Baal-Kult aufsteigen lassen.

Die strengeren religiösen Vorschriften leiteten eine Entwicklung ein, die für die jüdische Geschichte des 20. Jahrhunderts unvorhersehbare Folgen haben sollte. Im 2. Jahrhundert v. Chr. formierten sich die Asidaioi oder Chassidim, eine religiöse Gruppierung, die sich der rigorosen Befolgung der Gesetze der Vorväter verschrieben hatte. Das hebräische Substantiv, von dem sich der Begriff Chassidim ableitet, bedeutet Liebe zu Gott und Treue zu den Gesetzestafeln, die einst in der verlorenen Bundeslade aufbewahrt wurden.[110] Die Chassidim – die »Frommen« oder »Ehrfürchtigen« – setzten das Werk fort, das Esra mehrere Generationen zuvor begonnen hatte. Da die Bundeslade nicht mehr greifbar war, wurde das Wort Jahwes, das durch die Bücher der Chronik, Esra und Nehemia im Alten Testament neuen Ausdruck erhielt, innerhalb dieser exklusiven Gruppe immer wichtiger. Die Bemühungen der Chassidim stärkten die Macht des Hohenpriesters, doch sie trugen nur wenig dazu bei, die in Jerusalem entstandene Kluft zwischen denen, die sich eine liberalere Gesellschaft auf der Grundlage hellenischer Ideale wünschten, und jenen zu überbrücken, die wie die Chassidim eine rein theokratische Gesellschaft errichten wollten.

Seit dem Wiederaufbau des Tempels unter Nehemia hatte die Priesterschaft in Ermangelung eines Königs die Macht innerhalb der sozialen Hierarchie der Stadt. Aber auch die Priesterfamilien waren nicht gegen die Kräfte des Wandels immun. Der monotheistische jüdische Glaube stand vor einer sich vertiefenden Krise, was zum Teil dem Einfluß der griechischen Religion und Politik zuzuschreiben war, aber hauptsächlich daran lag, daß es große Mühe bereitete, die Identität des Judaismus präzise zu umreißen und zu bewahren. Das Gesetz der Väter kollidierte mit den hellenischen Prinzipien. Geheiligte Traditionen trafen auf Liberalismus, und der Kontrast hätte nicht größer sein können. Während man im Hellenismus seinen Horizont immer mehr erweitern konnte und immer vielseitigere Entscheidungsmöglichkeiten besaß, waren die orthodoxen Juden derart streng, daß selbst das Wort *Jahwe* nur einmal im Jahr, nämlich an Jom Kippur, vom Hohenpriester ausgesprochen werden durfte.[111] Die Lebensweise der Chassidim und die der Anhänger des Hellenismus wichen stark voneinander ab, und im eingegrenzten Raum der Heiligen Stadt herrschte eine explosive Mischung. Es brauchte nur einen kleinen Funken dazu, daß aus der sozialreligiösen Spaltung eine tiefgreifende Krise erwuchs. Im Jahr 170 v. Chr. war es dann soweit.

Antiochos III., der seine Unterstützung für den Tempel unter Beweis stellen wollte, spendete den Juden Geld für die im Tempel dargebrachten Opfer und hob die Besteuerung von Zedernholz aus dem Libanon auf, das für Reparaturen benötigt wurde.[112] Allerdings waren die Motive des seleukidischen Königs möglicherweise nicht ganz so lauter, wie Josephus Flavius sie darstellt. Für eine effektive Herrschaft wurde ein stehendes Heer benötigt, und Soldaten verlangten üblicherweise, ihren Sold in harter Währung ausgezahlt zu bekommen. Solche Kosten konnten die Finanzen eines jeden Königreiches erschöpfen. Solange auf dem Tempelberg nach jüdischem Ritual geopfert wurde, füllten sich auch regelmäßig die Schatztruhen des Tempels. Es war also das harte Bargeld – das heißt das Bedürfnis der Seleukiden, ihre Streitkräfte zu finanzieren –, das zu Gewalt und Blutvergießen führte.

Im Frühjahr 187 v. Chr. fiel Antiochos III. in der Schlacht. Sein Sohn Seleukos IV. folgte ihm nach und stand dem Seleukidenreich zwölf Jahre lang vor. In dieser Zeit entsandte er seinen obersten Minister Heliodor nach Jerusalem, um Gerüchten nachzugehen, daß im Tempel Schätze lagerten, die nicht das geringste mit den Opferzahlungen zu tun hätten. Im Zweiten Buch der Makkabäer heißt es, daß Heliodor bei dem Versuch, sich Zugang zum Tempel zu verschaffen und die anstehenden Tributzahlungen an sich zu nehmen, eine Erscheinung sah,»ein Pferd mit einem furchterregenden Reiter«. Diese Vision setzte dem Sakrileg sofort ein Ende, obwohl es wahrscheinlicher ist, daß Heliodor durch eine listig aufgebaute Falle abgeschreckt wurde.[113] Als Seleukos von Heliodor wissen wollte, wer denn nun beauftragt werden solle, das Geld einzutreiben, antwortete der Minister, er könne»jeden Landesverräter« schicken, denn der König werde ihn schwer gegeißelt wieder zurückerhalten. Im Tempel herrsche die»Allmacht Gottes«, so Heliodor.[114] Seleukos IV. ließ sich durch seinen Minister überzeugen, den Tempelschatz nicht anzurühren.

Doch unter Dieben gibt es bekanntlich keine Ehre. 175 v. Chr. ermordete Heliodor seinen König, und Seleukos' Bruder Antiochos IV. bestieg den Thron. Allem Anschein nach war dieser König impulsiv und großzügig. Sein verschwenderischer Lebensstil brachte ihn ständig in Geldnot. Verschiedene Gruppen, die für eine Hellenisierung Jerusalems plädierten, nutzten die Gelegenheit und boten Antiochos einen höheren Tribut, als er normalerweise vom Tempel erhielt. Infolge dieser Bestechung wurde der Hohepriester Onias, dessen Familie seit mehreren Generationen das Amt innehatte, abgesetzt, und zum Kummer der Chassidim übernahm ein gewisser Josua, ein Jude, der sich den griechischen Namen Jason zugelegt hatte, die Herrschaft. Damit konnte sich Jerusalem dem hellenischen Einfluß nicht mehr entziehen. Unter Jasons Herrschaft wurde in der Stadt ein Gymnasion gebaut, und die Kinder und Heranwachsenden der weltlich ausgerichteten Einwohner übernahmen griechische Moden und Gewohnheiten. Selbst jüngere Tempelpriester interessierten sich für das Diskuswerfen, das im Tyropöon- oder Kidron-Tal veranstaltet wurde.[115]

Die frommen Bewohner Jerusalems, von denen viele den unteren, weniger privilegierten Klassen angehörten, waren entsetzt über diese Entwicklung, doch es sollte noch schlimmer kommen. Man überbot sich gegenseitig, um das Amt des Hohenpriesters zu erlangen, bezahlte horrende Bestechungsgelder, um die Gunst der Seleukiden zu erringen, und schreckte auch vor kleineren Scharmützeln nicht zurück. Im Jahr 170 v. Chr. verbreitete sich in Palästina die Falschmeldung, Antiochos IV. sei bei einem Feldzug gegen die Ägypter gefallen. Jason hatte zeitweilig die Unterstützung der Seleukiden verloren und damit auch das Amt des Hohenpriesters an Menelaos abtreten müssen. Dieser war ebenfalls Priester und hatte sich mit einer hohen Bestechungssumme Jasons Position erkauft. Jason hatte auf der anderen Seite des Jordan Zuflucht gesucht. Als er von Antiochos' angeblichem Tod hörte, nutzte er diese Gelegenheit, um sein Amt zurückzugewinnen. Mit tausend bewaffneten Männern attackierte er Jerusalem. Sein Angriff war erfolgreich, und viele treue Anhänger der Seleukiden wurden getötet. Mit Waffengewalt gewann Jason die Herrschaft über den Tempel zurück, doch die Schwierigkeiten ließen nicht lange auf sich warten. Die Nachricht von Antiochos' Tod erwies sich als falsch: Er war lediglich von den Römern aus Ägypten vertrieben worden. Als der Seleukidenkönig vom Machtkampf im Tempel hörte, beschloß er, seinen Feldzug abzubrechen, und wandte sich nach Jerusalem, nicht ohne zuvor verbreiten zu lassen, daß die Gerüchte über seinen Tod jeglicher Grundlage entbehrten. Antiochos war fest entschlossen, seine Macht zurückzugewinnen. Seine Ankunft in der Stadt mündete in ein Blutbad und erfüllte somit eine Prophezeiung aus dem Buch Daniel des Alten Testaments.

DAS HORN DES ZIEGENBOCKS

»Und indem ich darauf achthatte, siehe, da kam ein Ziegenbock vom Westen her über die ganze Erde, ohne den Boden zu berühren, und der Bock hatte ein ansehnliches Horn zwischen seinen Augen. Und der Ziegenbock wurde sehr groß. Und als er am stärksten geworden war, zerbrach das große Horn, und es wuchsen an seiner Stelle vier andere Hörner nach den vier Winden des Himmels hin.

Und aus einem von ihnen wuchs ein kleines Horn; das wurde sehr groß ...

Ja, es wuchs bis zum Fürsten des Heeres und nahm ihm das tägliche Opfer weg und verwüstete die Wohnung seines Heiligtums.«[116]

Man nimmt an, daß das Buch Daniel zwischen 168 und 165 v. Chr. verfaßt wurde.[117] Darin werden in einer Vision der Aufstieg Alexanders des Großen und die Folgen der Ankunft des Kleinen Horns – damit ist Antiochos IV. gemeint – in Jerusalem beschrieben.

Bei seiner Thronbesteigung hatte sich Antiochos IV., seinem Charakter entsprechend, einen Beinamen gegeben. Dieser lautete Epiphanes, »Erscheinung Gottes«. Seine Kritiker verhöhnten seine Arroganz und gaben ihm den Spitznamen Antiochos Epimanes, »der Verrückte«. Nach der Rückeroberung Jerusalems ließ Antiochos seine Truppen ungehindert in der Stadt wüten. Drei Tage lang watete man auf den Straßen und auf dem Tempelberg im Blut der erschlagenen Juden. Als Antiochos den Tempelbezirk betrat, ließ er die geweihten Gaben anderer Könige von den Wänden herunterreißen und plünderte Tempel und Tempelschatz. Aus Jerusalem nahm er den goldenen Altar und den goldenen Leuchter des Tempels.[118] Zuvor hatte er angeordnet, daß die Schuldopfer, die täglich im Tempel dargebracht wurden, für die nächsten dreieinhalb Jahre einzustellen seien.[119]

168 v.Chr. sandte Antiochos seinen obersten Tributeintreiber Apollonios nach Jerusalem. Zuerst schien dieser freundschaftliche Absichten zu hegen, doch bald schon zeigte er sein wahres Gesicht und ordnete ein ebenso greuliches Blutbad an, wie es sein Herr Antiochos zwei Jahre zuvor veranstaltet hatte. Die Morde und Plünderungen bildeten in diesem Fall jedoch nur das Vorspiel dazu, das in den Augen der Seleukidenherrscher vorrangige Problem der Juden endgültig zu beseitigen, nämlich die Dominanz des monotheistischen Jahwe-Kults. Antiochos errichtete ein Regime religiöser Verfolgung, das durch schier unversöhnliche Rachelust gekennzeichnet war.

Die Beschneidung neugeborener Knaben wurde ebenso wie die Einhaltung des Sabbats verboten. Fromme Juden mußten Schweinefleisch essen, außerdem wurde angeordnet, unreine Tiere als Götzen zu opfern. Die Reinheit des Tempels und des Gesetzes, beide untrennbar mit der Tradition des Jahwe-Kults verbunden, wurde in geradezu verheerender Weise geschändet. Josephus Flavius deutet an, daß sich die seleukidischen Soldaten bei der gewaltsamen Hellenisierung auf Helfer stützen konnten. Die »Gottlosen« und Verruchten aus dem Volke«[120] taten ihren Mitbürgern »viel Leids« an, was den Verdacht aufwirft, daß »hellenisierte« Juden den Truppen des Antiochos beistanden.[121] Selbst wenn das der Fall war, so wäre die Kollaboration einiger Juden bei der Vernichtung ihrer Glaubensbrüder angesichts des Ausmaßes der Verfolgung durch die Seleukidenschergen nur zweitrangig gewesen:

»...Die Vornehmsten und Edelmütigsten jedoch kümmerten sich nicht um ihn... Deshalb wurde tagtäglich eine Anzahl von ihnen unter grausamen Martern hingerichtet: Man geißelte und verstümmelte sie und schlug sie dann noch lebend ans Kreuz. Die Weiber aber und die beschnittenen Knaben wurden auf Geheiß des Königs erwürgt, und die letzteren am Halse ihrer gekreuzigten Eltern aufgehängt. Fand sich ein heiliges Buch oder eine Gesetzesrolle, so wurden sie verbrannt, und diejenigen, bei denen sie gefunden worden waren, wie Übeltäter hingerichtet.«[122]

Der Antisemitismus hatte auf dem Tempelberg, dem obersten Heiligtum des Gesetzes, Einzug gehalten. Als Krönung dieses blu-

tigen Abschnitts in der Geschichte des Tempelbergs wurde am
15. Kislew, im Dezember 168 v. Chr., der Brandopferaltar im Innenhof des Tempels durch einen dem Zeus Olympikos geweihten Altar
ausgetauscht. Zehn Tage später brachte man darauf die ersten
Opfer dar.

Die Bemühungen des Antiochos, dem jüdischen Monotheismus
auf dem Tempelberg den Garaus zu machen, schienen erfolgreich
zu sein. Aber die Gläubigen nahmen seine Aktionen nicht wider-
standslos hin. Unter Jason und Menelaos war die Erbfolge im Amt
des Hohenpriesters unterbrochen worden, ihre Usurpation hatte
das Band zwischen dem Volk und dem Tempel geschwächt. Der
Hohepriester und die Aristokratie hatten beim Schutz des Jahwe-
Heiligtums auf ganzer Linie versagt. Daher erhoben sich gegen die
seleukidischen Besatzer all jene Juden, die der jahwistischen Tradition treu geblieben waren.

## JUDAS MAKKABÄUS

Im 2. Jahrhundert v. Chr. weiteten die Römer ihren Einflußbereich im Nahen Osten allmählich aus. Antiochos mußte sich ihnen beugen und zog sich aus Ägypten zurück. Von internen Auseinandersetzungen zerrissen und zunehmendem römischem Druck ausgesetzt, trat Palästina in eine Zeit politischer und militärischer Wirren ein. Der nationalistische Aufstand religiöser Juden, eine Reaktion auf die Maßnahmen des Antiochos, fand in dieser Übergangsphase von der griechischen zur römischen Dominanz statt. Der Anführer der Rebellen war Judas Makkabäus. Sein Beiname »der Hammer« oder »der Vernichter« war eine passende Metapher für seine Fähigkeiten als General. Die Kämpfe brachen aus, nachdem sein Vater Mattathias, ein alter Priester aus dem Geschlecht der Hasmonäer, den Befehl erhalten hatte, im Dorf Modein, dreißig Kilometer nordwestlich von Jerusalem, einem heidnischen Gott zu opfern. Mattathias beschloß aus tiefer religiöser Überzeugung, den Befehl des Antiochos zu verweigern. Er zog sein Schwert und tötete den Boten des Königs. Diese in frommem Zorn begangene Tat war der Auslöser eines landesweiten Aufstands. Mattathias ernannte seine fünf Söhne zu Oberhäuptern der Revolte, und mit der militärischen Führung wurde Judas betraut. Der Kampf der Juden verlief von Anfang an erfolgreich. Judäa wurde zum Schauplatz heftiger Kämpfe zwischen Griechen und Juden. Der erste Zusammenstoß zwischen seleukidischen und makkabäischen Truppen endete mit dem Sieg des Judas; der seleukidische Feldherr Apollonios fiel in der Schlacht. Judas nahm dessen Schwert an sich und hatte es fortan stets im Kampf bei sich. 164 v. Chr. konnte Judas einen vorübergehenden Abzug der griechischen Truppen nutzen und Jerusalem einschließlich der Tempelanlage erobern. Obwohl die Griechen nach wie vor die Festung Akra nordöstlich des Tempelbergs hielten, wurde der Tempel von neuem feierlich Jahwe geweiht.

Die Leistung des Judas war enorm. Die Religionsfreiheit der Juden wurde wiederhergestellt; zudem war der Aufstand ein Triumph für die frommen Juden, die ihn aktiv unterstützt hatten. Die Chassidim maßen der Rückeroberung des Tempelbezirks eine prophetische Bedeutung zu. Seit der Tempel unter Serubabel wiederaufgebaut und unter Nehemia und Esra rekonstruiert worden war, hatte man den Messias erwartet. Nun war eine neue Vorstellung des Erlösers im Schwange.[123] Der Messias werde aus dem einfachen Volk stammen:»Du, Tochter Zion, freue dich sehr, und du, Tochter Jerusalem, jauchze! Siehe, dein König kommt zu dir, ein Gerechter und ein Helfer, arm und reitet auf einem Esel, auf einem Füllen der Eselin.«[124] Das Zitat aus dem Buch Sacharja zeigt, daß die Heilserwartungen der Gemeinde in Jerusalem um das Jahr 164 v. Chr. für die Ankunft des Jesus von Nazareth geradezu ideal waren. Doch Jesu Auftritt in Jerusalem sollte in einem Tempel stattfinden, der sich sehr von jenem unterschied, den Judas Makkabäus und seine treuen Anhänger neu geweiht hatten. Als Jesus geboren wurde, war der Mann, der in architektonischer Hinsicht den größten Einfluß auf die Geschichte des Tempelbergs ausübte, gerade gestorben. Herodes, dem die Geschichte den Beinamen»der Große« verlieh, ließ den Tempel wiederaufbauen und löschte dadurch alle Spuren des ursprünglichen Baus von König Salomo aus.

## DIE ANKUNFT DER RÖMER

Die Geschichte des Tempelbergs bis zur Zeit des Herodes ist wegen des Niedergangs des griechischen Reiches, des gleichzeitigen Aufstiegs Roms zur Weltmacht und der inneren Machtkämpfe, die immer wieder zwischen den verschiedenen jüdischen Gruppierungen ausbrachen, äußerst verwickelt. Nachdem der Großteil seiner Soldaten angesichts einer weit überlegenen seleukidischen Streitmacht desertiert war, fiel Judas Makkabäus an der Spitze von achthundert tapferen Soldaten im April 160 v. Chr. Seine Brüder mußten den Krieg fortsetzen und für die Ziele der Juden weiterkämpfen. Die Anhänger des Hellenismus kamen in Jerusalem vorübergehend wieder ans Ruder. Der von ihnen berufene Hohepriester Alkimus versuchte, die Trennmauer zwischen dem Innenhof und den äußeren Höfen des Tempels einzureißen. Doch er starb, bevor er dieses Vorhaben beenden konnte, was die frommen Juden als ein Zeichen Gottes deuteten. Das Opfer, das Judas für die Verteidigung der jüdischen Unabhängigkeit gebracht hatte, war nicht vergebens. Die Griechen, selbst in innere Probleme verwickelt, gaben einer politisch stabilen Lage den Vorzug vor militärischen Konflikten. In Jerusalem begann von neuem eine Zeit, in der das Amt des Hohenpriesters zum Unterpfand der hohen Politik verkam. Im Jahr 142 v. Chr. wurde Judas Makkabäus' Bruder Simon als Hoherpriester bestätigt. Die Hasmonäer dehnten ihr Herrschaftsgebiet auf die alten Königreiche Juda und Israel aus, und 76 v. Chr. umfaßte das hasmonäische Königreich einen großen Teil jenes Gebiets, das einst David und Salomo regiert hatten.

Doch der Preis der Einheit war hoch, und Grausamkeiten und Blutvergießen nahmen auch unter den Hasmonäern kein Ende. 134 v. Chr. trat Johannes Hyrkanos das Amt des Hohenpriesters an, nachdem sein Vater Simon von dessen Schwiegersohn, einem Parteigänger der Seleukiden, ermordet worden war. Während seiner

Regierung dehnte Johannes Hyrkanos den Einflußbereich der religiösen Orthodoxie mit Gewalt auf das Umland von Jerusalem aus. Im Jahr 108 v. Chr. zerstörte er den Tempel der Samariter auf dem Berg Garizim und belagerte die Stadt Samaria. Im darauffolgenden Jahr wurde die Stadt dem Erdboden gleichgemacht, was das Ende der religiösen Unabhängigkeit der Samariter bedeutete. Hyrkanos' Maßnahmen stießen aber bei den Juden in Jerusalem nicht auf einhellige Unterstützung. Die Ablehnung des hasmonäischen Königpriestertums führte zu Protesten, und einige Aufstände der Bürger der Heiligen Stadt wurden von Johannes Hyrkanos blutig unterdrückt. Unter Alexander Iannaios, seinem Sohn, nahm der Machtmißbrauch der Hasmonäer sogar noch zu. Die Hasmonäer galten nicht mehr als Retter des jüdischen Glaubens, besonders Alexander Iannaios wurde aufgrund seines Verhaltens von den Frommen verhöhnt und abgelehnt.

Als Alexander im Tempel das Laubhüttenfest feiern wollte, wurde er mit Zitronen beworfen. Daraufhin ließ er etwa sechstausend Juden ermorden. Außerdem ließ er eine hölzerne Palisade um den Innenhof errichten, der weitere Angriffe der Chassidim während der im Tempel abgehaltenen Zeremonien verhindern sollte.[125] Die schlimmsten Befürchtungen der Gläubigen hatten sich damit bestätigt. Die Hasmonäer waren keine Befreier, sondern ahmten die seleukidischen Griechen nach; einige von ihnen hatten sogar ganz mit der jüdischen Tradition gebrochen. Viele strenggläubige Juden meinten, daß der Tempel trotz der offenkundigen jüdischen »Einheit« immer noch besudelt sei, da die Hasmonäer das Amt des Hohenpriesters nicht legitim bekleideten. Deshalb errichteten sie während der ersten Jahre der hasmonäischen Herrschaft unter der Leitung von Onias, dem rechtmäßigen Nachfolger im Amt des Hohenpriesters, einen Tempel in der Nähe von Leontopolis in Ägypten.[126] Dieser drastische Schritt macht die tiefe Kluft deutlich, die zwischen den jüdischen Gruppierungen in Jerusalem hinsichtlich der Nutzung der Anlage auf dem Tempelberg bestand. Für die Gläubigen wurde die Bewahrung des Tempels zum Gegenstand eines erbittert ausgefochtenen Kampfes, und die zunehmende Zersplitterung verhärtete die Positionen immer mehr.

Josephus Flavius erwähnt eine weitere fromme Sekte jener Zeit, deren schriftlicher Nachlaß heutigen Historikern einen guten Eindruck davon vermittelt, wie stark die Theokratie die soziale Schichtung Jerusalems durchdrungen hatte. Die Mitglieder dieser Sekte wurden Essener genannt, nach dem griechischen Wort *essenoi*, das sich vermutlich aus der aramäischen Vokabel »die Frommen« herleitet (allerdings ist diese Erklärung umstritten).[127] Die Essener waren eine mönchische Gemeinschaft, die sich der schriftlichen Bewahrung des mosaischen Gesetzes widmete und in der spirituellen Erleuchtung den Weg zum Heil suchte. Bis zum Jahr 140 v. Chr.[128] gab es auch eine Essener-Gruppe in Jerusalem, doch dann zogen die meisten die alte Straße in Richtung Jericho entlang und siedelten bei Qumran am Fuß eines trockenen Gebirges zwischen der judäischen Wüste und der Nordwestküste des Toten Meeres. Die erste Höhle mit Schriftrollen, die mittlerweile weltweit als Qumran-Rollen bekannt sind, wurde 1947 entdeckt. Seitdem hat man offiziell insgesamt 813 Dokumente in elf Höhlen gefunden. Die große Anziehungskraft, die solche Schriftstücke aus der Zeit unmittelbar vor Christi Geburt auf Historiker und Sammler ausüben, hatte zur Folge, daß bei der Datierung und Interpretation der Rollen übermäßiges Konkurrenzdenken aufkam und manches verschwiegen wurde. Man munkelt, daß viele andere Fundorte geplündert worden und Schriftrollen in die Hände von Privatsammlern gelangt seien. Obwohl gelegentlich behauptet wird, daß die Schriftrollen zur Bibliothek des Herodes-Tempels gehörten, der 70 n. Chr. von den Römern zerstört wurde, schreibt man sie im allgemeinen den Essenern von Qumran zu. Neuere Untersuchungen ihres Inhalts beweisen, wie stark die Glaubenssätze des persischen Zoroastrismus, die von den Juden aus dem babylonischen Exil nach Jerusalem mitgebracht worden waren, das Denken der jüdischen Orthodoxie beeinflußten. Die Essener lebten nach selbstauferlegten Regeln in einer ordensähnlichen Gemeinschaft. Ihr einfaches Dasein und die Hingabe, mit der sie sich der Bewahrung von Gottes schriftlich festgehaltenem Wort widmeten, machen sie zu historischen Vorläufern des christlichen Mönchstums. Die Lebensbedingungen in Qumran waren hart: Trinkwasser war knapp und mußte sorgsam eingeteilt werden. Die ungeheure Sommerhitze – die Durchschnittstemperatur betrug über vierzig Grad Celsius – machte den Alltag zu einem Kampf ums nackte Überleben. Jerusalem, knapp dreißig Kilometer in westlicher Richtung von Qumran entfernt, hatte dagegen wesentlich angenehmere Verhältnisse zu bieten.

Mit der römischen Herrschaft setzte die architektonisch glanzvollste Zeit in der Geschichte des Tempels ein, doch war sie nur von kurzer Dauer und endete mit der Zerstörung der Tempelanlage. Dies stellte sogar die schrecklichen Ereignisse beim Überfall der Babylonier im Jahr 586 v. Chr. in den Schatten. Um 65 v. Chr. war das Seleukidenreich endgültig im Niedergang begriffen, und die Römer, welche die seleukidischen Gebiete in Syrien erobert hatten, richteten nun den Blick gen Süden auf Jerusalem. Die römische Expansionspolitik fiel mit Problemen innerhalb der hasmonäischen Dynastie Jerusalems zusammen. Alexander Iannaios starb 76 v. Chr., und seine Frau Salome, die er zu seiner Nachfolgerin bestimmt hatte, fand neun Jahre später den Tod. Dadurch gingen Königsthron und Hohepriesterschaft an ihre beiden Söhne Hyrkanos II. und Aristobulos II. über. Zwischen den Brüdern entbrannte jedoch ein blutiger Streit um die Nachfolge, in dessen Verlauf sich beide Verbündete im Ausland suchten. Wer immer den Berg Morija hielt, besaß bei einem Machtkampf einen ganz entscheidenden Vorteil. In den ersten Jahren der Hasmonäerherrschaft hatte sich Jerusalem westlich des Morija-Bergrückens, auf dem sich der Tempel und die Davidstadt befanden, stark ausgedehnt. Der ummauerte Tempelbezirk stellte für jeden Heerführer eine attraktive Bastion dar. Er war leicht zu verteidigen, bildete die symbolische Mitte des Landes und verfügte mit seinen zahlreichen unterirdischen Zisternen im Fall von Belagerungen über einen entscheidenden Vorteil durch Wasser. Aristobulos zerstörte die Brücke, die den Tempelberg mit dem Westteil der Stadt verband. Seinem Bruder Hyrkanos gelang es nicht, ihn aus eigener Kraft zu schlagen, und so wandte er sich hilfesuchend zunächst an Antipater, den Statthalter von Idumäa, einem Wüstengebiet östlich von Jerusalem, und danach an den römischen General Pompejus, dessen Legionen im Norden stationiert waren. Pompejus sagte ihm Unterstützung zu und belagerte die Stadt. Nach drei Monaten gelang es den Legionären des Pompejus im Jahr 63 v.Chr., den Tempelbezirk von Norden her, seiner verwundbarsten Stelle, einzunehmen. Der Tempelberg wurde zum Schauplatz eines blutigen Gemetzels.

Als das Morden ein Ende genommen hatte, inspizierte Pompejus den Ort seines Sieges und betrat den Tempel, was sich als diplomatische Katastrophe erwies. Obwohl sich auf dem Tempelberg Brudermorde ereignet hatten, waren der Tempel und das Allerheiligste für alle Juden unverändert sakrosankt. Pompejus, ein unreiner Nichtjude, hatte bei seinem Gang durch den Tempel einen Raum betreten, der nur den Hohenpriestern offenstand, nämlich den Aufbewahrungsort der Bundeslade. Falls Pompejus gehofft hatte, die Bundeslade zu finden, wurde er enttäuscht. Josephus Flavius zählt die Schätze auf, die Pompejus im Tempel sah, und erwähnt keine Bundeslade im Allerheiligsten.[129] Das Verhältnis zwischen den Juden Judäas und den Römern erfuhr durch Pompejus' Entweihung einen schweren Rückschlag, und die Zukunftsaussichten schienen düster. Die Zeit für die Juden Israels lief ab; schon bald sollte sich der Kampf zwischen Juden und Römern auf dem Tempelberg wiederholen. 70 n.Chr., weniger als hundert Jahre nachdem Pompejus zum Eingreifen in Jerusalem aufgefordert worden war, legten die Römer Jahwes Heiligtum in Schutt und Asche.

Mit Hilfe des Pompejus konnte Hyrkanos seinen Bruder in die Knie zwingen und erlangte das Amt des Hohenpriesters. Die Juden durften trotz der Anwesenheit ihrer neuen Herren weiterhin Jahwe auf dem Tempelberg verehren. Doch die Römer benötigten wie die Griechen für den Unterhalt ihrer Truppen stetig fließende Gelder. Pompejus hatte zwar den Tempelschatz nicht angerührt, doch für seinen Kollegen Crassus war die Verlockung zu groß. Als sich dieser 54 v.Chr. auf einem Feldzug gegen die Parther in Mesopotamien befand und nach Osten marschierte, änderte er kurzfristig die Richtung und zog südwärts auf Jerusalem zu.

Josephus berichtet, wie Crassus den Tempelschatz plünderte und wie der Priester Eleazar versuchte, ihn abzulenken. Eleazar wollte verhindern, daß der Römer den gesamten Schatz mitnahm,

und bot ihm einen eidlich abgesicherten Handel an. Wenn Crassus
die Münzen unberührt ließ, wollte Eleazar ihm einen Goldbarren
zeigen, der in einem hohlen Holzbalken im Tempel versteckt war.
Crassus willigte sofort ein und brachte den Goldbarren an sich,
brach dann aber den Schwur und bemächtigte sich des übrigen
Tempelschatzes.[130] Crassus verließ Jerusalem mit ausreichenden
Mitteln, um seinen Feldzug fortführen und um seine Legionen bis
zum letzten Tag bezahlen zu können. Eine prosperierende Wirt-
schaft in den eroberten Gebieten versorgte das Reich mit Gütern
und mit Männern für die Heere. Die Römer zogen, wie die Griechen
vor ihnen, stabile Verhältnisse vor und vermieden Plünderungen,
weshalb das Verhalten des Crassus untypisch war. Die Expansion
der Römischen Republik beruhte auf dem Erfolg ihrer Feldherren,
zwischen denen sich ein unvermeidlicher Machtkampf entwik-
kelte. 49 v.Chr. kam es zum Bürgerkrieg zwischen Pompejus und
Julius Cäsar. Antipater, der Vater von Herodes dem Großen, hatte
in Palästina immer noch erheblichen Einfluß und zeichnete sich
durch einen ebenso großen politischen Scharfsinn aus. Er schloß
sich Cäsar an und wurde im Jahr 48 v.Chr., nach der Niederlage des
Pompejus bei Pharsalus, belohnt. Denn Cäsar setzte Hyrkanos II.
wieder als Hohenpriester ein und berief Antipater zum römischen
Präfekten über ganz Judäa. Seine Söhne wurden zu Tetrarchen
(Gebietsverwaltern) ernannt: Herodes von Galiläa, Phasael von
Jerusalem. Aber der Friede war nur von kurzer Dauer.

40 v.Chr. erlitten die Römer eine militärische Niederlage. Die
Parther fielen in Palästina ein, eroberten Jerusalem und setzten
einen Nachfahren der Hasmonäer, Antigonos, als Hohenpriester
ein. Phasael beging Selbstmord, indem er sich den Kopf an einem
Felsen einschlug, und Hyrkanos, der abgesetzte Hohepriester,
wurde gefesselt vor Antigonos geführt. Nach dem jüdischen Gesetz
durfte das Amt des Hohenpriesters nur von Personen ausgeübt
werden, die keinen körperlichen Makel aufwiesen. Damit seine un-
rechtmäßige Machtübernahme nicht mehr rückgängig zu machen
sei, griff Antigonos zu einer ungewöhnlichen Methode: Als Hyrkanos vor ihm auf die Knie fiel, biß er dem Hohenpriester ein Ohr
ab.[131] Antipaters anderer Sohn, Herodes, konnte nach Rom fliehen,

wo ihn der Senat 40 v. Chr. zum König von Judäa ernannte. Vorübergehend war er nun ein König ohne Reich, doch bald kehrte er nach Palästina zurück und eroberte Galiläa mit Hilfe von Mark Anton. Im Jahr 37 v. Chr. belagerte er Jerusalem.

Herodes verfügte über eine beachtliche Streitmacht. Mark Anton hatte zu seiner Unterstützung den römischen Feldherrn Sosius entsandt. Die gemeinsame Armee der Römer und Juden bestand aus elf Legionen Fußsoldaten, sechstausend Reitern und einer unbekannten, aber vermutlich großen Zahl von Söldnern aus Syrien.[132] Herodes kam auch der jüdische Kalender zu Hilfe. 37 v. Chr. war ein Sabbatjahr, in dem keine normale landwirtschaftliche Tätigkeit im Umland Jerusalems ausgeübt werden durfte.[133] Im Frühsommer waren die Einwohner der Stadt trotz entschlossener Gegenwehr geschwächt und standen kurz vor dem Hungertod; die nur schwach besetzten Mauern waren dem letzten Angriff des Gegners nicht mehr gewachsen. Zwanzig ausgewählte Männer aus dem herodianischen Heer kletterten auf die Stadtmauer, ihnen folgten die römischen Zenturionen des Sosius. Josephus Flavius berichtet, daß weitere fünfundfünfzig Tage vergingen, bevor die Einwohner endgültig besiegt waren, die nach und nach in die obere Stadt und dann in den Tempelbezirk zurückweichen mußten.[134] Der Widerstand der jüdischen Verteidiger war außergewöhnlich stark, und die sommerliche Hitze hatte den Grimm der Angreifer über die lange Belagerungszeit noch verstärkt. Gnadenlos wurden die jüdischen Kämpfer, aber auch Frauen und Kinder, Alte und Schwache in den engen Straßen der Stadt niedergemacht. Wieder waren die Höfe des Tempels mit jüdischem Blut getränkt. Die Truppen des Herodes zogen plündernd durch die Stadt, und der Tempel mit seinen Schätzen war ihnen schutzlos ausgeliefert.

Aber Herodes wollte das religiöse Erbe seines Volkes erhalten und kam einer weiteren Katastrophe zuvor. Er bot jedem siegreichen Soldaten bares Geld an und bewahrte den Tempel vor einer Entweihung. Damit stand Herodes nur noch vor einem Problem, das nach einer raschen Lösung verlangte. Der besiegte Hohepriester Antigonos hatte die Belagerung und das anschließende Gemetzel überlebt. Als Abkömmling der Hasmonäer stellte er eine ernsthafte Bedrohung für die Herrschaft des Herodes dar. Herodes übergab Mark Anton »eine große Geldsumme«[135] und besiegelte das Schicksal des Antigonos: Der letzte Hohepriester aus dem Geschlecht der hasmonäischen Könige starb durch eine römische Axt.

## KÖNIG HERODES
## UND DER ZWEITE TEMPEL

Von der Geschichtsschreibung wird Herodes als größenwahnsinniger Despot geschildert, der aus einer Laune heraus Morde begehen konnte. In seinem Kampf um die judäische Königswürde war Herodes in der Tat rücksichtslos vorgegangen. Sein Weg zum Königsthron war mit Leichen gepflastert. Nachdem er den Erfolg dieser Strategie erkannt hatte, wandte er sie auch künftig an, um seine Herrschaft zu verteidigen – selbst gegen Mitglieder seiner eigenen Familie. Doch angesichts der archäologischen Funde aus seiner Regierungszeit muß man das Urteil über ihn revidieren. Josephus Flavius zeigte sich über die Taktik des Herodes schockiert, doch im Altertum waren solche Formen der Macht- und Selbsterhaltung keineswegs ungewöhnlich, was auch Josephus sehr wohl wußte. Die von Herodes eroberte Stadt war nicht gerade ein Paradebeispiel für ein harmonisches Zusammenleben, doch Jerusalem hatte eine ruhmreiche Vergangenheit. Diese Stadt eignete sich gut für den von Herodes gepflegten Regierungsstil.

Obwohl Herodes zehnmal heiratete und sich offensichtlich zu Frauen hingezogen fühlte, galten seine Bewunderung und sein Respekt nur seinem Vater Antipater und seinem Bruder Phasael, die beide vorzeitig durch die Hand ihrer Feinde gestorben waren. Sein Wunsch, dort Erfolg zu haben, wo er diesen beiden versagt geblieben war, beflügelte seinen Ehrgeiz; außerdem machte seine persönliche Sicherheit häufig brutale Entscheidungen erforderlich. Im Alter steigerte sich seine Grausamkeit noch. Eine Krankheit in seinen letzten Lebensmonaten veranlaßte ihn zu der Order, führende Mitglieder der jüdischen Gemeinde hinzurichten. Die Männer, die man im Hippodrom in Jerusalem gefangenhielt, sollten im Augenblick seines eigenen Todes von Pfeilen durchbohrt werden. Die Klage über ihren Verlust, erklärte Herodes, werde für eine angemessene Trauer über sein Ableben sorgen.[136] Angeblich befahl He-

rodes auch die Ermordung zahlreicher Kleinkinder.[137] Trotz dieser
Verirrungen eines kranken und gequälten Geistes in der letzten
Lebensphase war Herodes ein Mann mit bemerkenswertem Weit-
blick. In einem Land, das für seine Aufstände berüchtigt war, galt
er als starker und charismatischer Herrscher. Als er den Thron von
Judäa bestieg, hatten die Stadt Jerusalem und mit ihr der Tempelberg ein Ausmaß menschlicher Grausamkeit erlebt, das in der Antike seinesgleichen sucht. Unter seiner Herrschaft wurde auf dem
Tempelberg in Jerusalem ein reiches architektonisches Vermächtnis geschaffen. Noch immer zeugen die mächtigen Steinblöcke, die
den *Haram* stützen, von einer großartigen Leistung, die nur durch
das politische Geschick dieses Monarchen möglich wurde.

Die ersten zehn Jahre seiner Regierung wurden von den inneren Angelegenheiten Roms nicht berührt. Aber die Niederlage, die
Mark Anton gegen Octavian in der Schlacht von Actium 31 v. Chr.
erlitt, brachte Herodes in eine schwierige und gefährliche Situation. Sein Scharfsinn und seine Rücksichtslosigkeit wurden in Rom
bewundert. Während die Romanze zwischen Mark Anton und
Kleopatra ihren Lauf nahm und mit dem Selbstmord der beiden endete, mußte Herodes Maßnahmen treffen, um seine Reputation in
Rom zu bewahren. Er reiste in aller Eile nach Rhodos und sprach
persönlich bei Octavian vor, der nun zum Kaiser des römischen
Weltreiches aufgestiegen war. Herodes' offene Worte und sein Ruf
als strenger Herrscher beeindruckten und beruhigten Octavian, der
ihn als König von Judäa bestätigte. Nach dem Tod Kleopatras im
Jahr 30 v. Chr. gliederte Octavian, der inzwischen den Titel Augustus (»der Erhabene«) angenommen hatte, ihre Gebiete dem judäischen Reich an. Für Jerusalem begann eine Phase der Stabilität,
wie sie den Einwohnern nur selten vergönnt gewesen war. Die Heilige Stadt blühte auf, nicht zuletzt wegen des kühnen Bauvorha-
bens, das Herodes auf dem Tempelberg einleitete.

Josephus Flavius nennt als primäres Motiv für den Wiederaufbau
des Tempels durch Herodes den Wunsch, ein perfektes Gotteshaus
zu errichten, das dem König »ein dauerndes Andenken« sichern
werde.[138] Sein Ego mag Herodes zwar zu den Maßnahmen gegen
seine Feinde getrieben haben, doch die Motive für seine ehrgeizige

architektonische Planung waren seine Ehrfurcht vor dem Tempelberg und die Tatsache, daß die Tempelanlage in seiner Sicht den materiellen und spirituellen Mittelpunkt der jüdischen Nation bildete. Es erscheint durchaus möglich, daß seine Pläne für den Wiederaufbau des Jahwe-Tempels nicht vom Streben nach einem persönlichen Denkmal inspiriert waren, sondern daß er vielmehr ein die Zeitläufte überdauerndes Heiligtum für Gott schaffen wollte, um der Gewalt und den Tragödien auf dem Tempelberg ein Ende zu setzen. Das architektonische Vorhaben des Herodes war so immens, daß es auch heute noch Staunen und Bewunderung hervorruft. Er dachte bei den Arbeiten auf dem Tempelberg nur im allergrößten Maßstab und verlangte dem Baumaterial, den Architekten und den Handwerkern das Äußerste ab. Im Jahr 19 v. Chr. begannen zehntausend Arbeiter mit dem Bau.

Für einen Wiederaufbau des Tempels in dem von ihm beabsichtigten Umfang mußte Herodes bei den Fundamenten des vorhandenen Gebäudes anfangen. Die salomonische Plattform war im 5. Jahrhundert v. Chr. unter Serubabel wiederhergestellt worden und mußte vergrößert werden. Der Herodes-Tempel würde die architektonischen Überreste des Ersten Tempels auslöschen, doch Herodes befolgte die religiösen Vorschriften gewissenhaft und plante das Allerheiligste an der Stelle, die Salomo ursprünglich dafür bestimmt hatte. Für die jüdischen Gläubigen war diese Stätte von entscheidender Bedeutung, denn dort hatte auch die Bundeslade gestanden.

Allerdings ist seit römischer Zeit die genaue Position des Ersten und des Zweiten Tempels ungewiß. Im Jahr 70 n. Chr. wurde der Zweite, der Herodes-Tempel, zerstört und der gesamte Platz unter-Geröll begraben. Heute kann man nur noch die unteren Mauerschichten der herodianischen Plattform erkennen, vom restlichen Tempel ist nichts mehr zu sehen. Doch möglicherweise gibt es einen Hinweis auf den Standort des Allerheiligsten, denn vor der Grundsteinlegung sprach Herodes direkt zu den Einwohnern Jerusalems über seine Pläne.

# EINE LÖSUNG FÜR DAS
# NAHTSTELLEN-RÄTSEL

Herodes begann seine Rede damit, dem Volk die Unzulänglichkeiten ins Gedächtnis zu rufen, die Serubabels erster Wiederaufbauversuch aufwies. Hinsichtlich der Größe des »wiederaufgebauten« Tempels nannte er faszinierende Details: »Dieser Tempel ist von euren Vorfahren dem höchsten Gotte erbaut worden, als sie aus Babylon zurückgekehrt waren. *Doch fehlen ihm an seiner Höhe noch sechzig Ellen, um welche der früher* von Solomon errichtete Tempel *ihn [Serubabels Tempel] überragte.*«[139] Diese Bemerkung scheint sich nur auf den Tempel zu beziehen. Berücksichtigt man aber die Zahl der erwähnten Ellen, stellt sich die Frage: Meinte Herodes nicht nur den Tempel, sondern vielmehr die gesamte Tempelberg-Anlage? Die erwähnten Ellen liefern die Antwort.

Die babylonischen Juden konnten beim Wiederaufbau unter Serubabel die ursprünglichen Maße des Salomonischen *Tempels* unmöglich um sechzig Ellen verkleinern, da der Tempel ohne die zwanzig Ellen große Vorhalle und den Eingang ohnehin nur sechzig Ellen in der Länge und zwanzig Ellen in der Breite maß. Außerdem betrug die Höhe des Salomo-Tempels dem Buch der Könige zufolge zu keiner Zeit sechzig Ellen, sondern nur dreißig.[140] Es liegt daher durchaus im Bereich des Möglichen, daß sich Herodes nicht auf die Dimensionen des von Serubabel »aufgebauten« *Tempels* bezog, sondern auf die Gesamtgröße der *Anlage* auf dem Tempelberg. Aus dieser Perspektive kann die Mathematik eine überraschende Erklärung für die Nahtstelle liefern.

Warren nahm an, daß die Elle der herodianischen Zeit etwa einundzwanzig Zoll maß,[141] was der Länge einer »königlichen Elle« entsprach – 53,35 Zentimeter –, die der Arbeit an der Bundeslade und am Tempelbau zugrunde gelegt wurde. Die fehlenden »sechzig Ellen« des Herodes entsprechen demnach einer Länge von 32,01 Metern. Die Südostecke der Plattform des heutigen *Haram* und der

Straight Joint im Norden sind exakt 32,72 Meter voneinander entfernt. Der Unterschied zwischen der Länge in der Rede des Herodes und der Entfernung von der Nahtstelle zur Südostecke beträgt also lediglich 71 Zentimeter. Zudem stellte Warren fest, daß der Straight Joint sich im Gesteinssockel fortsetzte, was vermuten läßt, daß die Nahtstelle in einem bestimmten Stadium die Südostecke der Tempelplattform bildete.[142] Aufgrund dieser fast übereinstimmenden Maße ergibt sich eine mögliche neue baugeschichtliche Chronologie der Tempelplattform.

Obwohl diese architektonisch-planerische Abfolge nicht durch archäologische Ausgrabungen belegt wird, bietet sie sich als logische Antwort für das Nahtstellen-Rätsel an: Als die Mauern von Jerusalem durch Nehemia wiederaufgebaut wurden, war die Nahtstelle nichts anderes als die Südostecke der Plattform. Wenn das der Fall war, warum gelangten dann andere Forscher, die sich dieses Problems im Laufe der Jahre angenommen haben, nicht zur selben Schlußfolgerung?

Die meisten sind der Ansicht, daß die Ostmauer seit dem Bau der ersten Plattform immer wieder in Richtung Süden verlängert und die letzte Ergänzung von Herodes dem Großen hinzugefügt wurde. Doch die neue Interpretation seiner Rede weist auf das Gegenteil hin. Nach der Rückkehr der Juden aus dem Exil wurde unter Nehemias Leitung die Anlage auf dem Tempelberg im Südosten *verkleinert*; sie maß somit nicht mehr sechzig Ellen wie zu Salomos Zeiten. Erst Herodes stellte viele Jahrhunderte später die alten Dimensionen wieder her. Seine Rede liefert den Schlüssel zum Rätsel um den Straight Joint. Dies erscheint noch plausibler, wenn man die Nahtstelle aus dem Blickwinkel eines Steinmetzen analysiert.

Ohne Dynamit konnte eine von Mauern eingefaßte Plattform nur dadurch zerstört werden, daß man die herausgebrochenen Steine in die Tiefe stürzte. Nehemia ließ die Stadtmauern abschnittsweise restaurieren. Er verfügte aber nicht über so viele Arbeiter wie einst König Salomo. Hätte man das Südende der Anlage in seiner ursprünglichen Länge wiederaufbauen wollen, so wären alle heruntergefallenen Steine vollständig zu entfernen gewesen; überdies hätten Arbeiter Hunderte, wenn nicht sogar Tausende neuer Blöcke

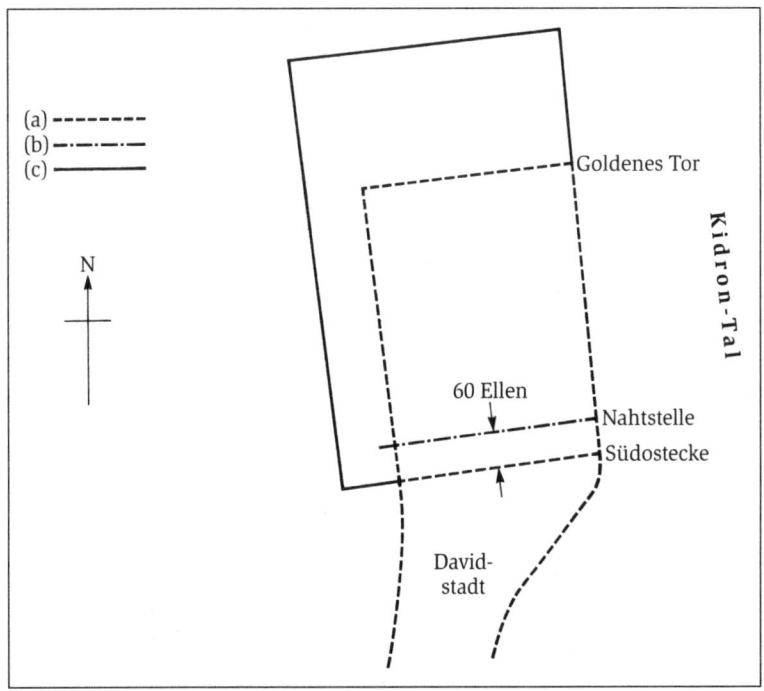

**Abb. 5.1:** (a) Bau der Mauern der Davidstadt und der Tempelberg-Plattform unter Salomo und seinen Nachfolgern bis zur heutigen (herodianischen) Südostecke. (b) Wiederaufbau unter Serubabel und Verkleinerung der Plattformgröße um sechzig Ellen unter Nehemia: Errichtung des Straight Joint, der Nahtstelle. (c) Bau des Zweiten Tempels unter Herodes; die Plattform erreicht wieder die ursprüngliche Größe der salomonischen Anlage, indem die »fehlenden« sechzig Ellen hinzugefügt werden.

zurechtschneiden müssen. Dafür fehlten aber sowohl die Arbeiter als auch das Geld. Deshalb wäre es wesentlich einfacher gewesen, die Plattform am südlichen Ende um ungefähr sechzig Ellen zu verkürzen. Dadurch hatte sich zwar ein Teil der königlichen Palastanlage nicht mehr innerhalb des ummauerten Bezirks befunden, aber dagegen wurden wohl kaum Einwände erhoben, denn schließlich gab es zu jener Zeit keinen König. Herodes sah sich nicht mit einem solchen Problem konfrontiert. Er verfügte über genügend Arbeitskräfte und Baumaterial, über den nötigen Ehrgeiz und nicht zuletzt über genug Geld. Seine Ansprache an das Volk, in der er die Vergrößerung um sechzig Ellen erwähnt, ist eine Manifestation seines Willens, die glorreiche Zeit König Salomos wiedererstehen zu lassen. Er wolle sich bemühen, so Herodes, »das, was unsere Vorfahren aus Not und weil sie unter fremder Herrschaft standen, nicht ausführen konnten, zu vollenden und dadurch Gott für die vielen Wohltaten, die er mir während meiner Regierung erwiesen hat, frommen Dank zu erstatten«.[143] Wenn die Plattform unter Herodes also wieder um die besagten sechzig Ellen verlängert wurde, dann sind die eingeritzten und gemalten Zeichen, auf die Warren an den unteren Mauerreihen stieß, auf die herodianische Zeit zu datieren. Die Mauerreihen mit den Schriftzeichen wurden von Warren akkurat abgezeichnet und stammen ohne jeden Zweifel aus der Regentschaft von Herodes dem Großen. Das bestätigt die These, daß die heute vorhandene Südostecke – die sechzig Ellen umfassende Ausdehnung von der Nahtstelle zur Südostecke – während der Errichtung des Zweiten Tempels entstand.

Aus der Verlängerung um sechzig Ellen läßt sich noch eine weitere Schlußfolgerung ziehen. Wenn die Südostecke verlängert wurde – wenn auch mit einem Längenunterschied von sechzig Zentimetern –, damit sie sich wieder an der Stelle der ursprünglichen Südostecke von König Salomos Anlage befand, haben wir erstmals einen Festpunkt auf der Karte des Berges Morija, um die Dimensionen der Anlage Salomos auf dem Tempelberg zu bestimmen. Wir können sogar noch einen Schritt weitergehen. Anhand dieser Ecke der salomonischen Plattform kann man die genaue Lage des Allerheiligsten rekonstruieren, wo König Salomo vor fast dreitausend Jahren die Bundeslade aufstellen ließ. Dabei helfen uns Josephus Flavius und Warren.

1 Charles Wilson von den British Royal Engineers
als Mittzwanziger; um 1860.

2 (Oben) Ein großer gemeißelter, nur
fragmentarisch erhaltener Kalksteinblock vom
Tempelberg, der aus der Zeit des Zweiten
Tempels stammt.

3 (Unten) Umrisse einer Werkstatt
an der Südmauer des *Haram*, die bei der
Zerstörung des Tempels 70 n. Chr. dem Feuer
zum Opfer fiel.

4-5 (Oben) Zwei Münzen aus Römerzeit: »Tribut«-Denar (links) und Titus-Denar (rechts).

6-7 (Unten) Vorder- und Rückseite einer »Judäa-Capta«-Sesterz von Kaiser Titus. (Mit freundlicher Genehmigung der Bob Maclean Collection; Foto: Mike Hallam)

8 (Oben) Süd-
ansicht des Robinson-
Bogens mit Steinen,
die bei der Zerstörung
des Tempels im Jahr
70 n. Chr. in die Tiefe
stürzten.

9 (Rechts) Charles
Warren Anfang Vierzig;
um 1880.

10 (Oben) Montagu
Brownlow Parker 1912
in Taormina, Sizilien,
kurz nach seinem
erfolglosen Versuch,
nach Jerusalem
zurückzukehren.
(Mit freundlicher
Genehmigung des
Earl of Morley)

11 (Mitte) Detail
eines Freimaurer-
Grabsteins mit Zirkel
und Winkel in The
Temple, Schottland.

12 (Unten links)
Tempelritter-Figur aus
Kilmory, Schottland.

13 (Unten) Detail aus der Nahtstelle in der Westmauer; der sechs Zentimeter lange Nagel dient zum Größenvergleich.

14 (Rechts) Die gerade Nahtstelle, 32,72 Meter nördlich von der Südwestecke des *Haram*.

15 (Oben) Kaiser Wilhelm II. verläßt die *Qubbet as-Sakhra* in Begleitung seiner Gemahlin und seines Gefolges; Herbst 1898. (Mit freundlicher Genehmigung von Valentine Vester)

(Oben links) Die
dwestecke mit dem
erworfenen Stein«.

17 (Oben rechts)
Detail aus dem darunter
befindlichen Dreieck.

18 (Unten) Maßstabgetreue Nachbildung
der Bundeslade, von Richard Andrews entworfen
und konstruiert.

19 (Oben) Blick auf den Felsendom aus
nördlicher Richtung. An dieser Stelle wird das
Allerheiligste des Salomo-Tempels vermutet.

20 (Unten) Blick vom Ölberg auf den Tempelberg
mit der Südostecke vorne links.

DAS VERHÄLTNIS ZWISCHEN DEM TEMPEL
DES SALOMO UND JENEM DES HERODES UND DIE
POSITION DER ZISTERNE V

Josephus Flavius berichtet, daß Herodes möglicherweise das Gebiet der Tempelanlage verdoppelte, indem er »um ihn [den Tempel]
einen doppelt so großen Raum, als der frühere gewesen, mit Mauern«[144] einschloß. Geht man davon aus, daß zu dieser Vergrößerung die sechzig Ellen südlich des Straight Joint gehörten, was ist
dann aus dieser Information abzuleiten, wenn wir sie auf eine heutige archäologische Karte übertragen? Aus der Luft kann man deutlich sehen, daß die Mauern des *Haram* über den Fragmenten der
herodianischen Tempelanlage errichtet wurden. Den archäologischen Nachweis konnte als erster Charles Warren führen, der
allerdings, anders als die meisten damaligen Wissenschaftler, aufgrund seiner Kenntnisse der unter dem *Haram* befindlichen Abwasserkanäle und Zisternen von einem südlicheren Standort des
Salomo-Tempels ausging. Warrens These wurde von seinem Zeitgenossen Conder heftig angegriffen. Dieser war der Meinung, daß
sich das Allerheiligste entweder auf dem *Sakhra* oder auf gleicher
Höhe mit dem *Sakhra* befunden habe, der unter dem Felsendom
lag. Warrens Vermessungsberichte und Zeichnungen sind erstaun-
lich genau und detailliert. Er hatte jede Zisterne und alle Gänge, die
er finden konnte, penibel untersucht, wobei insbesondere eine
Zisterne sein Interesse weckte. Charles Wilson, Warrens Vorgänger
in Jerusalem, hatte sie als Zisterne V bezeichnet und eine genaue
Vermessungskarte ihres Inneren angefertigt.

Die in südlicher Richtung verlaufende Hauptachse dieser kreuz-
förmigen Zisterne folgte dem natürlichen Gefälle des Tempelberg-
Sockels. Daraus zog Warren den Schluß, daß die Zisterne ursprünglich als Abwasserkanal für das Blut und die Innereien der
Opfertiere im Ersten Tempel diente. Das bedeutete, daß der Bronzealtar im Innenhof des Salomo-Tempels in nordwestlicher Verlängerung der Zisterne V plaziert worden war. Daher nahm Warren an,

daß der Salomo-Tempel ungefähr vierzig Meter südlich des *Sakhra* stand. Die Koordinaten des Tempels und der Südostecke lassen sich auf der Karte genau lokalisieren. Daraus ergibt sich ein überzeugender Plan der salomonischen Tempelanlage.

Archäologische Funde wie jene, die Warren machte, sowie die Angaben im Buch Nehemia verweisen darauf, daß Jerusalem irgendwann mit der Anlage auf dem Tempelberg verbunden gewesen sein muß. Somit läßt sich der genaue Verlauf der Ost- und der Westmauern der Stadt in Richtung Norden ermitteln, wo sie dann auf die Südost- und die Südwestecke der Tempelanlage König Salomos trafen. Damit fehlt als Verbindung zwischen der Ost- und der Westmauer nur noch der genaue Verlauf einer Nordmauer, um das Gesamtbild zu komplettieren.

Das Goldene Tor befindet sich im Nordabschnitt der Ostmauer des *Haram*. Im heutigen Zustand wirken das Tor und seine Umgebung unheilvoll. Man mauerte den schmalen Durchgang zu und legte am Hang des Kidron-Tals einen muslimischen Friedhof an, um die Ankunft eines jüdischen Messias von vornherein zu unterbinden.[145] Zumindest ein Rabbi, Leibel Reznick geheißen, behauptet, daß sich am Standort des Goldenen Tors zu Zeiten des Königs Salomo aller Wahrscheinlichkeit nach ein Durchgang zur Anlage auf dem Tempelberg befand.[146] Warrens Vermessungsskizzen der Gesteinsschichtung des Berges zeigen einen abfallenden Felsverlauf knapp nördlich des Höhenniveaus des Goldenen Tors mit ungefährer Ost-West-Ausrichtung. Wenn das zutrifft, stellt sich die Frage, ob das Goldene Tor die Lage des Nordosteingangs zum Tempelkomplex aus salomonischen Zeiten markiert. Man kann den Versuch wagen, die Mauern der Tempelanlage in Warrens ursprünglicher Zeichnung des Felsverlaufs vom Berg Morija zu skizzieren, auf der ja schon der Umriß der Tempelanlage des Herodes eingetragen ist. Beginnt man an der sechzig Ellen messenden Südostecke, die mit Herodes' – und vermutlich auch mit Salomos – Planung konvergiert, gelangt man im Uhrzeigersinn in Richtung Westen zu einer Stelle, an der das nördliche Ende der Westmauer abzweigt. Dieser Linie folgt man nach Norden und wendet sich, hat man den Felshang erreicht, gen Osten. Am Südende des Abhangs – eine na-

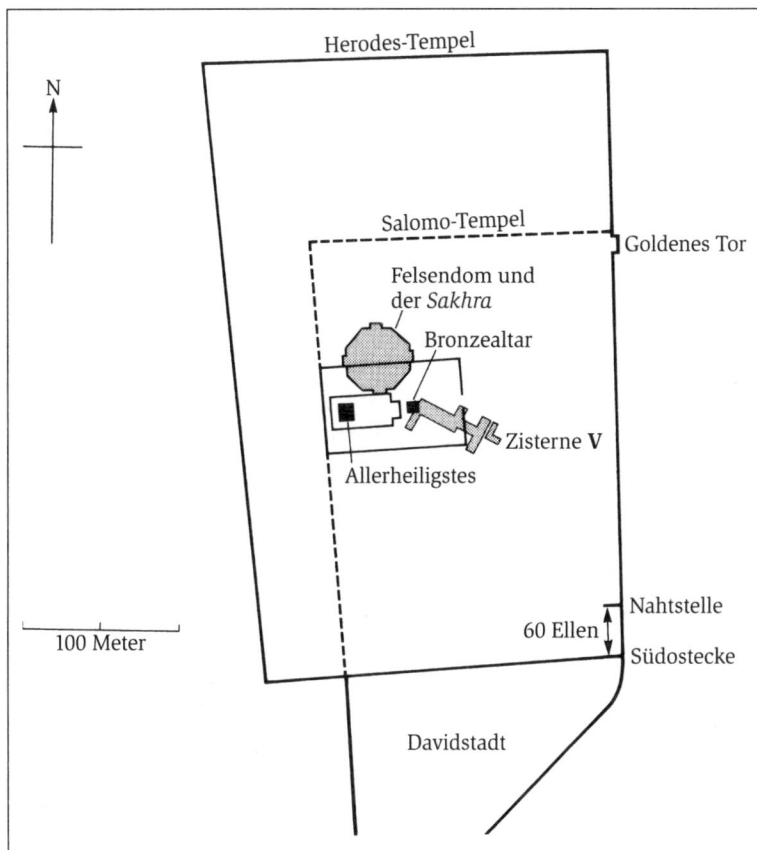

**Abb. 5.2:** Auf dem Grundriß des Herodes-Tempels basierende Position des Aller-heiligsten – nach Warrens These, daß sich der Bronzealtar am Ende der Zisterne V befand. Auf dem Plan der salomonischen Tempelanlage ist im Uhrzeigersinn die »Sechzig-Ellen«-Position der Südostecke mit einer Verbindung zur abzweigen-den Westmauer eingezeichnet, die nach Norden dem Verlauf des natürlichen Abhangs folgt und nach Osten einer Mauerabzweigung des *Haram*.

türliche Grenzlinie par excellence – trifft man dann auf die Ostmauer direkt oberhalb des Goldenen Tors. So schließt sich der Rundgang um den Komplex der salomonischen Tempelanlage wieder.

Bestimmt man die Maße der salomonischen Tempelanlage auf der Grundlage von Charles Wilsons topographischer Karte im Maßstab 1:2500 aus den Jahren 1864/65 und vergleicht diese mit den bekannten Längenangaben des Herodes-Komplexes, erhält man ein höchst aufschlußreiches Endresultat. Das Gebiet der salomonischen Anlage umfaßt insgesamt 73700 Quadratmeter, rund fünfundfünfzig Prozent mehr als die 142500 Quadratmeter große Anlage von Herodes dem Großen.[147] Diese Zahlen bestätigen die Aussage des Josephus Flavius, daß das Gebiet auf dem Tempelberg unter Herodes verdoppelt wurde. Sie untermauern überdies die Vermutung, daß die salomonische Südostecke wiederhergestellt wurde. Damit läßt sich die Nahtstelle auf die Zeit Nehemias datieren, also auf die Mitte des 5. Jahrhunderts v. Chr. Außerdem – und das dürfte für die jüdischen Gläubigen von weitaus größerer Bedeutung sein – erhärten sie die Warrensche These, daß das Allerheiligste südlich des *Sakhra* zu lokalisieren ist, was somit eine Bestimmung des exakten Standorts des Allerheiligsten ermöglicht.

Heroses setzte alles daran, das Allerheiligste und den Tempel in alter Pracht wiederaufzubauen. Er verkündete dem Volk beim Abriß der Reste des alten Tempels, daß an dieser Stelle schon bald ein neuer Tempel in die Höhe wachsen würde. Und der jüdische Historiograph Josephus Flavius schreibt, daß man nur achtzehn Monate für die Fertigstellung des neuen Tempels benötigte.[148]

DAS HAUS GOTTES

Herodes trug Sorge, daß keine Vorschriften, die noch aus der Zeit der Rückkehr aus der Babylonischen Gefangenschaft stammten, mißachtet oder verletzt wurden. Auf gar keinen Fall wollte er die lokale Priesterschaft gegen sich aufbringen. Der *Middot*-Traktat in der jüdischen Mischna, einer im 3. Jahrhundert n. Chr. zusammengestellten und edierten Schriftensammlung, enthält eine ausführliche Liste der religiösen Praktiken und Regeln, die unter Esra für den Wiederaufbau des durch die Babylonier zerstörten Salomo-Tempels aufgestellt wurden. So entschied Esra, die Verwendung von Eisen würde jene Steinblöcke, aus denen der Hauptaltar im Innenhof bestand, verunreinigen würde. Eisen diente der Waffenherstellung, und deshalb durfte dieses Material nicht in die Nähe des Altars gelangen, denn es hatte den Zweck, das den Menschen von Gott verliehene Leben zu vernichten. Möglicherweise galt dieses Verbot auch für den Wiederaufbau des Tempels unter Herodes und vor allem für die Errichtung des Hauptaltars vor dem Tempeleingang. Damit endet allerdings die Übereinstimmung zwischen dem unter Esra in Angriff genommenen Wiederaufbau und dem Vorhaben des Herodes. Die aus dem Exil Zurückgekehrten, die beim Anblick von Esras armseligem Wiederaufbau des Salomo-Tempels angeblich in Tränen ausbrachen, wären von dem Herodes-Tempel, so wie ihn Josephus Flavius beschrieb, überwältigt gewesen.

Die Planung von Herodes beruhte weitgehend auf der Anlage des Salomo-Tempels; das Allerheiligste war von der Haupthalle im Tempelinneren getrennt. Das Tempelgebäude hatte eine Höhe von hundert Ellen. Die Bronzewächter Jachin und Boas wurden zwar nicht rekonstruiert, aber an ihrer Stelle brachten die Handwerker des Herodes einen Weinstock aus Gold an, dessen Trauben über dem Eingang herabhingen.[149] Die Tempeltür unter diesem Weinstock war »mit bunten Vorhängen geschmückt, in welche purpurne

Blumen und Säulen eingewebt waren«.[150] Im Innenhof wurde der einst bronzene Altar durch einen steinernen ersetzt und vom äußeren Hof durch eine hohe Mauer abgetrennt. Der heilige Status des inneren und äußeren Hofes wurde den Besuchern auf Tafeln mit Erläuterungen in griechischer und lateinischer Sprache kundgetan. In regelmäßigen Abständen aufgestellt, warnten sie jede Person, die noch unrein war, eindringlich davor, die Höfe von der Säulenhalle aus zu betreten. Ein derartiges Vergehen, die schlimmstmögliche Schändung des heiligen Ritus, wurde mit der Todesstrafe geahndet.[151] Der äußere Hof war auf jeder Seite von Kolonnaden eingefaßt, wobei anzumerken ist, daß die Säulengänge an der Südmauer breiter und höher waren und auf Säulen im korinthischen Stil ruhten.[152] Die Säulenhalle, die sich von der Südostecke entlang der gesamten Südfront der Tempelhöfe erstreckte, wurde königlicher Portikus genannt – ein weiterer Hinweis darauf, daß sich die Plattform aus salomonischer Zeit mit dem Königspalast tatsächlich noch über die Nahtstelle hinaus bis zu diesem Teil der Südostecke erstreckte.

Josephus Flavius schreibt außerdem, daß König Herodes in den Säulenhallen die Trophäen und Rüstungen anbringen ließ, die von »fremden Völkern« erbeutet worden waren, unter anderem auch die von Herodes eigenhändig erkämpften Beutestücke. Das deutet darauf hin, daß die Münzen des Tempelschatzes im Laufe der Jahrhunderte regelmäßig geplündert wurden, ein gut versteckter Schatz aber unberührt blieb. Die Bundeslade, das größte Heiligtum des Tempels, war noch immer verschwunden, und das Allerheiligste, das mittlerweile auch als »Haus der Buße« bezeichnet wurde,[153] blieb aus symbolischen Gründen leer. Unter Salomo war eine vergoldete und reichverzierte Tür aus hartem Olivenholz die letzte Schranke zum Allerheiligsten. Im neuen Herodes-Tempel verdeckte, Josephus Flavius zufolge, ein »Vorhang aus babylonischem Gewebe« den Eingang, ein sogenanntes Katapetasma, das sich von unten öffnete. Muster und Farben des Vorhangs symbolisierten die Elemente Erde, Feuer und Wasser, und das Ganze war »gleichsam ein Bild des Weltalls«.[154] Auch die restliche Ausstattung des Tempels wurde sorgsam rekonstruiert, so der goldene Altar und der symbolische Leuchter, der nun sieben Arme hatte. Alle Gegenstände im Tempel, vom goldenen Weinstock bis zu den farbenprächtigen Vorhängen, ja, das gesamte Gebäude an sich, reflektierten eine stark von der Philosophie des Zarathustra beeinflußte Idee kosmischer Verhältnisse. Das zoroastrische Konzept widerstreitender Kräftepaare wie Hell und Dunkel oder Gut und Böse zeigte sich am heiligsten Ort des jüdischen Glaubens und demonstrierte den prägenden Einfluß der persischen Religion auf den jüdischen Glauben an nur einen Gott.

Trotz des Stroms von Rückkehrern aus dem Exil waren im 6. Jahrhundert v. Chr. viele jüdische Familien in Mesopotamien geblieben. Andere hatten Judäa, als es unter griechischer Vorherrschaft stand, wieder verlassen, sich in prosperierenden Städten rund um das Mittelmeer angesiedelt und dort jüdische Gemeinden gegründet. Dennoch war Jerusalem immer noch das Zentrum des jüdischen Glaubens und für die Familien in der Diaspora das einzige Pilgerziel. So sind beispielsweise die Eindrücke des Philon von Alexandria, der als Pilger nach Jerusalem reiste, erhalten geblieben.

Philon stammte aus einer reichen Familie und war wie viele Juden, die nicht in Judäa lebten, vom Hellenismus und – bei ihm noch ausgeprägter – von der Philosophie Platons beeinflußt, in der mathematisch-geometrische Konzepte das Verhältnis zwischen Mensch und Schöpfung erklärten. Philon sah auf dem Tempelberg vieles, das diese Philosophie bestätigen konnte. So gelangte er zu der Annahme, daß die Anlage einen Weg zum Kosmos öffnen und die Vereinigung mit Gott ermöglichen würde. Diese Überzeugung sollte tiefgreifende Folgen haben. Für die Priester und Einwohner von Jerusalem war der »neue« Tempel des Herodes ein symbolischer Neuanfang. Die Verzweiflung angesichts der Zerstörung durch die babylonische Armee wurde durch den Anblick des prachtvollen neuen, Zweiten Tempels zum größten Teil gemildert. Obwohl ihm die materielle Verbindung zu Jahwe – die Bundeslade – fehlte, wurde er von den Gläubigen als Kultstätte angenommen. Der Tempel war selbst zu einer Art Bundeslade geworden: Betrat man den Herodes-Tempel und opferte dort Jahwe, so hielt man Zwiesprache mit Gott. Der Tempelberg war zum Nabel der Welt geworden, bildete das Tor zum himmlischen All.

Herodes war sehr bemüht, den Salomo-Tempel in seiner ganzen Pracht wiederherzustellen. Hatte er den Plan, ein vollkommenes Bauwerk für Gott zu schaffen, und war dieses Konzept vielleicht von Salomo begonnen und dann von Hiram Abiff umgesetzt worden? Oder war das Geheimnis, dessentwegen Hiram ermordet wurde, ein Entwurf für den perfekten Tempel? Es ist unwahrscheinlich, daß die Arbeiter ihren Meister nur wegen eines höheren Solds erschlugen. Der Bauplan für ein Gebäude, das derart harmonisch ausgewogene Proportionen aufwies, war für die Attentäter wichtiger als ein höherer Lohn, denn ersteren in Händen zu haben hätte sie zu begehrten Meistern gemacht. Für die Weitergabe architektonischen Wissens waren mathematische Kenntnisse vonnöten. Daher drehte sich der Anschlag auf Hirams Leben eigentlich wohl um mathematische Formeln. Dies würde auch die Legende erklären, die sich jahrhundertelang um das Symbol des Salomo rankte. Das »Siegel Salomos« – der heutige Davidstern – ist ein Hexagramm, von dem sich die meisten mathematischen Konstruktionen ableiten, die Architekten und Steinmetzen verwenden.[155] Dieses Konzept einer Annäherung an Gott mittels der exakten Wissenschaft der Geometrie, ursprünglich auf dem Tempelberg aufgekommen, erlebte durch die Tempelritter im 11. Jahrhundert eine Renaissance und war die Grundlage für das Freimaurertum in Europa. Die Templer sollen angeblich auf dem Tempelberg archäologische Grabungen durchgeführt und nach Schätzen gesucht haben. Es wird nicht berichtet, daß sie Gold oder Silber fanden, doch ebenso wie Warren müssen sie auf die massiven Steinblöcke des Herodianischen Tempels gestoßen sein. Dadurch dürfte ihnen das außergewöhnliche architektonische Können bewußt geworden sein, das beim Bau des Herodes- und des Salomo-Tempels zum Einsatz kam. Einige Steinblöcke sind so groß, daß man noch im 20. Jahrhundert rätselt, wie sie an Ort und Stelle gebracht wurden.

# DAS ARCHITEKTURERBE DES HERODES-TEMPELS

Josephus Flavius gibt in seiner Beschreibung der Leistung von Herodes dem Großen die Maße der Steinblöcke an, die im Zweiten Tempel verbaut wurden. Sie seien fünfundzwanzig Ellen lang, acht Ellen hoch und »annähernd« zwölf Ellen »breit« gewesen (umgerechnet ungefähr 13,3 auf 4,2 auf 6,4 Meter).[156] Doch wie schon bei den »sechzig Ellen« des Herodes bezieht sich der Historiograph aus römischer Zeit wahrscheinlich nicht auf den *Tempel* an sich. Zunächst einmal war es so gut wie unmöglich, in Gebäudemauern mit einer Länge von hundert Ellen Fenster, Türen und Durchgänge einzubauen, sofern das Gebäude aus vier, jeweils fünfundzwanzig Ellen langen Steinblöcken bestand. Josephus Flavius sprach daher wahrscheinlich nicht von dem Gebäude, sondern von der gemauerten Plattform, was durch kürzlich erfolgte Ausgrabungen bestätigt wird, mit denen man vor dreißig Jahren, unmittelbar nach dem Sechstagekrieg, begann.

Nach diesem Krieg im Juni 1967, der mit einer Niederlage der ägyptischen, jordanischen und syrischen Streitkräfte endete, befand sich Jerusalem erstmals seit der Zerstörung des Zweiten Tempels im Jahr 70 n. Chr. wieder vollständig in jüdischer Hand. Die orthodoxen Juden waren in der Stadt noch in der Minderheit und verfügten nur über wenig politischen Einfluß. Sie protestierten heftig gegen die Schändung von Gräbern der jüdischen Vorfahren, bei den Israelis überwog aber trotzdem der Wunsch, die biblische Vergangenheit ihres Landes mit Hilfe der Archäologie zu erforschen. Die Behörden finanzierten die Arbeit von Archäologen, und man begann mit Ausgrabungen an der Westmauer beim Robinson-Bogen. So wurden die Überreste des Haupteingangs zum Tempelbezirk aus der Zeit des Herodes genannt. Die unteren Reihen der herodianischen Plattformmauern waren immer noch intakt. Die großen, leicht erkennbaren Steinblöcke zogen sich in nördlicher

Richtung bis zur heutigen Klagemauer, der Westummauerung, die im 19. Jahrhundert, während Warren hier grub, allgemein »Klageplatz« hieß. Wie der Name schon sagt, war diese Stelle seit der Zerstörung des Zweiten Tempels durch Titus im Jahr 70 n. Chr. der zentrale Ort für Gebete und Klagen der Juden. Das Mauerwerk aus herodianischer Zeit war für die jüdischen Gläubigen zum Symbol des einstigen ruhmumflorten Jahwe-Tempels geworden. Ende der achtziger Jahre machte sich das israelische Religionsministerium daran, die restliche herodianische Westmauer freilegen zu lassen. Man wußte nämlich, daß sie von der eigentlichen Klagemauer bis zur Nordwestecke der Tempelanlage reichte. Archäologen gruben an der Außenseite des *Haram* direkt unter von Muslimen bewohnten Häusern in der Jerusalemer Altstadt und stießen auf den Verlauf des noch vorhandenen Mauerwerks. 1997 waren sie so weit, daß sie zu einem ungewöhnlichen Gebiet im Untergrund, den »Westmauergängen«, vordringen konnten. Aus Sicherheitsgründen mußte ein Ausgang aus diesem weitläufigen Tunnelsystem vorhanden sein. Der Zugang erfolgte von Norden, und man öffnete einen alten Aquädukt aus der Zeit der Hasmonäer. Dieser Gang verlief mehrere Meter innerhalb des heutigen *Haram*-Bezirks und führte zur nördlichsten Grenze der herodianischen Westmauer. Die Öffnung dieses »Hasmonäischen Ganges« im Frühjahr 1997 führte zu Unruhen. Muslime protestierten auf den Straßen Jerusalems gegen die Verletzung des *Haram* mit dem Felsendom und dem *Sakhra*, der immerhin das drittwichtigste Heiligtum des Islam darstellt. Und nicht vergessen sollte man auch, daß dieses Gebiet nach dem von den Israelis gewonnenen Sechstagekrieg weiter unter muslimischer Kontrolle geblieben war. Bei den Unruhen nach Öffnung des Ganges kamen zweiunddreißig Araber und Israelis ums Leben. Der Zugang zur Westmauer über den »Hasmonäischen Gang« ist seitdem ein sehr heikler Punkt in dem ohnehin schon gespannten Verhältnis zwischen den beiden Religionen in Jerusalem. Dennoch hatte die Öffentlichkeit tief im Untergrund, an einer Stelle siebzig Meter nördlich der Klagemauer, erstmals Gelegenheit, einen ganz außergewöhnlichen Steinblock in Augenschein zu nehmen.

Schon die Blöcke in der Ostmauer, die Warren kartiert hatte, waren groß gewesen, doch der Block in der Westmauer übertraf sie noch. Er war 13,7 Meter lang und 3,5 Meter hoch, was so weitgehend mit den Angaben von Josephus Flavius übereinstimmt, daß es kein bloßer Zufall sein kann. In seinen *Jüdischen Altertümern* berichtet er nämlich, daß man für den Bau des »Tempels« Blöcke verwendete, die 13,3 Meter lang und 4,2 Meter hoch waren. Wenn vielleicht exakt dieser Steinblock den jüdischen Geschichtsschreiber zu seiner Angabe inspirierte, wie aber steht es dann um die Breite? Darüber liefert Josephus Flavius keine genaue Information. Er sah nur die fertiggestellte Tempelanlage und konnte daher diese Tatsache nicht selbst überprüfen, sondern vielleicht nur einen Steinmetzen befragen, der beim Bau der Anlage auf dem Tempelberg mitgearbeitet hatte und zu jener Zeit noch lebte. Er schätzte, daß die dreizehn Meter langen Steinblöcke »gegen« zwölf Ellen, also 6,4 Meter breit waren.

1997 standen die israelischen Archäologen vor einem ähnlichen Problem. Sie konnten ihre Grabungen unter dem Berg nicht fortsetzen, da ansonsten eine neue Intifada befürchtet werden mußte. Einen Steinmetzen aus der Zeit des Herodes konnten sie ohnehin nicht mehr fragen. Statt dessen setzten sie die modernste Technik ein. Mit Hilfe eines Echolots fanden Experten der Universität von Haifa heraus, daß der 13,3 Meter lange Block 4,2 bis 4,9 Meter dick war.[157] Man bestimmte das Gewicht dieses einzelnen Steinblocks auf 570 metrische Tonnen – mehr als drei Jumbo-Jets zusammengenommen.[158] Die Maße des Blocks, der in den Gängen der Westmauer gefunden wurde, und jene der von Josephus Flavius erwähnten Blöcke zeigen eine derartige Übereinstimmung, daß man daraus den Schluß ziehen kann, Josephus habe den Stein vielleicht persönlich vermessen. Seiner eigenen Aussage zufolge überprüfte er die von ihm festgehaltenen Daten immer sehr sorgfältig. Der Umfang der Säulen in den südlichen Kolonnaden war laut Josephus Flavius so groß, daß drei Männer sie gerade noch umfassen konnten.[159]

Solche Bemerkungen zeigen, daß Josephus sehr stolz auf den Herodes-Tempel war. Obschon römischer Bürger, war er im Herzen

Jude geblieben und erinnerte sich gern an die großartigen Leistungen seines Volkes. Aus einem Abschnitt im *Jüdischen Krieg* geht hervor, daß Josephus vor der Zerstörung des Tempels im Jahr 70 n. Chr. von der Plattformebene auf dem Tempelberg einen Sonnenaufgang beobachtete: »Der äußere Anblick des Tempels [die Ostseite] bot alles, was Auge und Herz entzücken konnte. Auf allen Seiten mit schweren goldenen Platten bekleidet, schimmerte er bei Sonnenaufgang im hellsten Glanz und blendete das Auge wie Sonnenstrahlen.«[160] Er schilderte auch den Eindruck, den Reisende und Pilger vom Tempel erhielten, wenn sie von den Kuppen der umliegenden Hügel das Werk des Herodes zum erstenmal sahen: »Fremden, die nach Jerusalem pilgerten, erschien er von fern wie ein schneebedeckter Hügel; denn wo er nicht übergoldet war, leuchtete er in blendendem Weiß.«[161]

Die Beschreibung »in blendendem Weiß« ist allerdings problematisch. Die einzigen größeren Überreste des Herodes-Tempels sind die massiven Kalksteinfundamente. Der Stein verwitterte und wurde im Lauf der Jahrhunderte fleckig, seine Oberfläche erhielt eine Patina, die von gebrochenem Weiß bis zu hellem Braun reicht. Im Sonnenlicht verändern sich die Farben der Steine dramatisch; diese Blöcke bilden immer noch das Fundament der Umfassungsmauer des *Haram* und bieten den Lebenden ein kaleidoskopisch farbenfrohes Schauspiel. Josephus Flavius, der in Jerusalem aufwuchs, nennt jedoch den Tempel »einen schneebedeckten Hügel«. Seine Familie stammte von Hasmonäern ab, weshalb er auch ab 49 n. Chr. sechs Jahre lang eine Rabbinerschule in der Stadt besuchte. Damals mußten am Tempel bereits die ersten Verwitterungen eingetreten sein. Bezog sich Josephus somit auf einen bestimmten Teil der Tempelanlage, beispielsweise auf die Säulenhallen und die Fassade des eigentlichen Tempelbaus?

In den letzten Jahren ergaben archäologische Ausgrabungen am Fuße der südlichen *Haram*-Mauer, daß einige Steinblöcke durch Feuereinwirkung beschädigt worden waren. Durch die starke Hitze war deren Oberfläche gesprungen, und an einigen abgesprengten Teilstückchen ließ sich der ursprüngliche, unpatinierte Farbton des Kalksteins deutlich erkennen. Er war weiß, doch keineswegs strahlend. Wurden die Mauern der Plattform so geschliffen, daß sie Licht reflektieren konnten und die natürliche Färbung des Steins stärker zur Geltung kam? Eine genauere Untersuchung ergab, daß die Steinmetzen des 1. Jahrhunderts die Außenseite jedes Blocks auf dem Tempelberg mit gezahnten Meißeln bearbeitet hatten. Die Spitze eines solchen Werkzeugs wies einen breiten, flachen Kopf auf. Seine Vorderkante war mit Kerben versehen, die eine Zahnreihe bildeten (daher auch der Name). Anhand der kleinen Einkerbungen auf der Oberfläche der Steine ist deutlich zu erkennen, daß die gezahnten Meißel zwölf Zähne hatten. Die Außenseite der Befestigungsmauern wurde nicht als sakrosankt betrachtet, daher waren die gezahnten Meißel vermutlich nicht aus Bronze, sondern aus haltbarerem Eisen. Vom Standpunkt einer betriebswirtschaftlichen Kosten-Nutzen-Analyse konnte es gar nicht anders sein, denn das Ausmaß der zu bewältigenden Arbeit an der Plattform war ungeheuer. Untersucht man die vorhandenen herodianischen Steinblöcke der *Haram*-Mauer genauer, sieht man die geschwungenen Bögen, die durch das Behauen entstehen. Sie zeigen, daß die Steinmetzen des Herodes jede Oberfläche eines Felsblocks zum Schluß noch einmal bearbeiteten. Die Oberfläche ähnelte dann einer Orangenschale: Sie wies kleine, unregelmäßige Vertiefungen auf, in denen sich das Sonnenlicht eher brach, als daß es reflektiert wurde. In diesen Einkerbungen lagerte sich ganz leicht Staub ab. Selbst wenn die Mauern aus weißem Kalkstein bestanden, dürften sie nach einer solchen Bearbeitung nur kurze Zeit wie weißer Marmor geglänzt haben. Wurden deswegen die Steinblöcke für den Tempel und die Säulenhallen anders behauen, damit sie der Witterung widerstehen konnten und gleichzeitig strahlend hell anmuteten?

Im Sommer 1997 begann ein Bulldozer an der Südostecke des *Haram* mit »Aufräumarbeiten«, wonach Blumenbeete und Spazierwege angelegt werden sollten. Als man das Gebiet einer letzten Musterung unterzog, fand man das Bruchstück eines behauenen Sandsteinsturzes, der aufgrund aller seiner Merkmale in die Entstehungszeit des Herodes-Tempels zu datieren war.[162] Er bestand aus Kalkoolith, das heißt Muschelkalk mit weißer Oberfläche, der auch für die Plattformmauer des Herodes-Tempels verwendet wurde. Die

Oberfläche des Steins war mit einem Meißel bearbeitet worden, dessen flache Spitze exakt zwei Zentimeter groß gewesen sein muß. Dadurch wies die Oberfläche keinerlei Einkerbungen auf und war so glatt, daß sie wie poliert wirkte. Als man den Stein zum Fotografieren an eine sonnenbeschienene Stelle legte, strahlte er plötzlich intensiv weiß. Dieses Fragment war direkt unterhalb jenes Ortes gefunden worden, wo einst die Kolonnaden des Herodes-Tempels gestanden hatten. Ihre Frontseite war, so jedenfalls Josephus Flavius, »sehr exakt geglättet …, so daß, wer sie nicht gesehen, sich keine Vorstellung von ihrer Schönheit machen konnte, und daß der, welcher sie sah, in staunendes Entzücken geriet«[163] – ein erneuter Beweis für die Genauigkeit, mit der er den Zweiten Tempel beschrieb.

Herodes erlebte die Fertigstellung der Tempelanlage nicht mehr. Als man siebenundvierzig Jahre nach Aufnahme der Arbeiten diese 27 n.Chr. abschloß, war Herodes der Große bereits seit einunddreißig Jahren tot. Um seinen Tod im Jahr 4 v.Chr. ranken sich widersprüchliche Gerüchte und Geheimnisse. In seinen letzten Jahren litt Herodes an einer lebensgefährlichen Krankheit.[164] Der Streit mit seinen Söhnen und mit anderen Familienmitgliedern forderte schließlich seinen Tribut. Sein Wunsch, von den Bewohnern der Heiligen Stadt als Jude anerkannt zu werden, erfüllte sich nicht. Orthodoxen Juden galt Herodes trotz seiner umfangreichen und großherzigen Arbeit auf dem Tempelberg als Personifikation aller Übel des römischen Weltreiches. Für viele war der römische Einfluß auf das traditionelle Judentum keineswegs segensreicher als jener der Griechen; vielerorts hatten sich beide vereint und die jüdische mosaische Tradition bedroht. Seinen strengen Glaubensprinzipien entsprechend, schmückte keine Statue des Herodes den Tempel oder die Tempelhöfe, und auch keine Münze aus der Zeit trug sein Porträt. Es ist kein zeitgenössisches Bildnis von Herodes dem Großen überliefert.[165] Seine Treue zu Rom rief schließlich den Zorn der Juden in Jerusalem hervor und führte zu einer Rebellion. Stets bemüht, seine Treue denen zu demonstrieren, welchen er seine Macht verdankte, ließ Herodes einen goldenen Adler, das Symbol des Römischen Reiches, über dem Haupteingang des Tempels anbringen.

Als bekannt wurde, daß Herodes schwer krank war, nutzten einige Jugendliche die Gelegenheit. Vor aller Augen seilten sie sich am hellichten Tag an der Vorderseite des Gebäudes ab und zerschlugen den Adler mit Äxten.[166] Die Tempelwache nahm vierzig Täter fest und brachte sie vor Herodes. Die jungen Männer verteidigten sich mit dem Argument, der Adler verstoße gegen das Verbot, Götzenbilder anzubeten. Sie zeigten keine Angst vor den möglichen Folgen ihres Tuns, sondern würden gern in den Tod gehen, denn nach ihrer Hinrichtung werde ihnen »größeres Glück zuteil werden«.[167] Herodes kam ihrem Wunsch, sich selbst zu opfern, entgegen. In einem Aufruf an die Bevölkerung Jerusalems beschuldigte er die jungen Männer des Frevels und verurteilte sie zusammen mit ihren Rabbinern Judas und Matthias zum Tod auf dem Scheiterhaufen. Josephus Flavius berichtet, daß die Krankheit des Königs über Judäa danach um so heftiger ausbrach: »Das Fieber war zwar nicht heftig, aber auf der ganzen Körperoberfläche empfand er unerträgliches Jucken und in den Eingeweiden beständige Schmerzen. Die Füße schwollen an wie bei Wassersüchtigen, im Unterleib bildete sich eine Entzündung und an den Schamteilen ein fauliges Geschwür, das Würmer erzeugte.«[168]

Herodes mußte sich nun mit seinem bevorstehenden Tod auseinandersetzen. Nachdem er seine beiden Söhne Alexander und Aristobulos und deren Mutter Mariamne getötet hatte, ließ er Antipater, seinen einzigen noch lebenden Sohn, der alt genug für die Thronfolge war, ermorden, weil er sich von ihm bedroht fühlte. Fünf Tage später erlag Herodes seiner Krankheit. Man nimmt heute an, daß er infolge einer Arteriosklerose durch brandiges Absterben des Gewebes den Tod fand. Josephus Flavius, der trotz seiner Bewunderung für den Zweiten Tempel kaum gute Worte über Herodes findet, ist auch hier detailreicher. Bei ihm heißt es, daß Herodes' Körper Geschwüre in den Eingeweiden und ein weiteres fauliges Geschwür am Unterleib aufwies, aus dem Würmer krochen; sein Atem stank abscheulich, und er starb langsam und unter großen Schmerzen.[169]

Mittlerweile war zehn Kilometer südlich von Jerusalem und dem Tempelberg ein Messias geboren worden.

# 6. VON JESUS BIS ZUR ZERSTÖRUNG DES TEMPELS 3 V. CHR. - 70 N. CHR.

Die letzte Ruhestätte des einflußreichsten Mannes in der Architekturgeschichte des Tempelbergs ist nach wie vor unbekannt. Josephus Flavius schildert eine Prozession zum Herodes-Mausoleum in Herodion, zwanzig Kilometer südlich von Jerusalem,[1] doch Ausgrabungen und Untersuchungen erbrachten keinerlei Hinweise auf eine dortige Beisetzung. Herodion ist eine desolate Ruine, zu der sich nur selten Besucher verirren. In Bethlehem dagegen, zehn Kilometer nördlich, wollen die Touristen und Gläubigen jenen Ort sehen, an dem Maria, die Frau des Zimmermanns Joseph, Jesus von Nazareth gebar.

# JESUS (HEBR.):
## »GOTT IST ERLÖSUNG«

Anläßlich der zweitausendsten Wiederkehr von Christi Geburt wird die herkömmliche, auf Kalenderberechnungen basierende Methode der historischen Datierung kritisch überprüft. Der in den Evangelien erwähnte »Stern«[2] wird meist als Konjunktion von Jupiter und Saturn im Sternbild der Fische angenommen, die im Dezember des Jahres 7 n. Chr. am Himmel des Nahen Ostens zu sehen war.[3] Geht man von einer solchen Datierung aus, dann muß Jesus drei Jahre alt gewesen sein, als Herodes starb. Dieser Zeitpunkt hätte kaum günstiger sein können. Ungeachtet der relativ stabilen Verhältnisse unter Herodes war Jerusalem ein Ort religiöser und sozialer Auseinandersetzungen sowie leidenschaftlicher messianischer Erwartungen. Der neue Tempel bildete den Brennpunkt der Kontroversen, was sich auch auf Jesu Leben und Tod auswirken sollte.

Der Tod des Herodes löste eine neue Welle des Blutvergießens und der Gewalt auf dem Tempelberg aus. Herodes hinterließ zwei widersprüchliche Testamente. Seine drei überlebenden Söhne Antipas, Philippus und Archelaus waren gezwungen, nach Rom zu reisen, um durch Kaiser Augustus als Schlichter klären zu lassen, welcher von ihnen Anspruch auf den Thron des Königreiches Judäa habe. Noch vor ihrer Abreise brach ein Volksaufstand aus. Die Menschen in Jerusalem und Judäa waren noch immer erzürnt über die Hinrichtung der jungen Männer, die den goldenen Adler über dem Tempeleingang abgeschlagen hatten. Deren Rabbis Judas und Matthias nahmen später für die Sache des orthodoxen Judentums das Martyrium auf sich. Viele Juden waren wegen des bevorstehenden Passahfestes aus dem Umland nach Jerusalem geströmt. Als ihre Zahl immer stärker anschwoll, erreichte die Stimmung den Siedepunkt. Die Protestierenden – Josephus nannte sie »die Aufwiegler« – brachten den Tempel sowie den Bereich des inneren

Hofes unter ihre Kontrolle.[4] Archelaus entsandte daraufhin eine tausend Mann starke, von einem Hauptmann geführte Truppe, um die Ordnung wiederherzustellen. Die Soldaten wurden von einem Steinhagel begrüßt und mußten sich unverrichteterdinge zurückziehen. Archelaus stand vor der Entscheidung: Entweder gab er seinen Plan zur Reise nach Rom und damit auch den Anspruch auf die Königskrone auf, oder er erstickte den gewaltsamen Protest mit Feuer und Schwert. Er wählte das letztere, und der Tempelberg wurde wieder einmal vom Blut zahlloser Menschen getränkt.

Archelaus ließ seine Fußsoldaten die Tempelanlage angreifen und den Tempelberg von Reitern umstellen. Als die Überlebenden des Massakers in den Tempelkomplex flohen, setzten ihnen die Reiter nach und metzelten sie nieder. Ungefähr dreitausend Menschen kamen bei diesem ungleichen Kampf ums Leben.[5] Durch die Anordnung des Archelaus, Juden gegen Juden einzusetzen, wurde der Aufstand zwar niedergeschlagen, das eigentliche Problem jedoch nicht gelöst. In kürzester Zeit herrschte unter den Juden wieder Unzufriedenheit: Sie haßten die römische Besatzungsmacht und jene, die von der Herrschaft der Römer profitierten. Der syrische Legat Varus verstärkte das römische Heer in Jerusalem, nachdem Archelaus endlich nach Rom ausgelaufen war. Bald darauf reiste auch Varus ab und ließ eine zusätzliche Legion Infanteristen in Jerusalem zurück.

Der Tempelschatz überstand diese Ereignisse unbeschadet, doch wie so viele Male zuvor sollte sich die Situation rasch ändern. Der syrische Statthalter Sabinus konnte der Versuchung nicht widerstehen: Da sich die Erben des Herodes in Rom aufhielten und Varus in Syrien weilte, marschierte Sabinus auf Jerusalem, drang in den Tempel ein und durchsuchte ihn nach Gold- und Silbermünzen. Dies geschah an Pfingsten, dem fünfzigsten Tag nach dem Passahfest. Da der Tempelberg landesweit ohnehin bereits im Mittelpunkt der Aufmerksamkeit stand, brachen wieder gewalttätige Kämpfe aus. Der räuberische Sabinus wurde auf dem Tempelberg von aufgebrachten Juden eingekreist. Er flehte Varus um Hilfe an, doch dieser zögerte. Einige Juden kletterten auf die überdachten Säulengänge rings um die Außenmauer des Bergs, um eine strategisch günstigere Position zu beziehen. Die Aufständischen waren mit Pfeil und Bogen bewaffnet und verstanden damit umzugehen; außerdem verfügten sie über Speere, die sie auf die römischen Truppen zu ihren Füßen schleuderten. Die Verluste unter den römischen Soldaten waren, so jedenfalls Josephus Flavius, »massenhaft«.[6] Als es den Römern jedoch gelang, die Arkaden in Brand zu stecken, waren die Juden auf den Dachumgängen in Not. Einige jüdische Kämpfer begriffen, daß ihre Lage hoffnungslos war, warfen sich in die Flammen oder begingen Selbstmord, indem sie sich in ihre Schwerter stürzten. Andere kletterten auf der Flucht vor den Flammen hinunter und wurden von den Legionären getötet oder gefangengenommen. Die jüdische Streitmacht hatte die Kontrolle über die Umgrenzungsmauer eingebüßt und beschloß unverzüglich, die Tempelanlage zurückzuerobern – nicht durch einen Frontalangriff, sondern durch eine Untertunnelung der herodianischen Mauern.[7] Dieser Plan würde allerdings Wochen, wenn nicht sogar Monate in Anspruch nehmen. Erneut schickte Sabinus einen Kurier zu Varus und bat um Unterstützung. Dieser schaltete sich schließlich ein, denn die Lage in Judäa hatte sich innerhalb kurzer Zeit verschlechtert, und er mußte mit einem eskalierenden Flächenbrand rechnen, der auf das gesamte Königreich übergreifen konnte. Seine Legionen marschierten nach Jerusalem, und mit diesen frischen Truppen wurden die Rebellen in die Knie gezwungen. Die Vergeltung war blutig: Josephus berichtet, daß zweitausend Juden gekreuzigt worden seien.[8]

Archelaus und seine Brüder kehrten ohne Königswürde aus Rom nach Jerusalem zurück. Angesichts der seit dem Tod ihres Vaters in der Provinz Judäa herrschenden Unruhen hatten die Römer beschlossen, die Verwaltung der Region unter den drei Brüdern aufzuteilen. Antipas und Philippus sollten Galiläa und Peräa regieren, während Archelaus Judäa mit Jerusalem erhielt. Bei seiner Ankunft waren einige wichtige Entscheidungen für die Zukunft zu treffen. Eine wesentliche Vorbedingung für eine stabile Lage war ein starker Hoherpriester. Gleichzeitig wurde jeder von Archelaus vorgeschlagene Priester von den gegnerischen Parteien heftig kritisiert und abgelehnt. Er verfügte zwar über die Rücksichtslosigkeit seines Vaters, erwies sich aber bald als unfähig, das Vertrauen der Römer und das seines eigenen Volkes zu gewinnen. Im Jahr 6 n. Chr. wurde er schließlich abgesetzt. Auf die nun unter römischer Präfektur stehende Region kam eine Zeit der Waffenruhe zu, in der sich die herrschenden Schichten Jerusalems nach Stabilität sehnten und die einfache Bevölkerung, die unter der unbeholfenen und brutalen Politik des Archelaus gelitten hatte, verbittert und rachsüchtig wurde. Beide Seiten der geteilten Gesellschaft fanden ein Spiegelbild in der Priesterschaft auf dem Tempelberg.

Am zahlreichsten waren die Pharisäer. Dieser Name leitet sich vom hebräischen *Peruschim* ab und bedeutet soviel wie »die Abgesonderten«.[9] Die pharisäische Lehre kann als Fortsetzung der orthodoxen Tradition der Chassidim, der »Frommen«, eingestuft werden. Die Chassidim traten erstmals während der hasmonäischen Dynastie in Erscheinung. In der Mittelschicht der städtischen Gesellschaft fanden die Pharisäer etliche Anhänger. Sie selbst sahen sich als Bewahrer religiöser Rechtschaffenheit zum Wohl des einfachen Volkes. Doch die oberste Autorität auf dem Tempelberg lag in den Händen der Sadduzäer, die sich nach Zadok, dem Hohenpriester König Salomos, benannt hatten. Die Sadduzäer verfolgten politische Interessen, hatten gute Beziehungen und konnten sich im Gegenzug für ihre rückhaltlose Unterstützung der römischen Besatzer die entscheidenden Machtpositionen sichern. Zur Zeit von Jesu Geburt dominierten sie den Sanhedrin, die bedeutendste religiöse Körperschaft in Jerusalem. Im Jahr 6 n. Chr. – Jesus war damals zwölf Jahre alt – ernannte der Sanhedrin den Sadduzäer Annas zum Hohenpriester des Tempels. Neun Jahre später wurde er von Valerius Gratus, dem römischen Statthalter Judäas, durch seinen Schwiegersohn Joseph Kaiphas ersetzt. In dessen Amtszeit kamen dem Sanhedrin die »messianischen« Gerüchte über Jesus von Nazareth zu Ohren.

In den Evangelien heißt es, Joseph, der Vater Jesu, habe sich in Nazareth niedergelassen, um die Worte der alten Propheten zu erfüllen,[10] die von einem künftigen nazarenischen Messias gesprochen hatten.[11] Ob dies zutrifft oder nicht, Jesus verbrachte jedenfalls fast seine gesamte Kindheit in Nazareth, das damals eine blühende

Agrarstadt war und seinem Vater dauerhafte Arbeit bot. Jesu erster Besuch im Jerusalemer Tempel fand wahrscheinlich zur Zeit seiner Beschneidung statt, als er von den Eltern zum Tempelberg gebracht wurde, damit »sie für ihn täten, wie man pflegt nach dem Gesetz«.[12] Seine frühe Kindheit wurde durch die strenge Einhaltung des mosaischen Gesetzes geprägt, und als junger Mann verfügte er über einen hohen Grad an religiösem Bewußtsein. Als er zwölf Jahre alt war, besuchten Maria, Joseph und er die Stadt Jerusalem und nahmen dort am Passahfest teil. Nach dem Fest glaubten seine Eltern, er halte sich bei anderen Pilgern auf. Aber am Ende des Tages kehrten sie zurück und fanden ihren Sohn »im Tempel sitzen mitten unter den Lehrern, wie er ihnen zuhörte und sie fragte«.[13]

Unter der judäischen Bevölkerung hatte sich die Erwartung des Messias im Laufe der Zeit immer mehr verstärkt. Allein Josephus berichtet, daß während des Volksaufstands gegen Sabinus nicht weniger als drei Messias-Gestalten in der Stadt erschienen seien. Diese repräsentierten einen Querschnitt der Gesellschaft Judäas. So war der erste, Judas, der Sohn eines Banditenführers, Simon ein herodianischer Sklave und der letzte, Athronges, ein Schäfer.[14] Doch ihre Versuche, sich als der wahre Messias zu erweisen, schlugen sämtlich fehl, und die Wünsche der Bevölkerung blieben weiterhin unerfüllt. Als Jesus begann, in Galiläa Jünger um sich zu scharen, hatten auch Johannes der Täufer und andere die Hoffnung der Armen und der Mittelschicht in Judäa geschürt.

Im Neuen Testament werden das Leben und Wirken Jesu Christi ausdrucksstark geschildert. Einsam gegen den mächtigen Sanhedrin opponierend, erscheint er als in dieser Region geradezu einzigartiges Phänomen. Eine solche Darstellung ist aber nicht ganz zutreffend. Die Sadduzäer wurden wegen der Kollaboration des von ihnen dominierten Sanhedrin mit der römischen Soldateska abgrundtief verachtet. Wie die gewalttätige Demontage des goldenen Adlers zeigte, gab es vor allem unter der Jugend viele, die bereit waren, ihr Leben für die jüdische Religion zu opfern. Jesus stach allerdings unter seinen Zeitgenossen hervor. Seine Begegnung mit den Rabbinern im Tempel ist für sein tiefes Interesse an den komplexen Zusammenhängen des mosaischen Gesetzes sehr bezeichnend. Schon im Alter von zwölf Jahren hatte er sich ebenbürtig mit den Lehrern austauschen können, und mit dreißig Jahren hatte er seinen Ruf als religiöser Lehrer etabliert. Sein tägliches Verhalten und die Tatsache, daß er seine religiösen Auffassungen darauf anwandte, brachen mit allen gültigen Regeln. Obgleich Jesus sich an die Grundsätze des judäischen Glaubens seiner Vorväter hielt, verkündete er die Existenz eines barmherzigen Gottes. Diese Haltung verschaffte ihm unter dem einfachen Volk Galiläas und Judäas zahlreiche Anhänger, denn diese glaubten, daß Jahwe von der Priesterschaft Jerusalems »entführt« und sein Wille von ihr verfälscht worden sei.

Jesus verbrachte fast sein gesamtes Leben in den ländlichen Gebieten Galiäas und Judäas. Sein asketischer Lebensstil weist starke Parallelen zu den Essenern oder »Heiligen« auf, einer in Jerusalem entstandenen religiösen Gruppierung, die während der Zeit der hasmonäischen Hohenpriesterschaft mit der traditionellen Gottesverehrung im Tempel brach. Manche vermuten, daß seine Eltern der Sekte angehörten, die die Glaubensgrundsätze des mosaischen Gesetzes befolgten und ihren Sohn in ebendieser Tradition erzogen.[15] Als Jesus seine geistliche Tätigkeit um das Jahr 28 n.Chr. herum aufnahm, waren die Essener in Qumran aus vielerlei Gründen unzufrieden. Da seit den Hasmonäern keine Erbfolge des Hauses David mehr bestand, glaubten die Essener, daß das Tempelopfer so lange unwirksam bleibe, bis wieder ein Hoherpriester der davidischen Linie im Amt sei. Der von den Hasmonäern übernommene Mondkalender war in ihren Augen ungenau, so daß diese an den falschen Tagen unreine Opfer darbrachten – unabhängig von der Abstammung des jeweiligen Hohenpriesters.

Die leidenschaftliche Überzeugung der Essener von der Richtigkeit ihrer Sache wäre vielleicht nie bekannt geworden, hätte man nicht 1947 die ersten Tonkrüge mit den »Schriftrollen vom Toten Meer« entdeckt. Mohammed ad-Dib – Mohammed der Wolf –, ein Beduinenjunge vom Stamm der Ta'amireh, zog mit einer Ziegenherde einen Kilometer nördlich vom Wadi Qumran den felsigen Steilhang am Toten Meer entlang. Aus Langeweile fing er an, mit

Steinen auf einen Felsen zu zielen. Der Steilhang von Qumran besteht aus zerklüftetem Kalkstein, der von unterschiedlich großen
Spalten und Höhlen durchzogen ist. Eines von Mohammeds Geschossen prallte von der Felsoberfläche ab und flog in einen kleinen Spalt. Mohammed ad-Dib vernahm ein Geräusch, das sich an-
hörte, als würde Ton zerspringen.[16] Neugierig geworden, schob er
einige Steine zur Seite und fand eine Höhle. In deren Innerem entdeckte er etwa vierzig Tonkrüge. Viele dieser Behältnisse bargen
teilweise oder vollständig erhaltene Schriftrollen aus Ziegenleder-
pergament. Die Bedeutung dieser Entdeckung wurde bald von der
Unfähigkeit der Wissenschaftler und Archäologen überschattet.
Denn diese suchten nach und nach das ganze Gebiet nach Höhlen
ab, die eventuell weitere Schriftrollen enthielten. Beduinen wurden angeheuert, die umliegenden Steilhänge abzugehen. Gleichzeitig verglichen die Archäologen auf dem Grund des Wadi die Resultate ihrer Suche mit den anderen Funden. Die Numerierung der
Höhlen wurde durcheinandergebracht, was zu höchst verworrenen
und ungenauen Ergebnissen führte. Infolge der Eile, den wertvollen Inhalt aus den Krügen herauszuholen, wurden Bruchstücke der
Gefäße in den Höhlen zurückgelassen.[17] Den Schriftrollen selbst
erging es nach der Ankunft im »Labor« keineswegs besser.

Der Dilettantismus der anfänglichen Untersuchung und Konser-
vierung der Schriftrollen ist heute berüchtigt. Viele Fragmente waren beispielsweise einfach mit Klebestreifen zusammengefügt worden. Ein Sturm der Entrüstung brach los, als bekannt wurde, daß
das erste internationale Wissenschaftlerteam, das man in Jerusalem
zusammengestellt und mit der Untersuchung der Schriftrollen beauftragt hatte, nur aus Christen bestand – nicht ein einziger Jude
gehörte der Gruppe an. Fast ausnahmslos wurden der Inhalt der
Schriftrollen und ihre Übersetzung von den Gelehrten eifersüchtig
gehütet. Sammlern der Qumran-Funde waren diese Schriftstücke
sehr viel wert; so verschwanden auch einige Rollen und wurden
unter der Hand verkauft. Erst nach dem Sechstagekrieg von 1967
konnten die Israelis auf die energische Initiative der staatlichen
Altertumsbehörde und einiger Generäle hin einen Großteil des in
Qumran gefundenen Materials zusammentragen und erfahrenen

Konservatoren übergeben. Bereits Ende der fünfziger Jahre plante
der damalige Generalstabschef Moshe Dayan angeblich eine Militär-
aktion, bei der Spezialisten durch das Kanalisationssystem von Jerusalem in das Rockefeller Museum eindringen und die Schriftrollen
entwenden sollten, damit sie wieder in jüdische Hände gelangten.[18]

War es aber allein auf Dilettantismus zurückzuführen, daß die
ersten Wissenschaftler derart schlampig vorgingen? Oder zögerten
sie, den Text der Rollen zu enthüllen? Im Rückblick – die Inhalte
sind ja mittlerweile wohlbekannt – hatte das anfangs nur aus Christen zusammengesetzte Forscherteam wenig Anlaß zur Zufrieden-
heit. Die meisten Schriftrollen hatten für die Christenheit recht
nachgeordnete Bedeutung, da sie viele Jahre vor der Geburt Jesu
Christi zusammengestellt worden waren. Einige Fragmente aber,
die auf den Beginn des 1. Jahrhunderts n. Chr. zu datieren sind,[19]
schildern ein künftiges »messianisches Zeitalter«:

»[... Die Him]mel und die Erde werden Seinem Messias gehor-
chen ... Er wird sich nicht abwenden von den Geboten der Heiligen.
Schöpft Kraft, indem ihr Ihm dient, [ihr], die den HERRN suchen.
Solltet ihr den HERRN nicht finden darin, alle, die ihr so geduldigen
Herzens wartet? Denn der Herr wird die Frommen [Chassidim] auf-
suchen, und die Gerechten wird Er beim Namen rufen. Über den
Sanftmütigen wird Sein Geist schweben, und die Gläubigen wird Er
wiederherstellen durch Seine Macht. Die Frommen wird Er am
Thron des Ewigen Reiches verherrlichen. Die Gefangenen wird Er
befreien, die Blinden sehend machen und die Gek[nechteten] auf-
richten. [Er] wird die Kranken heilen, die Toten auferwecken und
den Sanftmütigen Freude verkünden.«[20]

Dieses Schriftfragment muß durchaus das Leben Jesu schildern, wie es auch in den Evangelien wiedergegeben wird. Handelte
es sich bei dieser Rolle um das jüngste Teilstück, dann ist es als
außergewöhnlich exakte Prophezeiung zu klassifizieren. Allerdings fanden sich in Qumran auch einige nach Jesu Kreuzestod
verfaßte Schriftrollen, und diese erwähnen weder die Ankunft eines Messias, noch enthalten sie einen Hinweis auf einen Propheten
oder religiösen Lehrer namens Jesus. Die Mitglieder der in Qumran
bis 68 n. Chr. ansässigen Gemeinschaft, also über vierzig Jahre

nach der Hinrichtung Jesu Christi, harrten weiterhin der Ankunft des Messias. Die Geschichten in den vier Evangelien beschreiben das Werk und die wundersamen Taten Jesu in Judäa. Daher war für Christen, die an diese Schilderungen glaubten, ihre eklatante Vernachlässigung durch die Qumran-Gemeinschaft kaum zu erklären. Denn die Ziele der »Heiligen« Qumrans, der natürlichen Nachfolger der Chassidim aus hasmonäischer Zeit, stimmten völlig mit denen Jesu überein. Es gibt aber eine mögliche Erklärung dafür, weshalb Jesus in diesen Schriftrollen nicht erwähnt wurde.

Der Tempelberg-Komplex war während des kurzen Lebens von Jesus Christus baulich mit der übrigen Stadt verbunden. Entlang der Ausläufer der Tempelebene befanden sich Läden, welche die Pilger mit allem versorgten, was sie für Opfer und Opferzahlungen auf dem Tempelberg benötigten. Die Menschen, die zur heiligen Stätte strömten, wollten einmal im Jahr an den hohen Feiertagen ihres Glaubens teilnehmen. Angesichts eines solch prächtigen Tempels, den man zu Ehren Jahwes errichtet hatte, war das Schreckgespenst des Baal-Kults verblaßt. Dennoch reagierte die Priesterschaft äußerst empfindlich auf diese einstige Gefahr wie auch auf jede weitere Infragestellung ihrer Autorität. Bis zum Jahr 30 n. Chr. war ein Zustand erreicht, der hinsichtlich der Reinheit und Ordnung auf dem Tempelberg an Paranoia grenzte. Mit dieser unnachgiebigen Haltung mußten die Worte Jesu Christi zwangsläufig kollidieren. Für die Tempelpriesterschaft repräsentierten die Lehren Jesu die persönliche religiöse Entwicklung durch das Wort Gottes *außerhalb* der Grenzen des Tempelbezirks. Eine solche Botschaft bedrohte die traditionelle Verehrung Jahwes und die Macht der Tempelpriester. Auch die Essener, wie die Jerusalemer Priesterschaft eine religiöse Gruppierung mit elitär-hierarchischem Anspruch, dürften Jesu Lehren als beunruhigend empfunden haben. Dessen liberale Religionsauffassung stellte die starre soziale Struktur in Frage, mit deren Hilfe die Gemeinschaft der Essener aufrechterhalten wurde. Insofern wäre es für jedes Mitglied der Essener-Sekte ein Unding gewesen, Jesus als den Messias anzuerkennen; ebensowenig hätten die Essener sich dazu durchringen können, seine Worte und Taten für die Nachwelt zu bewahren.

Jesus kann durchaus ein radikaler, abtrünniger Essener mit eigenen Zielen gewesen sein. Wenn er den Bund mit Jahwe in popularisierter Form wiederherstellen wollte, so war er nicht der einzige, der sich dieses Ziel gesetzt hatte. Seiner Beliebtheit nach zu urteilen, verspürte er ebenso wie viele andere seiner Zeit den Wunsch, die absolute Macht des Sanhedrin auf dem Tempelberg zu beenden. Er schien sich als perfekter Kandidat für die Rolle des davidischen Messias anzubieten, der die glorreiche Ära eines unabhängigen Israel wiederaufleben lassen würde.[21] Der Haß des einfachen Volkes war nicht auf die Priesterschaft und die herrschenden Sadduzäer des Sanhedrin beschränkt. Auch die Pharisäer, die Hüter des Gesetzes, ließen sich von den Reichtümern in Versuchung führen, die im Tempel angesammelt wurden. Ihrer Rolle als Verteidiger des Glaubens kamen sie längst nicht mehr nach. Der Tempelschatz vergrößerte sich alljährlich durch eine Steuer, die für jeden erwachsenen Juden einen halben Schekel betrug, was etwa zwei römischen Silberdenaren entsprach. Diese Summe wurde von allen Juden eingetrieben, auch in der Ferne lebende mußten den Tribut entrichten. Der Betrag floß in die Kasse, aus der die Erhaltung des Jerusalemer Tempels finanziert wurde. Die Priesterschaft des Tempels und die Leviten profitierten zudem von den Opferabgaben und nahmen einen Zehnten von allen landwirtschaftlichen Erzeugnissen, die man dem Tempel übergab. Allein die Priester durften das Fleisch der Opfergaben für Sünde und Schuld verzehren und mit ihren Familien und Dienern teilen.[22] Verglichen mit der judäischen Bevölkerung und sogar mit den Pharisäern, lag ihr Lebensstandard weit über dem Durchschnitt. Jesus betrachtete diese Anhäufung von Vermögen mit großer Skepsis. Als die Pharisäer ihn dazu verleiten wollten, die römische Herrschaft anzuprangern, indem sie ihm die Fangfrage stellten, ob es dem Gesetz entspreche, Cäsar einen Tribut zu zahlen, begehrte Jesus eine »Tributmünze« zu sehen. Er betrachtete die Inschrift des Silberdenars und erteilte ihnen die berühmte Antwort: »So gebt dem Kaiser, was des Kaisers ist, und Gott, was Gottes ist!«[23] Solche Kommentare erlauben die Schlußfolgerung, daß Jesus die Aktivitäten innerhalb des neuen Herodianischen Tempels verurteilte, da sie in seinen Augen auf un-

moralischen Prinzipien basierten. Er meinte, die Pharisäer seien in gleichem Maße für diesen Zustand verantwortlich:
»Alle ihre Werke aber tun sie, damit sie von den Leuten gesehen werden. Sie machen [...] die Quasten an ihren Kleidern groß. Sie sitzen gerne obenan bei Tisch und in den Synagogen und haben's gerne, daß sie gegrüßt werden auf dem Markt und von den Menschen Rabbi genannt werden.
Weh euch, Schriftgelehrte und Pharisäer, ihr Heuchler, die ihr das Himmelreich zuschließet vor den Menschen...
Ihr Narren und Blinden! Was ist größer: das Gold oder der Tempel, der das Gold heiligt?«[24]

Während der Tempel Jesus einen Maßstab für seine orthodox-revolutionäre Religionsauffassung lieferte, besiegelten seine Beschuldigungen der Pharisäer[25] sein Schicksal. In den Tagen vor dem Passahfest des Jahres 30 n. Chr. kam Jesus nach Jerusalem. Er war bereit, sich einer Auseinandersetzung zu stellen. Sein Weg führte ihn zum Tempelberg, wo er in jungen Jahren seine Gespräche mit den Rabbinern geführt hatte. Umgeben von einer Menschenmenge, die ihn als den langerwarteten Messias feierte, betrat er schnellen Schrittes den Hof, warf die Tische der Geldwechsler und die Stühle der Taubenhändler um und beschuldigte diese lautstark, den Tempel Jahwes in »eine Räuberhöhle«[26] verwandelt zu haben. Das blieb nicht unbemerkt, und im Neuen Testament heißt es, daß der Sanhedrin keine Zeit verloren habe, der Einmischung in seine Angelegenheiten rasch und entschieden entgegenzutreten.

Dem Neuen Testament zufolge verriet Judas Ischariot Jesus Christus. Diese Ansicht wird jedoch dadurch, daß Judas der Lieblingsjünger Jesu war, in Frage gestellt. Die Möglichkeit, daß Judas wegen des Todes seines Herrn zum »Sündenbock« der Gemeinschaft wurde, ist nicht von der Hand zu weisen.[27] Die historische Authentizität des Verrats an Jesus zu ermessen ist außerordentlich schwierig, da die »Wahrheit« des Neuen Testaments – wie jene des Alten Testaments – den Ausschlag gibt. Unabhängig davon, ob das Zeugnis des Judas den Tatsachen entsprach oder erfunden war, stand das Ende Jesu fest. Er wurde der Gotteslästerung angeklagt und verhaftet. Auf die Frage des Kaiphas, ob er Gottes Sohn sei, legte sich Jesus nicht fest.[28] Das verärgerte den Fragesteller und brachte andere Mitglieder des Sanhedrin dazu, Jesus ins Gesicht zu spucken und ihn zu schlagen. Der Sanhedrin wollte seinen Tod. Laut Gesetz war der Rat aber nicht ermächtigt, Juden hinrichten zu lassen. Pontius Pilatus war damals Statthalter von Judäa; deshalb forderten die Priester und Schreiber des Sanhedrin ihn auf, Jesus als Agitator zum Tode zu verurteilen und damit Jerusalem und den Tempelberg von dessen Einfluß zu befreien. Am Passahfest war Pilatus verpflichtet, einen jüdischen Gefangenen freizulassen, wie es ein zwischen Römern und Juden bestehender Brauch vorschrieb. Der Statthalter beabsichtigte, Jesus freizulassen, da er nichts gegen ihn habe. Doch die führenden Priester drängten auf die Begnadigung des Barabbas, der wegen Aufwiegelung und Mordes auf die Hinrichtung wartete, und auf den Tod Jesu am Kreuz. Pilatus beugte sich den Forderungen der Priester und Schreiber und befahl seinen Männern, den Auftrag auszuführen. Innerhalb eines Tages wurde Jesus von Nazareth zum Tode verurteilt und hingerichtet. Der Zeitraum reichte von den frühen Morgenstunden, in denen die über dem Ölberg aufgehende Sonne die »strahlend helle« Fläche des Tempels beschien, bis zum Untergang der Sonne, als ihre letzten Strahlen die massive Westmauer in goldenes Licht tauchten.

Jesus wurde auf Golgatha, der Schädelstätte, gekreuzigt. Ihre Lage ist wie nahezu jeder andere Punkt in der Geschichte Jerusalems und der archäologischen Erforschung dieser Stadt umstritten. Der erfahrene israelische Archäologe Dan Bahat verlegt Golgatha in seinem Atlas *Jerusalem* in den Bereich innerhalb der heutigen Mauern der Jerusalemer Altstadt, genau nördlich der Grabeskirche.[29] Wenn das der Fall war und Jesus also mit dem Blick gen Osten gekreuzigt wurde, dann wäre sein Gesichtsfeld, bevor er vor Schmerzen das Bewußtsein verlor, grausamerweise vom Herodes-Tempel beherrscht worden. Diesem Bau hatte er mit außergewöhnlicher Genauigkeit prophezeit, daß »nicht ein Stein auf dem andern bleibe [wird], der nicht zerbrochen werde«.[30]

Die Kreuzigung war eine besonders brutale Form der Hinrichtung, denn oft blieben die Opfer viele Stunden, wenn nicht sogar

Tage am Leben. Tausende von Menschen hatten bis 30 n. Chr. diese Todesart erleiden müssen. Die Zeit, die Jesus am Kreuz hing, war relativ kurz. Deshalb gibt es Zweifel daran, daß die Darstellung von Jesu »Tod« in den Evangelien historisch korrekt ist und daß die Kreuzigung die Todesursache war. Von Josephus Flavius wissen wir, daß manche eine Kreuzigung lebend überstanden. Vierzig Jahre nach der Hinrichtung Jesu erhielt Josephus Flavius im Anschluß an die Zerstörung des Tempels 70 n. Chr. von dem römischen General Titus die Erlaubnis, drei frühere Gefährten vor dem Tod am Kreuz zu retten. Da die Beine eines Gekreuzigten den Körper in einer mehr oder weniger aufrechten Position hielten, so daß er atmen konnte, war das Ende langsam und qualvoll. Nachdem man sie vom Kreuz abgenommen hatte, erlagen zwei von Josephus' Freunden ihren Verletzungen, während der dritte überlebte.[31] War eine Kreuzigungsstätte überfüllt oder gebot der nahende Sabbat wie im Falle Jesu, die Verurteilten von den Kreuzen abzunehmen, dann brach man ihnen einfach die Beine. Daraufhin wäre Jesus erstickt, da er das auf die Lungen wirkende Gewicht seines Körpers nicht mehr hätte abstützen können.

Im Neuen Testament heißt es jedoch, Jesu Beinknochen seien unversehrt geblieben,[32] denn die Soldaten, die den Auftrag hatten, die beiden neben ihm gekreuzigten Diebe zu töten, nahmen an, daß er bereits gestorben sei. Pontius Pilatus überließ den Leichnam Joseph von Arimathia, einem wohlhabenden Mitglied des Sanhedrin, der insgeheim einer von Jesu Anhängern war.[33]

Überlebte also Jesus Christus wie der Freund des Josephus sein Martyrium? In den letzten Jahren hat Barbara Thiering Spekulationen darüber angestellt, daß Jesus durch die Flüssigkeit, die ihm mit dem Schwamm auf der Lanzenspitze dargereicht wurde, das Bewußtsein verlor. Diese Flüssigkeit könnte ein Sedativum enthalten haben. Zum Zeitpunkt der Kreuzigung war Joseph von Arimathia im Begriff, sein eigenes Grab fertigzustellen. In den Evangelien heißt es, Jesus sei mit einer großen Menge – über dreißig Kilogramm – Aloe und Myrrhe zu dieser Grabstätte gebracht worden. Dort könnte er durch die Pflege seiner Freunde und Anhänger wieder zum Leben erweckt worden sein, bevor man ihn an einen sicheren Ort schaffte. Nach einigen Tagen könnte er dann körperlich wieder so weit hergestellt gewesen sein, daß er sich zum letztenmal mit seinen Vertrauten und Anhängern traf, bevor er Judäa verließ. Denn dort hätte er, offiziell als »tot« geltend, nicht mehr wohnen können. Deshalb habe er eine neue Existenz in einem anderen Land begonnen.[34] Den Evangelisten gilt das Wiedererscheinen Jesu nach der Kreuzigung als Beweis für seine Auferstehung. Angesichts des Fehlens archäologischer und historischer Anhaltspunkte ist aber die Vorstellung, daß Jesus mit der zur Grabstätte des Joseph von Arimathia gebrachten Aloe und Myrrhe keineswegs gesalbt, sondern wiederbelebt wurde, nicht völlig von der Hand zu weisen.

Nach dem vermutlichen Tod Jesu am Kreuz konnte der Sanhedrin wieder zur Tagesordnung übergehen, doch der Rat hatte die Entschlossenheit der Jünger Jesu Christi unterschätzt.

PAULUS VON TARSUS

Der Körper Jesu verschwand auf mysteriöse Weise, nachdem er Joseph übergeben worden war. Seinen Zeitgenossen mochte der Verbleib des Leichnams nicht so wichtig gewesen sein wie die Worte und das Beispiel Jesu. In Jerusalem setzte der engste Kreis seiner Gefolgsleute, angeführt von seinem Bruder Jakobus, das Werk fort. Die Anhänger des »Christentums« waren ausschließlich Juden; Nichtjuden galten, da nicht beschnitten, als unrein. Das änderte sich erst, als Paulus, ein Pharisäer-Sohn aus Tarsus, zu ihnen stieß. Er war für eine Entwicklung verantwortlich, welche die kleine judäo-christliche Kirche Jerusalems zur offiziellen Religion des Römischen Reiches werden ließ. Seinen ersten Kontakt mit dem Christentum in der Heiligen Stadt hatte Paulus allerdings als Ankläger.

Das religiöse Bewußtsein des Paulus war in jungen Jahren stark vom Glauben seines Vaters bestimmt. Er wollte den Beruf des Rabbiners ergreifen und wurde mit dreizehn Jahren in die Synagoge seiner Heimatstadt Tarsus im Gebiet des heutigen Syrien aufgenommen. 28 n. Chr. reiste der Achtzehnjährige nach Jerusalem, um unter Rabbi Gamaliel, einem für seine Weisheit hochgeachteten Mitglied des Sanhedrin, Theologie zu studieren. Es gibt keinerlei Anzeichen dafür, daß Paulus und Jesus einander begegneten, doch kurz nach der Kreuzigung geriet er mit dessen Anhängern in Konflikt. Der Sanhedrin ordnete 36 n. Chr. die Verfolgung von Mitgliedern der christlichen Kirche an. Zum Beispiel steinigte man Stephanus, einen leidenschaftlichen Jünger Christi. Er war des Mißbrauchs der jüdischen Schriften beschuldigt worden, mit denen er die messianische Stellung Jesu habe untermauern wollen. Paulus hatte an der Verurteilung des Stephanus aktiven Anteil. Nachdem er seine Entschlossenheit demonstriert hatte, wurde er nach Syrien geschickt, um das dortige Christentum auszurotten. Als Paulus sich den Toren von Damaskus näherte, wurde er von einem grellen

Licht geblendet und stürzte vom Pferd. Er brauchte drei Tage, um sich zu erholen, und wurde von dem Jünger Ananias besucht. Dieser bekehrte ihn zum Christentum und prophezeite, daß Paulus fortan von der Lebensweise Jesu Christi Zeugnis ablegen und dessen Lehren verbreiten werde. Nun lenkte Paulus seinen Fanatismus nicht darauf, das Christentum zu vernichten, sondern im Gegenteil darauf, die christlichen Heilslehren zu verkünden. Seine Energie kannte keine Grenzen, und seine theologische Ausbildung ermöglichte ihm, ein unfehlbares Rezept für die Verbreitung seines neuen Glaubens zu finden. Seine Methoden jedoch verärgerten die zum Christentum konvertierten ebenso wie die ihrer Religion treu gebliebenen Juden. In Damaskus mußte er sich in einem Korb von der Stadtmauer abseilen, um der drohenden Verhaftung durch König Aretas zu entgehen. Und selbst in Jerusalem war Paulus kein wohlgelittener Gast. Die Gemeinde der Urchristen lehnte den ungestümen Konvertiten in ihren Reihen ab, und so überzeugten ihn die Ältesten, Judäa zu verlassen. Er wurde nach Cäsarea geleitet, dem Jerusalem nächstgelegenen Mittelmeerhafen, von wo ihn ein Schiff nach Tarsus zurückbrachte. Vierzehn Jahre lang sollte Paulus Jerusalem nicht wiedersehen, doch als er endlich zurückkehrte, leitete er die wichtigste Entscheidung in der Geschichte der noch jungen Kirche ein.

Paulus fuhr ungerührt damit fort, die Botschaft Jesu Christi auf die ihm eigene Art zu verbreiten. Seine direkte und energische Methode verschaffte ihm unter den hellenisierten Juden im Mittelmeerraum immer mehr Anhänger. Und wenn man Jesu Botschaft als revolutionär bezeichnen konnte, dann glich die Interpretation dieser Botschaft durch Paulus einem wahren Geniestreich. Frei von der jüdischen Tradition, propagierte Paulus im Namen des auferstandenen Messias, des Gottessohns, eine Erlösungslehre für Juden wie Nichtjuden. In Jerusalem forderte er sogleich die Autorität der judäo-christlichen Kirche heraus, da er verlangte, Jakobus solle das Gesetz der Beschneidung lockern und unbeschnittenen Nichtjuden den Übertritt zum Christentum erlauben. Jakobus gestand dies unter der Bedingung zu, daß das Gesetz über Tieropfer, Unzucht und Götzenverehrung weiterhin gültig blieb. Trotz des Wirkens von Jesus grassierte unter den konvertierten Juden Jerusalems noch immer die Angst vor dem Baal-Kult, den Paulus allerdings nicht als Bedrohung empfand. Im Triumph kehrte er nach Antiochia zurück. Das Christentum verbreitete nun die Botschaft der Erlösung im Römischen Reich, das für eine effiziente Nachrichtenübermittlung bekannt war. Die Aussichten für die Jerusalemer Kirche hingegen erschienen recht trostlos. Die Christen sahen sich seitens des Sanhedrin immer größerer Feindseligkeit ausgesetzt. Und als Paulus, der in bedeutenden Städten wie Athen und Korinth das Wort Christi verbreitet hatte, im Jahr 58 n. Chr. den Tempelberg besuchte, riet ihm Jakobus, das traditionelle jüdische Ritual der Selbstreinigung und Opferung zu befolgen und eine Konfrontation zu vermeiden. Dennoch beschuldigte man Paulus binnen einer Woche nach seiner Ankunft, nichtjüdische Griechen auf den Tempelberg geführt zu haben. Nur das beherzte Eingreifen der römischen Wachen rettete Paulus vor dem Mob. Vor dem Sanhedrin versuchte Paulus vergeblich, den Rat dadurch zu beeinflussen, daß er ihn an seine pharisäische Erziehung erinnerte. Paulus wurde in der Festung Antonia eingesperrt, dem am nordwestlichen Rand des Tempelberg-Komplexes gelegenen militärischen Hauptquartier des römischen Statthalters. Zornige Juden bedrohten das Leben des Paulus, und die römische Obrigkeit ließ ihn nach Cäsarea transportieren, wo er zwei Jahre lang inhaftiert war. Der Sanhedrin bemühte sich fortwährend, Paulus nach Jerusalem zurückbringen zu lassen und dort vor Gericht zu stellen, doch er entzog sich dem Zugriff der Priester, indem er auf sein römisches Bürgerrecht pochte. Da nur der Kaiser ihn aburteilen konnte, wurde er im Herbst 60 n. Chr. nach Rom eingeschifft, wo man ihn sieben Jahre später hinrichtete. Während der Christenverfolgung unter Kaiser Nero verbreitete sich im gesamten Römischen Reich die Lehre des Paulus von Jesus als dem auferstandenen Sohn Gottes.

Unterdessen wurde die judäo-christliche Kirche in Jerusalem von einem Schlag getroffen, den sie nicht mehr verwinden konnte. Jakobus, Jesu Bruder und das Oberhaupt der Kirche, war auf Befehl des Sanhedrin von einer aufgehetzten Menge an der südöstlichen Ecke des Tempelbergs in die Tiefe geworfen worden. Damit, so glaubte der Sanhedrin, sei der Untergang der Kirche besiegelt. Die Gemeinde verließ nach dem Tod ihres Oberhaupts die Stadt und zerstreute sich in Jordanien und Ägypten. Der Tod des Jakobus und seiner Jünger sowie die Kreuzigung Jesu durch seine jüdischen Landsleute waren für die nichtjüdischen Christen ein Vorwand, die gesamte jüdische Rasse für den Tod des Gottessohns verantwortlich zu machen, was schreckliche Folgen haben sollte. Auch die heiligste Reliquie der jüdischen Religion wurde Gegenstand einer neuen christlichen Deutung: In den Augen der frühchristlichen Kirche war der Körper Jesu Christi ein Ersatz für die verlorene Bundeslade.[35] In Jerusalem nahm man jedoch keinerlei Notiz von den Ereignissen, die profunde Auswirkungen auf die christliche Kirche hatten. Archäologen haben Belege dafür zutage gefördert, daß das Land nach dem Tod des Herodes prosperierte. Der Tempelberg wurde durch eine ausschließlich Opfergaben dienende Infrastruktur aufrechterhalten.

Aber in den Jahrzehnten nach der Kreuzigung Jesu Christi bewegte sich die Stadt unaufhaltsam einem Krieg entgegen.

JERUSALEM VERSINKT IM KRIEG

Die relativ tolerante Religionseinstellung der Römer ließ sich nur schwer mit der Haltung der monotheistischen Juden in Einklang bringen. Seit seinem ersten Tag in Judäa war Pontius Pilatus mit diesem Problem konfrontiert, besonders im Hinblick auf den Tempelberg. Getreu dem Stil römischer Eroberer ließ der römische Statthalter, der eifrig darauf bedacht war, sich beim Kaiser einzuschmeicheln, schon bald nach seiner Ernennung im Jahr 26 n. Chr. Bilder des Herrschers in Standartenform nach Jerusalem bringen. Die Soldaten, welche die Standarten trugen, trafen nachts ein. Am folgenden Morgen sahen die Juden überall in der Stadt Götzenbilder. Obwohl die Standarten nicht in der Tempelanlage aufgepflanzt worden waren, löste allein ihre Nähe zum Tempelberg landesweite Empörung aus. Fanatische Juden eilten nach Cäsarea, dem Regierungssitz des Pontius Pilatus, und flehten ihn an, gotteslästerliche Gegenstände umgehend entfernen zu lassen. Pilatus lehnte ab, und die Bittsteller legten sich zum Zeichen des Protests auf den Boden. Josephus Flavius berichtet, daß Pilatus nach fünf Tagen des ersten bekannten »Liegestreiks« der Geschichte versuchte, die Juden zu überlisten. Er lud sie zu Verhandlungen ein und ließ sie von drei Reihen Soldaten umzingeln. Dann zogen die Römer ihre Schwerter, und Pilatus verkündete, wenn die Juden dem Verbleib der Standarten in Jerusalem nicht zustimmten, hätten sie mit schrecklichen Folgen für Leib und Leben zu rechnen. Die Protestierenden rührten sich nicht von der Stelle und erklärten, sie würden »sich lieber umbringen lassen als das Gesetz zu übertreten«.[36] Damit boten sie den Soldaten ihre Hälse dar. In dieser verfahrenen Situation gab Pilatus schließlich nach und ordnete an, die Standarten aus der Heiligen Stadt zu entfernen. Die Empfindlichkeiten in bezug auf die Heiligkeit des Berges und der damit zusammenhängende Fanatismus veranlaßten den Statthalter, der seine

Lektion gelernt hatte, hinterhältigere Mittel zur Unterdrückung von Massenaufständen zu ersinnen. Bald hatte er Gelegenheit, diese Methoden in die Praxis umzusetzen.

Zu Beginn seiner Amtszeit in Judäa war Pontius Pilatus entschlossen, die Wasserversorgung der Stadt zu verbessern. Er befahl, Aquädukte zu bauen – ein ehrenwertes und auch notwendiges Vorhaben. Im 1. Jahrhundert n. Chr. war der Tempel Schauplatz von Massenwallfahrten und zahlreichen Tieropfern, was zu höchst mangelhaften hygienischen Zuständen geführt haben muß. Doch wieder einmal sorgten die Handlungen des Pilatus für Ärger im Volk. Er verlangte, daß das Geld für den *Korban* – das Opfer auf dem Altar vor dem Tempel – für den Bau der Aquädukte zu verwenden sei. Als Pontius Pilatus in Jerusalem eintraf, wurde er vor drohenden Unruhen gewarnt. Er gab Anweisung, daß sich als Zivilisten verkleidete Soldaten unter die Menschenmenge mischen sollten, die dem regulären Tribunal beiwohnte. Auf erste Unmutsäußerungen hin ließ Pilatus die Menge von seinen Soldaten mit Knüppeln zusammenschlagen.[37] Viele Juden wurden zu Tode geprügelt, und weitere wurden in der sich drängenden Masse erdrückt. Pontius Pilatus verließ Judäa 36 n. Chr. und verbrachte einer christlichen Legende zufolge den Rest seines Lebens im Exil in Gallien.[38] Seine Amtszeit als Statthalter war schwierig, und der Tempelberg hatte sich als Hauptquelle der Probleme erwiesen. Als Kaiser Tiberius 37 n. Chr. starb – in seine Herrschaft seit 14 n. Chr. fielen Jesu Wirken und Tod –, standen die Zeichen für einen Frieden in der Region erneut schlecht.

Caligula, der Enkel des Tiberius, bestieg den römischen Kaiserthron. Obwohl seine Herrschaft nur drei Jahre und acht Monate dauerte, erreichte er, daß sich die ohnehin kaum zu überbrückende Kluft zwischen Rom und der jüdischen Bevölkerung Judäas noch vergrößerte. Die Stellung Jahwes machte in den Augen der Juden jeden Anspruch eines Menschen, also eines Sterblichen, auf gottähnlichen Status unmöglich. Doch in Rom hatte sich mit Caligula der Hang, den Kaiser zum Gott zu erheben, fest etabliert. Als Gottkaiser sah er den Tempel in Jerusalem als angemessene Stätte für sein Bildnis. Er befahl, sein Standbild an mehreren Plätzen innerhalb der Tempelanlage aufzustellen.[39] Die Juden protestierten heftig gegen eine solche Entweihung ihres Heiligtums und sprachen bei Petronius vor, dem römischen Legaten in Syrien, dem die wenig beneidenswerte Aufgabe zugefallen war, die Befehle des Kaisers auszuführen. Ganz unverblümt skizzierten die Juden die drohenden Gefahren. Sie erinnerten Petronius daran, daß sie im Tempel »täglich zweimal Opfer für den Cäsar und das römische Volk«[40] darbrachten. Falls Petronius darauf insistiere, die Anweisungen Caligulas auszuführen, werde der gesamte jüdische Staat ein Meer aus Blut werden, »denn samt Weib und Kind seien sie bereit, sich hinschlachten zu lassen«.[41] Einige Monate lang blieb die Lage extrem prekär und drohte jeden Moment zu eskalieren. Erst durch den Tod Caligulas 41 n. Chr. wurde sie entschärft, und in Judäa und Jerusalem war vorübergehend eine Phase der Ruhe zu verzeichnen.

Claudius, Caligulas Nachfolger, gab Agrippa I., dem Enkel des Herodes, dessen Erblande zurück, erhob ihn zum Herrscher über Judäa und stellte damit den alten Status des jüdischen Volkes wieder her. Diese Situation war jedoch nur von kurzer Dauer. Agrippa I. starb 44 n. Chr. in Cäsarea. Da sein Nachfolger Agrippa II. noch ein Kind war, ging die Verwaltung der judäischen Provinz in die Hände eines römischen Landpflegers über. Dadurch behielt Rom die Angelegenheiten in Jerusalem fest im Griff, doch unter der Oberfläche brodelten nach wie vor religiöse und politische Konflikte. Die Position des Statthalters füllte von 48 bis 52 n. Chr. Cumanus aus, unter dessen Herrschaft sich ein Zwischenfall ereignete, der die geradezu fundamentale Diskrepanz zwischen der römischen und jüdischen Einstellung zu religiösen Fragen deutlich werden ließ. Nach Ansicht von Josephus Flavius war dieser Vorfall der eigentliche Auftakt der Feindseligkeiten, die letztlich zum Untergang Judäas führten.

Im Verlauf des Passahfestes drängte das Volk von Judäa zum Tempel. Die römische Verwaltung erwartete Auseinandersetzungen, die normalerweise bei solchen Festlichkeiten auftraten, und ließ eine Kohorte von vierhundertfünfzig Legionären[42] in den Säulengängen rings um den Tempelhof aufmarschieren. Während der religiösen Zeremonie beschloß ein gelangweilter Legionär, die Vor-

gänge auf seine Weise zu kommentieren. Er hob seine Tunika und
wandte den Pilgern sein Hinterteil zu. Dann bückte er sich und ließ
seinen Darmwinden in Richtung auf die Gläubigen unüberhörbar
freien Lauf. Die Gemeindeältesten verlangten sofort von Cumanus,
er solle den Soldaten bestrafen. »Eine Anzahl jugendlicher Brause-
köpfe« fing an, die Legionäre mit Steinen zu bewerfen. Cumanus
befürchtete, die Kohorte sei der schnell eskalierenden Situation
nicht gewachsen, und beorderte Verstärkung in den Tempelbezirk.
Bei den nachfolgenden Kämpfen und einer chaotischen Flucht wurden zehntausend Juden erdrückt oder zu Tode getrampelt.[43] Die
Nation war in tiefer Trauer. Immerhin wurde im Tempelbezirk die
Ruhe rasch wiederhergestellt, so daß man die täglichen Opferungen fortsetzen konnte. Im Jahr 59 n. Chr. wurde Agrippa II. im hasmonäischen Palast von Jerusalem als judäischer König inthro-
nisiert. Für kurze Zeit herrschte über die Jerusalemer Gesellschaft
die alte Hierarchie von König und Hohempriester. Die Arbeiten
rund um den Tempelberg konnten endlich abgeschlossen werden;
ein neuer Bodenbelag und ein ausgeklügeltes Abwassersystem, das
mit erhöhten Randsteinen und aus massivem Kalkstein gefertigten
Abdeckungen für die Abflüsse versehen war und Pilatus sicher befriedigt hätte, wurden fertiggestellt.[44]

Trotz dieser praktischen Verbesserungen im Bereich des Tempelbergs entglitt dem Sanhedrin die Kontrolle über die politischen
Verhältnisse. Seit der Zeit des Herodes hatten sich in den ländlichen Gebieten von Judäa Räuberbanden und andere Gruppen,
welche die Regierung in Jerusalem bekämpften, versteckt gehalten
und gelegentlich zugeschlagen. Diese Landstriche erlebten nun
Schlachten zwischen diversen Diebesclans und dem römischen
Heer, das Recht und Ordnung durchzusetzen versuchte. Im Laufe
dieser schweren Unruhen waren die messianischen Erwartungen
des einfachen Volkes derart stark geworden, daß man seine Hoffnungen leicht ausnutzen konnte. Zugleich kam jeder tyrannische
Akt Roms der Propaganda der fanatischeren Juden zupaß. Gemä-
ßigte und für eine friedliche Koexistenz mit Rom eintretende Teile
der Gesellschaft mußten feststellen, daß ihnen jede moralische
Grundlage für ihre Argumente durch das Verhalten der Besatzungs-

macht wiederholt entzogen wurde. Dreißig Jahre nach dem Tod
Jesu erlangten die Zeloten, eine ultraorthodoxe militante Gruppe,
die Oberhand gegenüber moderateren Kräften. Durch das aktive
Werben für ihre nationalen Ideale und ihre konsequente Weigerung, den überlegenen römischen Streitkräften auch nur ein wenig
entgegenzukommen, zogen sie die gesamte Nation in einen Krieg
hinein.

Unter der Herrschaft des Landpflegers Florus brachen im Jahr
66 n. Chr. überall in Judäa Unruhen aus, durch die das römische
Joch abgeschüttelt werden sollte. Josephus Flavius erwähnt eine
»Menge« von Räubern in den ländlichen Gegenden Judäas; diese
seien derart zahlreich, daß man sie gar nicht alle erfassen könne.[45]
Erschwerend kam hinzu, daß es in Jerusalem von falschen Propheten wimmelte, »die unter dem Vorwand göttlicher Sendung [...] das
Volk zu verführen und zu betrügen suchten«.[46] Dabei taten sich besonders die Sikarier hervor. Ihr Name war von den krummen Dol-
chen abgeleitet, mit denen sie ihre Opfer ermordeten.[47] Die Sikarier
waren fanatisch und unternahmen Anschläge auf ausgewählte Personen. Jonathas, Hoherpriester des Tempels, wurde ihr erstes Opfer. Dieses Attentat war das deutliche, mit Blut geschriebene Signal
dafür, daß die politischen Verbindungen zwischen der Priesterschaft und den Römern als schändlich angesehen wurden. Die
bevorzugte Methode der Sikarier bestand darin, daß sie sich im
Schutz einer großen Menschenmenge ihrem Opfer näherten und es
erdolchten. Im daraufhin ausbrechenden Getümmel konnten sie
untertauchen und ihre Waffen verbergen. Dann fielen sie in die
Entrüstungsrufe des über die Untat entsetzten Volkes ein.[48] Angesichts der Extremisten, die ein Klima der Angst und des Mißtrauens
schürten, brauchte es kaum mehr als einen Funken, um einen
Krieg zwischen Römern und Juden auszulösen. Und ein solcher
Vorfall ereignete sich auf dem Tempelberg.

Der Statthalter Florus hatte der Versuchung des schnellen Gel-
des nicht widerstehen können und wie so viele vor ihm den Tempelschatz geplündert. Bei den danach ausbrechenden gewalttätigen Protesten kamen innerhalb von nur vierundzwanzig Stunden
dreitausendsechshundert Menschen ums Leben. Unter den Verhaf-

teten befanden sich Juden aus der gehobenen Schicht, die gegeißelt und ans Kreuz geschlagen wurden, was eine eklatante Verletzung des römischen Rechts darstellte.[49] Der Frieden stand auf des Messers Schneide, und Agrippa II. ermahnte sein Volk, die Beziehungen zur Besatzungsmacht nicht abzubrechen. Während seiner Ansprache an das Volk stand er auf einer zum Tempelberg führenden Galerie. Er warnte vor den Gefahren des Krieges mit einem Reich, das so ferne Lande wie die Britischen Inseln erobert und Völker wie die Germanen besiegt hatte, deren »Stärke und Größe« und deren Stolz gewaltiger seien »als ihre Körperkraft« und die »einen Mut besitzen..., der den Tod verachtet«.[50] In einer Atmosphäre eskalierender Feindseligkeiten sorgte Agrippa mit seiner Rede kurzzeitig für Entspannung. Doch die Spaltung der Jerusalemer Gesellschaft war zu tief, als daß sich der Frieden durchsetzen konnte. Eleazar, der Sohn der Ananias, der Jonathas als Hoherpriester und Vorsteher des Tempels nachfolgte, überzeugte die Offiziellen, die Geschenke und Opfergaben aller Nichtjuden zurückzuweisen. Die Tempelpriesterschaft lehnte das traditionelle, im Namen Cäsars vollzogene Opfer ab und löste damit symbolisch alle Beziehungen zu Rom. Die Bewohner der Stadt billigten diese unbesonnene Entscheidung keineswegs einmütig.

# DER JÜDISCHE KRIEG
# UND DIE BELAGERUNG JERUSALEMS

Der Jüdische Krieg, wie die Rebellion später genannt wurde, war gleichermaßen ein Bürgerkrieg wie eine Auseinandersetzung mit dem Römischen Reich. Er dauerte vier Jahre und machte das Eingreifen der besten Feldherren Roms erforderlich, um die Revolte, die 66 n. Chr. am Altar des Tempels ausgebrochen war, niederzuschlagen. Dem Beschluß, keine Opfer mehr im Namen Cäsars darzubringen, folgte ein Streit zwischen den Juden, die eine Versöhnung mit Rom wünschten, und den Zeloten, welche die Unabhängigkeit ersehnten. Die Zeloten ermordeten Ananias, den Hohenpriester des Tempels, und dessen Bruder Ezechias. Die römischen Soldaten wurden nun gewahr, daß sie, die verachteten Bewahrer des Friedens, in der Mitte zwischen beiden Lagern standen. In diesem Belagerungszustand blieb den Römern keine andere Wahl, als Verhandlungen zu führen. Sie erklärten sich damit einverstanden, die Waffen niederzulegen, wenn ihnen ein ehrenhafter Abzug aus Jerusalem zugesagt werde. Dies wurde ihnen versprochen. Doch kaum hatten sie sich ihrer Waffen entledigt, fielen der wortbrüchige Eleazar und seine zelotischen Anhänger über die wehrlosen Legionäre her und metzelten sie nieder. Um den Kern der Rebellion zu vernichten, marschierte der römische Feldherr Cestius Gallus an der Spitze der 12. Legion gegen Jerusalem. Die jüdischen Truppen erwiesen sich jedoch als siegreich und töteten fünftausenddreihundert römische Fußsoldaten sowie dreihundertachtzig Reiter.[51]

Diese Schlacht führte den Römern vor Augen, daß sie es mit einem entschlossenen, fanatischen Gegner zu tun hatten. Kaiser Nero, der Claudius im Jahr 54 n. Chr. nachgefolgt war, setzte den erfahrenen General Vespasian als Oberbefehlshaber der Streitkräfte in Palästina ein und gab ihm die Anweisung, die jüdische Revolte niederzuschlagen. Vespasians ältester Sohn Titus wurde zum stellvertretenden Kommandeur ernannt. Vespasian benötigte zwei Jahre, um den Großteil des judäischen Territoriums zurückzuerobern. Die Juden verteidigten sich sehr geschickt, und mehrmals mußten die Römer bei ihrem Versuch, wieder die Kontrolle über die abtrünnige Provinz zu erlangen, große und kleine Städte belagern. Im Jahr 69 n.Chr. waren die Truppen Vespasians endlich in der Lage, gegen Jerusalem, die Hochburg des jüdischen Widerstands, zu marschieren.

Von seinen Gefolgsleuten verraten, ließ sich Nero 69 n.Chr. von einem Sklaven töten. In Rom brach zwischen den Generälen ein erbitterter Kampf um den Thron aus. Vitellius, dem die Legionen in Germanien unterstanden, ging aus dieser Auseinandersetzung siegreich hervor, doch seine Herrschaft dauerte nur elf Monate. Bei der Bevölkerung Roms wegen seines verschwenderischen und lasterhaften Lebensstils verhaßt, wurde Vitellius ermordet und seine Leiche in den Tiber geworfen. Vespasian, der vorübergehend in Alexandria stationiert war, wurde von seinen Truppen zum Kaiser ausgerufen; später stimmten Senat und Volk dieser Entscheidung zu. Da Vespasian in die Hauptstadt des Imperiums zurückkehren wollte, sobald das winterliche Wetter vorüber war, befahl er Titus, Ägypten zu verlassen, gen Norden nach Judäa zu marschieren, Jerusalem einzunehmen und dadurch den Krieg mit den Juden zu beenden. Im Gefolge des Titus befand sich ein Jude namens Josephus Flavius, der jüdische Historiograph.

Bei Ausbruch des Krieges war Josephus 66 n.Chr. zum jüdischen Befehlshaber in Galiläa ernannt worden. Ein Jahr darauf wurde er von den Römern gefangengenommen, jedoch zwei Jahre später freigelassen, als sich seine Prophezeiung bewahrheitete, daß Vespasian eines Tages den Kaiserthron besteigen werde. Josephus, geschützt durch Vespasians Patronat, begleitete Titus bei diesem Feldzug als offizieller Dolmetscher und Biograph.

Titus führte eine eindrucksvolle Armee vor die Tore Jerusalems. Sie bestand aus drei schlachterprobten Legionen mit handverlesenen Männern und einem Kontingent königlicher Hilfstruppen aus Syrien. Titus war für eine eventuell langdauernde Belagerung gerüstet. Zunächst kundschaftete er die Stadtmauern aus, wobei er um ein Haar getötet worden wäre. Als er sich der Stadt näherte, konnte er nämlich keine feindlichen Aktivitäten ausmachen. Titus trennte sich von seinen Truppen und stieß nur mit einer kleinen Eskorte weiter vor. Kurz vor den bewehrten Mauern geriet er in einen Hinterhalt. Der römische General und die Handvoll Begleiter verteidigten sich mit aller Kraft. Titus schaffte es, unverletzt zu entkommen, doch zwei seiner Kameraden wurden getötet und viele verwundet. Josephus Flavius schreibt, dieses Gefecht habe den Juden »törichte Hoffnungen« gemacht, daß das Schicksal ihnen wohlgesonnen sei.[52] Doch Titus war entschlossen, Jerusalem um jeden Preis zu erobern.

Die Belagerung durch die römische Armee begann im Frühjahr 70 n. Chr. In der Stadt herrschte wegen der zur Feier des Passahfestes eingetroffenen Pilger eine drangvolle Enge. Viele Juden stellten nun fest, daß sie fern der Heimat gefangen waren und nicht genug Geld bei sich hatten, um sich mehr als ein paar Tage zu ernähren. Die Bewohner der Heiligen Stadt standen durch die Zunahme der städtischen Bevölkerung vor einem logistischen Problem. Die Infrastruktur Jerusalems war nicht dafür geeignet, eine solch große Zahl von Menschen über einen längeren Zeitraum hinweg zu beherbergen. Damit verwandelte sich das, was als Fest begonnen hatte, im Handumdrehen in ein Chaos aus verängstigten Menschen. Hinzu kam noch, daß die politische Lage innerhalb der Stadtmauern die Grenze zur Anarchie fast überschritten hatte. Josephus schreibt, daß sich drei »[in] feindliche Lager« gespaltene Parteien einen Guerillakampf lieferten. Eleazar und seine zelotischen Anhänger auf dem Tempelberg schlugen sich noch immer mit den Bürgern der Oberstadt, die Simon, den Sohn des Gioras, zu ihrem Führer bestimmt hatten. Eine dritte Partei formierte sich, als das Verhalten von Joannes von Gischala zum Bruch mit Eleazar führte. Joannes hatte im Auftrag Eleazars die Umgebung des Tempels kontrolliert. Der Disput zwang Eleazar und seine Anhänger, sich in die Innenhöfe des Tempels zurückzuziehen. Somit befand sich Joannes zwischen den von Eleazar und Simon gebildeten Fronten. Mithin war die Stadt bei der Ankunft des Titus schon geschwächt – man hatte ihm die Arbeit weitgehend abgenommen. Der an mehreren Fronten innerhalb Jerusalems geführte Bürgerkrieg war in sinnlose Zerstörung ausgeartet. Im Laufe des Häuserkampfes gingen Speicher mit Getreide und anderen lebenswichtigen Vorräten in Flammen auf, was die Hungersnot verschärfte. Die Bevölkerung war dadurch bereits fünf Monate vor der Eroberung Jerusalems entkräftet. Der Beschreibung des Josephus Flavius ist zu entnehmen, daß man sämtliche Gebäude um den Tempel niederbrannte, wodurch die Gegend zwischen dem Berg und der übrigen Stadt zum trostlosen Niemandsland wurde.[53] Von ihm erfahren wir auch, daß die Menschen in der Stadt den Sieg der feindlichen Römer herbeisehnten. Währenddessen bildete das vergossene Blut von Fremden und Priestern, von Pilgern und Bürgern der Stadt »in den heiligen Räumen förmlich einen See«.[54] Erneut war der Tempelberg zum Schlachtfeld geworden, nur hatten sich diesmal Juden gegenseitig abgeschlachtet.

Titus hatte sich durch das Auskundschaften der Stadtmauern davon überzeugt, daß er eine systematische Belagerung wagen konnte, wobei er mehrere Ziele anpeilte. Nach der Ankunft der aus Mesopotamien zurückgerufenen 10. Legion begannen seine Männer, ihre Stellungen zu befestigen. Diese Legion schlug ihr Lager auf dem Ölberg auf, direkt gegenüber der östlichen Mauer des heutigen *Haram al-Sharif*. Zugleich grub sich die 12. Legion auf dem Berg Skopus nordöstlich des Tempelbergs jenseits des Kidron-Tals ein; in ihrem Rücken hatte sie die 15. Legion. Als sie die römischen Soldaten beim Ausbau ihrer Stellungen beobachteten, kamen die rivalisierenden Parteien in Jerusalem zur Besinnung. Aus Angst vor der massiven Gefahr beschlossen sie, ihre inneren Kämpfe beizulegen und ihre Kräfte zu bündeln. Am frühen Morgen verließen sie ihre sicheren Mauern und griffen die Römer an, die, zu dieser Stunde noch nicht zum Kampf gerüstet und ihrer traditionellen Phalanx beraubt, schwere Verluste erlitten. Der Erfolg ermutigte immer mehr Zeloten, in die Schlacht einzugreifen, die sich bis in den Nachmittag hinzog. Titus gelang es, seine Männer zu sammeln, und er drängte die Juden wieder durch das Kidron-Tal zurück. Da nun eine Pattsituation herrschte, flammte die interne Feindschaft der jüdischen Fraktionen rasch wieder auf.

Am Tage des Passahfestes begingen die Zeloten Eleazars den

tödlichen Fehler, die Tore des Innenhofs teilweise für Pilger zu öffnen. Die Männer des Joannes, als Pilger verkleidet und mit in ihrer weiten Gewandung verborgenen Waffen, betraten den inneren Tempelbereich. Auf ein Signal hin warfen sie ihre Verkleidung ab und wüteten unter den Anhängern Eleazars. Die meisten seiner Zeloten überlebten, indem sie in die Tempelgewölbe flohen und sich dort versteckten, aber Hunderte unschuldiger Pilger wurden getötet. Joannes brachte den gesamten Tempelkomplex in seinen Besitz. Gleichzeitig war Titus im Begriff – die Römer hatten inzwischen alle Lager befestigt –, den ersten Angriff zu unternehmen. Mitte Mai marschierte die 12. Legion den Berg Skopus hinunter, während die 10. Legion auf dem Ölberg blieb. Titus brachte die Armee vierhundertfünfzig Meter von der nordöstlichen Ecke der Stadtmauer entfernt in Position, um an der Schwachstelle der Verteidigung durchzubrechen. Bevor die Römer eintrafen, war die nördliche Verteidigung durch eine eilig fertiggestellte ausgedehnte Mauer verstärkt worden, die Josephus als Dritte Mauer bezeichnete, da sie der äußerste der drei zum Schutz Jerusalems errichteten Stadtwälle war. Diese Befestigung schloß den Bereich der Oberstadt ein, der zuvor von einer sehr viel kleineren Zweiten Mauer umgeben war. Titus brachte seine Belagerungsmaschinen in Stellung, und es war nur noch eine Frage der Zeit, bis Jerusalem fallen würde.

Am fünfzehnten Tag der Belagerung, es war mittlerweile Anfang Juni, nahmen die Römer die Dritte Mauer ein, fünf Tage später schlugen sie eine Bresche in die Zweite Mauer. Aber die Juden hatten kein Jota in ihrer Entschlossenheit nachgelassen, und weiterhin wurden im Tempel Opfer dargebracht. Die Römer erkannten, daß ihnen ein harter Kampf gegen die Zeloten bevorstand – und diese Aussicht behagte Titus gar nicht. Da Josephus Flavius Hebräisch sprach, bat ihn der General, in seinem Namen einen Appell an die Juden in der belagerten Stadt zu richten. Josephus wählte einen Ort nahe der Mauern, so daß ihn die Pfeile der jüdischen Verteidiger nicht erreichen konnten. Das Hauptargument seiner langen Rede war, daß der Tempel in großer Gefahr sein werde, wenn seine Landsleute die Stadt nicht den Römern übergeben würden. Als

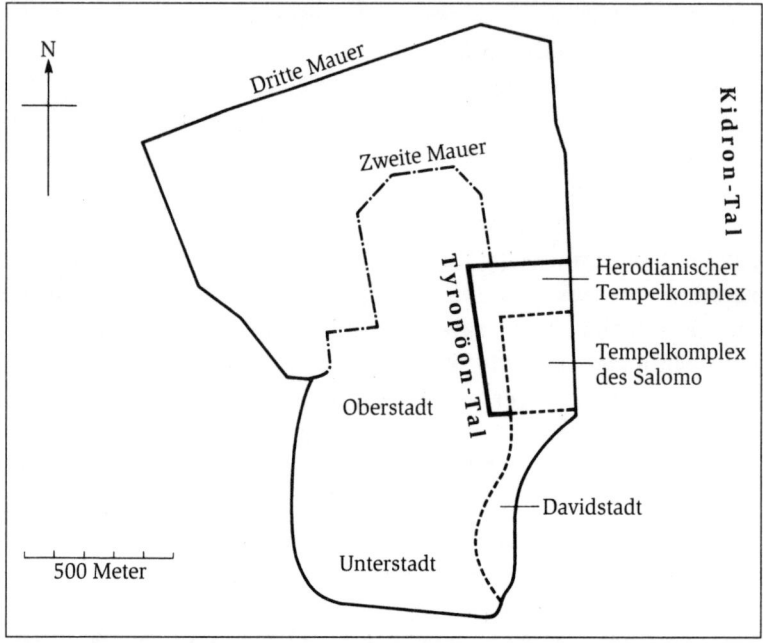

**Abb. 6.1:** Jerusalem zum Zeitpunkt der römischen Belagerung im
Jahr 70 n. Chr.; der Abstand von der Zweiten und Dritten zur Ersten Mauer des
Tempelbergs und der Altstadt von Jerusalem ist deutlich zu erkennen.

Antwort wurde Josephus mit Beschimpfungen und höhnischen Bemerkungen überschüttet, und die Juden beharrten darauf, daß die
Römer ihre Stadt niemals einnehmen würden. Doch die Folgen des
Hungers machten sich in Jerusalem allmählich bemerkbar, und die
Worte des Josephus stießen nicht überall auf taube Ohren. Einige
Menschen verließen die Stadt und ergaben sich auf den umliegenden Hügeln den Römern, nachdem sie zuerst alle Gold- und Silbermünzen in ihrem Besitz verschluckt hatten. Titus ließ die Mehrzahl der Deserteure in ländliche Regionen davonziehen, und sie
brachen, ihr karges Vermögen im Innern ihrer Körper verborgen, in
ein neues Leben auf.[55]

Die Weigerung der meisten Belagerten, sich zu ergeben, erbit-
terte Titus. Viele Juden verließen nachts die Stadtmauern, um nach
etwas Eßbarem zu suchen. Einige wurden gefangengenommen,

und Titus beschloß trotz seiner zuvor gezeigten Milde, an den Hungernden ein Exempel zu statuieren. Dadurch hoffte er, den Widerstand der noch immer die Stadt verteidigenden Juden zu brechen. Josephus wurde wahrscheinlich Zeuge der Vorgänge und hinterließ uns eine grausige Darstellung:

»... es [schien] ihnen zu spät, um Gnade zu bitten. Sie mußten nun zunächst die Geißelung und alle möglichen Foltern über sich ergehen lassen und wurden dann angesichts der Mauer gekreuzigt. [...] Die Soldaten nagelten nun in ihrer gewaltigen Erbitterung die Gefangenen zum Hohn in den verschiedensten Körperlagen an, und da ihrer gar so viele waren, gebrach es bald an Raum für die Kreuze und an Kreuzen für die Leiber.«[56]

Die Zeloten holten die Verwandten der Gekreuzigten auf die Zinnen, damit sie sich das schreckliche Schauspiel ansehen konnten. Und sie nutzten die Gelegenheit, eindringlich vor dem schrecklichen Schicksal zu warnen, das alle Gefangenen der Römer erwartete.

## DIE ZERSTÖRUNG DES HERODES-TEMPELS

Titus befand sich nun in einer Zwickmühle. Er wollte die Belagerung beenden, aber seine Kommandeure teilten ihm mit, daß die jüdischen Truppen stark genug seien, einen Großangriff der Römer zurückzuschlagen. Die Schwächung der jüdischen Garnison durch Aushungern war die einzige Möglichkeit, das Blatt zugunsten der Römer zu wenden. Titus wußte jedoch, daß der Schmuggel von Nahrungsmitteln kaum zu verhindern war, da man solche Vorräte vermutlich durch in den Berg führende Geheimgänge und Abwasserkanäle in die Stadt brachte.[57] Daher entschied er sich für den Bau einer Mauer um Jerusalem. Diese sollte die Menschen, die in der umliegenden Landschaft nach Nahrung suchten, davon abhalten, die Stadt zu verlassen. Die Mauer hatte den erwünschten Effekt, und in Jerusalem, wo die Lebensmittel ohnehin schon knapp waren, griff eine schwere Hungersnot um sich. Die Toten lagen auf den Straßen, und als das Geld aus dem Tempelschatz, mit dem man die Bestattungen finanzierte, aufgebraucht war, wurden die Leichen kurzerhand über die Stadtmauer geworfen.[58] Die Häuser der Verstorbenen wurden geplündert, und die Stadt versank endgültig in Anarchie.

Simon, der noch immer die Oberstadt kontrollierte, zeigte nun seine häßlichsten Charakterzüge. Er ermordete angesehene Mitglieder der geistlichen Aristokratie, weil diese angeblich planten, zu den Römern überzulaufen. Die Eltern des Josephus, deren Vorfahren der Priesterschaft entstammten, entgingen diesen Anschlägen, wurden aber wegen der Kollaboration ihres Sohnes mit dem römischen Feind zu einer Gefahr für die Nation erklärt und in den Kerker geworfen. Josephus wurde bei einem seiner Rundgänge um die Stadt von einem Stein am Kopf getroffen und sank ohnmächtig zu Boden. Römische Soldaten retteten ihn, aber dennoch verbreitete sich in Jerusalem bald die Kunde, daß der Verräter tot sei. Nun frohlockten jene Juden, die Josephus wegen seiner Hilfe für die Römer verachteten. Seine Mutter klagte, als sie die Nachricht von seinem angeblichen Tod vernahm, daß sie nicht einmal ihren Sohn bestatten könne, von dem sie ihr ganzes Leben lang erwartet habe, daß er einst *sie* begraben werde.[59] Ungeachtet der Gefahr, von den Römern gefangen und gefoltert zu werden, versuchten jüdische Deserteure nach wie vor, sich aus der belagerten Stadt abzusetzen und nachts die römischen Linien zu durchbrechen. Die Römer fanden heraus, daß die Flüchtenden ihr Geld verschluckten. Viele Deserteure wurden gefangen; man schlitzte ihnen den Bauch auf und suchte in ihren Gedärmen nach Gold- und Silbermünzen. Titus fürchtete, daß Chaos in den Reihen seiner Soldaten ausbrechen könne, und versuchte – erfolglos –, diesem Tun Einhalt zu gebieten.[60] Im Juli war die Stadt seiner Meinung nach wohl so geschwächt, daß er einen erneuten Angriff wagte.

Der Nordteil der Oberstadt fiel Titus in die Hände, und er war davon überzeugt, daß mit der Eroberung des Tempelbergs auch das übrige Jerusalem fallen werde. Als die Römer die Dritte und die Zweite Stadtmauer genommen hatten, konzentrierten sie deshalb all ihre Anstrengungen auf die nördliche Umgrenzungsmauer des Tempelberg-Komplexes. Doch Herodes hatte ganze Arbeit geleistet: Die Anlage verschaffte den Verteidigern große Vorteile, denn sie hatten die Höhe und die Deckung auf ihrer Seite. Außerdem mußten die Römer bei dem Versuch, eine Bresche in die Mauer zu schlagen, an einer schmalen Front Mann gegen Mann kämpfen. Ein zügiges Vorankommen war dadurch kaum möglich.[61] Die Römer brauchten eine Woche, um diese Mauer zu überwinden, ihren Legionen einen ungehinderten Zugang zu ermöglichen und die Stellung zu verstärken. Nach der endgültigen Installierung eines Brückenkopfes am Nordende der Tempelebene forderte Titus seinen Helfer Josephus erneut auf, Joannes – dieser kontrollierte seit dem Sieg über Eleazar den Tempelberg – von den Vorteilen einer Kapitulation zu überzeugen, da das Heiligtum der jüdischen Nation nur so zu retten sei. Joannes und seine Leute ignorierten die flehentliche Bitte des Josephus, und der Kampf um den Tempel trat nun in seine letzte und entscheidende Phase. Am achten Tag des Monats Loos, vermutlich am 2. August 70 n.Chr., wurden Rammböcke über den äußeren Hof herangebracht, und die Römer versuchten, in die jüdischen Stellungen einzudringen. Die Zeloten hielten noch immer die Mauer des Innenhofs und wehrten sich vehement. Die Verluste der Römer waren so groß, daß Titus seinen Soldaten befahl, die Tore des Innenhofs in Brand zu stecken. Am nächsten Morgen machte sich Titus ein Bild der Lage und bereitete seine Legionen auf die Erstürmung der Mauer des Innenhofs vor. Um acht Uhr morgens, es war der zehnte Tag des Monats Loos, unternahmen die Verteidiger des Tempels durch das Osttor einen letzten verzweifelten Ausfall, wurden aber zurückgeworfen. Titus zog sich von der Schlacht zurück. Einige Stunden später rief man ihn aus dem Zelt, in dem er sich ausruhte, denn der Tempelbezirk stand in Flammen. Josephus zufolge wurden die römischen Soldaten, die auf Befehl des Generals ein Ausbreiten des Feuers auf das Heiligtum verhindern sollten, durch weitere Ausfälle der Verteidiger von ihren Löschversuchen abgehalten. Ein römischer Legionär beschloß gegen die Anordnung des Titus, daß es besser sei, den Tempel zu zerstören, als ihn zu retten. Er kletterte auf den Rücken eines anderen Soldaten und warf ein brennendes Holzscheit von den Säulengängen durch ein Fenster auf der Nordseite des Tempels.

Das Feuer war zunächst auf die den Tempel umgebenden Kammern beschränkt, die als Magazine für wertvolle Gegenstände dienten, griff aber rasch auf die inneren Räume über. Die Hitze und die Geschwindigkeit der Feuerwalze lösten bei den Zeloten ein Chaos aus. Die römischen Legionen nutzten die Gelegenheit, griffen an, drangen durch die Tore des Innenhofs ein und kämpften wie besessen. Ohne jede Rücksicht auf Rang und Alter schlachteten sie Zeloten und Priester ab. Immer höher türmte sich der Leichenberg rings um den Altar. Von den Stufen des Heiligtums »floß ein Strom von Blut hinab, und die Körper derjenigen, die oben getötet wurden, schlitterten hinunter«.[62] Inmitten dieses Infernos betrat Titus zum erstenmal den Tempel und erkannte, um welch großartigen Bau es sich handelte. All seine Anstrengungen, den Tempel zu retten, erwiesen sich als vergeblich. Während seine Soldaten in einer Orgie aus Gemetzel, Verwüstung und unbeschreiblicher Hitze durch die Höfe rasten, stürzte der Tempel des Herodes mit ohrenbetäubendem Krachen in sich zusammen und wurde endgültig ein Raub der Flammen. Die Vorhänge, das heilige Öl und die Möbel im Inneren waren eine leichte Beute des Feuers. Aus dem Zedernholz des Dachgestühls schlugen noch lange die Flammen, bis es schließlich das gesamte Gebäude unter sich begrub. Der Augenzeuge Josephus schilderte die letzten Augenblicke des Zweiten Tempels:

»Der Hügel mit dem Tempel, von unten bis oben in Flammen eingeschlossen, schien direkt von seinen Fundamenten her zu kochen. Doch das Flammenmeer war nichts, verglichen mit dem Meer des Blutes, oder die Gruppen der Mörder, verglichen mit den Armeen an Getöteten: An keiner Stelle konnte man den Boden zwischen den Leichen sehen, und die Soldaten kletterten über Berge von Körpern, während sie die Flüchtlinge jagten.«[63]

# 7. VON ROM
# BIS SALADIN
# 71–1187 N. CHR.

Titus brauchte noch einen weiteren Monat, um die Oberstadt einzunehmen. Im September hatte er schließlich sein Ziel erreicht und
ganz Jerusalem erobert. Für die Juden war dies die denkbar größte
Katastrophe. Bei der babylonischen Zerstörung des Tempels waren
noch einige Steine zurückgeblieben, aber nach der Verwüstung
durch die Römer bestand kaum Aussicht, den Tempel jemals wiederaufzubauen. Für jene, die an Prophezeiungen glaubten und
nach Gottes Wirken in der Katastrophe Ausschau hielten, war das
Datum höchst bedeutsam, an dem die römischen Soldaten in den
Zweiten Tempel eindrangen: Es war der Jahrestag der Zerstörung
durch Nebukadnezar im Jahr 586 v. Chr.

Als das Feuer auf dem Berg verglommen war, schloß, so berichtet
Josephus Flavius, ein Priester namens Jesus, »Thebuts Sohn«, einen
Handel mit Titus. Dafür, daß er verschont wurde, sollte dieser Priester die Ruinen durchstreifen und Titus »heilige Gefäße aus dem
Tempel übergeben«. Er kam mit zwei Leuchtern zurück, »ganz denen im Heiligtum ähnlich, Tische, Krüge und Schalen, alles von lau-
terem Golde und massiv«.[1] Jesus händigte auch Vorhänge und mit
Edelsteinen bestickte Gewänder aus, die bei den Kulthandlungen
eingesetzt wurden. Als Titus merkte, daß so viele Teile des verborgenen Schatzes die Zerstörung überstanden hatten, überredete er
den Schatzmeister des Tempels, Phineas, sorgfältig zu suchen, und
es wurden noch mehr Kostbarkeiten entdeckt.[2] Titus brachte seine
Beute nach Rom, wo sie in einem Triumphzug durch die Straßen getragen wurde. Josephus Flavius erwähnt die Bundeslade bei der Aufzählung der ausgestellten Trophäen jedoch nicht.[3] Immerhin war der
Schatz jedoch so wertvoll, daß damit neue Bauarbeiten in Rom finanziert werden konnten, etwa die Konstruktion des Kolosseums und
eines Triumphbogens mit einem Basrelief, das die Soldaten des Titus
dabei zeigt, wie sie die Beute aus dem Tempel abtransportieren.

Die Präsenz der Juden auf dem Tempelberg hatte abrupt ein Ende gefunden, und die Römer waren nicht gewillt, Zugeständnisse zu machen. Die römischen Legionen benötigten noch zwei Jahre, ehe der zelotische Widerstand im Lande zerschlagen war. Als die Festung Masada, einst die Sommerresidenz des Herodes, im Jahr 72 n. Chr. fiel, war der Jüdische Krieg endgültig vorbei. Während dieses Konflikts hatten die Römer hohe Verluste erlitten, und sie diktierten den besiegten Juden harte Konditionen. König Agrippa II., der vergeblich versucht hatte, den Ausbruch des Krieges zu verhindern, erhielt die eingeschränkte Herrschaft über Galiläa unter der Bedingung, daß die jüdische Monarchie mit seinem Tod enden werde. Der Bruder und fünfzig Freunde des Josephus wurden aus der Haft entlassen. Titus übergab Josephus Flavius eine Reihe »heiliger Bücher« aus dem Tempel. Das ist ein starker Hinweis darauf, daß dieser bei seiner Historiographie außer den Archiven von Tyrus, die er selbst als Quelle anführte, wahrscheinlich auch Werke nutzen konnte, die uns heute nicht mehr zur Verfügung stehen.[4]

Jerusalem lag verwüstet da. In den Monaten nach der Zerstörung wurden die Ruinen auf dem Plateau des Tempelbergs systematisch beseitigt. Josephus erhielt von Titus die Erlaubnis, im Tempelkomplex unter den dort befindlichen Gefangenen nach Freunden und Bekannten Ausschau zu halten. So gelang es ihm, weiteren hundertneunzig Juden zur Freiheit zu verhelfen.[5] Die Aussichten für die übrigen waren schlecht. Der Tempelvorhof der Frauen wurde in ein Gefängnis verwandelt, und Titus legte die Macht über Leben und Tod der Insassen in die Hände Frontos, eines seiner Kommandeure, der in der Schlacht um den Tempel gekämpft hatte. Die überlebenden Zeloten und Partisanen wurden getötet, doch die größten und bestaussehenden jungen Männer verschonte Fronto, denn sie sollten am Triumphzug des Titus in Rom teilnehmen. Alle übrigen, die älter als siebzehn Jahre waren, legte man in Ketten und brachte sie in die ägyptischen Minen. Von den zelotischen Kommandeuren wurden Joannes zu lebenslanger Haft verurteilt und Simon hingerichtet, nachdem man ihn in Rom zur Schau gestellt hatte.[6]

Josephus berichtet, daß die Mauern Jerusalems von den Römern völlig geschleift wurden. Hinweise an der Südwestecke des
Tempelbergs lassen vermuten, daß dazu auch alle Mauern des
Tempels und der Säulengänge gehörten. 1867 hatte Warren in den
Schächten an der *Haram*-Außenwand Blöcke des zerstörten herodianischen Mauerwerks gefunden. Nach neueren Ausgrabungen
kann man diese Steinblöcke, von denen viele immer noch Spuren
des verheerenden Brandes vom 2. August 70 n. Chr. aufweisen, auf
dem Pflaster angehäuft sehen, das Agrippa II. so sorgfältig anfertigen ließ. Unter dem Gewicht sind die riesigen, fast fünfundzwanzig Zentimeter tiefen Pflastersteine an mehreren Stellen in die Abwasserkanäle durchgebrochen. Höchstwahrscheinlich stürzten die
Blöcke nicht infolge des Feuers von der Plattform, sondern wurden
hinuntergeschoben. Die in den letzten zehn Jahren am Robinson-
Bogen durchgeführten Ausgrabungen zeigen, daß die Römer diese
Arbeit wahrscheinlich von ihren jüdischen Gefangenen durchführen ließen, denn man fand zwischen den Steinblöcken eine beträchtliche Anzahl von Menschenknochen mit bestimmten Merk-
malen. Die meisten waren Arm- und Fingerknochen, die vermutlich
von den riesenhaften Blöcken abgerissen wurden, als die Häftlinge
die Steine über den Rand kippten. So mußten die Juden, die Belagerung, Hungersnot und Kampf überlebt hatten und von Hinrichtung und Deportation verschont geblieben waren, offenbar an der
endgültigen Zerstörung ihres Tempels mitwirken, und viele wurden dabei verkrüppelt.

Als Titus nach Rom abreiste, blieb die 10. Legion in Palästina
zurück, um die Ruinen der Heiligen Stadt zu bewachen. Diese Legion war aus dem Euphrat-Delta im alten Babylon nach Jerusalem
gerufen worden und somit im 1. Jahrhundert n. Chr. an zwei Orten
zum Einsatz gekommen, die für die jüdische Geschichte eine zentrale Rolle spielten. Jerusalem war derart zerstört, daß die Lebensbedingungen im ersten Winter nach der Einnahme durch die Römer
überaus elend gewesen sein müssen. Die Leichen der im Kampf
Gefallenen und der Verhungerten waren nicht bestattet worden
und verwesten inmitten der Ruinen. Wie die berühmten »Judäa-
Capta«-Münzen zeigen, die Vespasian damals prägen ließ, lag das

früher so stolze jüdische Volk nun unter dem Schwert Roms. Der Berg mit dem einst größten und ruhmreichsten Tempel des Altertums war nun im wahrsten Sinne des Wortes zum Friedhof des Judentums und zur Grabstätte des jüdischen Freiheitsstrebens geworden. Nach dem Fall Jerusalems wurde jeder Überlebende, der Waffen trug, von den römischen Soldaten verfolgt und umgebracht. Viele flohen in die Kanalisation, doch die Römer stöberten sie auf, nur wenige kamen mit dem Leben davon. Die 10. Legion schlug ihr Quartier in der Oberstadt auf, und zwar innerhalb der Südwestecke der heutigen Altstadt, vierhundert Meter südwestlich des Tempelbergs, wie die archäologischen Funde von Terrakottafliesen mit dem Stempel der Legion zeigen.[7] Jerusalem war viele Jahre Schauplatz von kriegerischen und blutigen Auseinandersetzungen gewesen, doch nun herrschte Frieden. Die Bevölkerung war dermaßen dezimiert, daß nur wenige Unterkünfte benötigt und etliche beschädigte Häuser abgerissen wurden. Im Laufe der Jahre wehte Winterregen Schutt und Asche vom Tempelberg in das Tyropöon-Tal, füllte die Hohlräume zwischen den herabgestürzten Steinen und erhielt der Nachwelt die Zeichen der Zerstörung.[8]

In den folgenden Jahren fristete in Jerusalem nur noch eine kleine Gruppe von Juden ihr Dasein. Der Großteil der Bevölkerung bestand mittlerweile aus römischen Soldaten und zugewanderten Nichtjuden. Die Stadt mußte wiederaufgebaut werden, und exakt sechzig Jahre nach der Zerstörung des Tempels besuchte der römische Kaiser Hadrian Judäa. Er hatte bereits in Rom zahlreiche neue Bauten errichten lassen und erkannte, daß Jerusalem ihm die Möglichkeit bot, seinem Namen zusätzlich Ruhm und Ehre zu verleihen.

## AELIA CAPITOLINA
## UND DIE BAR-KOCHBA-REVOLTE –
## EIN LETZTES BILD DER BUNDESLADE?

Publius Aelius Hadrianus traf 130 n. Chr. in Judäa ein. Einige Wissenschaftler meinen, er sei auch in Jerusalem gewesen, doch es gibt keine stichhaltigen Beweise dafür, daß er die Stadt betrat.[9] Hadrian war der festen Überzeugung, daß monumentale Bauten der Schlüssel zum langfristigen Machterhalt in seinem weltumspannenden Reich seien. Jerusalem mit seinen verwüsteten Häusern und dem zerstörten Tempel bot geradezu ideale Voraussetzungen für seine Pläne. Er beabsichtigte, auf den Fundamenten der alten Stadt eine neue zu errichten, die ihm zu Ehren den Namen *Aelia* tragen und als Reverenz an die Götter auf dem Kapitol in Rom den Zusatz *Capitolina* erhalten sollte. Schon der Name erfüllte die Herzen der Juden mit Schrecken und mit Trauer, aber Hadrian ging noch einen Schritt weiter. Er drang darauf, auf dem Berg Morija einen Tempel zur Anbetung Jupiters errichten zu lassen.

Seit der Zerstörung im Jahr 70 n. Chr. war der Tribut an den Tempel zwangsweise umgeleitet und für den Bau und Unterhalt eines neuen Jupitertempels auf dem Kapitol verwendet worden. Hadrians Vorhaben, diesen »fremden« Gott, den die Juden bereits in finanzieller Hinsicht förderten, nach Jerusalem zu bringen, machte allen Hoffnungen ein Ende, auf der Stätte des Salomo-Tempels wieder Jahwe opfern zu können. Schlimmer noch, es kursierten Gerüchte, daß ein Verbot der rituellen Beschneidung verkündet werden solle. Daraufhin erhoben sich die Kinder und Enkel der Juden, welche die schrecklichen Ereignisse von 70 n. Chr. überlebt hatten, erneut gegen Rom.

132 n. Chr. setzte die Rebellion der Juden von Judäa unter Führung von Simon bar Koseba ein, nachdem der Aufstand sorgfältig geplant und Waffen und Vorräte gehortet worden waren.[10] Die 10. Legion verließ Jerusalem, um gegen die Aufständischen in freiem Gelände zu kämpfen, und Bar Koseba und seine zahlreichen

Anhänger strömten in die Heilige Stadt. Koseba, ein kluger Soldat, wollte die Unabhängigkeit der Juden wiederherstellen, und der Tempelberg war das eigentliche Zentrum seines Aufstands. Mit Unterstützung seines Onkels Eleazar, der nach dem Zeloten-Führer des Jahres 70 n. Chr.[11] benannt worden war, errichtete Koseba ein neues Regime in der Stadt. Nichtjuden wurden gezwungen, Jerusalem zu verlassen, und angeblich führte er in den Tempelruinen das Jahwe-Opfer wieder ein. Es gibt zwar keinerlei archäologische Funde, die letzteres bestätigen, doch seine Münzen, die er über römische und griechische Geldstücke schlagen ließ, liefern dafür Anhaltspunkte. Eine Münze weist eine ganz besondere Verbindung zum Tempel auf. Die Vorderseite dieser überprägten Münze, eines silbernen Tetradrachmen-Stücks, zeigt vier aufrechte Säulen, welche die punktierten Umrisse einer Kiste oder eines Türeingangs flankieren. Rabbi Leibel Reznick geht in seinem Buch *The Holy Temple Revisited* von der Ansicht aus, die Abbildung stelle den Eingang zu einem Dritten Tempel dar, der unter der Herrschaft Kosebas auf den Ruinen des Zweiten erbaut worden sei. Dieser Glaube ist unter den orthodoxen Juden weit verbreitet.[12] Ya'akov Meshorer vom Israel Museum erklärt jedoch in seiner Publikation *Ancient Jewish Coinage* kategorisch, daß Koseba das Bild des Tempels auf der Münze verwendet habe, um eine Idee darzustellen und nicht einen tatsächlich existierenden Tempel.[13] Die »Idee« besagt laut etlichen Numismatikern, daß die vier Säulen das innere Heiligtum oder Allerheiligste in der Stiftshütte des Moses darstellen, wie es Josephus in seinen *Jüdischen Altertümern* beschrieb.[14] Das Design in der Mitte des Geldstücks scheint auf einer höheren Ebene hinter den Säulen zu stehen und gibt die Frontalansicht der Bundeslade wieder, die hinter dem heiligen Vorhang verborgen ist. Deshalb sind die Umrisse auch nur punktiert worden. Die beiden Punkte oder Kreise auf dem letzten Feld stellen die Enden der Tragestäbe dar, und die Kuppel ist der Deckel mit den Cherubim. Dieses wissenschaftliche Urteil, obwohl letztlich nicht beweisbar, liefert eine logische Erklärung für das Münzbild.

Wenn die Theorie stimmt, dann müssen die Juden von Jerusalem, die Nachkommen der Priester und Leviten des Ersten Tempels, noch 132 n. Chr. fest von der Anwesenheit der Bundeslade an einem unbekannten Ort innerhalb des Tempelbergs überzeugt gewesen sein. Die Inschrift von Kosebas Silberstücken verlangt die »Erlösung Israels« und »Freiheit für Jerusalem«. Auf noch erhaltenen mittleren und großen Bronzemünzen ist der Titel »Simon Prinz von Israel« zu lesen, was auf den glühenden Fanatismus der Rebellen schließen läßt. Viele Anhänger von Bar Koseba, darunter auch der legendäre Rabbi Akiva, sahen durch sein Erscheinen eine Prophezeiung aus dem Vierten Buch Mose erfüllt: »Es wird ein Stern aus Jakob aufgehen und ein Zepter aus Israel aufkommen.«[15]

Koseba änderte seinen Namen in Bar Kochba, was soviel bedeutet wie »Sohn des Sterns«, und nahm die Rolle des messianischen Prinzen vom Stamme Davids für ein neues Israel an. Bar Kochba genoß jedoch nicht die einhellige Zustimmung seines Volkes. Viele Rabbiner lehnten ihn ab, denn sie fürchteten die Folgen eines weiteren Aufstands gegen Rom, und gaben ihm den Spitznamen »Bar Kosiba«, »Sohn der Lügen«.

Die Rabbiner sollten recht behalten. Das gesamte jüdische Palästina schloß sich der Rebellion an, um die Römer aus Judäa zu vertreiben. Wie zu erwarten war, reagierte Rom grausam und unerbittlich. Um Bar Kochbas Streitkräfte niederzuschlagen und den Widerstand der Juden zu unterdrücken, waren drei Jahre vonnöten. 135 n. Chr. erreichte das römische Heer Jerusalem, nachdem es fast tausend Dörfer zerstört hatte. Bei diesen Kämpfen kam insgesamt eine halbe Million Juden ums Leben.[16] Die Stadt hatte keine Befestigungsanlagen mehr und konnte somit nicht verteidigt werden; deshalb mußte Bar Kochba sich nach Osten in die Judäische Wüste zurückziehen. In der Nähe der zehn Kilometer südwestlich von Jerusalem gelegenen jüdischen Hochburg Bethar verschanzte er sich noch einmal und fiel im Kampf. Seine Revolte war der letzte ernsthafte Versuch, das Judentum wieder auf dem Tempelberg zu etablieren. Diesmal verhängte der Kaiser die allerschwerste Strafe über das jüdische Volk, denn er ließ alle Spuren des Monotheismus in der Stadt dauerhaft tilgen. Jerusalem wurde zur Hauptstadt fremder heidnischer Gottheiten.

Die Pläne Kaiser Hadrians wurden jedoch durch die hohen Verluste gegen Ende der Revolte verzögert. Anfänglich hatte er auf dem Tempelberg einen Jupitertempel bauen wollen, aber als die peinlich hohe Zahl der gefallenen Legionäre im Senat verkündet wurde, mußte er von seinem Plan ablassen. Trotzdem widerfuhr diesem Ort eine unbarmherzige Behandlung.

Zum traditionellen römischen Ritual bei der Gründung einer »neuen« Stadt gehörte es, daß der gewählte Standort umgepflügt wurde. Da dies angesichts der Steinmassen in Jerusalem unmöglich war, planierte man eine Fläche. Auf dem Tempelberg wurde eine Statue Hadrians aufgestellt, und westlich davon errichtete man im Herzen Jerusalems einen Tempel für die Göttin Venus, das römische Pendant der Aphrodite oder Astarte. Kein Jude durfte in *Aelia Capitolina* wohnen oder das Gebiet betreten. Auf den Verstoß gegen diese Vorschriften stand die Todesstrafe. Der Baal-Kult hatte eine triumphale Rückkehr in die Stadt König Davids gefeiert.

## EIN VERACHTETER ORT

Im Laufe der nächsten anderthalb Jahrhunderte wuchs und gedieh *Aelia Capitolina* als heidnische, polytheistische Stadt. Aber Anfang des 4. Jahrhunderts kam es zu Ereignissen, die den Glauben an den einen Gott von neuem in die Stadt einkehren ließen. Im Jahr 312 forderte Flavius Valerius Constantinus (Konstantin), der Sohn des römischen Kaisers Constantius Chlorus, seinen Rivalen Maxentius zum Kampf um die Herrschaft im Weströmischen Reich heraus. Die Heere des Konstantin und des Maxentius trafen auf italienischem Boden an der Milvischen Brücke aufeinander. Kurz vor der Schlacht hatte Konstantin eine Vision: Er sah das Kreuz, das Zeichen des christlichen Glaubens, am Firmament über dem Schlachtfeld.

Nach seinem Sieg schrieb er den Erfolg dem Eingreifen des christlichen Gottes zu und wechselte vom Kult des Sol Invictus zum Christentum über. Der christliche »Kult« wurde zur offiziellen Religion des Weströmischen Reiches erhoben und ersetzte die alten heidnischen Rituale, welche den Jahwe-Kult aus Jerusalem verdrängt hatten. Es war ein kluger Schachzug des Konstantin, dem die Geschichte den Beinamen »der Große« verlieh.

Heidnische Kulte spielten in Konstantins Reich noch immer eine starke Rolle, doch das Christentum war trotz jahrelanger unbarmherziger Verfolgung erfolgreich integriert worden. Für viele römische Christen hatte Konstantins Sieg daher überragende Bedeutung: Die Begleitumstände der Schlacht an der Milvischen Brücke waren zweifellos ein Zeichen für das Eingreifen Christi. 324 besiegte Konstantin seinen Schwager und Mitkaiser Licinius und verlegte seine Hauptstadt von Rom nach Byzanz, das er in Konstantinopel umbenannte. Nachdem die christliche Kirche nun die geistliche Führung im Reich innehatte, mußten die religiösen Energien der Gläubigen vereint werden. Konstantin erkannte, daß christliche Pilger Stätten der Verehrung benötigten. Auf einen Schlag rückte Jerusalem wieder in den Mittelpunkt des spirituellen Interesses und wurde erneut zum geistlichen Zentrum des Reiches. Logischerweise mußte Konstantin die heidnischen Tempel der Stadt abreißen und statt dessen christliche Schreine errichten lassen. Jerusalem war immer noch mit Monumenten der Vielgötterei und des Heidentums übersät; für einige hatte man sogar Steine vom Tempelberg verwendet.[17] Die christlichen Architekten waren jedoch mit demselben Problem konfrontiert wie jeder Archäologe in Jerusalem, der Stätten aus vorrömischer Zeit lokalisieren und ausgraben will: Die Stätten, die eine Verbindung zu Jesus besaßen, sind irgendwo tief unter den Grundmauern von *Aelia Capitolina* verborgen. Die Byzantiner ließen sich jedoch nicht abschrecken, stellten möglichst genaue Berechnungen an und begannen zu graben.

Im Jahr 327 n. Chr. wurde nordwestlich vom Tempelberg das Grab Jesu entdeckt. Bald hieß es, daß sich an diesem Ort am Rand eines Steinbruchs aus hadrianischer Zeit auch Golgatha befinde, und die Grundmauern für eine neue Kirche – die Anastasis, die Auferstehungs- oder Grabeskirche – wurden gelegt. Man verkleidete die byzantinische Anastasis mit Marmor und Gold, um der Erscheinung des Herodes-Tempels nachzueifern. Die Auferstehungskirche war ein Konzentrationspunkt für christliche Pilger und hatte nichts mit dem jüdischen Tempelberg zu tun.

Trotz des starken und ungebrochenen Interesses an den Stätten der Passion und der Kreuzigung Christi wurde der Tempelberg von den christlichen Architekten nicht völlig außer acht gelassen. Eine Mosaikkarte aus dem 6. Jahrhundert, die in Madaba, östlich des Jordan, gefunden wurde, erlaubt die Annahme, daß auf dem Tempelberg zu byzantinischer Zeit ein Bauwerk stand, was auch aus den Aussagen christlicher Pilger hervorgeht.[18]

»Am Südrand des Tempelbergs, auch ›Tempelberg-Ecke‹ genannt, zeigt die Karte von Madaba ein Bauwerk, das nicht näher identifiziert wird. Nach christlicher Überlieferung ist dies die Stelle, wo Jesus von Satan versucht wurde, und möglicherweise hat man hier zur Erinnerung an dieses Ereignis ein Gebäude errichtet. Jedenfalls erwähnen einige Pilger jener Zeit das Gebäude an der Tempelberg-Ecke.«[19]

Diese Stelle an der Südwestecke galt den byzantinischen Pilgern auch als der Ort, an dem Salomo sein Buch der Sprüche geschrieben hatte und wo Jakobus, der Bruder Jesu,[20] 62 n. Chr. in den Tod gestürzt wurde. Ob Salomo die Sprüche wirklich in diesem Teil des Tempelbergs schrieb, wird sich nie nachweisen lassen. Für die byzantinische Bestimmung der Südwestecke als Todesstätte des Jakobus gibt es allerdings einige archäologische Anhaltspunkte.

Das Neue Testament berichtet, wie ein Tuchwalker, so genannt nach der Walkerde, die bei der Reinigung und Verdichtung von Tuch benötigt wurde, Jakobus mit einer (Walker-)Stange von seinem Elend erlöste, als dieser schwer verletzt an den Hängen des Kidron-Tals lag. Das untere Kidron-Tal weist eine uralte Verbindung zum Gewerbe des Tuchwalkens auf. Der junge Reverend Hanauer, auf dessen Sprachkenntnisse Warren zur Verständigung mit der einheimischen Bevölkerung zurückgreifen konnte, lenkte als erster die Aufmerksamkeit auf die zahlreichen alten Walkgruben, die südlich der Südostecke in den Felsen gehauen waren.[21] Hanauers Entdeckung verleiht der Geschichte im Neuen Testament wie auch den Aussagen der byzantinischen Pilger eine höhere Glaubwürdigkeit.

Als Konstantin 337 starb, hatte er eine Pilgerstadt für die Christenheit geschaffen. Aber unter den Juden Palästinas riefen seine Aktivitäten blankes Entsetzen hervor, denn sie harrten der Rückkehr des Messias und der Gründung eines neuen Jahwe-Tempels. Konstantins byzantinische Nachfolger, Constantius II. und Constantius III., erlegten der nächsten Generation von Juden immer stärkere Restriktionen auf, bis schließlich Julian Apostata im Jahr 361 den Kaiserthron bestieg. Julian hatte eine christliche Erziehung genossen, sich aber vom Glauben seines Elternhauses abgewandt. Während seiner Herrschaft versuchte er, die heidnischen Kulte seiner römischen Vorfahren wiederaufleben zu lassen. Überraschenderweise war er den monotheistischen Juden wohlgesonnen und erlaubte ihnen im Jahr 362, den Tempel auf dem Berg wiederaufzubauen.[22] Man begann mit ersten Freiräumaktionen auf dieser historischen Stätte und legte danach die Grundmauern. Im Mai des folgenden Jahres wurde Jerusalem jedoch von einem Erdbeben erschüttert, was in dieser Region relativ häufig vorkommt,[23] und auf dem Tempelberg brach ein Feuer aus. Die Christen jubelten, da Gott interveniert zu haben schien, um die Juden an ihrem Vorhaben zu hindern. Als sollte der göttliche Plan vollendet werden, fiel Julian überdies einen Monat später im Kampf. Auf den Thron des Römischen Reiches wurde der überzeugte Christ Jovian gewählt, der den Juden in Palästina wieder strenge Beschränkungen auferlegte. Erneut wurde es ihnen verwehrt, sich in Jerusalem niederzulassen. Sie konnten den Tempelberg nur als Pilger besuchen und im stillen darüber klagen, daß an der heiligsten Stätte ihrer Vorfahren kein Gottesdienst mehr abgehalten werden durfte.

Für den Rest der byzantinischen Epoche blieb der Tempelberg ein religiöses Niemandsland. 410 n. Chr. allerdings berichtete Hieronymus, ein christlicher Autor, der für seinen Ketzerhaß bekannt war, daß auf dem Tempelberg eine Statue Hadrians neben einem Jupiterdenkmal gestanden habe.[24] Sollte dieser Bericht zutreffen, dann hatte Jupiter trotz der großen Bedenken Kaiser Hadrians auf dem Tempelberg Fuß gefaßt.

Abgesehen von wenigen Ausnahmen, wie den Zugeständnissen des Kaisers Julian Apostata, nahm der Respekt der Christen gegenüber den Juden während der gesamten byzantinischen Herrschaft ab. Dies führte zur offenen Verachtung der heiligsten Stätte des jüdischen Glaubens. Aber wie dermaleinst jene der Juden stand auch die Dominanz der Christen auf tönernen Füßen. Zu Beginn des 6. Jahrhunderts wurde ihr eigener, monotheistisch begründeter Anspruch auf geistliche Führerschaft durch neue Gefahren von außen bedroht. Da Jerusalem infolge innerer Spaltungen geschwächt war, konnten die Perser 614 in Judäa einfallen. Ein persisches Heer unter General Sahrbaras kesselte Jerusalem ein. Die Stadt konnte drei Wochen lang standhalten, doch Ende Mai durchbrachen die Belagerer die Verteidigungslinien, strömten durch die Tore und zeigten keine Gnade. Mehr als sechzigtausend Menschen, darunter Frauen und Kinder, wurden niedergemacht.[25] Die Perser plünderten die Stadt, zogen wieder ab und überließen sie den Juden, unter denen plötzlich die Hoffnung auf einen neuen Bund auf dem Tempelberg aufflammte. Aber diese wurde durch die Be-

dingungen des Waffenstillstands zwischen Persien und Kaiser Heraklius von Byzanz im Jahr 629 zunichte gemacht. Heraklius durfte
Jerusalem behalten und zog durch das Goldene Tor, das heute am
nördlichen Ende des *Haram* steht, in die Stadt ein. Sein Triumph
war jedoch nur von kurzer Dauer. 571 wurde im Stamm der Quraysh
in Nordarabien, etwa siebenhundert Kilometer von Jerusalem entfernt, ein Kind geboren, das den Namen al-Amin – der Gläubige –
erhielt. Später sollte es als Mohammed, der »Hochgepriesene«,
bekannt werden.[26] Durch sein Leben wurde das Erscheinungsbild
des Tempelbergs gravierend verändert.

Über Mohammeds frühe Jahre ist wenig bekannt. Sein Vater Abdullah starb vor seiner Geburt, und als er sechs Jahre alt war, verlor er auch seine Mutter Aminah. Mohammeds Großvater Abd al-Muttalib kümmerte sich bis zu seinem Tod um ihn, danach wurde er der Obhut seines Onkels väterlicherseits, Abu-Talib, übergeben. Im Alter von fünfundzwanzig Jahren heiratete er eine wohlhabende Quraysh-Witwe. Mohammed war es, der die arabischen Stämme im Glauben an nur einen Gott vereinen sollte.

Durch seine Heirat konnte er sich einen Herzenswunsch erfüllen: Er wollte sein Ich erkunden und verbrachte mehr und mehr Zeit mit Meditationen in einer kleinen Höhle am Berg Hira. Hier erhielt er in einer Reihe von Visionen den Befehl, das Wort eines allmächtigen Gottes zu verbreiten, der die Gläubigen nach dem Tod belohnt und die Ungläubigen mit der Höllenstrafe belegt. Die Grundbotschaft unterschied sich wenig von jener der Propheten des Alten Testaments an die gotteslästerlichen Juden, und die Reaktion der arabischen Brüder Mohammeds fiel ebenso aus: Wie Jeremia, der Prophet Jahwes, galt Mohammed, der Prophet Allahs, bald als *nadhir*, als Prophet des Untergangs.[27]

Die Quraysh waren die Wächter von al'Ka'bah, dem Heiligtum in Mekka, das ein Stück heiligen schwarzen Granits beschützte. Die Kaaba war der wichtigste Wallfahrtsort für polytheistische Araber, die zahlreiche Götzenbilder um den schwarzen Teil errichteten. Die Worte Mohammeds gefährdeten die wirtschaftlichen Interessen des Stammes, und obwohl seine Frau und ihr Cousin Waraqah ibn Nawfal ihm folgten, widersetzte sich der Quraysh-Adel allen Forderungen Mohammeds, nur einen Gott anzubeten.

Mohammeds Anhängerschaft nahm besonders in den ärmeren Schichten der Bevölkerung zu, so daß ihn seine Gegner bald als Bedrohung wahrnahmen. Im Jahr 615 beschlossen neunundvierzig

mohammedtreue Familien aus Mekka, sich der Vergeltung durch
ihre Gegner zu entziehen. Sie flohen aus ihrer Heimatstadt ins
Herrschaftsgebiet des christlichen Negus von Abessinien. Damit
war Mohammed für eine gewisse Zeit isoliert,[28] doch er setzte sein
Werk unbeirrt fort. Da der Prophet erkannte, welch bedeutende
Rolle die Bibel bei der Vereinigung der Christen gespielt hatte,
faßte er den Entschluß, ein ähnliches Buch für seine eigenen Anhänger zu schaffen. Er stellte seine eigenen mystischen Erfahrungen zusammen, zu denen auch seine berühmte »Nachtreise« zum
Tempelberg in Jerusalem gehörte.

Mohammed beschrieb, wie er in seinen Träumen auf dem Rük-
ken eines geflügelten Pferds namens Buraq fortgetragen wurde,
welches das Gesicht einer Frau und den Schwanz eines Pfaus besaß. Buraq brachte ihn zum Tempelberg. Hier begann Mohammed
seinen Aufstieg oder *mi'raj* durch die himmlischen Sphären in den
siebten Himmel. Dabei begegnete er Jesus Christus, König David,
Moses, Abraham, Adam und schließlich dem Engel Gabriel, der
Mohammed als Propheten Allahs, des allmächtigen Gottes, bestätigte. Hier, über dem *Sakhra* in Jerusalem, erhielt Mohammed Anweisungen dazu, wie die muslimischen Gläubigen beten sollten.

622 war der Widerstand gegen sein Wirken so stark geworden,
daß Mohammed sich nach einem anderen Ort umsehen mußte, von
wo er die Versuche, seine arabischen Brüder und Schwestern zu
bekehren, fortsetzen konnte. Eine Abordnung von fünfundsiebzig
Männern bot ihm und seiner Gefolgschaft Zuflucht in Medina, der
Heimatstadt seiner Mutter, an. Also brach er heimlich aus Mekka
auf und erreichte am 22. September 622 Medina. Zweihundert seiner Anhänger erwarteten ihn bereits. Mohammeds Reise von
Mekka nach Medina wurde bekannt als Hedschra oder »Flucht«,
und danach nahm sein Leben eine andere Wendung. Er gewann
seine erste Schlacht im Jahr 624, als er mit nur dreihundert Gefolgsleuten eine aus Mekka entsandte Streitmacht mit tausend Mann bei
Badr, fünfundzwanzig Kilometer südwestlich von Medina, nieder-
rang.[29] Dieser Sieg spornte ihn an, und bald richtete sich sein reli-
giös-militärischer Eifer gegen jüdische Bewohner Arabiens, die mit
viel Erfolg Dattelplantagen bewirtschafteten. Im Jahr 627 tötete

Mohammed über sechshundert Juden, weil sie seine Feinde unterstützt hatten. Die Überlebenden wurden des Landes verwiesen. Eine ähnliche Behandlung erfuhren die Juden in Medina, und 629 wurden auch die Juden in der Oase Khaybar nördlich von Medina vertrieben. In den letzten Lebensjahren Mohammeds festigte sich der Islam, die Harmonie mit Gott. Da Mohammed den Bruch mit allen Einflüssen des Judentums und des Christentums anstrebte, bestimmte er den Freitag zum heiligen Tag der Woche und ersetzte den Ruf zum Gebet durch Trompeten und Glocken durch den *adhan* oder Ruf vom Minarett. Im Januar 630, im achten Jahr der Hedschra, eroberten Mohammeds Streitkräfte schließlich Mekka. Er betrat die Kaaba, das Heiligtum mit dem schwarzen Stein, und zerschlug die zahlreichen Götzenbilder. Den Bereich um den Stein und die Kaaba erklärte er zum *Haram* oder heiligen Ort und ordnete an, daß in Zukunft alle Araber ihre Gebete in Richtung dieses Ortes zu sprechen hätten.[30]

Als Mohammed am 8. Juni 632 in Medina starb, hatte er die Stämme Arabiens geeint. Ein Jahr nach seinem Tod wurde seine Sammlung von Gedanken und Sprüchen, der *Qur'an* oder Koran, von den sogenannten *huffaz* auswendig gelernt. Dieser Berufsstand starb jedoch aus, und um die Worte des Propheten zu bewahren, schrieb man sie nieder. Das Originalmanuskript blieb in Mekka, und drei wortgenaue Abschriften wurden in die islamischen Militärlager in Damaskus, in Basra am Persischen Golf und in al-Kufah am Euphrat, hundert Kilometer südlich von Bagdad, gebracht. Trotz der einigenden Wirkung des Korans waren die Bindungen zwischen den einzelnen Beduinenstämmen Arabiens nur locker, was 1917 auch T. E. Lawrence erfahren mußte. Der Islam im reinen Sinne forderte, sich der Sache Gottes zu widmen. Nach Mohammeds Tod drohte die von ihm geschaffene Bewegung wegen der Rivalitäten zwischen verschiedenen Stämmen auseinanderzufallen. Aber der Zeitpunkt war günstig, denn Persien und Byzanz hatten einander bis zur Erschöpfung bekämpft, und als die arabischen Heere vordrangen, trafen sie auf wenig Widerstand. Im Jahr 636 marschierten sie in Palästina ein, und im Juli des folgenden Jahres lagerten sie auf den Hügeln um Jerusalem.

Als sich die Stadt den islamischen Streitkräften im Februar 638 ergab, begleitete der christliche Patriarch Sophronius den Einzug der Sieger. Der Führer der muslimischen Streitkräfte, Kalif Omar, schloß sich seinen erfolgreichen Soldaten an. In seiner Hand lag es, über den Status von Jerusalem zu entscheiden und die notwendigen Vorkehrungen für eine Zivilherrschaft zu treffen. Er verhielt sich großherzig, und diesmal wurde kein Blut Unschuldiger vergossen. Der Patriarch geleitete Omar an die heiligen Stätten des Christentums, und als der Kalif den Tempelberg erreichte, war er schockiert.

Nach dem Abzug der Perser aus Jerusalem war der Tempelberg auf schreckliche Weise entweiht worden. In alter Zeit war die Abfallentsorgung ebenso schwierig wie heute, doch die Einwohner Jerusalems glaubten, eine einfache Lösung gefunden zu haben, wie Warren im 19. Jahrhundert feststellte. Was nicht in die Kanäle geleitet werden konnte, sollte auf eine Müllhalde gelangen. Dafür schien den Byzantinern die Tempelberg-Terrasse wie geschaffen. Der neue Eroberer der Stadt war entsetzt über die Entweihung der heiligen Stätte. Er stieg über einen Abfallhaufen, der aus einem Tor herausquoll, nahm eine Handvoll Dreck und warf ihn über die Mauer der Plattform. Damit wollte er symbolisch zeigen, daß er die Absicht hegte, die Stätte zu säubern und dem Tempelberg dessen heiligen Status wiederzugeben. Omars Begleiter folgten seinem Beispiel.[31]

E. H. Palmer, ein Zeitgenosse Charles Warrens, veröffentlichte 1870 ein Buch mit dem Titel *History of the Haram*, das er aus Schriften der arabischen Historiker Jelal ed din es Siyuti und Kemal ed din ibn Abi Sherif zusammengetragen hatte.[32] Palmer war wie Warren bei seinen Recherchen sehr akribisch. In seinem Bericht über Omars Besuch auf dem Tempelberg schildert er, wie der entblößte *Sakhra*, der nun unter dem Felsendom liegt, von Omars Gefolge entdeckt wurde. Der Kalif ordnete an, daß niemand an dieser natürlichen Oberfläche des Tempelbergs beten solle, ehe nicht drei Regenschauer auf den *Sakhra* gefallen seien.[33] Mit dieser symbolischen Reinigung wollte Omar signalisieren, daß der Berg wieder einen heiligen Status besaß. Im Jahr 638 führten politische Spaltungen unter den Muslimen dazu, daß der herrschende Kalif Abd al-Malik seine Aufmerksamkeit der architektonischen Entwicklung des Tempelbergs zuwandte. Seit der Eroberung durch Omar stand für die Pilger, welche die Stätte besuchten und dort beten wollten, am südlichen Ende der Tempelberg-Plattform ein einfacher Holzbau (heute befindet sich dort die al-Aksa-Moschee). Das sollte sich bald ändern. Abd al-Malik untersagte seinen syrischen Anhängern die Pilgerfahrt nach Mekka, da sein politischer Rivale Zobeir über diese Region herrschte. Vielmehr beschloß er, den Tempelberg, der bereits als drittheiligste Stätte des Islam verehrt wurde, zu einer Konkurrenzstätte Mekkas auszubauen. Er plante, die Ruinen des herodianischen Tempelkomplexes in einen *Haram*, einen heiligen Bezirk, zu verwandeln.

DER FELSENDOM
UND DIE AL-AKSA-MOSCHEE

Abd al-Malik versammelte ein Heer von Kunsthandwerkern und Arbeitern und stellte zur Finanzierung seines Vorhabens einen Betrag
zur Verfügung, der den Einkünften Ägyptens aus sieben Jahren
entsprach. Er übergab seinem Architekten den Plan für die Kuppel
oder *Qubbet*, die er über dem *Sakhra* errichten wollte, und ließ ein
maßstabgerechtes Modell anfertigen. Dieses Modell gefiel ihm so
gut, daß er es als dauerhaftes Einrichtungsstück im *Haram* zurück-
ließ. Umgehend begann man mit der Arbeit an dem außerordentlich harmonischen Hauptgebäude. Nach den Abmessungen zu urteilen, muß der Architekt viel von Mathematik verstanden haben.
Das Gebäude bildete ein Achteck, dessen Grundriß in einen Kreis
mit etwas weniger als fünfundfünfzig Meter Durchmesser paßte.

In den letzten Jahren diskutierten Wissenschaftler heftig über
die mögliche Existenz einer byzantinischen Kirche an der Stelle
des *Sakhra*.[34] Das ist jedoch unwahrscheinlich, wenn man an die
Vernachlässigung des Ortes durch die Christen denkt: Die byzantinischen Christen hätten wohl kaum eine Kirche zur Müllhalde
verkommen lassen. Es gibt jedoch wichtige Hinweise darauf, daß
Abd al-Malik beim Bau des Modells und beim realen Plan für den
*Qubbet as-Sakhra*, den Felsendom, auf die Kenntnisse byzantinischer Architekten zurückgriff. K. A. C. Creswell legte in einem Buch,
das 1924 von der *British Archaeological Review* publiziert wurde,
höchst detailliert dar, welch auffällige Ähnlichkeiten zwischen
dem Felsendom, der byzantinischen Kathedrale in Bosra und zwei
christlichen byzantinischen Bauwerken in Jerusalem – nämlich der
Anastasis bei »Golgatha« und der Himmelfahrtskirche am Ölberg –
bestehen. Creswell vermaß die Grundrisse aller Gebäude, und
seine Folgerungen sind durchaus überzeugend:

»Zusammenfassend kann man folgende Entwicklungsschritte
zum Plan des *Qubbet as-Sakhra* angeben:

Die Anastasis, 327–335. Der innere Kreis hat einen Durchmesser von 20,9, der äußere von 36,52 Metern (Innenmessung).

Die Himmelfahrtskirche, vor 378 (nach Vincent und Abel). Der innere Kreis hat vielleicht den gleichen Durchmesser wie der vorhergehende. Das äußere Achteck mit einem Seitenmaß von 15,80 Metern ist von dem inneren Kreis mit demselben System abgeleitet wie im *Qubbet as-Sakhra.*

Die Kathedrale in Bosra, 513. Das erste Beispiel mit doppeltem Wandelgang. Der innere Kreis hat etwa 14,946 Meter Durchmesser, das dazwischenliegende Oktogon 10,58 Meter je Seite, der äußere Kreis 36,10 Meter (annähernd wie die Anastasis); er liegt in einem quadratischen Äußeren.

Der *Qubbet as-Sakhra* [Felsendom], 688–691. Der Innenkreis hat 20,37 Meter Durchmesser (annähernd wie die Anastasis), das dazwischenliegende Achteck 15,82 Meter je Außenseite, fast genau dieselbe Länge wie die der Himmelfahrtskirche. Der Kreis, der das äußere Achteck einschließt, ist vom dazwischenliegenden mit derselben Methode abgeleitet worden wie in Bosra.«[35]

Infrarotluftaufnahmen aus dem Jahr 1998 zeigen, daß auf der *Haram*-Plattform parallel zu den Außenmauern des *Qubbet as-Sakhra* außen ein Pflaster verlief, das mit bloßem Auge nicht zu erkennen ist.[36] Das heißt, daß der *Qubbet as-Sakhra* auf einem ausladenden Platz stand, der speziell zu diesem Zweck planiert worden war – unabhängig davon, ob über dem *Sakhra* einst eine christliche Kirche erbaut worden war oder nicht. Im Inneren ließ man den Felsen des Tempelbergs im Zentrum entblößt liegen. Die Kuppel mit einem Durchmesser von 24,50 Metern wurde über dem heiligen Stein errichtet. Ihre Höhe von 54,90 Metern entsprach genau dem Umfang des Hauptgebäudes.

Nach der Fertigstellung des *Qubbet as-Sakhra* gestanden Rija ibn Haiyah el Kendi und Yezid ibn Sallam, die beiden Architekten, Abd al-Malik, daß sie hunderttausend Golddinare übrig hätten. Da sie das Angebot des Kalifen ablehnten, diese Summe als Prämie zu behalten, wurden die Münzen eingeschmolzen, zu Blattgold gehämmert und zur äußeren Beschichtung des Felsendoms verwandt. An seiner Spitze wurde der islamische Halbmond angebracht, und man stellte eine riesige Abdeckung aus Filz und Leder her, um die Goldverzierung vor Winterregen und Schnee zu schützen. Der Eröffnung des Felsendoms im Jahr 691 ging die Reinigung des *Sakhra* voraus, die sich zu einem Ritual entwickelte. Mit einem Auszug aus Khaluk, einer aromatischen Pflanze, wusch man den heiligen Felsen, und der Duft von Aloe-Räucherwerk, der aus goldenen und silbernen Schalen hochstieg, erfüllte die Luft im Felsendom. Rija und Yezid hatten auch den Bau einer filigranen Ebenholzabschirmung bezahlt, die den *Sakhra* umgab und den heiligen Ort noch geheimnisvoller erscheinen ließ.

Besucher des *Sakhra* können unterhalb des Felsens über vierzehn Stufen eine Höhle betreten, die in den Stein geschlagen wurde. Sie hat einen ebenen Boden und eine gewölbte Decke. In der Mitte des Dachs, knapp über Kopfhöhe, befindet sich ein Loch, das einen Durchmesser von einem Meter aufweist und die Decke zum darüber befindlichen *Sakhra* durchbricht. Es gibt viele Vermutungen darüber, daß der *Sakhra* einst der Ort war, an dem der Opferaltar vor dem Tempel des Salomo und des Herodes stand, während in der Höhle darunter Blut und Tierabfälle gesammelt wurden. Wilson, der die Höhle im Jahr 1864 so ausgezeichnet vermaß, hielt sie für eine Zisterne, in der man reines Wasser zur anschließenden Verwendung im Tempel speicherte.[37] Die Gültigkeit solcher Aussagen ist jedoch ganz entscheidend von der Steigung abhängig. Die Bodenfläche des Tempels lag nach Ansicht Warrens über der Oberfläche des *Sakhra*, was Conder ignorierte. In Wirklichkeit war diese Höhle wohl ein Grab oder eine verborgene Kammer unter dem Tempelboden, vergleichbar mit den Gewölben unter christlichen Kathedralen und Kirchen; im Laufe der Zeit dürfte man sie in einen Abwasserkanal oder eine Zisterne umgewandelt haben.

Wegen der Lage der Zisterne V südöstlich des Felsendoms war Warren überzeugt, daß der Tempelaltar und damit der Tempel einst ebenfalls südlich des *Sakhra* gestanden hatten. Damit wird es noch plausibler, daß die Kammer unter dem *Sakhra* auf irgendeine Weise mit dem Entwässerungssystem des jüdischen Tempelbergs verbunden war. Warren erkannte die Bedeutung des *Sakhra* für das archäologische Gesamtbild des *Haram*. Bevor er Jerusalem 1870

**Abb. 7.1:** Querschnitt des Felsendoms mit dem *Sakhra* und der darunter befindlichen Höhle.

verließ, führte er noch zwei Aktionen durch, von denen die eine höchst geheim und die andere außerordentlich riskant, wenn nicht gar tollkühn war.

Mitte des 7. Jahrhunderts hatten die muslimischen Kalifen die Heiligkeit des *Sakhra* für den Islam untermauert, und der Felsendom wurde ein muslimischer Schrein. 705 erneuerte Abd al-Malik die al-Aksa-Moschee, die seit der Zeit Omars südlich des Felsendoms gestanden hatte. Die al-Aksa-Moschee, arabisch »die Entfernte«, wurde entweder wegen ihrer Entfernung von Mekka so genannt[38] oder wegen ihrer Nähe zum *Sakhra*, dem Ort, den die islamischen Geistlichen für die exakte Mitte der Erde und das Tor zum Himmel hielten.[39] Beide Gebäude wurden durch an Ketten hängende Lampen erleuchtet: durch 230 in der al-Aksa-Moschee und 155 im *Qubbet as-Sakhra*. An jedem Freitag oder Feiertag wurden zudem tausend Kerzen angezündet.

Aus muslimischen Quellen ist bekannt,[40] daß auch Juden an der Planung und Gestaltung des *Haram* beteiligt waren. Während der damaligen muslimischen Toleranz wurden weder Juden noch Christen von dem Ort ausgeschlossen. Manche verrichteten dort niedere Arbeiten. Zehn jüdischen Familien bot man an, gegen Erlaß der jährlichen Kopfsteuer den *Haram* zu fegen und die Toiletten am Rand zu säubern. Juden stellten auch Glaslampen, Kandelaber und Dochte her, wofür ihre Familien ebenfalls von der Kopfsteuer befreit wurden. Die Muslime hielten sich eine ähnliche Zahl christlicher Diener, welche die Matten im *Haram* ausbürsteten und die verschmutzten Kanäle und Zisternen reinigten.[41]

Abd al-Malik starb am 8. September 705. Das Heiligtum, das er geschaffen hatte, war so schön, daß ein späterer Nachfolger, Abdullah el-Mamun, der von 813 bis 833 in Jerusalem herrschte, versuchen sollte, Abd al-Maliks Inschrift am Felsendom zu ändern, um selbst den Ruhm für den Bau zu reklamieren. Doch die Muslime sollten nicht ewig auf dem Tempelberg bleiben.

In der Zeit der muslimischen Herrschaft von der Fertigstellung des *Qubbet as-Sakhra* im Jahr 691 bis zum Ersten Kreuzzug im Jahr 1099 wurden viele Gebäude instand gesetzt. Kalif el-Walid al-Malik, Abd al-Maliks Sohn, ersetzte den einfachen Holzbau der al-Aksa-Moschee aus der Zeit Omars durch Marmor und Stein. Das Südende des Tempelbergs, wo die al-Aksa-Moschee lag, war zum Teil jedoch äußerst instabil. Der »sechzig Ellen« lange Erweiterungsbau, den Herodes im Bereich der Südmauer hatte errichten lassen, stand auf sicherem, wahrscheinlich salomonischem Fundament, doch im östlichen Bereich gab es ein gravierendes Problem. Im Osten hatte Herodes seine Erweiterung des Tempelbergs nicht fortsetzen können, weil das Kidron-Tal hier steil abfällt. Daher war er gezwungen, auf dem Füllmaterial des Tyropöon-Tals zu bauen, das einst den Tempelberg von der Oberstadt getrennt hatte. Wenn es regnete, konnte der Untergrund unter den herodianischen Blöcken ins Rutschen geraten. Warren und Sergeant Birtles wären einmal fast ums Leben gekommen, als eine solche Verschiebung des Untergrunds einen Gang einstürzen ließ. Bei jedem neuen Erdbeben wurden die Fundamente am südwestlichen Ende des *Haram* stärker in Mitleidenschaft gezogen. Dieser Kampf gegen die Natur dauert bis heute an.

747 verwüstete ein Erdbeben Jerusalem. Der Felsendom wurde beschädigt, und Walids al-Aksa-Moschee stürzte ein. Zwei Jahre später wurde ein Omaijadenheer am Fluß Zab besiegt, und die Abbasiden lösten die Omaijaden ab, die seit 661 über Jerusalem geherrscht hatten. Die neuen Herrscher, deren Sitz sich in Bagdad befand, ließen Gold und Silber aus dem *Haram*[42] abschlagen, um den Wiederaufbau Jerusalems zu finanzieren. Doch kaum hatten sie ihre Arbeiten abgeschlossen, da suchte im Jahr 771 ein weiteres Erdbeben die Region heim. Die zusammengebrochene al-Aksa-Moschee wurde aus dem Schutt wiederaufgebaut, und zwar noch prächtiger. Das nächste größere Erdbeben im Jahr 1033 brachte die Nordseite der Moschee zum Einsturz. Mitte des Jahrhunderts wurde die al-Aksa-Moschee im kleineren Maßstab wiedererrichtet und erneut ihrer religiösen Bestimmung übergeben.

Vom 8. bis zum 11. Jahrhundert befand sich Jerusalem an der politischen Peripherie der muslimischen Welt. Das Byzantinische Reich mit seiner Hauptstadt Konstantinopel war immer noch eine Großmacht in der Region und bildete eine wirksame Barriere gegen die Ausbreitung des Islam nach Westen. Trotzdem hatten Pilgerreisen von Christen nach Jerusalem zugenommen, und im 11. Jahrhundert hatte sich eine byzantinisch-christliche Gemeinde in Jerusalem herausgebildet. Pilger waren eine lohnende Einnahmequelle, armenische und italienische Zuwanderer, die sich auf Handel und Handwerk verstanden, ließen sich in der Stadt nieder und trugen zu ihrer kosmopolitischen Atmosphäre bei. Aber gegen Ende des 11. Jahrhunderts kämpften die Herrscher und Kirchenführer des christlichen Europa darum, die Ordnung innerhalb ihrer Grenzen aufrechtzuerhalten. Die Feudalgesellschaft, reguliert durch die Allianz von Kirche und Staat, war immer weniger gewillt, sich den Gesetzen zu unterwerfen. Ein erstes Anzeichen drohender Unzufriedenheit in der Bevölkerung hatte es bereits bei der Feier anläßlich der Jahrtausendwende gegeben. In jenem Jahr hatte man die Wiederkunft

Jesu Christi erwartet; ihr Ausbleiben führte zu allgemeiner Bestürzung. Ähnliches wiederholte sich im Jahr 1033, dem offiziellen kirchlichen Jahrtausendbegängnis der Kreuzigung Jesu. Die Konzile organisierten mit Hilfe der Bischöfe und Lehnsherren vor Ort Mas-
senversammlungen der Armen, damit diese sich durch einen Eid
verpflichteten, Frieden zu halten und den Geboten Folge zu leisten.
Die Kirche drohte Ungehorsamen mit Exkommunikation, was in
einer abergläubischen Gesellschaft, die sich von den heiligen Sakra-
menten leiten ließ, eine sehr wirkungsvolle Waffe darstellte. Trotz
anfänglicher Erfolge bei der Bewahrung von Ruhe und Ordnung erreichte die Häresie im 11. Jahrhundert einen Höhepunkt. Viele ver-
armte Christen sahen in der Auflösung einer durch den Zehnten
reich gewordenen Kirche einen ersten Schritt in Richtung eines
neuen Zeitalters. Eine einflußreiche häretische Denkschule war
der Manichäismus. Die Lehren des Mani, eines persischen Mönchs
aus dem 3. Jahrhundert, basierten auf den Prinzipien Zarathustras
von Gut und Böse; sie besagten, daß der ständige Kampf zwischen
den beiden Kräften für alle Dinge auf Erden verantwortlich sei.
Eine solche Denkrichtung, welche die Bedeutung der Auferstehung
Christi in Abrede stellte, bedrohte die Kirche in ihren Grundfesten.
Viele manichäische Anführer waren unzufriedene Mönche, die das
sichere Klosterleben aufgegeben hatten, um einen individuellen
Weg zu Gott zu beschreiten. Sie predigten die Abschaffung der
kirchlichen Sakramente und die Ablehnung des Kreuzes. In einer
Zeit, da die Lebenserwartung nur rund dreißig Jahre betrug, war
der Tod allgegenwärtig, und der radikale Glaube erfuhr eine geradezu leidenschaftliche Unterstützung von Christen aus ganz Europa. Die Kirche suchte verzweifelt nach einer Lösung, um das Volk
im Rahmen der herkömmlichen Religion zu einen. Die Situation in
Palästina am Ende des 11. Jahrhunderts bot die perfekte Antwort.

Seit 1073 regierten die seldschukischen Türken in Jerusalem.
Sie hatten die ägyptische Fatimidendynastie verdrängt, die seit
983 in der Region herrschte. Zwar hatten in Palästina schon immer
Räuberbanden ihr Unwesen getrieben – Charles Warren reiste noch
im 19. Jahrhundert bewaffnet dorthin –, doch unter den Seldschu-

ken verstärkten sich die Angriffe auf christliche Pilger noch. Das veranlaßte Papst Urban II. zum Eingreifen. In einer Gesellschaft, die vom Alten und Neuen Testament geprägt wurde, war es leicht, für die Befreiung Jerusalems zu werben: Diese Stadt galt den Christen des Mittelalters noch immer als Nabel der Welt. Das bestätigen auch Karten, die in jener Zeit entstanden.

Seit dem 7. Jahrhundert war Jerusalem das Zentrum der bekannten Welt.[43] Die mittelalterlichen Karten basierten auf dem T-O-System, das ebenso einfach wie wirkungsvoll war. Das »T« stand im runden »O« der Ozeane, welche die Kontinente Asien, Europa und Afrika teilten. Jerusalem befand sich an der Schnittstelle des Hoch- und des Querbalkens des »T«. Allein daraus ist ersichtlich, daß es, obwohl es vielen Menschen so weit entfernt wie der Mond erschien, allergrößte symbolische Bedeutung besaß.

Papst Urban II. fand die Lösung für alle dringenden Probleme: sowohl für die Bedrohung der Macht seiner Bischöfe als auch für die Gefährdung der christlichen Pilger. Ein allgemeiner »Kreuzzug« sollte durchgeführt werden, um die heiligen Stätten der Christenheit aus den Händen der Heiden zu befreien und Jerusalem wieder unter die Hoheit der Gläubigen zu bringen. Die Bezeichnung »Kreuzzug« wurde von dem Kreuz abgeleitet, das sich jeder Teilnehmer auf den Mantel nähen ließ. Papst Urban versprach allen »Kreuzfahrern« den Erlaß der Sünden, Wohlstand und die Möglichkeit, Eigentum zu erwerben.

Im Jahr 1095 hielt er eine flammende Rede in der südfranzösischen Stadt Clermont:

»Euer Besitz soll euch nicht abhalten, auch nicht eure Sorge um Familienangelegenheiten, denn das Land, in dem ihr lebt, eingeschlossen an allen Seiten von Meeren und Berggipfeln, ist zu eng für eure große Bevölkerung; auch hat es nicht allzu viele Reichtümer; und es bietet kaum genügend Nahrung für jene, die es bebauen. Deshalb bringt ihr einander um, deshalb führt ihr Kriege und sterbt häufig an Wunden, die ihr euch gegenseitig zugefügt habt. Laßt deshalb ab vom Haß aufeinander, beendet eure Streitigkeiten und Kriege und allen Zwist und alle Uneinigkeit. Begebt euch auf den Weg zum Heiligen Grab. Entwindet jenes Land dem gottlosen Volk, und macht es euch untertan. Das Land ist von Gott dem Besitz der Kinder Israel überantwortet worden.

Jerusalem ist der Nabel der Welt: Das Land ist fruchtbarer als andere, wie ein zweites Paradies der Freuden.«[44] Das Versprechen fruchtbaren Bodens wie auch der Erlaß aller Sünden waren starke Anreize für Urbans Zuhörer. Er dekretierte, daß alle »Kreuzfahrer« am 15. August 1096 aufbrechen und sich im Laufe des Jahres in Konstantinopel, der Hauptstadt des Byzantinischen Reiches, einfinden sollten. Aber nur wenige hielten sich an den Rat des Papstes oder waren geneigt, sich Selbstdisziplin aufzuerlegen. Urbans Aufruf verbreitete sich wie ein Lauffeuer in Europa, und die Kreuzfahrer unterschieden nicht zwischen Muslimen und den Kindern Israel. Als wollten sie die Übermacht des christlichen Glaubens unter Beweis stellen, lösten sie, bevor sie Palästina erreicht hatten, einen Holocaust aus, dessen Opfer die Juden waren.

In Europa nahmen viele Juden als umtriebige und fähige Geschäftsleute eine herausragende Stellung ein. Die Vorbereitungen für einen so langen Kreuzzug waren kostspielig, und die einfältigeren Mitglieder der Kreuzfahrergesellschaft konnten es nicht mit ihrem Gewissen vereinbaren, von jüdischen Geldverleihern, also von dem Volk, das Jesus »ermordet« hatte, Mittel zu borgen, um sich für die Befreiung Jerusalems auszurüsten. Der Aufruf des Papstes zu den Waffen war daher eine willkommene Gelegenheit für viele, ihrem Verdruß Luft zu machen. Etliche Kreuzfahrer verließen ihr Land lange vor der Ernte und erhielten unterwegs weiteren Zulauf. Im Frühjahr und Sommer 1096 wüteten Banden im Rhein-Tal und erschlugen in Worms und Mainz Juden. Die dortigen Bischöfe versuchten vergeblich, ihre jüdischen Mitbürger zu beschützen. Ähnliche Greueltaten ereigneten sich auch entlang des französischen Mosel-Tals.[45] Doch diese blutrünstige Demonstration des Kreuzfahrergeistes belastete das christliche Gewissen kaum, und die Vorbereitungen wurden wie geplant fortgesetzt. Überall in Europa schlossen sich Adlige den Kreuzfahrern an, deren Mehrheit aus Frankreich und Deutschland kam. Der Kreuzzug verfügte über drei Führerpersönlichkeiten: Gottfried von Bouillon, Herzog von Niederlothringen, Bohemund I., Herzog von Tarent, und Raimund IV.

von Saint-Gilles, Graf von Toulouse. 1097 brachen sechzig- bis hunderttausend Kreuzfahrer nach Konstantinopel auf.[46] Der byzantinische Kaiser Alexios I. Komnenos stand vor der schwierigen Aufgabe, Frieden und Stabilität in seinem Reich aufrechtzuerhalten, während seine Hauptstadt als Treffpunkt für die Teilnehmer des Kreuzzuges diente. Im Frühjahr 1098 schworen alle wichtigen Heerführer, das Leben, die Ehre und die Besitztümer des Alexios zu schützen. Ende April marschierten die christlichen Heere südwärts über den alten Handelsweg nach Palästina auf Jerusalem zu. Eine Armee aus Nordfrankreich unter Robert von der Normandie, dem ältesten Sohn Wilhelm des Eroberers, schloß sich ihnen am 3. Juni an, um sie bei der Belagerung von Nizäa, siebzig Kilometer südöstlich von Konstantinopel, zu unterstützen.

Die Kreuzfahrer, etwa achtzigtausend Mann, brauchten weitere vierzehn Monate, um sich durch die Türkei und Syrien nach Palästina durchzukämpfen. Am Abend des 7. Juni 1099 schlugen sie ihr Lager vor den Mauern der Heiligen Stadt auf.[47] Die ägyptischen Fatimiden hatten die Herrschaft über Jerusalem von den seldschukischen Türken zurückerobert, und der Gouverneur Iftikhar ad-Daula, der durch seine Kuriere über das Voranschreiten des Kreuzfahrerheers gut informiert war, bereitete sich nach Kräften auf die bevorstehende Schlacht vor. Er bat Kairo um Verstärkung; außerdem versuchte er, die herannahenden christlichen Krieger von der Wasserversorgung abzuschneiden, und ließ zahlreiche Zisternen vergiften. Die Brunnen, von denen viele auf dem Tempelberg lagen, lieferten Jerusalem genug Trinkwasser, um auch eine lange Belagerung zu überstehen. Zudem war die Stadt reichlich mit Vorräten ausgestattet, und zu guter Letzt wurden Christen aller Konfessionen der Stadt verwiesen, wodurch die städtische Bevölkerung über mehr Nahrung verfügte.

Die Zahl der Kreuzfahrer, die vor Jerusalem lagerten, reichte für einen Großangriff auf die Stadtmauern nicht aus. Am 13. Juni unternahmen sie einen ersten Versuch, von Norden her eine Bresche in die Mauern zu schlagen, scheiterten aber, weil ihnen Sturmleitern und Belagerungstürme fehlten. Angesichts der Sommerhitze und der knapper werdenden Nahrungsvorräte wurde den Kreuzfahrern rasch klar, daß sie in kürzester Zeit mit maximaler Gewalt ein möglichst großes Territorium gewinnen mußten, deshalb machten sie sich an den Bau von Sturmleitern und Belagerungsmaschinen. Bauholz war rar in der näheren Umgebung von Jerusalem, also mußte es aus Samaria, mehr als dreißig Kilometer in nördlicher Richtung, geholt werden.[48] Man nutzte die Schiffsbaukenntnisse der Genueser, die sich im Troß befanden, und mehrere bewegliche Belagerungstürme konnten bereits in der zweiten Juliwoche fertiggestellt werden. In der Nacht vom 13. auf den 14. Juli sollte der nächste Angriff stattfinden.

Um die Kräfte der Verteidiger zu zersplittern, richtete sich der Hauptangriff gleichzeitig gegen die Mauern im Südwesten der Stadt und gegen den Ostteil der Nordmauer. Am Morgen des 14. Juli ließ Gottfried von Bouillon einen Turm an die Nordmauer rollen, und am Mittag gelang es seinen Männern, den Abstand zwischen der Turmspitze und den Befestigungsmauern zu überbrücken, so daß die christlichen Krieger in die Stadt eindringen konnten. Das reichte aus, um den Fall der Stadt herbeizuführen. Die Kreuzfahrer senkten die Leitern, damit Verstärkung nachfolgen konnte, und nahmen einen Teil der Mauer ein. Einige konnten sich bis zum Säulentor, dem sogenannten Damaskustor, vorkämpfen und es dem draußen wartenden Heer öffnen. Die Christen stürmten in den nördlichen Teil der Stadt und bahnten sich ihren Weg durch die engen Straßen zum Tempelberg. Die Juden versuchten, sich in ihrem eigenen Hauptquartier gegen die Angreifer zu wehren, doch sie waren chancenlos. Die Christen metzelten unterschiedslos alle nieder, die sich ihnen in den Weg stellten. Viele Muslime flüchteten zum Tempelberg, denn sie hofften, in der al-Aksa-Moschee Zuflucht vor dem Massaker zu finden. Iftikhar und seine Leibwache hatten sich im Davidsturm in der Oberstadt verschanzt. Gegen ein beträchtliches Lösegeld wurde ihnen schließlich gestattet, Jerusalem zu verlassen. Danach kreisten die Kreuzfahrer die überlebenden Muslime und Juden der Stadt ein. Die Muslime in der al-Aksa-Moschee wurden abgeschlachtet und die Juden in der Synagoge eingeschlossen. Dann zündeten die Christen das Gebäude an.[49] Ungefähr dreißigtausend Kreuzritter[50] vernichteten die gesamte, etwa gleich große Einwohnerschaft von Jerusalem.[51]

Auf dem Tempelberg leisteten sich die Kreuzfahrer beispiellose Exzesse, die sie für göttliche Gerechtigkeit hielten. Raimund von Aguilers, der Kaplan des Raimund von Toulouse, war Zeuge der Ereignisse auf dem Tempelberg. Er nannte es ein »gerechtes Urteil Gottes, daß die, so mit ihren abergläubischen Gebräuchen des Herrn Heiligtum [den Tempelberg] entweiht und den gläubigen Völkern genommen hatten und entfremdet, es nun mit dem Verluste ihres eigenen Blutes sühn[t]en«. Aguilers schien sich an den abscheulichen Einzelheiten geradezu zu weiden, da er voller Stolz schrieb, daß auf dem Tempelberg »Männer bis zu den Knien und zum Zügel im Blut [ritten]«.[52] Wenn sich am Nachmittag des 15. Juli 1099 Ritter zu Pferde einen Weg durch Berge von Leichen bahnen mußten, dann dürfte ihnen die Szenerie auf dem Tempelberg apokalyptisch erschienen sein. Papst Urban starb am 29. Juli in Rom, ehe ihn die Nachricht vom Sieg der Christen in Palästina erreichte. Die christliche Welt war entsetzt über das Massaker der Kreuzfahrer.

Urbans Gefolgsleute hatten ihre Arbeit so gründlich geleistet, daß das »böse Volk« in Jerusalem fast zur Gänze ausgelöscht war. Manche Juden und Muslime, die das Morden und Brennen am 15. Juli überlebt hatten, wurden verschont, da die Kreuzfahrer auf ein Lösegeld spekulierten.[53] Während der Vorbereitungen für ihre Freilassung befahl man den jüdischen und muslimischen Gefangenen, die Leichname ihrer toten Verwandten und Freunde fortzuschaffen. Christen in Geldnot halfen ebenfalls bei deren Beseitigung. Verwesungsgeruch hing noch fünf Monate später zu Weihnachten in der Luft.[54]

DIE KÖNIGE CHRISTI

Das Gemetzel bildete einen grausigen Auftakt zur Neuerrichtung der christlichen Herrschaft, und die Eroberer Jerusalems waren uneins über die Zukunft der Stadt. Nach dem Sieg neigten nur wenige Kreuzfahrer dem Gedanken zu, einen König über die Stadt zu ernennen, denn hier hatte man ja einst Jesus als König der Juden verspottet und gekreuzigt. Die Spaltung des Christenheeres in widerstreitende Lager mit drei verschiedenen Führern, von denen jeder nach größtmöglicher Macht strebte, schuf weitere Probleme. Wer sollte als König auserwählt werden? Nach reiflicher Überlegung und zahllosen Rankünen wurde schließlich Raimund von Toulouse die Krone angeboten, doch er lehnte mit der Begründung ab, es zeuge von Hochmut, sich eine Goldkrone aufzusetzen, da Jesus nur eine aus Dornen getragen habe. Gottfried von Bouillon war der nächste Kandidat. Er nahm die Herrschaft unter der Bedingung an, daß er den Titel »Baron und Beschützer des Heiligen Grabes« führen durfte.[55]

Es war ein historischer Augenblick. Ein Christ regierte wieder über den Ort, an dem Jesus verurteilt und gekreuzigt worden war. Damit schien die Herrschaft der Ungläubigen ein Ende gefunden zu haben. Die Landverbindungen nach Europa waren jedoch weiterhin unsicher, denn sie führten durch das Byzantinische Reich. Palästina war noch lange nicht erobert, und unter strategischen Gesichtspunkten erwies sich die Zukunft der Kreuzfahrer als prekär. Die direkte Route für Verstärkungen war der Seeweg über das Mittelmeer. Damit waren die Kreuzfahrer vom Wetter abhängig. Winterstürme bedrohten den Schiffsverkehr zwischen November und März. Der Nachschub, besonders die Lieferung frischer Pferde, die für den Erhalt der militärischen Vorherrschaft entscheidend waren, bereitete den Christen ständig große Sorgen.

Die Verantwortung für das Königreich lastete nicht lange auf Gottfried von Bouillons Schultern. Nach der Rückkehr von einem

Bankett in Cäsarea erkrankte er schwer. Man kolportierte, er sei vergiftet worden, doch vielleicht wurde er durch Obst, das er in Cäsarea gegessen hatte, mit Typhus infiziert.[56] Er starb am 18. Juli 1100 im Alter von vierzig Jahren und wurde fünf Tage später in der Grabeskirche beigesetzt. Erneut mußte ein Herrscher gewählt werden. Gottfried hatte in seinem Testament bestimmt, daß die Macht auf den Patriarchen Daimbert übergehen solle, doch dieser hielt sich beim Kreuzzugsheer auf, das nach Akkon (auch Akko) gezogen war und die Stadt belagerte. Man sandte eine dringende Botschaft an seinen Bruder Balduin in Edessa: Er solle nach Jerusalem reisen und den Thron für sich reklamieren. Balduin traf vor dem Patriarchen ein und trat die Herrschaft in der Stadt an. Am 11. Dezember 1100, einem Sonntag, wurde er zum König von Jerusalem ausgerufen und nahm als Balduin I. den Titel »König der Lateiner« an.

Nachdem alle Toten vom Tempelberg entfernt worden waren, hatte man ihn zum Sitz der lateinischen Machthaber in Jerusalem erhoben. Noch vor seinem Tod hatte Gottfried die al-Aksa-Moschee zu seiner Residenz erklärt, und mit der Krönung von Balduin I. wurde der christliche Status des Tempelbergs bekräftigt. Im Jahr 1115 begann man, den Felsendom in eine christliche Kirche umzuwandeln. Der islamische Halbmond auf der Kuppelspitze wurde durch ein Kreuz ersetzt, und auf dem *Sakhra* entstand ein Altar. In einem zeitgenössischen Bericht des Fulcher von Chartres, eines Chronisten, der sich dem Kreuzfahrerheer angeschlossen hatte, wird beschrieben, wie man die vom *Sakhra* abgeschlagenen Stücke für ihr Gegengewicht in Gold an Pilger verkaufte.[57] Nicht gerade unerwartet, aber außerordentlich brüskierend war für die Juden, daß der Felsendom in *Templum Domini* – Tempel des Herrn – umbenannt wurde. Man weihte den *Templum Domini* erst 1142, aber schon in diesem frühen Stadium des lateinischen Königreiches war der Tempelberg zum offiziellen Zentrum der Macht im Heiligen Land geworden. Da die Stadt nun sicher war, suchten zivile wie religiöse Kreise nach weiteren interessanten Stätten auf dem Berg, die für die wachsende Zahl von Pilgern als Schreine dienen konnten. Das kleine Modell des Felsendoms, das Omar einige Meter östlich des Gebäudes an seinem Ort belassen hatte, wurde in eine Kapelle zu Ehren von Jesu Bruder Jakobus umgewandelt. Die Stelle an der Südwestecke, an der Jakobus einst zu Tode stürzte, war der höchstgelegene noch erhaltene Teil der ursprünglichen herodianischen Plattform. Außerdem war die Ecke vom Garten Gethsemane aus zu sehen, in dem Jesus die letzte Nacht vor seiner Kreuzigung verbracht hatte. Dadurch entstand eine weitere Legende aus der Kreuzzugszeit: Reverend Hanauer, Warrens Dolmetscher, erwähnt in seinem Werk *Walks In and Around Jerusalem*, der größte Eckstein im Südwestbereich sei »jener gewesen, auf den in Psalm 118, Vers 22 verwiesen und der in Matthäus 21,42 als der ›Stein, den die Bauleute verworfen haben‹, bezeichnet wird«.[58] Die Gestaltung der Südwestecke unter Herodes wurde erst zu Lebzeiten Jesu abgeschlossen, und er könnte die aufgemalten Markierungen der Inspektoren des Herodes, die Warren im Jahr 1868 entdeckte, mit eigenen Augen gesehen haben. Mit dem Hinweis auf den »verworfenen« Stein aus Psalm 118 dürfte Jesus denjenigen gemeint haben, der sich unter dem Eckstein aus der mittelalterlichen Legende befand. Auf Fotografien der Südwestecke aus dem Jahr 1998 ist zwölf Lagen unter Hanauers »verworfenem Stein« deutlich ein kleines gemeißeltes Dreieck zu erkennen.[59] Weitere Untersuchungen haben ergeben, daß die oxidierte Oberfläche des Dreiecks der übrigen Oberflächenstruktur des Steins ähnelte, was vermuten läßt, daß das Zeichen Hunderte von Jahren alt war. Die eine Spitze des Dreiecks weist einen Neunzig-Grad-Winkel auf, die beiden anderen jeweils einen Fünfundvierzig-Grad-Winkel, was exakt dem Holzwinkelstück, dem wichtigsten Werkzeug der Maurer am Tempelberg, entspricht. Genaue Messungen waren für die Handwerker am Tempelberg von größter Wichtigkeit, denn für die meisten Bauwerke wurden präzise passende Kalksteinblöcke verwendet. Die großen, exakt zusammengefügten Blöcke, welche die Plattform des *Haram* stützten, machten auch großen Eindruck auf die Kreuzfahrer. Im Jahr 1120 gründeten neun Ritter einen militärischen Orden. Sie wurden bekannt als Tempelritter, und bei jedem neuen Hauptgebäude ihres Ordens mußten die Maurer getreulich die Abmessungen des Felsendoms imitieren.

DIE ARMEN RITTER CHRISTI

König Balduin I. starb am 2. April 1118 an einem hitzigen Fieber, das er sich bei Kämpfen in Ägypten zugezogen hatte. Während seiner Herrschaft eroberte er den größten Teil Palästinas einschließlich des Hafens Akkon, der eine wichtige Lebensader für Jerusalem darstellte. Nach diesem Sieg verstärkte sich der Schiffahrtsverkehr aus Europa, denn die Zahl der Pilgerreisen nahm erheblich zu. Der Landweg aus Europa war wie die Region um die Heilige Stadt für Pilger wegen berittener seldschukischer Marodeure immer noch gefährlich. Die Pilgerstraßen zu schützen war die erste und vornehmste Aufgabe des Ordens der Tempelritter. Doch seine Rolle innerhalb des Christentums sollte im Laufe der Zeit stark an Bedeutung zunehmen, als er sich der »heiligen Wissenschaft« des Bauens und der Bewahrung der freimaurerischen »Geheimnisse« widmete.

Nach Balduins Tod verzichtete sein Bruder Eustachius auf den Thron. Der Cousin Balduins I., ebenfalls Balduin mit Namen, nahm die Ehre an und war der erste lateinische König, der in der Grabeskirche gekrönt wurde. Irgendwann zwischen Mitte Januar und Mitte September des Jahres 1120[60] legten die neun Gründungsmitglieder der Tempelritter ihr Gelübde auf Armut, Keuschheit und Gehorsam in Gegenwart von Warmund ab, dem Patriarchen des Königreiches, dessen Sitz die Grabeskirche war.[61] Balduin II. gab seine Residenz in der al-Aksa-Moschee auf, zog in einen Palast in der Stadt und überließ die Moschee den Tempelrittern. Der Orden hatte nunmehr sein Hauptquartier im Herzen des alten Jerusalem, an der Stelle des einstigen Salomo-Tempels.

An der Entwicklung des offiziellen Ordensnamens ist abzulesen, daß sich die Tempelritter der historischen Bedeutung des Ortes in hohem Maße bewußt waren. Ursprünglich hatten sie sich *Pauperes Commilitones Christi*, die Armen Ritter Christi, genannt, aber in Dokumenten aus der Mitte des 11. Jahrhunderts wurden sie als *Milites Christi Templique Salomonici* bezeichnet,[62] was ihre Verbindung zu Salomo, dem Erbauer des Ersten Tempels, deutlich werden läßt. Die Tempelritter spielten eine wesentliche Rolle für die Geschichte des lateinischen Königreiches von Jerusalem. Sie waren an zentraler Stelle in die diplomatischen Angelegenheiten zwischen Christen und Muslimen eingebunden, und mit der Größe des Ordens wuchsen seine militärische Bedeutung im christlichen Königreich Jerusalem sowie seine Reichtümer. 1128 forderte ihr Gründungs-Großmeister Hugo von Payens die Tempelritter auf, die lateinische Ordensregel des heiligen Benedikt anzunehmen, deren Gebote – Keuschheit, Armut und Gehorsam – angesichts der militärischen Rolle des Ordens angemessen seien. Siebenundzwanzig Jahre lang trugen die Templer einen schmucklosen weißen Mantel als Zeichen ihrer Keuschheit und ihrer Armut, bis im Jahr 1147 ein rotes Kreuz hinzugefügt wurde. Damit führten sie die lange Tradition des Monotheismus auf dem Tempelberg weiter. Die Kleidung der Leviten war weiß und wies geringe oder gar keine Verzierungen auf; die Essener trugen eine einfache weiße, gegürtete Tunika.

Um 1170 hatten die Templer den Tempelberg nicht nur als Wallfahrtsort, sondern auch als exquisites Hauptquartier etabliert. Nach Angaben des deutschen Mönchs und Pilgers Theoderich war der *Haram* vom Orden baulich umgestaltet worden und verfügte mittlerweile über prächtige unterirdische Zisternen, und der Bereich über der Tempelberg-Plattform wies »Spazierwege, Rasenflächen und Ratskammern« auf.[63] Die Templer entdeckten eine Reihe unterirdischer Kammern, die sie als »Waschräume, Vorratsräume, Kornspeicher, Holzlager und andere Haushaltsräume« nutzten.[64] Die al-Aksa-Moschee wurde beträchtlichen Veränderungen unterworfen. Man erneuerte ihre Fassade und errichtete an der Ostseite der Moschee einen Anbau für die Verwaltung der Templer. Die Wohnquartiere lagen in der Südwestecke, doch wegen des begrenzten Raums konnten nur wenige der dreihundert Ritter und tausend Hauptleute, die um 1180 in Palästina lebten,[65] dort untergebracht werden.

An anderen Stellen des Tempelbergs kam es auf Geheiß des Patriarchen zu weiteren Veränderungen. Nordöstlich des Felsendoms baute man ein Kloster, und das Goldene Tor an der Ostmauer wurde in eine Kirche umgewidmet. Die Kirchentüren standen der Allgemeinheit zweimal im Jahr offen: am Palmsonntag und am Fest der Erhöhung der Reliquie des Wahren Kreuzes. Diese Reliquie war ein Holzsplitter, der sieben Jahrhunderte zuvor während des Baus der Anastasis von der Mutter Kaiser Konstantins »entdeckt« und als Teil des Kreuzes Jesu Christi »identifiziert« worden war.

Trotz der Anstrengungen seitens der Christen, sich auf dem Tempelberg fest einzurichten, nahm ihre Anwesenheit schon bald ein Ende. Balduin II. dankte 1131 zugunsten seines Schwiegersohnes Fulk von Anjou ab, der Jerusalem zwölf Jahre lang lenkte, ehe er den Kopfverletzungen erlag, die er sich infolge eines Sturzes vom Pferd bei einer Hasenjagd zugezogen hatte. Zu seinem Nachfolger wurde sein Sohn Balduin III. gekrönt. In dessen Regierungszeit fiel der Verlust von Edessa, das seit 1031 zum Byzantinischen Reich gehört hatte. Das war ein Schock für die Christenheit, und man rief zu einem weiteren Kreuzzug auf, um die christliche Position im Nahen Osten zu stärken. Der Zweite Kreuzzug erwies sich für die Christen wegen des Blutzolls, den sie zahlen mußten, und wegen ihres Ansehensverlustes als überaus kostspieliges Fiasko. Die Expedition hatte vor allem die Vorherrschaft der Kreuzfahrer in Syrien wiederherstellen sollen, doch interne Streitigkeiten führten zu einer schimpflichen Niederlage. Unter dem Kommando König Ludwigs VII. von Frankreich und König Konrads III. von Deutschland unternahm das Kreuzfahrerheer, das durch Ritter aus Palästina verstärkt worden war, den Versuch, Damaskus zu erobern. Die Debatten zwischen den Deutschen, den Franzosen und den Kreuzrittern aus Jerusalem über den künftigen Status der Stadt setzten bereits zu Beginn der Belagerung ein. Nur fünf Tage später befahlen König Ludwig und König Konrad verbittert, die Belagerung aufzugeben. Die Unbesiegbarkeit der Kreuzritter war damit ernsthaft in Frage gestellt. Nach den Ereignissen vor Damaskus sahen die Muslime, denen die Spaltungen innerhalb der westlichen Streitmacht sehr wohl bekannt waren, gute Chancen für eine islamische Rückeroberung des christlich beherrschten Palästina.

Balduin III. starb 1162 im syrischen Antiochia. Sein Bruder

Amalrich folgte ihm auf dem Thron nach und herrschte elf Jahre
über Jerusalem. Er war ein erfolgreicher und mutiger König, und es
gelang ihm bis 1167, die südlichen Grenzen seines Reiches durch
Feldzüge nach Ägypten zu sichern. Dort war er auf die Botschafter-
dienste der Tempelritter angewiesen, von denen einige die arabische Sprache beherrschten.[66] Zum Lohn für ihre Bemühungen
erhielten die Templer Land und Privilegien und konnten ihren
politischen Einfluß verstärken. Als Amalrich 1174 starb, besaßen
die Templer so viele Ländereien und Titel in Palästina und auch in
Europa, daß sie unabhängig von der Krone bestehen und als Ban-
kiers auftreten konnten. Die Aussichten für das Königreich Jerusalem waren dagegen düster. Die Königskrone ging auf Balduin IV.,
den Sohn Balduins III., über. Nach dessen Tod an Lepra im März
1185 wurde sein siebenjähriger Neffe zum König Balduin V. ausgerufen. Die Herrschaft des letzteren dauerte kaum ein Jahr. Er soll
von seiner Mutter Sibylla vergiftet worden sein, die ihren zweiten
Mann Guido von Lusignan auf dem Thron sehen wollte.[67] Das
Königreich Jerusalem war zerrissen durch interne Fehden und töd-
liche Intrigen, die schließlich zu seinem Zusammenbruch führten.
Kaum ein Jahr nach Guidos Thronbesteigung fand im Juli 1187 eine
Schlacht statt, welche die Rückeroberung von Jerusalem durch die
Muslime beschleunigen sollte.

Die Seldschuken, die in Syrien bedeutende Landgewinne gegen
die Christen verbuchen konnten und zehn Jahre lang kleinere
Scharmützel mit den Kreuzrittern in Palästina ausgefochten hatten, bewegten sich unter ihrem charismatischen Führer Saladin
auf Jerusalem zu. Die Elite der europäischen Ritterschaft, darunter
auch König Guido von Jerusalem und vierhundert Tempelritter,
traf am 4. Juli 1187 bei Hattin, etwa sechshundert Kilometer nördlich von Jerusalem, auf Saladin. Diese Schlacht ging in die Geschichte ein. Die Kreuzritter hatten den Gipfel der vorspringenden
Felsformation in der Nacht zuvor besetzt und dort ihr Lager aufge-
schlagen – eine schlechte Wahl. Denn vom Wasser abgeschnitten,
fand sich die christliche Armee in der sengenden Hitze bald durch
eigene Schuld in einem Inferno wieder. In erster Linie war Gerhard
von Ridfort, der amtierende Großmeister des Templerordens, für

die fatale Lage verantwortlich, da er darauf bestanden hatte, daß das Heer an dieser Stelle verharren sollte. Den Christen blieb nichts anderes übrig, als bergab zu stürmen, um die Umzingelung zu durchbrechen. Das gelang nur einem kleinen Teil. Hunderte von Fußsoldaten und Reitern fielen an dem felsigen Abhang, und die Qual der vom Durst gepeinigten Christen verstärkte sich noch, da die Seldschuken rings um sie herum Büsche in Brand steckten. Dichter Rauch stieg auf, viele Verwundete erstickten oder verbrannten bei lebendigem Leib. Am späten Nachmittag war das christliche Heer geschlagen. Der König von Jerusalem wurde von den Muslimen gefangengenommen, und die Reliquie vom Heiligen Kreuz, die das Heer bei sich hatte, fiel den Ungläubigen in die Hände. Der Bischof von Tyrus, der sie getragen hatte, lag tot auf dem Schlachtfeld, und die Überlebenden, die auf einen Freikauf hofften, mußten bald erfahren, daß Saladin unversöhnlich gestimmt war. Obwohl von Natur aus großzügig, war er erzürnt über die Brutalität, mit der die Templer ein Jahrzehnt lang unschuldige Muslime in der Region behandelt hatten. Er händigte die Gefangenen seinen fanatisierten Kriegern aus, und zweihundertdreißig Templer wurden geköpft. Großmeister Gerhard von Ridfort und sein König Guido gehörten zu den wenigen, die verschont blieben.

Das Königreich Jerusalem konnte derart schwere Schläge nicht verkraften, und die Hochburgen der Kreuzfahrer fielen wie Dominosteine. Saladin nahm nacheinander Tiberius, Akkon, Askalon und Gaza ein. Mitte September marschierte er nach Jerusalem und stand am 20. September vor den Mauern der Stadt. Zu ihrer Verteidigung konnte nur eine klägliche Zahl von Kreuzfahrern aufgeboten werden. Zwei Ritter kommandierten eine zusammengewürfelte Truppe. Balian von Ibelin, der am Vorabend der Belagerung eingetroffen war, um seine Frau und seine Kinder zu retten, und der Saladin unter Eid versichert hatte, er werde nicht in der Stadt bleiben und nicht zu den Waffen greifen, sah sich plötzlich gezwungen, den Kreuzfahrern zu helfen. In dem verzweifelten Bemühen, Saladin Widerstand zu leisten, schlug Ibelin dreißig Männer und alle Knaben über sechzehn zu Rittern, damit die Stadt nicht völlig führungslos war.[68] Doch solche Maßnahmen fruchteten nicht. Saladin hatte Jerusalems Schwachpunkt in der Nordmauer bereits ausfindig gemacht, und am 29. September gelang es seinen Pionieren, eine Bresche in die Mauer zu schlagen. Vor der unausweichlichen Niederlage verließ Ibelin die Stadt, um im Schutz einer Waffenruhe mit Saladin zu verhandeln. Der Ritter erklärte, daß die Christen bereit seien, bis zum letzten Blutstropfen zu kämpfen. Mithin könnten die heiligen Gebäude auf dem Tempelberg beschädigt oder gar zerstört werden. Man setzte ein Lösegeld von dreißigtausend Golddinaren für die Bevölkerung Jerusalems fest und einigte sich über die Kapitulation der Christen. Am 2. Oktober 1187, dem Jahrestag von Mohammeds nächtlicher Reise von Mekka zum *Sakhra*, zogen muslimische Streitkräfte von neuem in die Heilige Stadt – also nicht einmal neunzig Jahre nach der blutigen Eroberung durch die Teilnehmer des Ersten Kreuzzuges. Zum Glück für die Stadtbewohner hätte der Kontrast zwischen Saladins Mannen und den blutrünstigen Christen von 1099 nicht größer sein können.

# 8. DER TRIUMPH DES ISLAM 1188–1916

El-Malik el-Nasir el-Sultan Salah-el-Din Jussuf oder Saladin war neunundvierzig Jahre alt, als er Jerusalem eroberte. Er war kurdischer Abstammung und hatte vor 1187 bereits reichlich Kampferfahrung sammeln können. Er hatte zahllose Schlachten und viele interne Machtkämpfe überlebt. Größer als sein Wunsch, Palästina von den Kreuzrittern zu befreien, war nur sein Ehrgeiz, die Lehren des Islam zu verbreiten. Nach dem Tod Mohammeds im Jahr 632 war unter den Anhängern des Propheten ein Streit um seine Nachfolge ausgebrochen. Saladin gehörte den Sunniten an, die einen der ersten Anhänger Mohammeds, Abu Bekr, als wahren Nachfolger des Propheten anerkannten. Die Schiiten dagegen meinten, das neue Oberhaupt müsse aus der Familie von Mohammeds Vetter und Schwiegersohn Ali kommen.

Sobald er die Stadt unter Kontrolle hatte, richtete Saladin seine Aufmerksamkeit auf die heilige Stätte auf dem Tempelberg. Seine Männer machten sich daran, den *Haram* in den früheren muslimischen Zustand zu versetzen. Das goldene Kreuz wurde von der Domspitze über dem *Sakhra* entfernt, im Triumph durch die Straßen der Stadt geschleppt und mit Knüppeln geschlagen. Im Gebäudeinneren beseitigte man den Altar und jedes andere Zeichen des Christentums und stellte die alte Funktion der al-Aksa-Moschee wieder her.

Am Freitag, dem 9. Oktober 1188, nahm Saladin an der zeremoniellen Neueinweihung der Moschee teil und besprengte die heiligen Stätten mit Rosenwasser. Die muslimische Herrschaft auf dem Tempelberg dauert fast ohne Unterbrechung bis heute an. Obwohl die arabischen Herrscherdynastien wechselten, war stets eine gewisse Kontinuität gewährleistet, so daß der Nachwelt ein reichhaltiges Erbe erhalten blieb.

Saladin förderte das Studium des Islam auf dem *Haram*, indem er Koran-Hochschulen gründete, sogenannte Medresen.[1] Die Verse des Korans und der frühen muslimischen Dichter bildeten die Grundlage für den Unterricht an den Medresen, deren Lehrmethoden sich nicht wesentlich von jenen der christlichen Universitäten im späten Mittelalter unterschieden. Das neue Regime duldete auch Christen in der Stadt. Die Grabeskirche wurde nicht zerstört und blieb in christlicher Obhut. Saladin hielt es für unsinnig, eine Kirche, mit der so starke religiöse Gefühle verknüpft waren, in Schutt und Asche zu legen. Die Herrschaft der christlichen Kreuzfahrer hatte allerdings eine große Wirkung auf die Muslime ausgeübt; daher leiteten die muslimischen Herrscher genau wie vor ihnen die Tempelritter ein umfangreiches Bauprogramm ein, das ihren Anspruch auf den Tempelberg bekräftigen und die Schreckensvorstellung auslöschen sollte, daß je wieder ein lateinisches Königreich auf Jerusalems Boden entstehen könnte. Juden und Christen wurde ein gewisser Respekt entgegengebracht, und sie konnten auf den Anbruch einer neuen Zeit hoffen. Nach der Zerstörung des Tempels im Jahr 70 n. Chr. war den Juden von Rom der Zutritt zu Jerusalem verboten worden, ebenso wie unter den Kreuzfahrern im Jahr 1099. 1190 durften sie wieder innerhalb der Stadtmauern in der Nähe des Tempelbergs wohnen und eine Synagoge errichten. Doch zugleich wurde der Tempelberg zu einer Stätte des Islam ausgebaut, womit die Hoffnung schwand, daß man Jahwe auf dem Berg Morija jemals wieder Opfer darbringen werde.

Nach der Niederlage der Christen in der Schlacht von Hattin 1187 wurde der Dritte Kreuzzug organisiert. Nun standen sich Saladin und Richard Löwenherz gegenüber, der 1191 in Palästina landete. Die Ankunft des englischen Königs flößte den Kreuzfahrern neuen Mut ein, denn unter französischer Führung saßen sie seit drei Jahren vor Akkon fest und schafften es nicht, die Stadt zurückzuerobern. Der englische König übernahm das Kommando, und bereits nach vier Wochen kapitulierte Akkon. Saladin erkannte, daß er einen ebenbürtigen Gegner gefunden hatte.

Richard und Saladin waren von ganz unterschiedlichem Charakter. Beide waren in der rauhen Atmosphäre des von Intrigen und roher Gewalt gekennzeichneten Hochmittelalters aufgewachsen. Doch Richard erwies sich im Vergleich zum kultivierten Saladin als geradezu ungehobelt. Aber die beiden lernten, einander zu respektieren. Richard lebte für den Kampf und zeigte keinerlei religiöse Neigungen. In Saladins Augen hingegen war eine bewaffnete Auseinandersetzung nur ein Mittel zur Verbreitung des Islam.

Richard setzte alles daran, Jerusalem wieder einzunehmen, und Saladin war fest entschlossen, ihn daran zu hindern. Von Akkon aus wandte sich Richard Löwenherz mit seinem Kreuzfahrerheer nach Süden, um dann von Osten her auf Jerusalem zu marschieren. In den Dünen des Küstendorfs Arsuf stießen Saladins und Richards Streitkräfte aufeinander. Aus dieser Schlacht ging der englische König als Sieger hervor, was größtenteils auf seinen persönlichen Mut und auf die Unerschütterlichkeit seiner aus Tempelrittern formierten Leibwache zurückzuführen war. Nun stand einem Vorstoß Richards auf Jerusalem nichts mehr im Weg. Die Eroberung der Stadt kam allerdings noch nicht in Frage, denn das Kreuzfahrerheer war für einen Angriff nicht ausreichend gerüstet und verfügte über zu wenige Männer. Deshalb verschob Richard Löwenherz den Marsch ins Landesinnere und schlug Saladin statt dessen einen Waffenstillstand vor. In seinen anfänglichen Bedingungen verlangte er, daß dieser ihm ganz Palästina westlich des Jordan und Jerusalem sowie die Reliquie des Heiligen Kreuzes überließ, welche die Muslime in der Schlacht von Hattin erbeutet hatten.

Als Saladin ablehnte, verfiel Richard auf eine andere Taktik. Am 20. Oktober empfahl er dem Herrscher der Seldschuken eine Heirat zwischen seiner Schwester, Königin Johanna von Sizilien, und Saladins Bruder el-Adil. Als Hochzeitsgeschenk sollte das Paar Jerusalem erhalten, womit der Konflikt zwischen Christen und Muslimen auf einen Schlag beendet wäre. Saladin reagierte belustigt auf diesen naiven Vorschlag. Richards Plan war kühn, aber völlig undurchführbar, bedachte man die damalige Mentalität der Menschen des Abendlands. Johanna erfuhr als letzte von dem Vorschlag. Ihr Entsetzen entsprach der allgemeinen Einstellung der Christen: Für sie waren Muslime Ungläubige, mit denen man nicht

Frieden schließen durfte. Die Waffenstillstandsverhandlungen zogen sich in die Länge, und schließlich unternahm Richard Löwenherz einen Vorstoß auf Jerusalem. Gegen Weihnachten war er in Latrun, dem strategisch wichtigen westlichen Zugang zu den Hügeln der Heiligen Stadt, und am 3. Januar erreichte er die Festung Beit-Nuba zwanzig Kilometer nordwestlich von Jerusalem.[2] Bei starkem Wind und sintflutartigen Regenfällen rang sich Richard dazu durch, den Vorstoß abzubrechen. In Sichtweite der Mauern Jerusalems zog er sich zurück.

Bei seinem Abzug soll sich Richard Löwenherz mit den Worten geweigert haben, einen Blick auf Jerusalem zu werfen: »Heiliger Herrgott, ich bitte dich, laß mich deine Heilige Stadt nicht sehen, die ich aus den Händen deiner Feinde nicht befreien konnte.«[3] Er gab nicht auf und unternahm im folgenden Juli einen zweiten Vorstoß auf Jerusalem, der jedoch ebenfalls scheiterte. Diesmal ritt Saladin vor die Stadt und beobachtete, wie sich die Kreuzfahrer aus den Bergen und seinem Territorium an die Küste zurückzogen.[4] Fast das gesamte Jahr 1192 hindurch rissen die Kämpfe zwischen Richard und Saladin nicht ab, und Richard konnte am 5. August bei Jaffa einen Sieg über den übermächtigen Feind erringen. Doch damit hatte er sich verausgabt. Saladin konnte seine Truppen verstärken, und als sich sein Heer neu formiert hatte und die Stadt Askalon bedrohte, bot Richard ihm Frieden an. Ein fünfjähriger Waffenstillstand wurde unterzeichnet, und Saladin behielt die Herrschaft über Jerusalem und dessen Umgebung. Im Austausch dafür durften christliche Pilger die Grabeskirche besuchen. Richard, der mittlerweile von den Arabern »Melec [König] Ric« genannt wurde, weigerte sich jedoch, auf seiner Pilgerfahrt Jerusalem zu betreten. Am 9. Oktober 1192 verließ er Palästina.

Die Winterstürme auf dem Mittelmeer hatten in jenem Jahr früh eingesetzt. Richard strandete an der dalmatinischen Küste und versuchte, sich zu Fuß nach Frankreich durchzuschlagen, doch er wurde von Herzog Leopold von Österreich, den Richard bei der Belagerung von Akkon beleidigt hatte, gefangengenommen. Am 3. März 1193 starb Saladin in Damaskus, während Richard noch immer im Kerker schmachtete. Der Seldschukenführer hatte Jeru-

salem und den Tempelberg für den Islam gerettet, doch die Bedrohung durch die Kreuzritter war noch nicht vorüber; der heilige Ort
sollte von den Christen wiederum entweiht werden. Von Frankreich und Deutschland aus begann 1202 der Vierte Kreuzzug. Zum
großen Entsetzen von Papst Innozenz III., der das Unternehmen
ursprünglich sanktioniert hatte, wurde während dieses Kreuzzuges
im Jahr 1204 Konstantinopel geplündert. Ein französischer Adliger,
Graf Balduin von Flandern und Hennegau, wurde zum neuen Kaiser des Byzantinischen Reiches gekrönt. Das Wüten von Christen
gegen Christen besiegelte das Schicksal des lateinischen Königreiches Jerusalem. Kein Kreuzfahrer gelangte nach Palästina, und der
religiöse Eifer vieler Christen wurde nun, wie Papst Innozenz III.
mittlerweile erkennen mußte, von ihrer persönlichen Gier überschattet.

Trotz des Debakels, mit dem der Vierte Kreuzzug endete, war
die Strahlkraft von Jerusalem ungebrochen. Im Jahr 1218 kam es
zu einem erneuten Kreuzzug gegen die Muslime. Diesmal griff
man Ägypten in der Hoffnung an, von dort aus das muslimisch
kontrollierte Palästina zu erobern. Der aijubidische Herrscher Sultan el-Muazzam Isa entschloß sich daraufhin zu einer außergewöhnlichen Maßnahme, mit der er einem christlichen Angriff auf
die Heilige Stadt zuvorkommen wollte: Er befahl, die Stadtmauern
Jerusalems zu schleifen. Der Vorstoß der Christen blieb jedoch aus,
und die Stadt lag nun ungeschützt da, obwohl sie sich immer noch
in den Händen der Muslime befand. Ihnen drohte nun Gefahr von
innen. Saladin hatte die Dynastie der Aijubiden mit fester Hand zu-
sammengehalten, doch die Frage seiner Nachfolge hatte aufgrund
der ehrgeizigen Bemühungen seiner siebzehn Söhne zu einer Zersplitterung geführt.

1227 trat der Stauferkaiser Friedrich II. zum Fünften Kreuzzug
an. Friedrich war der Enkel von Kaiser Friedrich Barbarossa und in
Sizilien geboren worden. Er beherrschte sechs Sprachen, darunter
auch Arabisch.[5] Trotz dieser außergewöhnlichen Sprachbegabung
war er wegen seiner freigeistigen Haltung bei der Kirche nicht be-
liebt, und sie wollte ihn unbedingt exkommunizieren. Friedrich
hatte dem Papst die Durchführung eines Kreuzzuges gelobt. Er er-

krankte jedoch an Bord des Schiffes, das ihn nach Palästina bringen sollte, und kehrte nach Italien zurück, um sich in Pozzuoli zu erholen.

Der neugewählte Papst Gregor IX. nutzte den Vorfall, um den Willen der Kirche durchzusetzen. Er exkommunizierte Friedrich und belegte ihn mit der Reichsacht, so daß dieser keinen Heiligen Krieg im Namen der Christenheit mehr führen durfte. Friedrich ließ sich davon nicht abschrecken und brach, inzwischen wieder genesen, am 28. Juni 1228 vom süditalienischen Brindisi ein zweites Mal ins Heilige Land auf. Da ihm nur eine kleine Streitmacht zur Verfügung stand, war der Erfolg seiner Mission höchst unwahrscheinlich. Ihm kam aber der Ruf seiner blutrünstigen Vorgänger zu Hilfe. Am 11. November 1227 starb el-Muazzam. Sein Bruder el-Kamil wollte verhindern, daß der rechtmäßige Nachfolger el-Muazzams das Erbe antrat, und besetzte mit seinem Heer Jerusalem. El-Kamil wollte durch die Herrschaft über Syrien die Kontrolle über die Aijubidendynastie erlangen. Die Nachricht vom Kreuzzug Friedrichs II. sowie die Gefahren, die ihm von den Mitgliedern seiner eigenen Familie drohten, führten ihn zu dem Schluß, daß ein bewaffneter Widerstand gegen Friedrich das Ende seiner ehrgeizigen Pläne bedeuten würde. Am 18. Februar unterzeichneten el-Kamil und Friedrich II. einen Friedensvertrag. Die Muslime willigten ein, Jerusalem an die Christen zurückzugeben, behielten aber die Herrschaft über den Tempelberg. Die Juden mußten wieder einmal die Stadt verlassen.

Bei seiner Ankunft in Jerusalem wurde der Stauferkaiser von Christen und Muslimen gleichermaßen gemieden. Nur die Ritter des Deutschen Ordens sprachen sich für die Vertragsbedingungen aus. Mit der Einnahme Jerusalems ohne Waffengewalt und ohne Blutvergießen hatte Friedrich erreicht, was in fünf Kreuzzügen zuvor nicht gelungen war. Aber für die Mehrzahl der Christen war der Vertrag nichts anderes als ein Kompromiß mit den Feinden Jesu Christi. Vor allem die Templer reagierten entrüstet darauf, daß die Muslime auf dem Tempelberg bleiben durften. Bei seiner Krönung zum König von Jerusalem mußte sich Friedrich in der Grabeskirche die Krone selbst aufsetzen, da kein Priester bereit war, diese Aufgabe zu übernehmen. Ohne politische Unterstützung war Friedrichs Sache hoffnungslos. Am 1. Mai 1229 verließ er Palästina in Schimpf und Schande. Er sollte nie zurückkehren.

Der Waffenstillstand hielt in Jerusalem noch weitere zehn Jahre, bis im Jahr 1239 eine vorübergehende muslimische Neubesetzung das Ende von Friedrichs Abkommen ankündigte. Doch zunächst waren die Muslime von eigenen verlustreichen Konflikten in Anspruch genommen und überließen Jerusalem wieder den Christen. Obwohl keine größeren Schlachten stattfanden, blieb die Lage unsicher. In der Umgebung von Jerusalem trieben Räuberbanden ihr Unwesen und lauerten Pilgern auf; einmal überfielen sie sogar die Stadt.[6] Schon bald sollten besser organisierte Angreifer über Jerusalem herfallen. 1244 zog ein Heer chwarismischer Türken marodierend durch Syrien und drang nach Palästina vor. Am 11. Juli griffen sie Jerusalem an. Ohne Verteidigungsmauern und mit einer nur spärlich besetzten Garnison fiel Jerusalem nach kurzer Zeit. Die Chwarismier wüteten in der Stadt und massakrierten alle Christen, die nicht schnell genug fliehen konnten. Jerusalem und der Tempelberg befanden sich nun wieder in muslimischer Hand, doch die Chwarismier interessierten sich nur für Plünderei und hielten sich nicht lange in der Stadt auf. Ihr Massaker ist nur eines von vielen in der blutigen Geschichte der Heiligen Stadt. In den siebziger Jahren kam im Zuge von Ausgrabungen an einer Mauer des Tempelbergs eine Inschrift zum Vorschein, die ihre Anwesenheit in der Stadt bezeugt.

Auf einem herodianischen Block in der, vom Boden aus gesehen, siebten Reihe unter dem Robinson-Bogen waren in der Nähe der Südwestecke folgende Worte auf hebräisch eingemeißelt:»Ihr werdet's sehen, und euer Herz wird sich freuen, und euer Gebein soll grünen wie Gras.«[7] Dieser Satz stammt wörtlich aus dem Buch Jesaja. Seit der Entdeckung der »Jesaja-Inschrift« wird über ihre Datierung und ihren verborgenen Fundort ausgiebig diskutiert. Dan Bahat meint in *Carta's Historical Atlas of Jerusalem* (dt. *Jerusalem. 4000 Jahre Geschichte der Heiligen Stadt*):»Anscheinend wurde dieser Vers in einer für die jüdischen Bewohner der Stadt schweren Zeit eingemeißelt. Vielleicht wurde der Schreiber bedroht und konnte deswegen seine Arbeit nicht zu Ende führen.«[8] Allerdings präsentieren die Archäologen, die von 1994 bis 1997 im Auftrag der Israelischen Altertumsbehörde eine Grabung beim Robinson-Bogen durchführten, eine dramatischere Erklärung für das Geheimnis. Gleich unter der Inschrift stießen sie auf mehrere Gräber.[9] Während ein Leichnam aufgrund seiner Ost-West-Ausrichtung und einer Münze im Mund definitiv als der eines Christen zu bestimmen war, blieb die Religionszuordnung der anderen ungewiß. Man zog daraus den Schluß, daß die Jesaja-Inschrift etwas mit den nicht identifizierbaren, unter ihr bestatteten Toten zu tun habe. Möglicherweise wurden diese Worte angebracht, um auf jüdische Leichname hinzuweisen. Die archäologische Datierung der Gräber paßt auf die Zeit des Massakers durch die chwarismischen Türken, als die Juden immer noch eine widerwillig geduldete Minderheit in der Stadt waren. Die Inschrift an der Mauer des Tempelbergs mutet somit herzergreifend an. Zumindest einem Juden war es gelungen, obwohl ihm der Zugang zum Tempelberg verwehrt war, ein Zeichen für eine jüdische Grabstelle in der Nähe der heiligen Stätte auf dem Berg Morija zu hinterlassen – in der Hoffnung, daß bei der Ankunft des Messias der dort begrabene Tote auferstehen und sein »Herz sich freuen« werde, wie es im Alten Testament heißt.

Das chwarismische Blutbad machte jegliche Aussicht auf eine weitere christliche Herrschaft in Jerusalem zunichte. Die Ruinen der von neuem entvölkerten Stadt fielen wieder an die Aijubiden aus Ägypten. 1248 bereitete König Ludwig IX. von Frankreich den Sechsten Kreuzzug vor. Zwei Jahre später landeten die Kreuzfahrer bei Damiette an der Küste Ägyptens. Obwohl Ludwig und sein Heer zunächst militärische Erfolge erzielten, wurden sie schon bald von Hunger und Krankheiten geschwächt, so daß sie den Muslimen unterlagen. Der aijubidische Sultan Turanschah nahm Ludwig IX. gefangen und schickte die überlebenden Christen nach Süden in die Gefangenschaft. Der Sultan kannte keine Gnade und ordnete an, alle Gefangenen, die wegen Entkräftung nicht weitermarschieren konnten, zu töten; außerdem sollten sieben Tage lang dreihundert Kreuzfahrer von den Wachen hingerichtet werden. Doch auch die Tage der Aijubidenherrscher waren gezählt. Am 2. Mai 1250 wurde Turanschah bei einem Bankett von Soldaten aus einem seiner Mameluckenregimenter gemeuchelt. Dies war der Auftakt zu einer islamischen Revolution.

MAMELUCKEN UND OSMANEN

Die Mamelucken, ursprünglich keine Muslime, stammten aus den Tiefen der eurasischen Steppe. Einige Jahrhunderte vor dem Beginn der Kreuzzüge waren sie von muslimischen Heeren versklavt worden und innerhalb der Streitkräfte in führende Positionen aufgestiegen. Die Dynastie der Aijubiden galt zahlreichen Muslimen als schwach und korrupt, weshalb ihr Sturz Begeisterung auslöste. Nachdem die Mamelucken Turanschah ermordet und ihre Position in Ägypten gefestigt hatten, richteten sie ihre militärischen Ambitionen auf entferntere Ziele. Am 3. September 1260 besiegte der Mameluckensultan Saif ed-Din Qutuz die Mongolen siebzig Kilometer nördlich von Jerusalem in der Schlacht von Ain Dschalut. Diese Schlacht ist für die Geschichte des Tempelbergs von großer Bedeutung, denn sie bewahrte die Region vor dem Sturm der Mongolenheere und markierte den Beginn der Mameluckenherrschaft über den *Haram*, in der Jerusalem und der Islam eine neue Blüte erfuhren.

Diese Zeit des Friedens wurde durch die militärischen Erfolge der Mamelucken gegen die Stützpunkte der Kreuzfahrer gefestigt. Die Mamelucken versetzten dem lateinischen Königreich in Palästina den Todesstoß; im Sommer 1291 fiel die Hochburg Akkon, der Anfang vom Ende der Kreuzfahrerepoche. Akkon hatte für Nachschub und Verstärkung aus Europa eine wichtige Rolle gespielt. Nach seiner Einnahme durch die Mamelucken fielen rasch auch die noch in Kreuzritterhand verbliebenen Festungen. Mitte August 1291 wurde die verlassene Templerburg in Athlit südlich von Haifa zerstört.[10] Das Vertrauen in den Templerorden war durch den Verlust des lateinischen Königreiches in Palästina schwer erschüttert. Der Orden hatte unter den Christen viele Feinde, die ihm den Erfolg neideten. Anfang des 14. Jahrhunderts besaßen die Templer ausgedehnte Güter in Europa und hatten in jedem Königreich Schlüssel-

322      Der Triumph des Islam, 1188–1916

stellungen inne. Von ihrem Tempel in Paris aus ordneten sie die Finanzen des französischen Königs und überwachten die Staatsausgaben. Der Orden fungierte als internationale Bank für Bischöfe, Prinzen und Könige, die hoch zufrieden waren. Doch am Ende war es die Gier der französischen Monarchie, welche die Templer vernichtete. 1312 befand sich König Philipp der Schöne in Geldnöten und faßte den Entschluß, eine wehrlose Gemeinschaft auszuplündern: die Juden. Dazu brauchte er die Hilfe der Templer, die auch als Vögte des Königs dienten. Das Geld, das von den Juden eingetrieben wurde, genügte jedoch Philipps Ansprüchen nicht; daher beschloß er, das Vermögen der Templer an sich zu reißen. Philipp wußte, daß der Templerorden nur mit Hilfe schwerwiegender Vorwürfe zerschlagen werden konnte. Die Angst vor Ketzerei, die das ganze 13. Jahrhundert über die Christenheit beherrscht hatte, war auch zu Beginn des folgenden Jahrhunderts noch stark genug, um den Orden zu Fall zu bringen. Philipp beschuldigte die Tempelritter, Blasphemie zu treiben. Sie würden während ihrer »geheimen Rituale«, zu denen angeblich auch das Bespucken des Kreuzes gehörte, widernatürliche Sexualpraktiken vollziehen und einen Menschenkopf, der in Silber eingefaßt sei, als Reliquie anbeten. In einer Nacht- und Nebelaktion wurden überall in Frankreich Tempelritter verhaftet, gefoltert und zuweilen hingerichtet. Die Art des Verfahrens und der Bestrafung variierte je nach Gericht und Ort allerdings sehr. »Geständige« Ritter wurden nicht immer mit dem Tode bestraft, sondern anderen Mönchsorden wie den Zisterziensern und den Augustinern zugewiesen, mit deren Ordensregeln die der Templer in vielen Punkten übereinstimmten. Der letzte Großmeister des Ordens, Jacques de Molay, wurde 1314 in Paris auf dem Scheiterhaufen verbrannt.

Die Aura des Mysteriösen, welche die Tempelritter umgibt, geht meist auf das »Geheimnis« ihrer ungeheuren Machtfülle zurück. Häufig wird behauptet,[11] daß sie auf dem Tempelberg auf der Suche nach »Reliquien« Ausgrabungen durchgeführt hätten. Vermutlich stießen sie dabei auf geringe Schwierigkeiten, denn sie genossen hohes gesellschaftliches Ansehen und hatten auf dem *Haram* ihr Hauptquartier.

# DAS »GEHEIMNIS« DER TEMPELRITTER

Die Dokumente der Tempelritter, die uns heute vorliegen, geben in dieser Hinsicht wenig preis. Bis 1187, als Saladin Jerusalem eroberte, wurden die Schriftstücke der Templer in der al-Aksa-Moschee verwahrt, welche sie 1120 zu ihrem Hauptquartier gemacht hatten.[12] 1926 fanden Arbeiter einen auf Pergament geschriebenen Brief im Dachraum der al-Aksa-Moschee. Der Adressat war Gerhard von Ridfort, der zehnte Großmeister des Ordens und mitverantwortlich für die vernichtende Niederlage der Kreuzfahrer in der Schlacht von Hattin. In dem Brief geht es um interne Maßnahmen gegen ein Ordensmitglied, das die Regeln nicht befolgt hatte:

»Bruder Gerhard von Ridfort, Seneschall der Soldaten vom Tempel Ordoni Fratres von Vendôme, Kommandant von Jerusalem, seien Grüße entboten.

Du weißt, daß Robert de Sourdeval in Tyrus gelandet ist. Der Kommandant unseres Hauses in der Stadt hat ihn empfangen. Als wir davon hörten, beriefen wir eine Kapitelversammlung in Feve ein, zu der hundert oder mehr Ritter kamen. Wir fragten sie um Rat, was wir in diesem Fall tun sollten, und beschlossen einstimmig, fünf unserer Brüder nach Tyrus zu entsenden. Sie sollen ihn seiner Ritterwürde entkleiden, nach Akkon bringen und ihn dort in einem separaten Raume bewachen, bis das erste Schiff in der Saison die Überfahrt [über das Mittelmeer] macht.«[13]

Der Brief vermittelt den Eindruck, daß die Oberen des Templerordens streng über die Einhaltung der Ordensregeln wachten. Der Grund des Ausschlusses von Robert de Sourdeval ist leider unbekannt, denn die meisten Unterlagen der Templer sind verlorengegangen. Das Archiv des lateinischen Königreiches ist fast völlig verschollen; abgesehen von dem zitierten Brief existieren offenbar nur noch zwei andere Originaldokumente.[14] Trotz dieser bruchstückhaften Informationen besteht kein Zweifel daran, daß der finanzielle

Erfolg der Templer auf ihren ausgedehnten Ländereien basierte und daß so eine gewisse Anerkennung dieses Reichtums in ihren »Ritualen« wiederzufinden war. Aufgrund ihrer Ländereien und der damit verbundenen Verwaltungs- und Bauaktivitäten dürften mathematische und architektonische Kenntnisse für das »Geheimnis« der Templer entscheidend gewesen sein. Das mathematische Symbol für Pi, die Zahl, die für komplizierte Proportionsberechnungen in der Architektur unverzichtbar ist, wurde auf Grabsteinen und Gebäuden der Templerzeit in so weit voneinander entfernten Gegenden wie Syrien und Schottland gefunden.[15] Die Tatsache, daß die Templer ihren Orden nach dem Salomo-Tempel benannt hatten – dem vollkommenen Bauwerk des alten Israel –, bestätigt den hohen Rang der Mathematik für die Organisation des Templerordens. Das Interesse der Templer am *Sakhra*, den sie in *Templum Domini* umbenannten, zeigt, daß sie dort wahrscheinlich die genaue Stätte des einstigen Salomo-Tempels vermuteten. Das »Geheimnis« von Salomos vollkommenem Gebäude sei komplett in die Konstruktion des Felsendoms aufgenommen worden:

»Es läßt sich nicht leugnen, daß die Idee sehr alt ist, denn verschiedene Beziehungen dieser Art findet man auch an der Cheopspyramide, wo zum Beispiel die Höhe im selben Verhältnis zum Umfang der Grundfläche steht wie der Durchmesser eines Kreises zu dessen Umfang.

Es hat keinerlei Bedeutung, daß die Quellen keinen Hinweis auf dieses bemerkenswerte System enthalten, denn handwerkliche Geheimnisse dieser Art wurden zweifelsohne nur unter strengsten Auflagen weitergegeben ... Einige der genannten Verhältnisse, wie zum Beispiel die Quadratwurzel aus zwei (wie im Felsendom) und vor allem das Verhältnis zwischen Durchmesser und Umfang eines Kreises ..., sind Elemente von Raum und Zeit, sie gehen direkt auf die Grundlage unserer eigenen Natur und des Universums zurück, in dem wir leben und uns bewegen, und sie sprechen uns vielleicht unbewußt an.«[16]

Ob die Führung der Templer nun etwas von der unbewußten Anziehungskraft ahnte, die solche Zunftgeheimnisse auf die Mitglieder ihres Ordens ausgeübt haben könnten, mag dahingestellt sein. Sie konzentrierte sich auf praktische Dinge, nämlich darauf, den Einfluß der Bruderschaft auszudehnen. Die Templer setzten ihr »geheimes« Wissen in der Architektur ein und übernahmen die Proportionen des Felsendoms für ihre Kirchenbauten. Zu den bemerkenswertesten Beispielen gehören die Temple Church in London und die Kirchen in Lâon und Metz.[17] Mit ihrer Architektur trugen die Templer aktiv zur Bewahrung der Baumeisterkenntnisse aus salomonischer Zeit bei. Darüber hinaus läßt sich der Orden mit Salomos Architekt und Baumeister Hiram Abiff in Verbindung bringen.

Die Tempelritter gelten seit langem als Hüter der Freimaurerlegende, die sich um Hiram rankt. In England existieren »Templer«-Freimaurerlogen mindestens seit der zweiten Hälfte des 19. Jahrhunderts, in Schottland sogar schon seit mehreren Jahrhunderten. Die Tempelritter besaßen eine enge Beziehung zu Schottland; angeblich hatten sie dort in den Jahren der Unterdrückung zwischen 1312 und 1314 Zuflucht gefunden. Die Ruinen der alten Dorfkirche von Temple südlich von Edinburgh stehen an einer Stelle, an der im 12. Jahrhundert das erste schottische Ordenshaus des Templerordens unter König David I. gegründet wurde.[18] Auf dem Friedhof findet man mehrere Grabsteine mit den Symbolen der Freimaurer, darunter das Winkelmaß, welches das wichtigste Instrument für Architekten war. Dreißig Kilometer von Temple entfernt steht die Kapelle von Rosslyn Castle, ein ungewöhnliches Zeugnis für Legende und Ritual der Freimaurer. 1312 war die schottische Krone den Templern noch sehr gewogen, und Rosslyn muß ein Zufluchtsort gewesen sein. Die Burg gehörte den Rittern St. Clair. Im Sommer 1128 besuchte der Gründer des Templerordens, Hugo von Payens, die Burg. Er war aus Palästina zurückgekehrt, um Männer für den Orden zu rekrutieren. Payens heiratete schließlich Katherine St. Clair, und so entstand eine enge Verbindung zwischen diesem Ort und dem Templerorden.[19] In der Kapelle von Rosslyn steht eine Säule mit eindeutig jüdischen und freimaurerischen Motiven, die an den Salomo-Tempel denken lassen. Die *Apprentice Pillar*, die Lehrlingssäule, aus Kalkstein ist etwa drei Meter hoch und reich verziert. In den Stein hat man die Szene der versuchten Opferung

Isaaks durch Abraham eingemeißelt; der Widder, der sich im Gebüsch verfangen hat, ist ganz oben zu sehen.[20] Die Schönheit der Säule soll den Neid des Baumeisters der Kapelle geweckt haben: Angeblich tötete er den Lehrling, der die Säule geschaffen hatte – eine deutliche Analogie zu der Legende von Hiram Abiff, auch wenn in Schottland die Rollen von Täter und Opfer umgekehrt wurden.

Die Vereinigung von Handwerkern zu »freien« Körperschaften oder Zünften geht ebenfalls auf das Vermächtnis der Templer zurück.[21] Im Mittelalter wurden Klöster, Burgen, Kirchen und Kathedralen von Zunftmitgliedern erbaut. Diese Handwerker besaßen »Geheimnisse«, die für ihre Tätigkeit von elementarer Bedeutung waren und die sie eifersüchtig hüteten, um ihr Monopol nicht einzubüßen. Daher versahen sie ihre Arbeit wie schon die Erbauer des Ersten und des Zweiten Tempels in Jerusalem mit in den Stein gehauenen Symbolen, die zum Teil immer noch auf der Lehrlingssäule zu sehen sind.[22] Die Kirche lehnte im Mittelalter naturwissenschaftliche Methoden der Erkenntnisgewinnung ab. Das geheime System der Baumeister diente dem Ziel, das wissenschaftliche Vermächtnis des Altertums zu bewahren und zu erforschen. Wenn ein Ritual nach Art der Freimaurer im Templerorden verwendet wurde, so ließe sich auch erklären, weshalb die Kirche den Angriff Philipps des Schönen auf die Templer billigte, denn die Amtskirche wollte unerwünschte Fortschritte in der Wissenschaft rigoros unterbinden. Doch welche Indizien bringen die Templer mit den freimaurerischen Aktivitäten auf dem Tempelberg in Verbindung, wo sich ihr Hauptquartier befand?

Zwei Gegenstände bieten sich an: einerseits das Winkelmaß und andererseits die Schädelreliquie, die im Tempel von Paris gefunden wurde. Die Winkelmaße auf den Templergräbern in Schottland passen zu einem Dreieck auf dem Grabstein eines Kreuzfahrers in der Burg Athlit in Israel.[23] Das mag darauf hindeuten, daß das »Geheimnis« der Architektur eine zentrale Rolle im Leben jener Templer spielte, die dort begraben wurden. Die Herkunft der silbernen Schädelreliquie hingegen ist ein Rätsel, da nur wenige Informationen überliefert sind. Immerhin weiß man, daß ein solcher Gegenstand während der Zeit in Palästina in die zeremoniellen Handlungen der Templer integriert war. 1149 sandte Nur ed-Din dem Kalifen von Bagdad einen Menschenkopf. Es war der in Silber gefaßte Schädel des Grafen Raimund von Tripolis, den Nur ed-Dins Soldaten in der Schlacht getötet hatten. In jüngerer Zeit wurde diese Reliquie der Templer wechselweise als Kopf von Hugo von Payens, Johannes dem Täufer oder Hiram Abiff bezeichnet. Berücksichtigt man den Respekt der Templer vor der heiligen Wissenschaft der Architektur – Hinweise darauf bietet ihr Nachbau des *Qubbet as-Sakhra* –, dann könnten die sterblichen Überreste Hirams, falls sie je gefunden und identifiziert worden wären, durchaus zum Gegenstand ritueller Verehrung geworden sein. Die Templer hüteten daher vielleicht einen Schädel, den sie für den Hirams hielten, und setzten ihn bei ihren Zeremonien ein. Diese Theorie ist zwar reine Spekulation, aber wir wissen, daß die Templer auf dem *Haram* Ausgrabungen durchführten und laut Bischof Otto von Freising, der Augenzeuge wurde, einen Friedhof »in der Nähe des Tempels des Herrn« (des Felsendoms) anlegten, dessen genauer Standort nie ermittelt werden konnte. Die Templer nutzten die Gewölbe unter dem südöstlichen Teil der Plattform, welche sie die Ställe Salomos nannten, als Vorratslager und Unterkünfte. Die heute noch existierenden, fünftausend Quadratmeter umfassenden Ställe Salomos wurden später in die größte Moschee auf dem *Haram* umgewandelt.

DIE MUSLIMISCHE
KONSOLIDIERUNG

Während der Landbesitz der Templer in Europa neu verteilt wurde, konzentrierten die Mamelucken ihr Augenmerk auf das Erbe, das sie in der Heiligen Stadt angetreten hatten. In den ersten hundert Jahren der mameluckischen Herrschaft kam es auf dem *Haram* nur zu wenigen Veränderungen. Die Kuppel über dem *Sakhra* wurde 1317 neu vergoldet, und im Westen und Norden errichtete man Kolonnaden, die einen Blick auf den *Qubbet as-Sakhra* boten und aus diesem Grunde zu einem begehrten Standort für islamische Religionsschulen wurden. Doch 1376 wurde Jerusalem, das man bis dahin von Damaskus aus regiert hatte, direkt der Mameluckenhauptstadt Kairo unterstellt. Damit erfuhr die Stadt eine erhöhte Aufmerksamkeit und eine verstärkte finanzielle Zuwendung seitens des Kalifats, was zu zahlreichen Neubauten auf dem *Haram* führte. Der Tempelberg prosperierte aufgrund der Renovierungs- und Verschönerungsmaßnahmen. Für die Pilger wurde eine neue Wasserleitung gebaut, denn sie benötigten das Wasser zur Erfrischung und zur rituellen Fußwaschung, bevor sie die al-Aksa-Moschee und den Felsendom betraten. Südwestlich des Doms ließ Sultan Qaytbay einen Brunnen vor den Westkolonnaden errichten, der zur ruhigen Atmosphäre des sakralen Ortes beitrug.

Die Mamelucken werden manchmal als letzte mittelalterliche Herrscherdynastie der arabischen Welt bezeichnet.[24] In ihrem Architekturstil vermischen sich arabische und gotische Elemente. Die Gebäude zeigen Einflüsse aus dem arabischen wie aus dem europäischen Raum. Die Bauwerke der Mamelucken weisen häufig geometrische Muster aus rotem und weißem Mauerwerk auf, die man heute beispielsweise an der Hauptfassade der Medrese Aschrafijja betrachten kann. Die Medrese auf dem *Haram* wurde im 15. Jahrhundert erbaut und stellte einen architektonischen Glanzpunkt des Tempelbergs dar.

Die Juden waren lange Opfer des politischen Wandels in der Stadt, die einst ihnen gehört hatte. In der zweiten Hälfte des 14. Jahrhunderts kehrten viele nach Jerusalem zurück. Als 1350 ein Aschkenasim, also ein Jude aus Mitteleuropa, namens Isaak ha-Levi Asir ha-Tikvah (»der Hoffende«) in Jerusalem eintraf und eine Jeschiwa gründete, eine Talmudschule, lebte der messianische Gedanke von neuem auf.

Aber trotz der Erwartungen ha-Tikvahs blieb die Herrschaft über den Tempelberg weiterhin in den Händen der Muslime. Die Juden, die im Vergleich zu der recht bescheidenen Gemeinde in Jerusalem in großer Zahl in Europa und den Ländern rings um das Mittelmeer lebten, unternahmen nur wenig, um der Hoffnung auf einen Wechsel neue Nahrung zu geben. Der Tempelberg galt der Diaspora als verlorener Mittelpunkt des jüdischen Glaubens, der eines Tages, so Gott wollte, in den Besitz des Volkes Israel zurückkehren würde.

Ende des 14. Jahrhunderts reisten Hunderte sephardischer Juden wegen der in Spanien grassierenden Verfolgung nach Jerusalem. Für die jüdische Gemeinde der Stadt bedeuteten diese Einwanderer eine große Bereicherung,[25] obwohl die alten Konflikte zwischen Juden und Christen damals wieder aufflammten. 1428 versuchten die Juden, den sogenannten Berg Zion südwestlich der Altstadt zu kaufen. Sie waren davon überzeugt, daß sich dort Davids Grab befand. Papst Martin V. erließ ein Dekret, das Schiffskapitänen die Beförderung von Juden über das Mittelmeer ins Heilige Land untersagte. Trotz der antijüdischen Stimmung, die in Jerusalem durch gelegentliche Zusammenstöße von Christen und Juden angeheizt wurde, konnte die mameluckische Verwaltung den Frieden wahren. Allerdings stand ihre Herrschaft kurz vor dem Ende. 1453 eroberten die Osmanen Konstantinopel und zerschlugen damit das alte christliche Kaiserreich Byzanz. Die Osmanen waren Neuem gegenüber aufgeschlossen und hatten Ende des 15. Jahrhunderts wichtige Veränderungen in ihren Streitkräften eingeführt, wodurch sie ihr Reich zu Lasten der Mamelucken stark ausdehnen konnten.

1516 beendete der Einsatz von Schießpulver – Warren verwendete es viel später in aller Heimlichkeit bei seinen Ausgrabungen in

Jerusalem – die Ära der Mamelucken; damit einher ging eine Veränderung der muslimischen Herrschaft über Jerusalem. Am 24. August wurde ein Mameluckenheer unter Sultan Kansuh el Ghure von Selim I., dem Oberhaupt der Osmanen, besiegt.[26] Selim war erfolgreich, weil die Mamelucken Feuerwaffen und Artillerie ablehnten, die den osmanischen Truppen zur Verfügung standen. Nach dem Fall Kairos im Jahr 1517 regierten die Osmanen den gesamten Nahen Osten; Jerusalem und der Tempelberg sollten bis ins 20. Jahrhundert unter ihrer Herrschaft bleiben.

1520 bestieg Selims Sohn Suleiman den Sultansthron. Im Einklang mit dem neuen militärisch-strategischen Denken, daß Festungen auch einem Geschützangriff standhalten mußten, wurden die Mauern von Jerusalem verstärkt. Suleiman verbesserte außerdem die Wasserversorgung und verschönerte die Gebäude rund um den *Haram*; danach beschloß er, das Äußere des *Qubbet as-Sakhra* aufzuwerten. Der untere Teil des Oktogons wurde mit Carraramarmor verkleidet und die Fassade mit blauen Fayencefliesen verziert, wodurch die goldene Kuppel dem Himmel entgegenzustreben schien. Obwohl Suleiman den Juden nicht erlaubte, auf dem Tempelberg zu beten, verbesserte sich ihre Situation unter osmanischer Herrschaft. Im Jahr 1492 wurden zahllose Juden aus Spanien vertrieben, neun Jahre später wies man sie aus der Provence aus. Diese Juden zogen nach Osten ins Gebiet der Osmanen und gründeten in Saloniki und Konstantinopel neue Gemeinden. Als Jerusalem 1516 an Selim fiel, zogen viele weiter in die Heilige Stadt. Ihnen wurde Zuflucht gewährt unter der Bedingung, daß sie eine Kopfsteuer zahlten und die Oberhoheit des Islam anerkannten.

In seinem Bestreben nach architektonischer Vollkommenheit im Rahmen der islamischen Tradition respektierte Suleiman die religiösen Bedürfnisse der jüdischen Zuwanderer. Ein Teil der Westmauer des *Haram* wurde zu einer jüdischen Gebetsenklave. Zu dem Mauerabschnitt gehörten acht Reihen aus herodianischen Steinblöcken. Die Juden konnten sich beim Beten vor der Mauer dem ehemaligen Standort ihres alten Tempels zuwenden. Dieses Gebiet wurde schon bald als »Klageort der Juden« bekannt; auch Warren verwendete diese Bezeichnung in seinem Vermessungsbericht aus den Jahren 1864/65, weil die Juden dort um den Verlust ihres Tempels und um den vergangenen Ruhm Israels trauerten. Der Bereich wurde später Klagemauer und nach der Übernahme der Stadt durch die Israelis 1967 nur noch Westmauer genannt.

Suleimans Erben pflegten ebenfalls die Architektur und das islamische Ritual auf dem Tempelberg, um die Dauerhaftigkeit des islamischen Glaubens zu betonen. Viele Juden in der Diaspora sehnten sich nach einer Erneuerung des jüdischen Glaubens, die durch die Wiederkunft des Messias eingeleitet werden sollte. Diese Sehnsucht manifestierte sich auch darin, daß einige falsche Messiasgestalten in Europa in Erscheinung traten, etwa Abraham ben Elieser ha-Levi und Salomo Molcho. Der berühmteste »Messias«, Schabbatai Zewi, wurde 1626 in Smyrna geboren, dem heutigen Izmir. Zwischen 1642 und 1662 zog Zewi durch das ganze Osmanische Reich und entwickelte eine eigene Spielart der jüdischen Religion, die sich stark vom jüdischen Gesetz der Vorväter unterschied. Zewi lebte eine Zeitlang in Jerusalem und zog dann nach Gaza weiter, wo er einen jüdischen Aschkenasim namens Nathan traf. Dieser Nathan wurde Zewis »Prophet«, und man rief Zewi zu dem langerwarteten Messias aus. Zewis Ruhm verbreitete sich in der Diaspora, und Sultan Mehmet IV. fürchtete um Ruhe und Ordnung in seinem Reich. Er ließ Zewi verhaften und wegen Aufwiegelung verurteilen. Zewi wurde vor die Wahl gestellt, entweder zum Islam überzutreten oder zu sterben. Er entschied sich für die Konversion, wurde nach Albanien deportiert und starb dort am Jom Kippur des Jahres 1676.

Der »Sabbatianismus« bestand auch nach Zewis Tod weiter, und weitere »Propheten« und Messiasgestalten tauchten in Polen und Italien auf. Zu ihnen zählte vor allem Jakob Frank, der 1791 im Alter von fünfundsechzig Jahren starb. Polen bot im 18. Jahrhundert einen geradezu idealen Nährboden für den jüdischen Mystizismus. Der Mystiker und Heiler Israel Baal Schem Tov, ein charismatischer Rabbi, wurde 1700 geboren und scharte eine große Anhängerschaft aus weiteren Rabbinern und Gelehrten um sich. Nach seinem Tod begründete sein Nachfolger Dob Bär von Meseritsch die Gemeinschaft der Chassidim oder »der Frommen«. Zwischen den Chassidim und ihren Glaubensbrüdern kam es schon bald zu Konflikten. Die Mitnageddim oder »Gegner« hielten ihnen vor, verderbliche Neuerungen ins Judentum eingeführt zu haben, so daß der jüdische Status quo bei den polnischen Regierungsbehörden gefährdet sei. 1777 brachen mehrere hundert Chassidim, angeführt von Rabbi Menachem Mendel, aus Polen nach Palästina auf, um dort eine chassidische Gemeinde zu gründen.

In den christlichen Staaten Westeuropas begann das Zeitalter der Industrialisierung – ein Wandel, der die Existenz vieler traditioneller Gemeinschaften, auch der unter dem Islam lebenden, bedrohte. Im 18. Jahrhundert war Jerusalem von den Veränderungen in Europa fast völlig abgeschnitten und blieb von der sozialen und wirtschaftlichen Revolution unberührt. Im Laufe des 17. und 18. Jahrhunderts verlor Jerusalem unter osmanischer Herrschaft politisch und militärisch an Bedeutung. Der *Haram* wurde zwar immer noch als Wallfahrtsort anerkannt und von den verschiedenen Paschas oder hohen Beamten instand gehalten, doch die öffentliche Ordnung verfiel. Die Regierung in Konstantinopel war weit und die lokale Verwaltung schwach. Die arabischen Familien in der Stadt lehnten jegliche Einmischung von außen ab, und die Bewohner waren dem zunehmend korrupten Steuersystem der Paschas unterworfen. Diese verfügten nicht über genug Einfluß, um die Gelder nach gerechten Maßstäben einzutreiben. Die Umgebung Jerusalems wurde fast unvermeidlich erneut zu einem Tummelplatz von Räuberbanden.

In strategischer Hinsicht war Jerusalem unerschlossen. Unter osmanischer Herrschaft hatte sich Palästinas Infrastrukur seit dem Mittelalter nur wenig weiterentwickelt. Dies spiegelte sich im Zustand der jüdischen Bevölkerung wider. Trotz mehrerer »messianischer« Erweckungsbewegungen in Europa lebten Ende des 18. Jahrhunderts auffallend wenig Juden in Jerusalem. Und diese Gemeinde hatte mit Armut und harten Lebensbedingungen zu kämpfen – ein scharfer Kontrast zu den glorreichen Tagen, als Jerusalem noch die stolze Hauptstadt des Königreiches Juda war. Gegen Ende des 18. Jahrhunderts rückte der Nahe Osten im Zuge der militärischen und politischen Ambitionen Frankreichs erneut ins Blickfeld der europäischen Großmächte England und Frankreich. 1799 landeten französische Truppen, die von Napoleon Bonaparte befehligt wurden, in Palästina und Ägypten.

AUF DER SUCHE
NACH DER BIBEL

Wie die Historikerin Barbara Tuchman in ihrer Geschichte Palästinas, *Bibel und Schwert*, darlegt, war Napoleon der erste Staatsmann, der »die Wiedererrichtung eines jüdischen Staates in Palästina vorschlug«,[27] und zwar mit sehr emotionalen Worten. Seine Proklamation an die Juden der Diaspora war eine flammende Rede, doch er verfolgte einen recht eigennützigen Zweck. Die Juden in seinem eigenen Reich wurden über seine Überzeugungen nicht im unklaren gelassen.[28]

»Israeliten, erhebt euch! Ihr Verbannten, steht auf! Eilt euch! Jetzt ist der Zeitpunkt gekommen, der vielleicht in Jahrtausenden nicht wiederkehrt, ... eure politische Existenz als Nation unter anderen Nationen zu fordern sowie das unbeschränkte natürliche Recht, eurem Glauben gemäß, öffentlich und sehr wahrscheinlich für immer Jahwe zu dienen.«[29]

Napoleon Bonaparte träumte von einem Sieg über die Osmanen. Er wollte den Nahen Osten erobern und damit Frankreich den Landweg nach Indien sichern. Am 1. August 1798 vernichtete Lord Nelson die französische Flotte bei Abukir, vierzig Kilometer östlich von Alexandria, fast ganz. Trotz dieses Rückschlags setzte Napoleon den Feldzug fort und marschierte im Frühling des Jahres 1799 in Palästina ein. Am 18. März erreichten die Franzosen die Mauern von Akkon. Nun hing die Zukunft eines wieder unter jüdischer Herrschaft stehenden Jerusalem vom Sieg der Franzosen ab. Die Osmanen verteidigten die Festung Akkon, und an der Küste wartete ein britisches Geschwader unter Admiral Sir Sidney Smith, um Napoleons Truppen unter Beschuß zu nehmen. Vier Wochen lang bemühten sich die französischen Truppen, Akkon einzunehmen, bis sie schließlich, geschwächt durch Verluste und Krankheiten, den Rückzug antreten mußten. Smiths Männer waren gelandet und hatten die französischen Linien angegriffen. Am 20. Mai 1799 mußte

Napoleon seinen Traum von der Wiedererrichtung des »alten Jerusalem« zu Grabe tragen.[30] Die erfolglose Belagerung von Akkon
zerstörte seinen Plan von der Eroberung des Nahen Osten und
setzte seiner Vision eines wiedererstehenden Israel ein Ende. Napoleons Versuch, das Heilige Land zu besetzen, brachte zwei Veränderungen mit sich, in deren Zentrum der Tempelberg stand.
Napoleon hatte einen Stab von Wissenschaftlern, Archäologen
und Historikern nach Ägypten mitgenommen. Ihre Untersuchungen der Cheopspyramide bei Giseh, des Steins von Rosetta und anderer altägyptischer Monumente lösten in Europa ein neues Interesse an der Erforschung alter Kulturen aus. Dieses modische
Interesse entwickelte sich im Laufe des 19. Jahrhunderts zu einem
wahren Informationshunger nach der verlorenen Geschichte des
Nahen Osten. Vor allem in England erforschte man die »biblische
Vergangenheit«, und diese Orientalismusmode fand schließlich in
den Expeditionen von Wilson und Warren ihren Höhepunkt. Die
zweite Veränderung war rein politischer Natur. Nach Napoleons
Rückzug aus Ägypten wurde Mehmed Ali, ein albanischer Muslim,
der an der Seeschlacht von Abukir teilgenommen hatte, Herrscher
über Ägypten. 1831 marschierten seine Streitkräfte in Palästina ein,
und es gelang ihnen, die Festung Akkon einzunehmen und zu zerstören. Mehmed Ali herrschte nur neun Jahre über Jerusalem,
doch in dieser Zeit machte er es zu einem Teil der westlichen Welt.
Durch die Einführung weltlich orientierter Gerichte wurde die absolute Macht der Mullahs gebrochen, und die verschiedenen Religionen wurden einander rechtlich gleichgestellt. 1839 etablierten
die Briten ein Konsulat in Jerusalem, und viele europäische Großmächte folgten ihrem Beispiel.

Napoleon Bonaparte hatte 1799 den Bau eines Kanals zwischen
dem Mittelmeer und dem Roten Meer erwogen. Der französische
Sonnenkönig Ludwig XIV. hatte im 17. Jahrhundert als erster diese
Idee gehabt, und sie wurde von Napoleon III. 1862 wieder aufgegrif-
fen. Vier Jahre später stimmte der osmanische Sultan Mehmed Ali
dem Plan zu. Die Ankunft von Charles Wilson in Jerusalem im Jahr
1864 war somit alles andere als ein Zufall. Seit Jahrhunderten hatte
Rußland Expansionsgelüste auf dem Balkan gehegt und begehr-

liche Blicke auf das Osmanische Reich geworfen. England und Frankreich waren über diese Bestrebungen des Zarenreiches sehr besorgt. Sollten die Russen Konstantinopel einnehmen, dann würden sie das östliche Mittelmeer kontrollieren und eine Gefahr für die französischen und englischen Verbindungen in den Nahen Osten und nach Indien darstellen. Das Osmanische Reich stand nach Ansicht des Zaren Nikolaus I. kurz vor dem Untergang. Um diesen zu beschleunigen, verlangte der russische Herrscher, daß der Sultan der Osmanen ihm die Rechte an den heiligen Stätten in Jerusalem abtrat und ihm die Jurisdiktion über alle christlich-orthodoxen Russen im Osmanischen Reich einräumte. Als der Sultan dieses Ansinnen verwarf, kam es zum Krimkrieg. Rußland vernichtete ein türkisches Geschwader vor Sinope an der Küste des Schwarzen Meeres, und britische und französische Truppen belagerten die russische Festung Sewastopol. Die anglo-französische Allianz verhinderte, daß Zar Nikolaus sein Ziel erreichte. Der Krieg endete im Jahr 1856 mit der Unterzeichnung des Vertrags von Paris. Rußland mußte die territoriale Integrität des Osmanischen Reiches anerkennen.

Die Erfahrung des Krimkrieges schärfte das britische Bewußtsein für die strategische Bedeutung der Levante. 1860 befand sich Indien größtenteils unter britischer Herrschaft, und die Nachricht, daß die Franzosen einen Kanal vom Mittelmeer ins Rote Meer bauten, wodurch der Seeweg nach Indien um Wochen, wenn nicht sogar Monate verkürzt werden konnte, rief bei den Briten gemischte Gefühle hervor. Die Tatsache, daß sich der Kanal in französischer Hand befand, versetzte sie in große Unruhe. Die Arbeiten gingen wie geplant voran, und am 17. November 1869 wurde der Suezkanal eröffnet.

Die Kontrolle über den Suezkanal blieb bis 1875 bei Frankreich Dann ging der Enkel des Sultans und Hauptaktionär des Kanals, der Khedive Ismail, bankrott. Innerhalb von zwei Tagen arrangierte der britische Premierminister Benjamin Disraeli ein Darlehen von der Rothschild-Bank, durch das die britische Regierung Ismails Anteile für vier Millionen Pfund übernehmen konnte. Damit war der Kanal in britischer Hand. Eine wichtige Lebensader für das britische Commonwealth war gesichert, und die Briten konnten sich noch intensiver dem Schicksal des Osmanischen Reiches widmen. Das britische Engagement in Jerusalem hatte mit der Ankunft von Charles Wilson im Jahr 1864 begonnen und erreichte 1917 seinen Höhepunkt, als nach einer Unterbrechung von über neunhundert Jahren wieder christliche Streitkräfte in die Stadt einzogen.

## DIE ENGLÄNDER
## AUF DEM TEMPELBERG

Charles Warren dürfte die hervorragende Kartierungsleistung seines Vorgängers Wilson gekannt haben. Man weiß nicht, warum
Warren für die Grabungen in Jerusalem ausgewählt wurde, doch
private, bisher unpublizierte Aufzeichnungen können uns vielleicht einen Hinweis liefern. Vor seiner Zeit in Palästina war Warren zwischen 1858 und 1865 mehr als sechs Jahre auf Gibraltar
stationiert. Dort lernte er Sergeant Henry Birtles kennen, seinen
späteren treuen und energischen Begleiter, der an den Abenteuern
und Mißgeschicken bei den Ausgrabungen in Jerusalem teilhatte.
Der Posten in Gibraltar war kaum exotisch zu nennen, doch die
dort gemachten Erfahrungen waren für einen jungen Pionieroffizier von unschätzbarem Wert. Während seiner sechs Jahre auf dieser Felsenhalbinsel zwischen Spanien und Afrika beschäftigte sich
Warren mit der Planung und Konstruktion neuer Geschützbatterien und der Erschließung neuer Höhlen zu Lagerungszwecken.
Die Kanonen auf dem Felsen von Gibraltar sicherten den Briten den
Zugang zum Mittelmeer. Das System aus unterirdischen Gängen
und Stollen, über das die Geschütze erreicht und bedient werden
konnten, bot ihm ein hervorragendes Anschauungsmaterial für
seine kommenden Ausgrabungen auf dem Tempelberg. Seine Versetzung nach Jerusalem war auch für ihn persönlich eine glückliche Fügung, denn er interessierte sich sehr für die Geschichte
alter Kulturen. Jerusalem mit seinem legendären Salomo-Tempel
bot Warren eine exzellente Gelegenheit, sich den Dingen zu widmen, die ihm am Herzen lagen, vor allem der Freimaurerei.
    Seit dem 17. Jahrhundert hatte die Rolle des Freimaurertums in
der englischen Gesellschaft an Bedeutung gewonnen. Was im Mittelalter als Zusammenschluß von Handwerkern begonnen hatte,
entwickelte sich zu einer mächtigen Organisation mit engen Verbindungen zum Adel; seit George IV. genoß die Freimaurerei sogar

die besondere Gunst des englischen Monarchen. Im 19. Jahrhundert war sie im Offizierkorps fest verwurzelt, und Warren begann seinen glanzvollen Aufstieg, der mit dem Meistergrad der Freimaurer enden sollte, in Gibraltar. Obwohl die Vereinigte Großloge von England seit längerem versuchte, die positiven Aspekte der Freimaurerei in den Vordergrund zu rücken, etwa ihre Spenden für Wohltätigkeitsorganisationen, ist unverkennbar, daß sich die Freimaurer seit dem frühen 18. Jahrhundert bewußt von der Gesellschaft abschotteten. Niemand kann die Mitgliedschaft beantragen. Ein Kandidat wird ausgewählt und unter die Lupe genommen; dann wenden sich zwei »Brüder« der betreffenden Freimaurerloge an ihn. In Warrens Fall waren dies Sergeant (später Major) Irwin und P. M. Gould.[31] Warrens Vater, ein angesehener General, der im Krimkrieg gedient hatte, war ebenfalls Freimaurer. Die freimaurerische Tradition, die auf der Loyalität zur Krone und zur Bruderschaft beruhte, hätte keinen willigeren Lehrling als Charles Warren finden können.

Am 30. Dezember 1859 wurde er im Alter von neunzehn Jahren in die Royal Lodge of Friendship aufgenommen, damals Nummer 345, heute Nummer 278.[32] Sein Aufstieg war unaufhaltsam. 1860 trat er der Inhabitants Lodge von Gibraltar, Nummer 153 (ehemals Nummer 178), und im Oktober 1861 der Royal Arch bei. Im selben Monat erhielt er in der Gibraltar-Loge, Nummer 43, den Meistergrad zugesprochen. Im November desselben Jahres wurde er Mitglied des Royal Europa Chapter of Gibraltar, Nummer 14. Auf dem Felsen von Gibraltar war allem Anschein nach nicht nur das Militär, sondern auch die Freimaurerei äußerst aktiv. Vier Jahre vor seiner Entsendung nach Jerusalem wurde Warren im Jahr 1863 mit seinem Beitritt zum Calpe Preceptory of Knights Templar, Nummer 50, ein Tempelritter der Freimaurer. Im Juli 1865 kehrte er nach England zurück und arbeitete als Dozent an der Ingenieursschule in Chatham. Im folgenden Jahr wurde er zum Fellow der Londoner Geological Society gewählt und einen Monat später als Dozent an das Institute of Civil Engineering berufen.

Ende 1866 benötigte der neugegründete Palestine Exploration Fund einen Offizier und drei Unteroffiziere, die Charles Wilsons

Vermessungsarbeiten fortsetzen sollten. Man weiß nicht, ob die Verantwortlichen des Palestine Exploration Fund an die Verwendung von Tunneln und Stollen für das Vorhaben gedacht hatten. Warren, der für den Posten empfohlen worden war, wußte von Anfang an, in welchem Geist er seine Aufgabe erfüllen würde. Sein Biograph und Enkel Watkin W. Williams, ebenfalls Freimaurer wie sein Großvater, schrieb über ihn:»Warren fühlte sich ein wenig wie ein Kreuzfahrer, als er seinen Posten antrat. Er wurde von dem Wunsch getrieben, der christlichen Welt die heiligen Stätten zu enthüllen, die unter dem Schutt so vieler Zerstörungen verborgen waren und von den türkischen Muselmanen eifersüchtig bewacht wurden.«[33]

Vor einer Versammlung von Freimaurern erklärte Warren sechsundzwanzig Jahre nach seiner Aufnahme:»Die Freimaurerei hat einen sehr positiven Effekt, denn sie trägt zur Disziplin unserer Streitkräfte bei.«[34] Auf seinem nächsten Auslandsposten sollte er reichlich Gelegenheit haben, diesen Effekt auf die Probe zu stellen.

Charles Warren traf nach einer stürmischen Überfahrt am 15. Februar 1867 in Palästina ein. Von der Hafenstadt Jaffa begab er sich umgehend nach Jerusalem, wo er erste Gespräche mit den türkischen Behörden führte. Im März waren die Vermessungsinstrumente, welche die Pioniere für ihre Arbeit benötigten, immer noch nicht eingetroffen. Warren reiste daher ins Jordan-Tal, wo er das Leben und die Bräuche der Beduinen vom Stamm Ta'amireh studieren wollte. Mohammed ad-Dib, der zu diesem Stamm gehörte, sollte 1947 die Schriftrollen von Qumran entdecken. Warren wurde freundlich aufgenommen. Obwohl er sich nur in Zeichensprache verständlich machen konnte, waren die Ta'amireh ungemein gastfreundlich. Nachts lag Warren unter seiner Ziegenfelldecke, wurde von Fliegen geplagt und konnte sein Zelt nicht verlassen, weil die scharfen Wachhunde der Beduinen das Lager aufmerksam hüteten. Diese nomadische Existenz muß ihn an das Leben der Stämme Israels erinnert haben, die unter Führung von Moses mit ihren Herden durch die Wüste zogen und die Bundeslade transportierten. Ende April 1867 erreichte Warren das Südende der Jordan-Ebene. Er war allein unterwegs und verfing sich hoffnungslos im Dornengestrüpp, das in dieser Gegend wuchs. Dann sah er, daß sich ihm ein Beduine näherte. Da dieser nicht dem örtlichen Stamm angehörte, befürchtete Warren, der Mann würde ihm die Kehle durchschneiden. Der Engländer konnte gerade noch seinen Revolver ziehen und den Beduinen mit vorgehaltener Waffe zwingen, ihn aus dem Dornbusch zu befreien. Der Vorfall führte Warren die harte Realität des Stammeslebens im Jordan-Tal vor Augen. Doch auch in Jerusalem galt das Stammesrecht. Am Neujahrstag 1868, neun Monate später, berichtete Warren, er sei wenige Tage zuvor Zeuge einer schrecklichen Szene geworden.

Ein Ta'amireh-Beduine hatte einen Glaubensbruder in Jerusalem ermordet und war verhaftet worden. Warren verfolgte das Geschehen von seinem komfortablen Hotel aus und schilderte es dem Palestine Exploration Fund:

»Die Witwe und der Schwager des Ermordeten wollten der Gerechtigkeit Genüge tun, telegrafierten nach Konstantinopel und erhielten ein *firman* für die Hinrichtung des Beduinen. Seine Familie bot zweihundert Pfund, um ihn auszulösen, doch die Witwe des Jerusalemers war so gemeinsinnig oder so rachsüchtig, daß dieses Angebot bei ihr nicht verfing. Damit stand fest, daß der Mann enthauptet werden sollte.

Zu diesem Behufe wurde er zum Jaffator hinausgebracht. Seine Familie schien jedoch immer noch Hoffnung zu hegen und wandte sich, als es soweit war, mit einem letzten Gnadenappell an die Witwe. Während des kurzen Gesprächs zwischen ihr und der Familie riß der Verurteilte Mund, Augen und Nasenlöcher auf, so sehr bemühte er sich, ihre Antwort zu verstehen. Seine schreckliche Anspannung fand schon bald ein Ende. Als die Witwe auf ihrer unversöhnlichen Position beharrte, schien er bereits die Qualen des Todes zu spüren.

Die Hinrichtung war wahrhaft barbarisch. Der unglückliche Todeskandidat erhielt zuerst einen Hieb quer über die Schultern und wandte sich mit den Worten um: ›Du tust mir weh.‹ Der dilettantische Scharfrichter stellte nach einer Weile fest, daß sechzehn Hiebe den Kopf nicht vom Körper getrennt hatten. Daher drehte er den Mann auf den Rücken und säbelte an seinem Hals herum, als ob er ein Schaf schlachtete. Schließlich gelang es ihm, den Kopf und ein Stück der Schulter vom Körper zu trennen. Beide Teile wurden zum Vergnügen der Menge einen Tag lang zur Schau gestellt.«[35]

Dieses Ereignis ließ mit Sicherheit einige blutige Kapitel der Geschichte lebendig werden, durch deren Schichten sich Warren hindurcharbeitete. Er hatte gerade eine Ausgrabung unter den Steinen beendet, die bei der Zerstörung des Tempels im Jahr 70 n. Chr., als man Tausende von Juden innerhalb eines Tages in den Innenhöfen niedermetzelte, vom Berg herabgestürzt waren.

Nicht nur das osmanische Rechtssystem war barbarisch, auch die sanitären Bedingungen, unter denen Warren arbeiten mußte, ließen manches zu wünschen übrig. Jerusalem war um 1870 ein strapaziöser Aufenthaltsort. Die Unteroffiziere, die das Vermessungsunternehmen begleiteten, hatten beim Militär zwar einige entbehrungsreiche Situationen durchgemacht, doch auf die Unbilden, welche die Arbeit in der Stadt nach sich zog, waren sie nicht im geringsten vorbereitet. In unmittelbarer Nähe des Tempelbergs häufte sich der Abfall von Jahrhunderten, und in den Zisternen, den geheimen Gängen und Kammern, die den Berg und seine Umgebung durchzogen, hatten sich die Abwässer der Stadtbevölkerung angesammelt. Die kleinste Verletzung konnte bei einem so stark verunreinigten Boden zu einer Infektion führen. Jeder in Warrens Gruppe erkrankte irgendwann ernsthaft.[36] Es war vielleicht ein Wunder oder ein Zeichen für die gute körperliche Verfassung der Expeditionsteilnehmer, daß nur ein Mitglied des Unternehmens während des gesamten Aufenthalts in Jerusalem starb. Corporal Duncan erlag am 10. August 1868 einem Fieber und wurde auf dem protestantischen Friedhof westlich der Altstadt begraben. Als Grabstein diente eine zerbrochene Säule, die Warren unterhalb des Robinson-Bogens ausgegraben hatte.

Warren führte einen Kleinkrieg mit den türkischen Behörden. Obwohl er ein *firman*, eine offizielle Genehmigung, für seine Ausgrabungen vorweisen konnte, gab es seitens der Land- und Hausbesitzer vor Ort immer wieder Behinderungen. Vor allem der Besitzer eines großen Gebäudes an der *Haram*-Mauer nördlich des

Robinson-Bogens, Abu Saud, erwies sich als ständiger Störenfried. Warren umging das Problem, indem er neue Schächte öffnete. Dadurch war er allen Unterbrechungen stets einen Schritt voraus. Ende Januar 1870 stießen Warren und Birtles zu einem unterirdischen Gewölbe an der Außenseite der Westmauer vor. Der Sergeant verletzte sich, als er eine Mauer hinaufkletterte und von zusammenbrechenden Steinen begraben wurde. Das hielt Warren und Birtles aber keineswegs davon ab, ihren Erkundungsgang fortzusetzen. Warren stieß auf einen alten Raum, der »aufgrund einiger Umstände bei seiner Entdeckung den Namen ›Freimaurerhalle‹ erhielt«.[37] Er ließ sich an einem Seil einen steil abfallenden Durchgang hinab und stand schließlich in einem »großen rechtwinkligen Raum mit gewölbter Decke von altertümlicher Bauweise. Aus der Mitte ragte eine Säule oder ein Sockel«.[38] Die Wände waren aus eng verfugten Steinquadern gebaut, in jeder Ecke befand sich ein Pilaster mit auffälligem Kapitell. Warren beschrieb den Raum als das »dem Anschein nach älteste Mauerwerk in Jerusalem, ausgenommen vielleicht die Mauern des Heiligtums [die er teilweise für salomonisch hielt], aber möglicherweise ist es genauso alt«.[39] Auch ein Abschnitt der Südmauer weckte Warrens Interesse. Zu Beginn seiner Forschungen hatte er versucht, einen Schacht unter das Einzeltor zu treiben, den blockierten Zugang zu den Ställen Salomos, der ungefähr dreißig Meter von der Südostecke des *Haram* entfernt war. Infolge einer Krankheit[40] mußten Birtles und er die Arbeit abbrechen, doch in einem Brief vom 22. Oktober 1867 teilte Warren dem Palestine Exploration Fund folgendes mit:

»In einem früheren Brief erklärte ich, daß meiner Ansicht nach ein weiteres Gewölbesystem unter den vorliegenden Gewölben [der Ställe Salomos] existiert ..., und ich markierte auf einer Skizze eine Stelle, wo sich meiner Meinung nach der Eingang befindet ..., am Mittwoch entdeckten wir zu unserer großen Freude den erhofften Eingang. Ich schicke Ihnen einen Plan, den ich gestern anfertigte, sobald der Eingang geöffnet war; Sie können ihm entnehmen, daß die Steine sehr groß sind, einer ist fünfzehn Fuß lang ... Der Durchgang ist drei Fuß breit und verläuft senkrecht zur Südmauer des Heiligtums ... Nach sechzig Fuß [innerhalb des *Haram*] ver-

schwinden die Steine an der Decke. Im Osten befindet sich ein ver-
sperrter Durchgang ... Momentan verfüge ich über keine Hinweise
zur genauen Funktion dieses Durchgangs.«[41]

Warren folgerte später, daß der Gang ein Abwasserkanal sei,
der vom Altar im Salomo-Tempel über die Zisterne V zum Kidron
führte.

Das Gebiet war jedoch so weitläufig und die Untersuchung so
kompliziert, daß Warren nur zu einem Bruchteil der archäologischen Überreste unter dem *Haram* vorstoßen konnte. Er wußte,
daß er keinen so großen Bereich des Tempelbergs erforschen
konnte, wie er sich gewünscht hatte, doch seine Neugier ließ ihm
keine Ruhe. Warren bemerkte im Inneren des *Qubbet as-Sakhra*
»am nördlichen Teil des [*Sakhra-*]Felsens etwas Sonderbares«.[42]
Als er allein im Gebäude war, sprang er über die Absperrung auf
den *Sakhra* und untersuchte zwei Steinplatten, die nebeneinander
in die Oberfläche des Felsens eingelassen waren. Er konnte die Finger in die Fuge zwischen den Steinplatten schieben und stieß auf
einen Hohlraum. Im Boden der Höhle unter dem *Sakhra* befand
sich ein runder Steindeckel. Darunter verbarg sich der Einstieg zu
einem engen Schacht, der bei den Muslimen »Brunnen der Seelen«
hieß. Warren durfte den Einstieg nicht untersuchen, doch er traf
Vorbereitungen für einen heimlichen Erkundungsgang von der
Oberfläche des *Sakhra* aus.

Einige Tage später betrat Warren, wie gewöhnlich überwacht
von zwei türkischen Soldaten, den *Haram* zusammen mit zwei
Damen und Captain E. Warrys von der Royal Artillery. Im Ärmel
seiner Jacke hatte er ein Brecheisen versteckt. Er hatte sein Unternehmen generalstabsmäßig vorbereitet und Corporal Ellis befohlen, am Eingang zum Tor des Propheten mit einer Leiter und einem
Seil zu warten; Sergeant Birtles sollte kurze Zeit später an einem
anderen Tor eintreffen. Warren schickte den einen Soldaten los,
um Ellis einzulassen, und den anderen, um Birtles zu finden, der
auf dem Gelände umherwanderte, als suche er seinen Vorgesetzten. Während Ellis mit Leiter und Seil bereitstand und Birtles im
*Haram* nach seinem Offizier Ausschau hielt, schlüpften Warren
und seine Freunde in den Felsendom. Die Damen verlangten, daß

ihnen die Aufseher im Inneren der Moschee die Höhle unter dem *Sakhra* zeigten. Sobald die kleine Gruppe die Stufen hinuntergestiegen und außer Sichtweite war, kletterte Warren auf den heiligen Felsen. Ein muslimischer Bewacher des Schreins – Warrens Komplize – beobachtete den Engländer mit wachsender Panik. Warren brauchte drei Minuten, um die nördlichste Steinplatte aus ihrem Mörtelbett zu stemmen. Er schob die Bruchstücke des Zements durch die Lücke zwischen den Platten in das darunterliegende Loch, um seinen Frevel zu verbergen. Dann hob er mit beiden Händen die Steinplatte an. Dabei erwiesen sich aber die Muskeln seines linken Arms, der bei einem Sturz in Gibraltar verletzt worden war, als zu schwach. Der Stein fiel mit einem ohrenbetäubenden Krachen in das untere Loch und löste »ein Echo [aus], welches das ganze Gebäude erzittern ließ und auf dem Gelände widerhallte«.[43] Warren wäre gewiß entlarvt worden, hätten seine Begleiterinnen unten in der Höhle nicht mit großer Geistesgegenwart reagiert: »Als sie schließlich das Krachen über sich und das Echo um sich herum hörten, zeigten sie keinerlei Regung, obwohl sie sich nicht vorstellen konnten, was passiert war; die eine fragte mit weiblicher List, ob ein starker Wind aufgekommen sei, denn die Tür [des Felsendoms] sei laut zugeschlagen, und dämpfte so das Mißtrauen des Führers.«[44]

Warrens muslimischer Freund war inzwischen in heller Aufregung und fürchtete, daß »sie alle getötet werden würden«.[45] Er flehte den Engländer an, den *Sakhra* zu verlassen. Aber Warren ließ sich in das Loch hinab. Auf dem Boden fand er einen Kanal, der mit lockerer Erde oder Staub gefüllt und etwa neunzig Zentimeter hoch und sechzig Zentimeter breit war. Er führte rund drei Meter in nördliche Richtung, dann versperrte grobes Mauerwerk den Weg. Warren maß den Kanal aus, zog sich wieder hoch und gesellte sich zu seinem muslimischen Begleiter auf der anderen Seite der Absperrung. Die Vermessung hatte ergeben, daß der Kanal an exakt der Stelle verlief, wo Warren den Altar vor dem Salomo-Tempel vermutete: südlich des *Sakhra* über der Zisterne V. Seine Schlußfolgerung lautete: »Ich meine, daß sich über diesem Felsen der Raum für die Wäscher des Tempels befand: Dort wurden die Eingeweide

usw. gesäubert, und in diese Abwasserrinne flossen Blut und Abfall, mischten sich mit dem Blut vom Altar und gelangten dann
über den Kanal, den wir unter dem Einzeltor entdeckt haben, in
den Kidron.«[46]

Im Buch der Könige heißt es, daß Salomo fünf von insgesamt
zehn Becken zum Waschen der Eingeweide an der Nordseite des
Tempeleingangs habe aufstellen lassen. Auf diesen Sachverhalt bezog sich Warren allem Anschein nach. Falls er recht hatte, bekräf-
tigten seine Funde auf dem *Sakhra* seine Ansicht über die Position
des Salomo-Tempels.[47] Einige Tage nach seinem Erkundungsgang
kehrte Warren noch einmal zum Fels zurück und sah, daß man die
Steinplatte ersetzt hatte. Die türkischen Behörden erwähnten den
Vorfall nicht, doch Warrens aufmerksame Eskorte war nun mehr
denn je darauf bedacht, ihn nicht aus den Augen zu lassen.

Nach seiner Aktion auf dem *Sakhra* zu schließen, übte der mut-
maßliche Standort des Salomo-Tempels eine ganz besondere Faszi-
nation auf Warren aus. Vor seiner Abreise aus Jerusalem nahm er
in der Gewandung eines freimaurerischen Tempelritters an einem
weiteren geheimen Zeremoniell unter dem Tempelberg teil.

DIE FREIMAURER IM TEMPELBERG

Warren behielt seine Mitgliedschaft bei den Freimaurern für sich. Auch nach seinem Tod im Jahr 1927 gab die Freemason's Hall in der Londoner Great Queen's Street Warrens Unterlagen nicht heraus. Am 4. Februar 1936 schrieb der Stellvertretende Obersekretär der Vereinigten Großloge von England in einem Brief an Watkin W. Williams, Charles Warrens Enkel:
»Sehr geehrter Herr und Bruder,
bitte verzeihen Sie, daß ich Ihren Brief vom 12. Januar nicht früher beantwortet habe. Ich habe bezüglich Ihrer Anfrage Rat eingeholt. Wir halten einen Hinweis auf das Freimaurerwesen in der Biographie Ihres Großvaters, des verstorbenen Generals Sir Charles Warren, für unangemessen, wenn der Kommentar über die kurze Aussage zu seiner freimaurerischen Tätigkeit hinausgeht, wie sie im ersten Absatz auf Seite 17a umrissen wird. Die beiden folgenden Absätze sollten vielleicht ein wenig gekürzt werden.
Auf die Rede, die sich in Ihrem Manuskript anschließt, sollte man unserer Ansicht nach unbedingt verzichten.
Mit brüderlichen Grüßen
St. Ob.«[48]
Die»Rede«, die soviel Sorge bereitete, hatte Warren als Antwort auf einen Toast für die»Brüder, die in Übersee wertvolle Dienste geleistet haben«, beim Eröffnungsbankett der Moira-Loge, Nr. 92, am 7. Dezember 1885 gehalten.[49] Darin bezog er sich auf den Tempelberg:
»Brüder ..., ich bin tief beeindruckt vom positiven Wirken der Freimaurerei im Ausland und davon, daß durch sie so viele Männer zusammenkommen, die sonst nie Gelegenheit hätten, einander kennenzulernen ... In Palästina brachte die Freimaurerei Menschen unterschiedlicher Rassen und Glaubensrichtungen zusammen, die sich sonst wahrscheinlich nie getroffen hätten. Ich darf hier viel-

leicht vor allen anderen, deren Bekanntschaft ich machte, Herrn
Petermann aus Berlin, den bekannten Orientalisten, erwähnen. Bei
meinen Ausgrabungen in den Ruinen des Salomo-Tempels hatte ich
reichlich Gelegenheit, das vorbildliche Wirken der Freimaurer in
Palästina zu beobachten, und ich bin vielen zu Dank verpflichtet,
die mir bei meiner Arbeit wertvolle Unterstützung leisteten. Einmal
konnte ich zu meiner Freude bei der Eröffnung einer Loge in einer
Höhle mitwirken, die fast genau unter dem alten Tempel verläuft;
ihre Mitglieder, wiewohl nicht zahlreich, repräsentierten den
Osten wie den Westen. Ein Engländer, ein Amerikaner, ein Deutscher, ein Franzose, ein Armenier, ein Grieche und auch ein Hebräer waren anwesend.«

Wenn Warren den Tempel südlich des *Qubbet as-Sakhra* vermutete, kamen nur zwei Höhlen »fast unter dem alten Tempel« in
Frage, in die sieben Männer, ohne Verdacht zu erregen, einsteigen
konnten. Die erste war eine fälschlich als »Salomos Steinbruch« bezeichnete ausgedehnte Höhle, die sich von der Nordmauer der Altstadt nach Süden erstreckte. Die Höhle diente in herodianischer
Zeit als Steinbruch und wurde in der zweiten Hälfte des 19. Jahrhunderts, zur Zeit des Aufenthalts von Charles Warren in Jerusalem, regelmäßig für Versammlungen der Freimaurer benutzt. Die
zweite Höhle, die für die geheime Zusammenkunft in Frage käme,
war der Hohlraum unter dem *Sakhra*. Aus Warrens Äußerung geht
nicht hervor, in welcher der beiden Höhlen die Versammlung statt-
fand, doch allein die Tatsache, daß ein derartiges Treffen mitten
im osmanischen Jerusalem abgehalten wurde, ist ungewöhnlich.
Sechshundertachtzig Jahre nach der Vertreibung der letzten Tempelritter aus der Heiligen Stadt hielt Warren ein templerisches Frei-
maurertreffen unter dem *Templum Domini* ab.

Warrens Interesse am Tempel erstreckte sich auch auf die architektonischen und mathematischen Kenntnisse, die für den Bau
vonnöten waren. Im Gegensatz zur allgemeinen Lehrmeinung seiner Zeit war er – vielleicht aufgrund seiner Erfahrungen bei den
Freimaurern – von der wichtigen Rolle überzeugt, die mathematische Prinzipien bei der Konstruktion von Gebäuden im Altertum
spielten:

»... die Schwierigkeit besteht darin, daß alle Mathematiker, die ich bisher getroffen habe, mit instinktiver Abneigung auf die Vorstellung reagieren, man habe im Altertum die Zahl Pi gekannt, und daß sie nicht dazu beitragen, diese Angelegenheit zu erhellen. Ich bin der Meinung, daß man im Altertum sehr viel mehr *wußte*, als man *zum Ausdruck bringen* konnte. Laut Archimedes lag Pi zwischen 22/7 und 223/71. Das zeigt, daß er eine Menge über Pi wußte. Ich muß diesen Artikel so formulieren, daß Mathematiker ihn beachten, denn bei ihnen läuft alles nach festen Regeln. Ich werde ihn vielleicht Dr. Glaisher in Cambridge schicken, einer Autorität auf dem Gebiet der reinen Mathematik.«[50]

Warrens archäologische Arbeit liefert einen wertvollen Beitrag zu unserem Verständnis der Tempelberg-Geschichte. Aus seinen Briefen geht hervor, daß er unbedingt tief in den Berg vordringen wollte. Doch obwohl er davon überzeugt war, daß an bestimmten Stellen »hochinteressante Objekte versteckt« seien, gibt es kein Anzeichen dafür, daß er irgendeinen Hinweis auf die Bundeslade fand. Sein Beharren darauf, daß Zisterne V aufgrund der von ihr wegführenden Abwasserkanäle die Position des Tempelaltars kennzeichnete, läßt jedoch vermuten, daß seine Gedanken stets auf das legendäre Heiligtum des Salomo-Tempels gerichtet waren. Warren ging sogar so weit, den Grundriß des Tempels mit dem Allerheiligsten in Wilsons Vermessungsplan des *Haram* im Maßstab 1:500 einzuzeichnen.[51] Vielleicht führte dieses ausgeprägte Interesse zu seinem unbesonnenen Handeln auf dem *Sakhra*, das, wäre es von den türkischen Behörden bemerkt worden, das Ende seiner Ausgrabungen, wenn nicht sogar seiner Militärlaufbahn, nach sich gezogen hätte.

Bei seiner Rückkehr aus Palästina im Jahr 1870 gründete Warren die Quatuor Coronati Lodge, die in freimaurerischen Kreisen als »die erste Freimaurerloge für [historische] Forschung auf der Welt« beschrieben wurde.[52] Die neun Gründungsmitglieder waren Kapazitäten für die Freimaurergeschichte, Archäologie und Anthropologie. Warren war sehr stolz auf seine Mitgliedschaft in einem freimaurerischen Templerorden. Nach seinem Tod fand man unter seinen Besitztümern ein Schwert, das in einem Spazierstock verborgen war. Ein solches Schwert wurde traditionell von »Logenhütern« zum Schutz gegen Eindringlinge getragen. Warren hatte den Griff entfernen lassen, damit das Schwert in den Stock paßte. Auf der Scheide waren das Kreuz Christi, der Zirkel der Freimaurer und ein Kreuz der Tempelritter eingraviert.

Der nächste britische Offizier, der in Jerusalem eintraf, war Captain Montagu Parker. Dieser wurde nicht vom Palestine Exploration Fund entsandt, sondern kam aus persönlichen Gründen in die Heilige Stadt. Er leitete 1909 eine Expedition, welche die Schätze König Davids und König Salomos finden und nach der Bundeslade suchen sollte.

# MONTAGU BROWNLOW PARKER
## UND DIE BUNDESLADE

Montagu Brownlow Parker wurde am 13. Oktober 1878 als zweiter Sohn des dritten Earl of Morley geboren. Seine Familie besaß große Ländereien im südlichen Devon. 1898 erhielt er ein Offizierspatent im Gloucester Regiment und trat ins 3. Bataillon ein. Im folgenden Jahr wechselte er zu den Grenadier Guards, kämpfte im Burenkrieg in Südafrika und wurde leicht verwundet. Er kehrte nach England zurück und diente von 1901 bis 1906 verschiedenen Generälen als Adjutant. 1907 wurde er zum Captain befördert, schied aber zwei Jahre später aus der Armee aus und nahm ein Abenteuer in Angriff, das ihn weltweit bekannt machen sollte. Parker hatte 1908 Valter H. Juvelius, einen »Bibelforscher« von eigenen Gnaden, kennengelernt. Dieser hatte nach eigener Aussage eine verschlüsselte Passage im Buch Hesekiel entdeckt, in der das Versteck des »Schatzes« aus dem Salomo-Tempel in den Tiefen des Tempelbergs genau beschrieben war. Parker hielt diese Forschungen für seriös; daher gingen Juvelius und er eine Arbeitsgemeinschaft ein. Über den »Schatz«, der nach ihrer Ansicht unter dem *Haram* verborgen war, gibt es widersprüchliche Aussagen. In Zeitungsartikeln jener Zeit wird von einer Suche nach den Juwelen König Salomos, den Gräbern Davids und Salomos und nach der Bundeslade berichtet. Doch wenn Juvelius wirklich der Bibelgelehrte war, der er zu sein vorgab, hätten Parker und er schon zu Beginn ihrer Nachforschungen wissen müssen, daß die Babylonier, wie es im Buch der Könige im Alten Testament heißt, die »Schätze« des Tempels im Jahr 586 v. Chr. geplündert hatten. Demnach hofften die beiden wahrscheinlich weniger darauf, Gold und Silber zu finden als vielmehr die Gräber der jüdischen Könige und möglicherweise auch die Bundeslade mit den Zehn Geboten.

Über den genauen Inhalt der »verschlüsselten Botschaft« gibt es keine näheren Informationen. Vielleicht war Juvelius auf einen Abschnitt im Zweiten Buch der Chronik aufmerksam geworden, in dem die Anordnung von König Josia an die Leviten wiedergegeben ist:»Bringt die heilige Lade ins Haus, das Salomo, der Sohn Davids, des Königs von Israel, gebaut hat.«[53] Sobald Juvelius erkannt hatte, daß die Bundeslade vermutlich noch an einem geheimen Ort im Tempelberg ruhte, hatte er möglicherweise die Geschichte vom Buch Hesekiel ersonnen, um Parker zu überzeugen, daß ihm das genaue Versteck des Schatzes bekannt sei. Das würde auch erklären, weshalb Juvelius einen dänischen Hellseher anheuerte, der die Schatzsucher führen sollte, während Parker bereits eifrig Geld für die Expedition auftrieb.[54] Doch wie auch immer die »Beweise« von Juvelius ausgesehen haben mochten, Parker war allein schon von der Möglichkeit fasziniert, daß es ihm gelingen würde, den größten archäologischen Schatz aller Zeiten zu heben. Im Winter 1908/09 besuchte er in England, Europa und Amerika alte Familienfreunde seines Vaters und konnte mehr als hundertfünfundzwanzigtausend Dollar für die Ausgrabung sammeln.[55]

Im Sommer des Jahres 1909 brach Parker an Bord der Privatjacht seines Freundes Clarence Wilson nach Palästina auf. Wilson hatte sich zusammen mit Captain R. G. Duff und Major Foley der Expedition angeschlossen. Die unerschrockenen Schatzsucher nahmen sich Warrens Arbeit zum Vorbild, der in der Davidstadt mit Hilfe von Sergeant Birtles die Verbindung zwischen Gihonquelle und Hiskiatunnel eingehend untersucht hatte. Juvelius war sich sicher, daß sie in diesem unterirdischen Kanalsystem einen Geheimgang finden würden, der in nördlicher Richtung zum Südende der Tempelplattform führte. Über diesen Gang wollten seine Freunde und er in einen verborgenen Raum tief im Innersten des Berges gelangen und dort den »Schatz« finden. Doch Juvelius, Parker und die anderen Teilnehmer der Expedition wurden ebenso wie die generösen Sponsoren des Unternehmens bitter enttäuscht.

Bertha Spafford Vester berichtete 1950 rückblickend von den ersten Stadien der »Parker-Expedition«. Vester hatte ihr ganzes Leben in Jerusalem verbracht; ihre Tochter hatte den damaligen Besitzer des American Colony Hotel im arabischen Viertel nördlich vom Damaskustor geheiratet.

»...ein Agent, der heimlich für eine Gruppe ›angesehener Engländer‹ tätig war, kam nach Jerusalem, um Grundbesitz für ›den Bau von Schulen und Krankenhäusern im Auftrag der türkischen Regierung‹ zu erwerben. Nach seinen Worten genoß er die Fürsprache des Großwesirs, des Innenministers und anderer hochgestellter Persönlichkeiten. Bald zeigte sich, daß die fraglichen Grundstücke auf einem Hügel südlich der Altstadt lagen... Die örtlichen Behörden wiesen den städtischen Architekten an, für die Käufer Pläne des gesamten Hügels anzufertigen..., und überließen den Engländern die Grundstücke...

Die Engländer landeten mit ihrer Jacht in Jaffa und trafen einige Zeit später in Jerusalem ein. Sie führten in vielen Kisten die Geräte für Ausgrabungen mit. Von einer Schule oder einem Krankenhaus war keine Rede mehr... Wir hörten, daß die Engländer fröhliche Dinner-Parties veranstalteten... und daß sie auf Orangen Schießübungen machten, bei denen sich die kleinen jüdischen Kinder aus der nahe gelegenen ›Box Colony‹ [Hüttensiedlung] um die zerschossenen Früchte balgten... Sie waren unzweifelhaft die merkwürdigsten Archäologen, die je nach Jerusalem gekommen waren. Frederick und ich trafen einige bei einem Empfang und fanden sie reizend, doch uns erstaunte ihr völliger Mangel an archäologischen Kenntnissen.«[56]

Es dauerte nicht lange, wie es bei Bertha Spafford Vester heißt, bis »alle möglichen Geschichten über sie im Umlauf waren – daß sie versuchten, das Grab Davids und der anderen Könige Judas zu finden; daß sie die vergrabenen Tempelschätze suchten; daß sie nach der Bundeslade forschten, die dort versteckt sei, et cetera, et cetera«.[57] Parker und seine Freunde verbrachten die restlichen Sommermonate und den Frühherbst damit, einen der vielen Schächte freizulegen, die Warren in die Hänge der Stadt Davids getrieben hatte. Sie hofften, den Eingang zu einem Tunnel zu finden, der zum Tempelberg führte. Aber obwohl Parker das Kriegsglück hold gewesen war und er über gute Beziehungen verfügte, ließen ihn Glück und Geld nun im Stich.

Der Winterregen hatte früh eingesetzt und die Arbeiten zum Erliegen gebracht. Im November kehrte Parker nach London zurück, um weitere Mittel aufzutreiben und eine neue Mannschaft für die Grabungen im folgenden Jahr zusammenzustellen. Im August 1910 erschien er wieder in Jerusalem – mit »teurem und perfektem [Grabungs-]Gerät« und mit Ingenieuren, die beim Bau der Londoner Untergrundbahn Erfahrungen gesammelt hatten.[58] Doch die Stimmung in der Heiligen Stadt hatte sich geändert. Die Türken beäugten die Absichten der Expedition mit großem Mißtrauen, und die Juden hatten in Baron Edmond de Rothschild einen Mann gefunden, der ihren Einwänden gegen Parkers Arbeit eine gewichtige Stimme verlieh. Der Baron erwarb selbst nur einige hundert Meter südlich von Parkers Besitz in der Davidstadt eine kleine Parzelle und ließ dort im Wettstreit mit Parker Grabungen durchführen. Die Türken stellten Parker schließlich ein Ultimatum: Er solle seine Untersuchungen bis Ende des Sommers 1911 beenden oder die Stadt verlassen. Parker befand sich in einer sehr mißlichen Lage, denn in diesem Zeitraum konnte kein Stollen zum Tempelberg freigelegt werden. Seine Grabungen in Warrens altem Schacht hatten keine Resultate geliefert. Daher wandte er sich dem Hiskiatunnel zu, der vierzig Jahre zuvor von Warren und Birtles erforscht worden war. Parker war den ganzen Winter hindurch mit seinen Grabungen beschäftigt, doch der Gang führte eher vom Berg fort als zu ihm hin, und es gab keinen Hinweis auf dorthin abzweigende Seitengänge. Im April genügte eine einfache Rechnung, um zu zeigen, daß, selbst wenn seine Mannschaft noch einen Gang fand, nicht mehr genügend Zeit blieb, die Entfernung zum *Haram* zu überbrücken.[59] Daher nahm Parker Zuflucht zu einer letzten verzweifelten Maßnahme. Er bot dem türkischen Gouverneur Ahmed Bey fünfundzwanzigtausend Dollar dafür, daß Parker und eine Handvoll Gefährten, als Araber verkleidet, nachts in den *Haram* geschmuggelt wurden. Eine Woche lang gruben sie an der Südostecke in der Hoffnung, auf einen Verbindungsgang zu einer Geheimkammer zu stoßen, doch vergeblich. Also drangen sie in der Nacht des 17. April in den Felsendom ein und untersuchten das freiliegende Grundgestein des Berges Morija. In der Höhle unter dem *Sakhra* stemmten sie die Steinplatten hoch, unter denen, wie Wilson in seinem Vermessungsbericht aus den Jahren 1864/65 angeführt hatte, der Eingang zum »Brunnen der Seelen« verborgen sei.

Am 4. Mai 1911 erschien in der *Times* ein Brief, in dem es hieß, Parker und seine Leute hätten sich eine Kopie von Professor Schicks Bericht über den Brunnen verschafft. Schick war ein deutscher Architekt und Modellbauer, der die Höhle 1887 erforscht hatte. Allerdings hatte Wilson bereits 1866 nachgewiesen, daß der Schacht zu einem Kanal führte, der ähnlich wie der Kanal, den Warren untersucht hatte, im Kidron-Tal endete, allerdings tiefer im Felsen. Spafford Vester dürfte die archäologischen Kenntnisse von Parkers Team zu Recht angezweifelt haben. Parker und seine Freunde machten derart viel Lärm, daß ein Wächter auf die Eindringlinge aufmerksam wurde. Er wußte nichts von Parkers Abkommen mit dem Gouverneur und schlug Alarm, als er die Höhle voller verkleideter Engländer fand. Parker und seine Gefährten überließen es dem Gouverneur, die Unruhen, die nach diesem Vorfall in der Stadt ausbrachen, unter Kontrolle zu bekommen, und versuchten auf die Jacht von Clarence Wilson zu fliehen, die in Jaffa vor Anker lag.

Nach dem Bericht von Spafford Vester löste das »Parker-Fiasko« Ausschreitungen gegen die Christen in Jerusalem aus und brachte die Stadt an den Rand eines Massakers, das drohte, alle Bluttaten in den Schatten zu stellen, die »sich seit unserer langen Ansässigkeit in Jerusalem ereignet hatten«.[60] Die Jungtürkische Partei, die gegen die bestehende Hierarchie im ganzen Osmanischen Reich rebellierte, wurde beschuldigt, das Sakrileg der Christen am *Sakhra* geduldet zu haben. Muslimische Anhänger der Osmanen nutzten den Vorfall für ihre Zwecke aus und schürten die antiwestliche Stimmung. Der Zeitpunkt war gut gewählt, denn die Straßen der Stadt waren voll von Muslimen, die das Fest Nabi Musa begingen. Zu den Feierlichkeiten gehörte eine Prozession zu Ehren des Propheten Moses. Dieser Festtag war von den Mamelucken als Pendant zum Osterfest der zahlreichen christlichen Pilger in der Stadt eingeführt worden. Jerusalem stand kurz vor dem Ausbruch einer Katastrophe riesenhaften Ausmaßes; der anonyme Verfasser des Briefes in der *Times* berichtete: »Die Kehlen der Christen [waren] mehrere Stunden lang in Gefahr.«[61] Parker konnte sich einer Verhaftung entziehen. Er überredete die türkischen Soldaten, seine

Freunde und ihn zu Clarence Wilsons Jacht rudern zu lassen, da man sich dort in angenehmerer Umgebung unterhalten könne als an Land. Sobald die Engländer die Jacht erreicht hatten, lichteten sie den Anker und verließen das Heilige Land. Am Ort ihrer Grabung hinterließen sie zwei Eimer, eine Leiter und eine zerbrochene Pfeife, die 1998 von Archäologen wiederentdeckt wurden.

Das Gepäck Parkers und seiner Freunde war von türkischen Soldaten durchsucht worden, die bestätigten, daß es keine Schätze enthielt. Trotz Parkers Mißerfolg ging die Entweihung des Felsendoms, die sogenannte Parker-Affäre, in die Geschichte ein. Neue Gerüchte über die Expedition begannen zu kursieren. In einem Bericht der Nachrichtenagentur Reuters hieß es beispielsweise: »Die Expeditionsteilnehmer erklärten, daß sie ein Manuskript finden wollten, das alle Zweifel an der Auferstehung Christi beseitigen würde.«[62] Doch Parker brauchte keine derartigen Spekulationen, sondern eine gehörige Portion Glück. Als er in England eintraf, waren seine Mission gescheitert und sein Ruf ramponiert. Die türkische Regierung verlangte die Auslieferung Parkers und seiner Komplizen nach Jerusalem, wo sie gehenkt werden sollten. Das hielt Parker jedoch nicht davon ab, eine weitere Grabung vorzubereiten. Am 16. September teilte er einem Korrespondenten der *Times* mit, seine Partner und er seien immer noch fest entschlossen, nach den »Gräbern Davids und Salomos« zu suchen. Ende Oktober 1911 traf er an Bord der Wilsonschen Jacht wieder in Jaffa ein, wo er von Freunden davor gewarnt wurde, an Land zu gehen. Unverrichteterdinge und mit leeren Händen mußte er nach England zurückkehren.

Sechs Monate zuvor, während Parkers Gruppe nach ihrer unrühmlichen Flucht noch unterwegs nach London war, hatte die *New York Times* einen ganzseitigen Artikel mit Bildern des *Haram* und einer Rekonstruktion der Bundeslade veröffentlicht. Unter der Schlagzeile HABEN ENGLÄNDER DIE BUNDESLADE GEFUNDEN? wurde von dem »Parker-Fiasko« berichtet und die biblische Geschichte der Reliquie in einem Kurzabriß geschildert. Außerdem hieß es in dem Artikel, in New York sei man der Ansicht, »die Expedition, die an den heiligen Stätten in Jerusalem gräbt«, habe sich

das Ziel gesetzt, »die Bundeslade zu finden«.[63] Der Verfasser hatte
sich mit Dr. Solomon Schechter, dem Leiter des Rabbinerseminars
in New York, in Verbindung gesetzt. Dieser erklärte den Lesern:
»Einige Schreiber des Talmud äußerten den Glauben, daß die heilige Lade dort versteckt sei, wo sie angeblich gefunden wurde,
nämlich unter dem [ehemaligen Standort des] Salomo-Tempel[s].«
Dr. Schechter fügte weitere erstaunliche Informationen hinzu:
»Nach der Überlieferung hat man dort eine Stätte geschaffen, von
der aus die Bundeslade und die anderen Schätze des Tempels im
Falle eines Feuers oder eines feindlichen Angriffs rasch versteckt
werden konnten. Die Legende besagt, daß die Bundeslade so lange
nicht zum Vorschein kommen werde, bis der Messias eines Tages
das verstreute Volk Israel zurück in sein Land und zu seinem Tempel führt.« Schechters Worte wurden durch eine Schlußfolgerung
ergänzt, die auch in unseren Tagen noch relevant ist: »Natürlich
gibt es unter der Moschee [dem Felsendom] viele Kammern, Höhlen und Verstecke, die man noch nicht untersucht hat.«

Das war der letzte größere Artikel, der über die Parker-Affäre erschien. Doch auch wenn Parker aus den Schlagzeilen verschwand,
sollte der erste Schritt zu einer Rückkehr des verstreuten Volkes
Israel nach Jerusalem – laut Talmud die Voraussetzung dafür, daß
die Bundeslade wieder auftaucht –, schon bald erfolgen. 1914 brach
der Erste Weltkrieg aus, und Großbritannien und die muslimische
Türkei standen auf gegnerischen Seiten.

# 9. EIN GOTT UND DAS ENDE DES JAHRTAUSENDS

1917–2000

Der Ausbruch des Ersten Weltkrieges leitete den Untergang des Osmanischen Reiches ein. Im Oktober 1914 trat die Türkei dem Bündnis zwischen Deutschland und Österreich bei und lag nun mit Großbritannien, Frankreich und Rußland im Krieg. Im Februar 1915 marschierten türkische Streitkräfte von Palästina nach Südosten, überquerten den Nordteil der Halbinsel Sinai und griffen den Suezkanal an. Die britischen Truppen schlugen die osmanische Armee, die sich wieder nach Palästina zurückzog.

Großbritannien antwortete 1915 mit einer Vergeltungsaktion und griff die Türken in Mesopotamien und Gallipoli an. Bei dem Feldzug in Mesopotamien konnten die Briten 1917 einige Erfolge verbuchen, doch die Gallipoli-Operation wurde zur Katastrophe. Die Briten wollten dem Türkischen Reich den Garaus machen, indem sie die Dardanellen mit Kriegsschiffen passierten und Konstantinopel vom Meer aus beschossen. Aber die Türken erhielten Hilfe durch deutsche Verbindungsoffiziere, die sie im Gebrauch von Minen und schwerer Artillerie instruierten. Sie waren auch mit Handfeuerwaffen gut ausgerüstet, da die in Oberndorf ansässige Waffenfabrik Mauser seit 1904 die neueste Version ihres Schlagbolzengewehrs, die auf dem bewährten deutschen Mauser-Modell von 1898 basierte, speziell für die türkische Infanterie hergestellt hatte. Die Gegenwehr der Türken brachte den Vorstoß der englischen Truppen auf der Felsenhalbinsel Gallipoli zum Erliegen. Vor der Küste lagen britische und französische Kriegsschiffe in Wartestellung, um durch die Meerenge der Dardanellen nach Konstantinopel vorzustoßen. Wegen der zahllosen Verwundeten und der geringen Aussichten auf einen erfolgreichen Durchbruch beschlossen die Briten, ihre Streitkräfte abzuziehen. Am 8. Januar 1916 nahm die Royal Navy die letzten britischen Soldaten vom Strand am Kap Helles auf und ließ über achtundvierzigtausend Tote aus England und Frankreich, aber auch aus Australien und anderen Ländern des Commonwealth zurück.

In Kairo verfolgte das britische Oberkommando mittlerweile eine andere Strategie, um die Türken in die Knie zu zwingen. Man beschloß, über den Sinai in türkisches Territorium vorzustoßen. Der Vormarsch sollte an der Mittelmeerküste über Gaza bis nach Jerusalem und Damaskus erfolgen. Dadurch wollten die Briten das sich von Konstantinopel bis nach Mesopotamien erstreckende Osmanische Reich in zwei Hälften zerteilen. Im März 1917 erreichten sie Gaza. Der Versuch, die Stadt zu erobern, schlug jedoch fehl. Ein zweiter, ebenfalls erfolgloser Angriff wurde im April unternommen. Im Mai erhielten die ägyptischen Expeditionsstreitkräfte mit Edmund Allenby einen neuen Kommandeur. Der englische Premierminister Lloyd George hatte ihm die Order erteilt, bis Weihnachten Jerusalem einzunehmen und dadurch die Moral der kriegsmüden englischen Öffentlichkeit zu stärken. Allenby gelang es, Gaza zu erobern. Die britischen Expeditionsstreitkräfte benötigten zwei Monate, um den Stadtrand von Jerusalem zu erreichen. Allenbys Feldzug war die während des Ersten Weltkrieges vielleicht erfolgreichste, doch am wenigsten bekannte Aktion. Seine Eroberungen hingen ganz wesentlich von T. E. Lawrence' Rolle ab. Dieser war seit 1916 damit beschäftigt, die Ostflanke der englischen Armee zu schützen, während sie nach Palästina vordrang. Ihm war es zu verdanken, daß die arabischen Stämme zum Aufstand bewogen werden konnten.

T. E. Lawrence wuchs in Oxford auf und besuchte dort die Universität. Im Alter von einundzwanzig Jahren verließ er 1909 das Jesus College und wanderte ein Jahr lang durch Syrien. Lawrence wollte sich aus erster Hand Kenntnisse über die Burgen der Kreuzritter aneignen. Als er wieder in England eintraf, beherrschte er mehrere arabische Dialekte. Für die Abhandlung, in der er seine Erkenntnisse präsentierte, wurde ihm ein vierjähriges Forschungsstipendium des Jesus College gewährt, und Lawrence entschied sich, in den Nahen Osten zurückzukehren und seine archäologischen Studien fortzusetzen. Von 1910 bis 1913 nahm er unter Leitung von Sir Leonard Woolley an Ausgrabungen im südtürkischen Karkemisch teil und konnte wertvolle Erfahrungen im Umgang mit islamischen Arabern unterschiedlicher Stämme erwerben. Diese Erfahrungen waren von großem Nutzen, als das britische Kriegsministerium im Winter 1913/14 beabsichtigte, die Sinaiwüste kartieren zu lassen. Sie beauftragte Lawrence, Woolley sowie Colonel Newcombe namens der ägyptischen Regierung mit der Vermessung der Sinaihalbinsel. Als im Sommer 1914 der Erste Weltkrieg ausbrach, meldete sich Lawrence zur Armee. Er wurde nach Kairo versetzt und diente in der Militärischen Abteilung für Kartierung des englischen Nachrichtendienstes. Nach und nach erkannte man Lawrence' linguistische Begabung und seine Vertrautheit mit der arabischen Mentalität. Im Oktober 1916 wurde er nach Saudi-Arabien entsandt, um die Erfolgsaussichten eines Aufstands der arabischen Stämme gegen die osmanisch-türkische Besatzungsmacht auszuloten. Lawrence' Arabische Revolte richtete sich vornehmlich gegen das Eisenbahnnetz der Pforte, das Syrien, Palästina und die arabische Halbinsel miteinander verband. Durch Anschläge auf diese Eisenbahnlinie zwischen dem Nord- und Südteil des osmanischen Herrschaftsgebiets gelang es ihm, die türkische Nachrichtenübermittlung und den militärischen Nachschub zu unterbrechen. In England wurde T. E. Lawrence dadurch zum Volkshelden. Legendär waren die Erzählungen darüber, wie er türkische Soldaten in den Hinterhalt lockte, Eisenbahnbrücken in die Luft sprengte und Truppentransporte zum Entgleisen brachte. Seine Erfolge überstrahlten die weniger spektakulären Leistungen Allenbys, seines Oberbefehlshabers. Dennoch war das Gelingen des Feldzuges ganz entscheidend von der Eroberung Jerusalems abhängig. Anfang Dezember 1917 waren Allenbys Truppen zum Sturm gerüstet. Aber er ließ die religiöse Bedeutung Jerusalems nicht außer acht. Bevor zum Angriff geblasen wurde, sandte er seinem kommandierenden General Chetwode ein Kommuniqué, in dem es hieß: »Hinsichtlich jeder von Ihnen als notwendig erachteten Operation gibt es von meiner Seite aus keinerlei Einschränkungen …, mit einer Ausnahme: Keinesfalls darf das Risiko eingegangen werden, die Stadt Jerusalem oder ihre unmittelbare Umgebung durch die Operationen in Mitleidenschaft zu ziehen.«[1]

Die Türken zogen nach zehn Tagen aus der hartumkämpften Stadt ab, marschierten nach Norden und überließen Jerusalem auf Gedeih und Verderb den britischen Truppen. Am 9. Dezember, um 8.30 Uhr, schritt der Bürgermeister der Stadt, Hussein el Husseini, vom Polizeichef und zwei Gendarmen begleitet, mit einer weißen Flagge auf die britischen Stellungen zu. Zwei britische Soldaten nahmen die Kapitulation des Bürgermeisters an, und die osmanische Herrschaft über Jerusalem war beendet. Die Schlüssel der Stadt wurden um 12.30 Uhr Generalmajor Sir John Shea übergeben, dem Befehlshaber der 60. Infanteriedivision, der Allenby vertrat. Jerusalem war durch eine von Christen geführte Armee »befreit« worden, und man setzte rasch eine Siegesparade für den folgenden Tag an. An der Spitze der Parade ritt Allenby am 10. Dezember durch das Jaffator in die Altstadt von Jerusalem. Seit Beginn der Arabischen Revolte hatte T. E. Lawrence keine Uniform mehr getragen. Als er eingeladen wurde, an der Siegesparade teilzunehmen, mußte er sich von anderen Offizieren in aller Eile die regulären Kleidungsstücke ausleihen. Der Einzug in die Altstadt rührte ihn so sehr, daß er das Ereignis später als den »schönsten Augenblick des Krieges« beschrieb.[2]

Allerdings legten die Erfahrungen in der Wüste auch eine spirituelle Seite des Charakters von T. E. Lawrence frei, so daß sich seine Haltung zum Christentum wandelte. 1916 hatte er eine Quelle im Wadi Rumm aufgesucht, die so groß war, daß man darin baden konnte. Ein alter, graubärtiger Mann mit »einem scharf geschnittenen, sehr machtvollen [...] Gesicht« kauerte sich neben die Kleider von Lawrence, die in der Sonne ausgebreitet waren. Der Mann musterte ihn, beugte sich dann zu ihm und sprach: »Die Liebe kommt von Gott, ist von Gott und geht zu Gott.«[3] Zuvor hatte Lawrence gemeint, allein der christliche Glaube besitze die Gabe, sich zur Liebe in der Welt zu bekennen. Die Semiten seien dagegen »nicht imstande [...], in der Liebe eine Mittlerin zwischen Gott und Mensch zu sehen«.[4] Dieser alte Mann hatte also mit ein paar Worten Lawrence' Vorstellung von der Überlegenheit seines eigenen, des christlichen Glaubens erschüttert. Das räumte Lawrence später in seinem Buch *Die sieben Säulen der Weisheit* ein.[5]

Auf dem *Haram al-Sharif* hatte Allenbys Eroberung kaum Folgen für das Alltagsleben. Die Briten ermunterten die Muslime, ihre Religion weiterhin in der al-Aksa-Moschee auszuüben. Allenby stellte sogar vor dem Felsendom muslimisch-indische Soldaten als Wachen auf. Damit war die religiöse Bedeutung des *Haram al-Sharif* gefestigt, während sich die politischen Machtverhältnisse in Jerusalem jäh wandeln sollten. Die britische Regierung hatte nämlich einen Monat vor Allenbys Einzug eine Deklaration veröffentlicht, die sich nachhaltig auf die Zukunft Jerusalems auswirken und dreißig Jahre später zur Gründung des Staates Israel und somit zu einer Wiederbelebung des »messianischen« Traums der Juden führen sollte.

DIE RÜCKKEHR NACH ZION

**Zion:** Der Heilige Berg Jerusalems.
**Zionismus:** Bewegung des heutigen Judentums mit dem Ziel der Besiedlung Palästinas.

*The Pocket Oxford Dictionary*, 1924

Seit dem 18. Jahrhundert hatte die Idee der Juden, in das Land ihrer Vorfahren zurückzukehren – gefördert durch den Sabbatianismus und andere messianische Bewegungen –, immer größere Kreise gezogen. Im letzten Viertel des 19. Jahrhunderts erhielt dieses Streben weiteren Auftrieb. Die blutigen Pogrome in Rußland bestärkten viele Juden in dem Glauben, daß sie als Volk nur dann überleben konnten, wenn sie nach Palästina zurückkehrten. Kurz vor der Jahrhundertwende fand die jüdische Diaspora in Theodor Herzl einen wortgewaltigen Verfechter ihrer Sache.

Herzl war ein Wiener Journalist und hatte 1896 die programmatische Schrift *Der Judenstaat* veröffentlicht, die sein Volk aus dem Zustand politischer Apathie riß. Darin verkündete er, der einzige Weg, dem Antisemitismus ein Ende zu setzen, sei die Gründung eines modernen, demokratischen und säkularen Staats durch die Juden. Ein Jahr später wurde in Basel der Erste Zionistische Weltkongreß von Juden organisiert, die nach Palästina zurückkehren wollten. Dort erörterte man, wie in Palästina ein rechtlich organisierter Staat geschaffen werden könne.[6] Herzl verglich in seiner Eröffnungsrede den alten Tempel mit der *Sakhra* und rief seinen Glaubensbrüdern die Bedeutung der heiligen Stätte auf dem Berg Morija ins Gedächtnis.[7] Seine Ansprache wurde begeistert aufgenommen, und der Zionismus entwickelte sich zu einer politischen Bewegung, deren Ziel die Rückkehr der Juden ins Land Israel war. Herzl verhandelte unermüdlich mit Regierungschefs in London und Konstantinopel, wo er im Oktober 1898 mit Kaiser Wilhelm II.

zusammentraf. Dann folgte er dem deutschen Kaiser auf dessen
Reise durch den Nahen Osten, um die Gespräche über die Zukunft
Palästinas fortzusetzen. Als der Kaiser den Tempelberg besuchte,
trafen sie sich am 2. November 1898 in Jerusalem. Die Begegnung
war kurz und ergebnislos. Niemand schien bereit zu sein, die
Gründung eines jüdischen Heimatlandes ernsthaft in Betracht zu
ziehen. Allerdings boten die Briten den Zionisten 1902 an, ihnen
das nur spärlich bevölkerte und fruchtbare Uganda zu überlassen.
Der Vorschlag, Israel nach Afrika zu verlagern, wurde nicht mit
einhelligem Jubel aufgenommen und rasch zu den Akten gelegt.

Herzl starb zwei Jahre später im Alter von nur vierundvierzig
Jahren; er sollte die Verwirklichung seines Traums nicht mehr er-
leben. Der Zionismus hatte seinen Gründer verloren, und die Bewegung spaltete sich. Der Mangel an politischer Anerkennung be-
hinderte ihre Arbeit. Obwohl die zionistische Sache auf viele Juden
elektrisierend wirkte, betrug die Zahl der aktiven Zionisten bei
Ausbruch des Ersten Weltkrieges nur ein Prozent der Juden weltweit. Immerhin war ein Anfang gemacht, denn man hatte in Palästina neunundfünfzig jüdische Siedlungen gegründet. Die meisten
waren Agrargemeinschaften im Stil der *Kibbuzim* mit rund zwölf-
tausend Einwohnern.[8] Diese Pioniere verliehen der Sache des Zionismus Auftrieb. Auch in Europa setzte man die aktive Arbeit im
politisch-gesellschaftlichen Bereich fort, und zum Zeitpunkt des
britischen Sieges in Palästina im Jahr 1917 hatten Verhandlungen
zwischen Zionisten und britischen Regierungsmitgliedern dazu geführt, daß die letzteren den Hauptpunkt der Basler Deklaration un-
terstützten: die »Schaffung einer öffentlich-rechtlichen Heimstätte
in Palästina«.[9] Diese Vereinbarung war im wesentlichen das Ergebnis der Bemühungen Chaim Weizmanns, eines russischstämmigen
englischen Juden. Ihm gelang außerdem das Kunststück, die Einheit innerhalb der zionistischen Organisation wiederherzustellen.

Seit seiner Ankunft in England im Jahr 1904 hatte der studierte
Chemiker Weizmann Freunde in hohen Positionen gewonnen, darunter Lloyd George, Sir Herbert Samuel und Arthur Balfour. Und
Weizmann leistete auch einen bedeutsamen Beitrag zu den britischen Kriegsanstrengungen. Großbritannien standen im zweiten

Kriegsjahr an der Westfront zu wenig Waffen zur Verfügung. Chaim Weizmann nutzte seine chemischen Kenntnisse und ließ in großen Mengen Aceton für die Produktion von Sprengstoffen herstellen. Zwei Jahre später machten sich Weizmanns Kontakte und seine Unterstützung der englischen Armee bezahlt. Lloyd George wurde Premierminister und ernannte Arthur Balfour zum Außenminister. Im Juli 1917 wurde die Balfour-Deklaration, die den Juden das Recht zugestand, sich in Palästina niederzulassen, zwischen den Zionisten und der britischen Regierung ausgehandelt. Am 2. November desselben Jahres legte Balfour in einem Schreiben an Lord Rothschild, den Vertreter der Vereinigung, die englische Position dar:

»Ich habe das Vergnügen, Ihnen im Namen Seiner Majestät die nachfolgende Sympathieerklärung für die jüdisch-zionistischen Bestrebungen zu übermitteln. Die Deklaration wurde dem Kabinett vorgelegt und von ihm gebilligt.

›Die Regierung Seiner Majestät betrachtet die Gründung einer Nationalen Heimstätte für das jüdische Volk in Palästina mit Wohlwollen und wird bemüht sein, die Erreichung dieses Zieles zu fördern. Dabei gilt als vereinbart, daß nichts unternommen werden darf, was die bürgerlichen und religiösen Rechte der existierenden nichtjüdischen Gemeinschaften in Palästina oder die Rechte und den politischen Status der Juden in jedem anderen Land beeinträchtigt.‹

Ich wäre Ihnen sehr dankbar, wenn Sie diese Deklaration der Zionistischen Vereinigung zur Kenntnis bringen würden.

Hochachtungsvoll,

Arthur James Balfour.«

Winston Churchill meinte später, die Balfour-Deklaration sei »häufig für einen unbesonnenen, sentimentalen Akt«[10] gehalten worden. Die Schaffung einer »Nationalen Heimstätte für das jüdische Volk« innerhalb Palästinas, so wird deutlich, war von Anfang an Interpretationssache.

Die Position der britischen Regierung fand jedoch nur wenige Kritiker. Im Januar 1918 wurde T. E. Lawrence zu König Hussein, dem Führer des arabischen Lagers, entsandt, um ihm die Vorschläge der britischen Regierung »für die Zukunft Palästinas« zu unterbreiten. Bereits der erste Satz des Dokuments war eine Entschuldigung: Der Mangel an jeglicher vorheriger Verständigung sei darauf zurückzuführen, daß die britischen Beamten »nicht in der Lage waren, mit den palästinensischen Arabern Kontakt aufzunehmen, da diese gegen uns kämpften«[11] – eine annehmbare, wenn auch etwas naive Erklärung. Der Vorschlag enthielt außerdem die Garantie, daß der *Haram al-Sharif* »weder direkt noch indirekt irgendeiner nichtmuslimischen Behörde unterstellt werden würde«. Die britische Regierung war sich darüber im klaren, daß sie nicht mit ernsthaftem Widerstand gegen die Deklaration zu rechnen brauchte. Die arabischen Machthaber begrüßten die Aussicht einer jüdischen Immigration mit Vorbehalt, da sie nicht wußten, wieviel Spielraum die Balfour-Deklaration ihnen gewährte.

Im Laufe des Jahres forderte König Hussein die arabischen Bewohner Palästinas auf, »zu bedenken, daß ihnen ihre heiligen Bücher und ihre Traditionen die Verpflichtung zu Gastfreundschaft und Toleranz auferlegen«.[12] Husseins Sohn, Emir Feisal, gab 1918 gegenüber einem Vertreter der Nachrichtenagentur Reuters eine Erklärung ab, die am 12. Dezember in der *Times* veröffentlicht wurde: »Die beiden Zweige der semitischen Familie, Araber und Juden, verstehen einander. [...] Die Araber mißtrauen den zionistischen Juden nicht und wollen ihnen eine faire Chance geben ...« Bekräftigt wurde diese Aussage im Frühjahr 1919 durch eine Kooperationsvereinbarung zwischen Weizmann und Feisal. Aber die »faire Chance« degenerierte bald zum Konflikt, und in den Jahren 1920/21 brachen in Jerusalem Aufstände aus. Zu einer noch heftigeren Ausschreitung kam es gegen Ende des Jahrzehnts, deren Auslöser – fast unvermeidlich – ein Zwischenfall am Tempelberg war.

An Jom Kippur 1928 errichteten Mitglieder der jüdisch-orthodoxen Gemeinde eine hölzerne Wand an der Klagemauer, um Pilger und Pilgerinnen zu trennen. Der Oberste Muslimische Rat des *Haram al-Sharif* erklärte die Wand sofort zu einer »dauerhaften baulichen Konstruktion«; dadurch werde die muslimische Oberhoheit über den heiligen Ort beeinträchtigt. Nun begannen die Muslime,

da sie die Holzkonstruktion nicht entfernen konnten, in unmittelbarer Nähe der Mauer mit lauten Instandhaltungs- und Bauarbeiten, um die Gebete der Juden zu stören. Diese Situation blieb bis
zur Sommerhitze unverändert. Im August, am Jahrestag der Zerstörung des Ersten und des Zweiten Tempels, zog eine Gruppe junger Juden zur Klagemauer, entrollte die zionistische Fahne und
sang die Hymne der Zionisten. Daraufhin brachen überall in Palästina Unruhen aus, in deren Verlauf hundertdreiunddreißig Juden
ums Leben kamen, zumeist orthodoxe Gläubige aus Jerusalem,
Hebron und Safad.[13] Auch unter den Arabern waren Opfer zu be-
klagen.

T. E. Lawrence, der in den Nachkriegsverhandlungen über die
Zukunft des Nahen Osten eine aktive Rolle spielte, hatte das Kon-
fliktpotential vorausgesehen:

»Das jüdische Experiment ist ... eine bewußte Bemühung seitens des am wenigsten europäischen Volkes in Europa, sich gegen
den Lauf der Geschichte zu stellen und in das Morgenland, aus
dem diese Menschen stammen, zurückzukehren ... Der Erfolg ihres
Vorhabens schließt zwangsläufig ein, daß der Lebensstandard der
gegenwärtigen arabischen Bevölkerung auf ihr eigenes materielles
Niveau angehoben wird ... Die Konsequenzen könnten höchst bedeutsam für die Zukunft der arabischen Welt sein. Sie könnten sich
als Quelle des technischen Nachschubs erweisen, die den Arabern
Unabhängigkeit von der Industrie Europas verschafft. In diesem
Fall könnte das neue Bündnis das eindrucksvolle Element einer
Weltmacht werden. Eine solche Folgeerscheinung wird nicht in der
ersten oder zweiten Generation eintreten, aber man muß sie hinsichtlich der Grundlagen in Westasien im Auge behalten. Dies
hängt im wesentlichen vom weiteren Verlauf der zionistischen
Bemühungen ab ...«[14]

Lawrence' Worte können als antijüdisch oder auch als tragischerweise prophetisch betrachtet werden. Die arabische Gesellschaft in Palästina gründete sich auf die alten Stammesprinzipien
des Gehorsams innerhalb des Familienverbunds und des Respekts
vor den religiösen Gesetzen. In dieser Hinsicht hatte das Osmanische Reich den Palästinensern einen Bärendienst erwiesen, denn

es bereitete ihre Gesellschaft nicht auf die technologische und politische Revolution des 20. Jahrhunderts vor. Der Zionismus war eine junge, kraftvolle Bewegung; zugleich erschwerte die Balfour-Deklaration eine anhaltende Kritik an ihren Zielen. Damit waren die Araber in Palästina von Beginn an mit einem erheblichen politischen Malus belastet.

1922 stattete der Völkerbund Großbritannien mit einem Verwaltungsmandat für Palästina aus. Das Zivilrecht trat an die Stelle des Militärrechts, und Sir Herbert Samuel wurde zum ersten Hochkommissar in Jerusalem ernannt. Im Laufe der nächsten fünfzehn Jahre kamen jüdische Einwanderer weiterhin nur zögerlich ins Land. Viele Vorkämpfer des Zionismus waren zudem von den realen Bedingungen des Lebens unter britischer Mandatshoheit desillusioniert und kehrten in ihre Ursprungsländer zurück. Das Mandat verlangte, daß die Briten die Zionistische Vereinigung als mitverwaltende Behörde bei der Schaffung eines jüdischen Staates anerkannten. Gleichzeitig sollten sie »die zivilen und militärischen Rechte der bestehenden nichtjüdischen Gemeinschaften in Palästina«[15] jedoch nicht einschränken. Am 17. Juli 1937 legte die britische Regierung den Peel-Report über die Zukunft des Mandatsgebiets vor. Darin wurde empfohlen, Palästina aufzuteilen und einen jüdischen Staat zu schaffen, der sich von Jaffa an der Mittelmeerküste bis nach Jerusalem erstrecken und dieses einschließen sollte. Daraufhin brach ein arabischer Aufstand aus, und Großbritannien mußte Verstärkung entsenden, um die Lage zu stabilisieren. Im Oktober 1937 wurden der Distriktskommissar von Galiläa und seine Eskorte von Terroristen überfallen und ermordet.

In dieser gewalttätigen Zeit nahm die Zahl jüdischer Einwanderer stark zu. Nach 1937 bewirkten die Machtübernahme der Nationalsozialisten in Deutschland und die in den nächsten Jahren wachsende Kriegsgefahr eine verstärkte Immigration von Juden aus Europa. 1939 machte die Zahl der Juden in Palästina bereits etwas mehr als fünfundzwanzig Prozent der arabischen Bevölkerung aus. Diese Zunahme führte zu heftigen Spannungen zwischen Juden und Arabern. Die Briten rangen täglich darum, den Frieden in Palästina aufrechtzuerhalten. Ansehen und Moral der britischen

Streitkräfte litten beträchtlich, denn die christliche Armee, die 1917 in der Hoffnung auf Frieden in Jerusalem eingezogen war, bildete nun die Zielscheibe des Hasses für viele Juden und Araber. Beide ersehnten die Souveränität ihres jeweiligen Volkes und waren entschlossen, die Besatzungsarmee aus Palästina zu vertreiben.

In seiner langen Geschichte ist das Schicksal des Tempelbergs stets von fernen Ereignissen beeinflußt worden. Bis 1939 war der Wandel in Jerusalem gewöhnlich von einer einzigen Schlacht ausgegangen, doch die NSDAP zerstörte dieses historische Muster und veränderte die Geschichte des jüdischen Volkes für alle Zeiten. Der Begriff »Holocaust« für die Ermordung von sechs Millionen Juden durch die Nazis in den Jahren 1933 bis 1945 hätte nicht angemessener sein können. Dieser Name, der vor dem Dritten Reich dreitausend Jahre lang ein Ganzopfer für Jahwe bezeichnete, dient heute dem immerwährenden Gedenken an den Versuch der Nazis, jede Spur der Juden durch die Verbrennung ihrer Körper auszulöschen. Es ist eine grausige Ironie der Geschichte, daß der moderne Staat Israel, hätte der menschliche Holocaust nicht stattgefunden, möglicherweise 1948 noch nicht gegründet worden wäre, als die Briten ihr Mandat aufgaben. Selbst Menschen, die einen so kaltblütig von den Nazis exekutierten Massenmord nicht für möglich gehalten hätten, konnten 1945 nicht mehr abstreiten, daß sich Hitlers Traum, das europäische Judentum zu vernichten, fast erfüllt hatte. Herzls Idee eines jüdischen Staates wurde zu einem dringenden Anliegen, das niemand mehr in Abrede stellen konnte.

Am 29. November 1947 stimmte die Generalversammlung der Vereinten Nationen einer Resolution zur Aufteilung Palästinas zwischen Juden und Arabern zu. Im Gegenzug sollte Großbritannien aus allen Verpflichtungen entlassen werden. Die Juden erhielten die Kontrolle über den Negev, die Küstenebene und einen Teil von Ostgaliläa. Die Araber sollten Westgaliläa, Samaria sowie den übrigen Teil Zentralpalästinas von der Mittelmeerküste bei Ashkelon bis hinauf zum Jordan kontrollieren. Jerusalem behielt den Status einer »internationalen« Stadt mit Zugang vom jüdischen Territorium im Westen her. Zwischen beiden Völkern brachen fast sogleich Kämpfe aus, bei denen die Briten, mit den Vorbereitungen für ihren Abzug befaßt, nicht einschreiten wollten. Am 14. Mai 1948 – am Tag, bevor das britische Mandat auslief – verkündete der neugewählte Ministerpräsident David Ben Gurion die Gründung des neuen Staates Israel. Nach annähernd eintausendneunhundert Jahren war dies die Wiedergeburt der israelischen Nation.

Doch die Überlebenschancen für das neue Land standen schlecht. Fünf arabische Armeen mit insgesamt vierzigtausendfünfhundert Soldaten aus Ägypten, Transjordanien, Irak, Syrien und dem Libanon, die aus der Luft unterstützt wurden und mit Panzern und Artillerie bestens ausgerüstet waren, marschierten in Palästina ein, um die Rechte der dortigen Araber zu verteidigen und den jüdischen Staat zu vernichten. Ihnen stand eine improvisierte Streitmacht von dreizehntausend militärisch ausgebildeten Israelis gegenüber, die man aus einer Bevölkerung von sechshunderttausend Menschen rekrutiert hatte. Die Israelis besaßen nur zehntausend Gewehre, sechshundert Maschinengewehre unterschiedlicher Bauart, zwei veraltete Artilleriegeschütze sowie eine kleine Anzahl von Flugzeugen, die schon im Zweiten Weltkrieg eingesetzt worden waren; einige davon waren ehemalige Jagdmaschinen der deutschen Luftwaffe vom Typ Messerschmitt 109, die man aus der Tschechoslowakei überführt hatte.[16] Trotz der schier überwältigenden Übermacht schlugen die Israelis den arabischen Angriff zurück. Die Gefechte in und um Jerusalem waren besonders heftig. Dort wurden die Israelis in einen Kampf mit der jordanischen Arabischen Legion hineingezogen, welche die Briten gründlich ausgebildet hatten. Nach drei Wochen erbitterter Kämpfe, bei denen keine Seite einen entscheidenden Landgewinn verzeichnen konnte, befahlen die Vereinten Nationen einen Waffenstillstand. Diese Unterbrechung der Kampfhandlungen rettete Israel. Das Land konnte über eine Luftbrücke dringend benötigte Waffen aus den USA und der Tschechoslowakei heranschaffen und die schwachen Luftstreitkräfte verstärken. Die britischen Waffenlieferungen an die Araber waren unter den Bedingungen des UN-Waffenstillstands eingestellt worden. Als die Kämpfe einen Monat später wieder ausbrachen, wandte sich das Blatt zugunsten der Israelis. Nachdem am 18. Juli ein zweiter Waffenstillstand ausgerufen worden war, hatte Israel einen großen Teil von Galiläa erobert und in allen anderen Gebieten die gegnerischen arabischen Armeen entweder aufhalten oder sogar zurückdrängen können.

Jerusalem hingegen war noch immer geteilt. Von der Westmauer der Altstadt her erstreckte sich ein israelischer Brückenkopf nach Osten in das jordanisch besetzte Territorium. Der Tempelberg und die Klagemauer waren noch fest in arabischer Hand. Ungeachtet dieser Situation schaffte es die israelische Armee, ihre Verteidigungslinien zu halten, obwohl die Araber ihr gesamtes Arsenal gegen sie einsetzten. Ein neuer Widerstandsgeist ergriff das jüdische Volk. Den Kern der israelischen Armee bildeten viele Juden, die im Zweiten Weltkrieg in der britischen Armee gekämpft hatten, sowie etliche Überlebende der Naziverfolgung und der Konzentrationslager. Diese Armee eroberte 1967 Ost-Jerusalem zurück und vereinte die Stadt und den Tempelberg unter israelischer Flagge.

DIE RÜCKKEHR ZUM TEMPELBERG

Am 23. Januar 1950 erklärte die israelische Regierung Jerusalem zur Hauptstadt des Landes; am 5. Juli wurde das Rückkehrgesetz – das Recht aller Juden, in Israel seßhaft zu werden – verabschiedet. Die erste Klausel dieses Gesetzes bildete die Grundlage für das moderne Israel und setzte dem seit römischen Zeiten existierenden Zwangszustand der Diaspora ein Ende. Jeder Jude, so bestimmte es das Rückkehrgesetz, »hat das Recht, als *oleh* oder Immigrant in dieses Land zu kommen«. An diesem als Reaktion auf den Holocaust zu verstehenden Gesetz sollten sich in den kommenden Jahren heftige Konflikte zwischen Arabern und Juden entzünden, da es den Zustrom religiös-orthodoxer Juden nach Jerusalem ermöglichte. Das in der Altstadt äußerst prekäre Gleichgewicht zwischen den Religionen wurde einer erheblichen Belastungsprobe ausgesetzt. 1950 besaß die jüdisch-orthodoxe Gemeinde Jerusalems jedoch wenig Einfluß auf israelische oder arabische Angelegenheiten. Seit der Ausrufung des Staates Israel zwei Jahre zuvor betrieb die Regierung ihre Geschäfte auf rein säkularer Grundlage ohne jegliche Einmischung durch religiöse Gesellschaftselemente. Und in den beiden folgenden Jahrzehnten ergab sich für die orthodoxe Bewegung weder eine Gelegenheit noch ein Grund zur Intervention.

Um seine Existenz zu sichern, mußte Israel eine moderne, straff organisierte Armee ausbilden und unterhalten, was ihm gelang. Mit zunehmendem wirtschaftlichem Wachstum stieg auch der Lebensstandard des israelischen Durchschnittsbürgers – und zwar schneller als jener der palästinensischen Araber. Diese Zunahme des jüdischen Wohlstands führte, wie T. E. Lawrence Mitte der zwanziger Jahre vorausgesagt hatte, Anfang der sechziger Jahre zu erheblichen Ressentiments bei den Palästinensern. Die arabischen Nachbarstaaten träumten noch immer von einer Eroberung des gesamten Palästina, und Mitte der sechziger Jahre waren die Beziehungen zwischen Israel und seinen Nachbarn äußerst labil. Am 22. Mai 1967 sperrte Ägypten den Golf von Akaba und unterbrach damit Israels Schiffsverkehr nach Süden zum Roten Meer. Durch die Weigerung Ägyptens, die Luft- und Seeblockade aufzuheben, war ein Krieg unausweichlich.

In den frühen Stunden des 5. Juni ordnete die israelische Regierung einen Präventivschlag gegen die ägyptische Luftwaffe an: Der Sechstagekrieg hatte begonnen. Bis zum 10. Juni hatte Israel die Sinaihalbinsel, einen großen Teil der Golanhöhen und die gesamte West Bank bis zum Jordan und zum Toten Meer erobert. Daraufhin wurden die Kampfhandlungen eingestellt. Die israelische Armee, Luftwaffe und Marine hatten einen grandiosen Sieg errungen. Yitzhak Rabin, Generalstabschef und mehr als fünfundzwanzig Jahre später israelischer Ministerpräsident, verkündete: »All das haben die israelischen Verteidigungsstreitkräfte mit eigenen Mitteln erreicht, ohne fremde Unterstützung.«[17] Jerusalem einschließlich der Klagemauer und des Tempelbergs fiel am 7. Juni an die Israelis. Die Gefechte in Ost-Jerusalem waren heftig, da die engen Straßen und die hohen Gebäude der Altstadt einen geordneten Angriff unmöglich machten. In diesem Häuserkampf wehrten sich die arabischen Einheiten erbittert und verteidigten den *Haram al-Sharif* mit großer Entschlossenheit. Doch am Vormittag des 7. Juni war der Bereich der Klagemauer voll von siegreichen israelischen Fallschirmjägern, die vor Freude weinten und Dankgebete für die Befreiung der Heiligen Stadt sprachen. General Shlomo Goren, der Oberrabbiner der israelischen Armee, packte die Thora – die Bücher Mose –, die er während der Kämpfe bei sich getragen hatte, und hielt eine emotionsgeladene Rede:

»Wir haben die Stadt Gottes genommen und treten ein in das messianische Zeitalter des jüdischen Volkes. Und ich verspreche der christlichen Welt, daß wir für die hiesigen heiligen Orte aller Religionen verantwortlich sind und uns um sie kümmern werden ... Wir haben heute einen Eid geschworen, während wir die Stadt eroberten. Mit unserem Blut haben wir einen Eid geschworen, daß wir diesen Ort niemals aufgeben und niemals verlassen werden. Die Klagemauer gehört uns. Der heilige Ort war zuerst unser Ort und der Ort unseres Gottes. Von hier werden wir nicht fortgehen. Niemals, niemals.«[18]

Die Worte Rabbi Gorens brachten die Gefühle vieler Juden zum Ausdruck. In Israel wie im Ausland sahen sie den Zionismus als Verwirklichung eines göttlichen Plans, und die Eroberung von Jerusalem nach fast zweitausend Jahren gab dieser Überzeugung zusätzlich Auftrieb. Einige Juden glaubten allerdings nicht, daß Jerusalem durch den Willen Gottes eingenommen worden sei. Dieser ideologische Gegensatz wurde an den Aktivitäten des nur acht Stunden nach Kriegsausbruch als Verteidigungsminister vereidigten Generals Moshe Dayan deutlich. Er suchte die Klagemauer auf, den Schauplatz des israelischen Sieges mit dem größten symbolischen Wert. Wie Rabin vertrat Dayan die militärische Führung eines säkularen Nachkriegszionismus. Er war nicht sonderlich religiös, doch bei diesem Anlaß dankte er dem Gott seines Volkes in aller Öffentlichkeit. Auf ein Stück Papier schrieb er die Worte »Möge Friede in ganz Israel herrschen«[19] und schob den Zettel in eine Lücke zwischen den Steinen jener Mauer aus herodianischen Zeiten, die nunmehr seiner Oberaufsicht unterstand. In den folgenden Tagen war er bemüht, diesen Wunsch Wirklichkeit werden zu lassen, indem er mit den Arabern verhandelte. Am 17. Juni 1967 nahm Dayan in der al-Aksa-Moschee an einem Treffen mit muslimischen Beamten teil. Die Sitten seiner Gastgeber respektierend, setzte er sich barfuß auf einen Teppich und versicherte den palästinensischen Arabern, daß der Status des *Haram al-Sharif* unangetastet und der gesamte Bereich innerhalb der Mauern des Tempelbergs ein Heiligtum des islamischen Glaubens bleiben werde. Viele Juden sahen dies als einen Beschwichtigungsakt, was eine Spaltung herbeiführte, die der israelischen Gesellschaft noch heute, da die religiösen Fragen auf dem Tempelberg zunehmend ins Blickfeld rücken, keine Ruhe läßt. Als direkte Folge von Dayans Entscheidung formierten sich die »Getreuen des Tempelbergs«. Diese Gruppe hat sich zum Ziel gesetzt, die Araber vom *Haram al-Sharif* zu verjagen und das jüdische Gebet auf dem Tempelberg wiedereinzuführen. Sie hoffte, sämtliche Ziele der

Bewegung zu Lebzeiten der Mitglieder zu erreichen.[20] Schon damals bedrohten ideologische Differenzen zwischen religiösen und säkularen Elementen der israelischen Gesellschaft die nationale Einheit, durch die man Jerusalem gerade erst zurückgewonnen hatte.

ALTE STEINE
UND HEILIGE GEBEINE

Die gewaltlose Opposition gegen Dayans Politik auf dem *Haram al-Sharif* setzte sich bis zu Beginn der achtziger Jahre fort. Dann versuchte eine fanatische ultraorthodoxe Gruppe, den *Qubbet as-Sakhra* in die Luft zu sprengen, um die Muslime zu einem raschen Rückzug vom Tempelberg zu veranlassen. Der Anführer dieser extremistischen Splittergruppe, Yehuda Etzion, wurde am 29. Mai 1984 verhaftet und zu einer Gefängnisstrafe verurteilt.

Etzions Anschlag ging als Verzweiflungstat einer kleinen Randgruppe weltweit durch die Presse. In Wirklichkeit nimmt die Zahl der ultraorthodoxen Juden in Jerusalem jedoch zu; sie bilden keine Minderheit mehr. Viele von ihnen sind als Immigranten ins Land gekommen. Die jugendlichen Angehörigen dieser orthodoxen Gemeinde sind für die radikalen Veränderungen in der Stadt verantwortlich. Dazu zählen die strengere Einhaltung des Sabbat und die direkte Konfrontation mit den muslimischen Behörden, die den *Haram al-Sharif* kontrollieren. Neue religiöse Institutionen oder Yeschiwas – die den islamischen Medresen entsprechen – sind in der Stadt aus dem Boden geschossen. Aus den Vereinigten Staaten fließen Gelder reicher Juden nach Jerusalem, damit die Bedürfnisse der wachsenden Stadtbevölkerung befriedigt werden können. Viele orthodoxe Juden glauben, die Zukunft der Stadt gehöre ihnen allein. Das jüdische Viertel, von dem aus man auf den Tempelberg blickt, ist derart aufwendig restauriert worden, daß die angrenzenden arabischen Stadtteile dagegen ärmlich und verfallen wirken.

Im Oktober 1990 verbreitete sich das Gerücht, die »Getreuen des Tempelbergs« schickten sich unter Führung Gershon Solomons an, den *Haram al-Sharif* zu infiltrieren und auf dem Tempelberg eine jüdische Gebetsversammlung abzuhalten. Die Gruppe drang am Jahrestag des Jom Kippur auf den *Haram al-Sharif* vor; sie trug einen Stein bei sich, der als Grundstein für den Dritten Jüdischen Tempel plaziert werden sollte. Die israelische Armee und Polizei versuchten vergeblich, die anschließenden Unruhen einzudämmen, die zwischen dem Felsendom und dem Eingang zur al-Aksa-Moschee aufbrandeten. Dabei wurden achtzehn Palästinenser erschossen.

Unmittelbar nach 1967 bemühte sich Moshe Dayan, den Ausbruch des nächsten Konflikts bereits vorausahnend, mit den Arabern Frieden zu schließen: »Der Krieg hat uns im Ausland gestärkt und uns das Potential für ein neues, geeintes Israel verschafft. Ich bin mir aber nicht sicher, ob es ein neues Israel geben wird... Unser Hauptziel ist der Frieden mit den Arabern. Bis wir das erreicht haben, ist alles andere nebensächlich.«[21] 1973 brach der Jom-Kippur-Krieg aus. Am jüdischen Versöhnungstag marschierten ägyptische und syrische Truppen in das von den Israelis besetzte Gebiet des Sinai und der Golanhöhen ein und versuchten, die israelischen Verteidigungskräfte zu zerschlagen. Der jordanische König Hussein verzichtete darauf, sich den Aggressoren anzuschließen, obwohl andere arabische Nationen wie Libyen Soldaten und Material bereitstellten, um am glorreichen Sieg über den verhaßten Zionismus teilzuhaben. Nach zehntägigen Gefechten hatte Israel den arabischen Angriff zurückgeschlagen und die ägyptischen und syrischen Streitkräfte dezimiert. Auf dem Sinai überquerten israelische Einheiten den Suezkanal nach Ägypten. Sie kreisten die Dritte Ägyptische Armee an den Bitterseen südlich von Ismailia ein. Auf den Golanhöhen rückten israelische Panzer nach Syrien vor, doch die Vereinten Nationen intervenierten, um eine Waffenruhe durchzusetzen. Hätte König Hussein von Jordanien angegriffen und, nur vierzig Kilometer von Jerusalem entfernt, eine dritte Front eröffnet, wäre der Krieg vielleicht anders ausgegangen.

Die Erfahrungen des Jom-Kippur-Krieges veranlaßten Israel, eine aggressivere Vergeltungspolitik gegenüber seinen Nachbarstaaten einzuschlagen. Nach 1973 rissen die vom Libanon aus organisierten, gegen israelische Zivilisten gerichteten arabischen Terroranschläge nicht mehr ab, und die konservative israelische

Regierung unter Menachem Begin reagierte darauf Anfang der achtziger Jahre mit einer Reihe von Militäroperationen im Südlibanon. Dadurch entstand eine Pufferzone zwischen den jüdischen Siedlern in Nordisrael und den arabischen Terrorstützpunkten. Dieser Konflikt, der wohl andauert, hat unter den Israelis zahlreiche Opfer gefordert, was Yitzhak Rabin zu der Überzeugung gelangen ließ, daß nur durch Zugeständnisse an die arabischen Nachbarn dauerhafter Frieden zu erreichen sei. Am 4. November 1995 mußte die Friedensbewegung jedoch einen Rückschlag einstecken, der 1967 völlig unvorstellbar gewesen wäre: Yitzhak Rabin, der Vater des israelischen Sieges von 1967, dessen glänzende militärische Leistungen die Juden wieder in den Besitz von Jerusalem gebracht hatten, wurde von Yigael Amir, einem jungen Mitglied einer orthodoxen Jeschiwa, in Tel Aviv erschossen.

Damit zeichnete sich tragischerweise eine neue Bedrohung der Stabilität Israels ab, die diesmal nicht von den arabischen Nachbarn, sondern von ultraorthodoxen Israelis ausging. Der Konflikt zwischen den Interessen des säkularen Staates und der religiösen Orthodoxie, die nichtreligiösen Juden Einschränkungen auferlegen will, hat heute die ganze Nation ergriffen. Die unversöhnliche Politik Benjamin Netanjahus, der nach Rabins Ermordung zum Ministerpräsidenten gewählt worden war, verschärfte das Problem. Nur die Unterstützung durch die orthodoxen Minderheitsparteien in der Knesset ermöglichte ihm, die Regierung zu bilden. Netanjahu war von diesen orthodoxen Parteien abhängig, und deren Einfluß auf die Regierungsentscheidungen stand damit in einem krassen Mißverhältnis zu der Zahl ihrer Wähler.

Viele weltlich eingestellte Israelis fühlen sich angesichts einer religiösen Minderheit, die auch im Alltagsleben stets präsent ist, unbehaglich, wenn nicht sogar bedroht. Einige weigern sich, in Jerusalem zu wohnen oder die Stadt auch nur aufzusuchen, da diese von religiösem Extremismus verseucht sei. Nirgends wird diese Problematik so deutlich wie bei den archäologischen Ausgrabungen, die um den Tempelberg durchgeführt werden.

Die 1967 am südwestlichen Rand des Tempelbergs eingeleiteten Ausgrabungen wurden 1997 abgeschlossen. Sie liefern Anhaltspunkte dafür, daß der Zweite Tempel zerstört wurde. Die riesigen herodianischen Mauerblöcke, die einst einen Abschnitt der westlichen Umfassungsmauer der Tempelebene bildeten, sind unterhalb des Robinson-Bogens angehäuft, in dem früheren Haupteingang zum Tempelbezirk. In den Augen vieler Archäologen und Historiker symbolisieren die herabgestürzten Steine die törichte Verblendung der Zeloten im Jahr 70 n. Chr., das heißt die Gefahren der Vermischung von Religion und Politik. Für die religiös-orthodoxen Juden aber stellen die archäologischen Arbeiten nichts anderes als eine unziemliche Störung der Vergangenheit dar; diese Einstellung verschärft den Konflikt zwischen ihnen und den israelischen Wissenschaftlern und Intellektuellen. Der Untergrund von Jerusalem ist, wie jeder Archäologe weiß, ein gigantischer Friedhof. Daher ist es bei jeder Ausgrabung wahrscheinlich, daß man auf Gräber aus früheren Zeiten stößt. Für die orthodoxen Juden wird dadurch die Heiligkeit des menschlichen Körpers verletzt, die nach ihrer Auffassung über das Leben auf Erden hinaus weiterbesteht. Deshalb sollte man die Toten in Frieden ruhen lassen.[22]

Die Ausgrabungen werden von den Orthodoxen aufmerksam überwacht, und die israelischen Archäologen sind häufig Drohungen, Gewalttaten und Vandalismus ausgesetzt.[23] In Verbindung mit allen anderen Spannungen, etwa dem Wunsch der Orthodoxen, auf dem islamischen Berg wieder ein jüdisches Gebetsritual einzuführen, bringt diese Situation eine hochexplosive Atmosphäre hervor. Jerusalem ist zu einem Zentrum ultraorthodoxer Extremisten geworden, die sich die »Zurückgewinnung« des Bodens um den Tempelberg zum Ziel gesetzt haben. Seit 1996 genießt diese fanatische religiöse Bewegung die Unterstützung fundamentalistischer Christen, die es für legitim halten, die Stadt Davids und den Tempelberg neu zu kolonisieren. Die Regierung Netanjahu tat wenig, solche Aktivitäten zu unterbinden, selbst wenn dabei gegen Gesetze verstoßen wurde. So wurde 1997 ein palästinensisches Haus auf der Stätte der Davidstadt von jüdischen Extremisten besetzt und zur Festung ausgebaut. Dieses Haus steht an dem Hügel unmittelbar über dem Eingang zum Hiskiatunnel, dem Hauptausgrabungsort bei Parkers dreijähriger Suche nach der Bundeslade. Im Juni 1998 erwarben die Ultraorthodoxen zur Bestürzung von Muslimen wie gemäßigten Juden auf anscheinend legalem Weg drei weitere Häuser. Eine Demonstration von Mitgliedern der jüdischen Organisation »Jetzt Frieden für Israel« war die Folge. Sie sahen das Vorgehen der Extremisten als bewußten Versuch, die palästinensischen Einwohner des Stadtteils zu Racheakten zu provozieren.

Die heutigen Probleme Jerusalems waren schon von den ersten Zionistenführern vorausgesehen worden. Sofort nach der Balfour-Deklaration gab Achad Haam, der »Führer« der zionistischen Kulturabteilung, 1917 folgendes Statement ab: »Wenn man sein Haus ... an einem Ort baut, wo es noch andere bewohnte Häuser gibt, dann ist man nur bis zum eigenen Gartentor der Herr ... Jenseits davon sind alle Bewohner Partner.«[24] Die Tore der jüdischen Häuser über dem Hiskiatunnel sind alle fest verbarrikadiert, verfügen über Alarmanlagen und werden von bewaffneten Wächtern gesichert. In der Stadt Davids gibt es keinerlei Hoffnung auf eine Partnerschaft, die Achad Haam als entscheidend für eine friedliche Koexistenz zwischen Juden und Muslimen bezeichnete. Zudem billigte die israelische Regierung stillschweigend den Erwerb arabischer Grundstücke durch die jüdische Bevölkerung, wodurch sich die Kluft zwischen Arm und Reich, zwischen Juden und Muslimen nur vergrößern konnte. Schenkte man den Worten Achad Haams jedoch Beachtung, dann würde die Wiedergewinnung biblischen Landes auf Gleichheit gründen, und man könnte das Recht der Juden, die Heimat ihrer Vorväter neu zu besiedeln, mit größerer Fairneß prüfen. Ein Demonstrant aus den Reihen der Bewegung »Jetzt Frieden für Israel« stellte am Ausgrabungsort in Jerusalem die einfache, aber heikle Frage: »Hat ein jüdischer Einwanderer aus Brooklyn mehr Rechte, an der uralten Stätte von König Davids Stadt zu leben als ein palästinensischer Araber?« Ein Archäologe könnte noch einen Schritt weitergehen und den Ultraorthodoxen zu bedenken geben, daß an dieser Stätte eine nichtjüdische Bevölkerung lebte, bevor David hier seine Hauptstadt erbaute. Wer waren die Menschen, die er vertrieb? Wer sind deren Nachkommen?

Im Juli 1998 präsentierte die Israelische Altertumsbehörde der Öffentlichkeit einen neuen Ausgrabungsabschnitt innerhalb der alten Davidstadt. Das von Professor Ronnie Reich und Eli Shukrun geleitete Team hatte entdeckt, daß die Gihonquelle zu einer kanaanitischen Siedlung gehörte, die bereits achthundert Jahre existiert hatte, bevor David in Jerusalem eintraf. Dadurch sei die Stadt »zu einer komplexen, einzigartigen und vorzüglich geschützten Anlage im Nahen Osten« geworden.[25] Trotz der Beweise dafür, daß einst nichtjüdische Siedler in der Stadt König Davids lebten, mißachten die Ultraorthodoxen aber die von der Archäologie aufgeworfenen Fragen und konzentrieren sich lieber auf ihren religiösen Glauben. Sie sind inbrünstig davon überzeugt, daß sich der wahre Messias in Jerusalem offenbaren und daß sich Gottes Versprechen, das Volk Israel zu erlösen und die Toten zu neuem Leben zu erwecken, bald erfüllen werde.

Für die ultraorthodoxen Juden ist Jerusalem eine wichtige Stätte der Rekolonisation. Von hier aus transportierte Salomo die Bundeslade, die sein Vater David nach Jerusalem hatte bringen lassen, auf den Berg. Die Ultraorthodoxen glauben ebenfalls, daß die Bundeslade eine zentrale Rolle in dem religiösen Ritual spielen werde, das die Ankunft des Messias vorbereiten soll. Wenn eine »reine« fuchsfarbene Färse mit einem makellosen Fell großgezogen werde, müsse man sie schlachten, verbrennen und aus ihrer Asche eine breiige Masse anrühren. Diese soll dazu dienen, die Fundamente eines neuen jüdischen Tempels, des sogenannten Dritten Tempels, der anstelle des Felsendoms und der al-Aksa-Moschee auf dem Tempelberg zu errichten ist, zeremoniell zu reinigen. Daher müsse die Bundeslade aus ihrem Versteck geholt und im Innern des heiligen Gebäudes aufgestellt werden. Im Anschluß daran werde der »wahre« Messias in Jerusalem Einzug halten.

Allem Anschein nach sind die orthodoxen Juden im Begriff, eine makellose fuchsfarbene Färse aufzuziehen, und Computersimulationen für einen Dritten Tempel existieren bereits. Aber wo genau sich die Bundeslade befindet, bleibt weiterhin ein Rätsel.

## DIE BUNDESLADE UND DER BERG

Seit die Lade im Jahr 620 v. Chr. verschollen ist, kursieren diverse Theorien über ihren Verbleib. In den letzten zwanzig Jahren hat sich das Interesse an der Bundeslade noch verstärkt. Sie wurde durch Filme wie Steven Spielbergs *Jäger des verlorenen Schatzes* populär (dort suchen Nazis nach dem Versteck), indem die mystischen Merkmale der Lade betont werden. Auch zahlreiche Publikationen sind dem Thema gewidmet. So behauptet beispielsweise Graham Hancock in seinem Buch *Die Wächter des heiligen Siegels*, daß die Bundeslade im 10. Jahrhundert v. Chr. nach Äthiopien gebracht worden sei und dort noch immer in der Nähe von Aksum verwahrt werde.[26] Der Archäologe Dr. Vendyl Jones führt in Qumran seit mehr als dreißig Jahren Grabungen durch und ist davon überzeugt, daß die Reliquie vor der Zerstörung durch die Babylonier durch einen natürlichen, dreißig Kilometer langen Tunnel aus Jerusalem fortgeschafft und dann in einer Höhle unweit der Qumran-Siedlung eingelagert worden sei.[27] Im September 1998 brachte die *Sunday Times* folgende Meldung: Der Bibelwissenschaftler Michael Sanders bereite eine Expedition vor, um bei Dhahiriya, vierzig Kilometer südlich von Jerusalem, die Ruinen eines ägyptischen Tempels aus dem 10. Jahrhundert v. Chr. auszugraben. Sanders meint, die Bundeslade sei 925 v. Chr. nach einem Überfall durch den ägyptischen Pharao Schischak aus dem Tempel geraubt worden. Man habe sie nach Dhahiriya transportiert und die Steintafeln mit den Zehn Geboten unter dem Boden des ägyptischen Tempels vergraben. Auch die Tempelritter sind mit der Suche nach der Bundeslade in Verbindung gebracht worden, doch es gibt kein Zeugnis dafür, daß ihnen der Fund geglückt ist. Ebenso populär wie unbeweisbar ist die Mutmaßung, daß die Bundeslade in den Schatzkammern des Vatikans verwahrt werde. Manche Juden glauben, Jeremia habe die Bundeslade 586 v. Chr. zum Berg Nebo in Jordanien,

vierzig Kilometer östlich von Jerusalem, gebracht. Aber orthodoxe Israelis wie Gershon Solomon von den »Getreuen des Tempelbergs« lehnen die Aksum-Theorie und alle anderen Hypothesen
kategorisch ab, nach denen sich die Bundeslade außerhalb Jerusalems befindet. Solomon zufolge waren die äthiopischen Juden
von Aksum dafür bekannt, daß sie Nachbildungen anfertigten; die
Bundeslade sei keineswegs in Afrika, sondern noch immer unter
dem Tempelberg verborgen. Seine These wird von den Archäologen Ja'acov Bilich und Meir ben Dov von der Israelischen Altertumsbehörde unterstützt, die den Berg für ein perfektes Versteck
halten.[28]

Angesichts dieser Details und des Hinweises in der Bibel, die Leviten hätten die Bundeslade 620 v. Chr. vor König Josia versteckt,
wollte ich mich vor Ort überzeugen, wie einfach es gewesen wäre,
die Bundeslade im Untergrund des Tempelbergs zu verbergen. Im
August 1998 betrat ich zusammen mit einem Kamerateam einen
Schacht in der Nähe des Tempelbergs. Wir hatten Seile und starke
Lampen dabei. In neun Metern Tiefe hörten wir nicht das geringste
vom Lärm der Stadt und filmten im Licht der Lampen eine Szenerie, die Charles Warren und Sergeant Birtles als letzte vor mehr
als hundertdreißig Jahren erblickt hatten. Hier war ich den inneren Schichten des *Haram al-Sharif* so nahe wie möglich, und ich
konnte mir leicht vorstellen, daß sich die Bundeslade nur wenige
Meter entfernt von mir befand, doch seit zweitausendfünfhundert
Jahren vor den Blicken der »monotheistischen« oberirdischen Welt
geschützt war. Ein paar Sekunden lang empfand ich eine ähnliche
Euphorie wie einst Warren, als er die an der südöstlichen Ecke in
den natürlichen Felsen des Berges Morija eingesetzten Grundsteine
bei Kerzenlicht untersuchte. Ich malte mir die mögliche Gestalt der
Bundeslade aus.

Die Bundeslade war ein praktisches Behältnis zum Transport
und Schutz von zwei Steintafeln, dem man überragende Bedeutung
zumißt. Selbst die exakte Lage des Berges Sinai, an dessen Fuß
die Bundeslade gebaut wurde, ist seit Jahrhunderten umstritten.
Während Warren in Jerusalem mit Ausgrabungen beschäftigt war,

führte Charles Wilson in der Wüste Sinai eine Vermessung durch, um den Ort der Begegnung zwischen Moses und Jahwe zu ermitteln. Wilson identifizierte nach gründlichen Recherchen Jebel Musa als den uralten Berg Sinai. Aber dieser Ort, wie die gesamte Strecke des Exodus von Ägypten ins Land Kanaan, wird von Bibelwissenschaftlern weiterhin heftig diskutiert. Für die Rekonstruktion der Bundeslade erweisen sich die Angaben in der Bibel jedoch als recht genau.

Man verwendete eine Holzart mit der feinen Maserung des in der Sinaiwüste vorkommenden Akazienbaums, auch *Shittim*-Holz genannt, für den Bau des »Behältnisses«. Der Rahmen war mit Zapfen verbunden, und die Seitenpaneele wurden vor der Vergoldung in Nuten eingepaßt. Nach ägyptischer Methode überzog man das fertige Werkstück aus Holz anschließend mit Gips. Nachdem dieser ausgehärtet und die Unebenheiten abgeschmirgelt waren, wurde er mit Leim als Untergrund für das Blattgold bestrichen. Laut der Darstellung von Josephus Flavius in den *Jüdischen Altertümern*[29] wurde nun der Deckel am Korpus befestigt. Darauf brachte man zwei Cherubim an, die geflügelten Tierwesen nachempfunden waren. Vier aus Bronze gegossene, vergoldete Kupferringe wurden seitlich an der Bundeslade montiert; sie dienten als Halterungen für die Tragestangen der Leviten, die das heilige Behältnis zu schultern hatten.

Im Herbst 1998 stellte ich gemäß dieser Beschreibung eine Nachbildung her, die trotz ihres beträchtlichen Gewichts problemlos getragen werden konnte. Somit war es möglich, sie auch über schwieriges Gelände zu transportieren. Danach waren die der Bundeslade zugeschriebenen wundersamen Kräfte zu überprüfen. Funktionierte sie vielleicht wie eine primitive »Steckdose« auf der Grundlage statischer Elektrizität? Das ist die einzig logische Erklärung für die Angabe in der Bibel, daß die Bundeslade über die Macht verfügte, jene zu töten – man denke an Usa –, die sie berührten. Statische Elektrizität ist hoch komplex, sie hängt von Feuchtigkeitsgrad, Isolierung und elektrischem Leitvermögen der Materialien ab. In der Bundeslade war ein exzellenter Leiter verarbeitet worden, nämlich Gold. Unklar ist aber, ob der Goldanteil ausreichte, einem Menschen einen tödlichen Stromschlag zu versetzen. Man hat berechnet, daß die Bundeslade vielleicht eine erhebliche Stromspannung erzeugen konnte. Dies ist auf die Konstruktionsweise mit einander abwechselnden Teilen zurückzuführen; das Gold wurde dabei vom Holz isoliert. Infolgedessen hätte sich die Lade wie ein rudimentärer Akkumulator verhalten können. In der Bibel heißt es, David habe die Leviten kurz nach dem Tod des Usa angewiesen, daß nur sie die heilige Reliquie tragen dürften.[30] Sie besaßen möglicherweise das nötige Wissen, um sich durch Isolierung vor einem Stromschlag zu schützen.

Wenn die Bundeslade noch vor der Invasion der Babylonier ins Berginnere gebracht und dort versteckt wurde, dann ist eine Ortung der Kammer oder Höhle mit konventionellen Methoden nur schwer zu bewerkstelligen. Hierzu müßte man umfassende Ausgrabungen auf dem *Haram al-Sharif* durchführen. Aus einem Hubschrauber konnte ich 1998 Infrarotaufnahmen von der Oberfläche des Tempelbergs machen. Der achteckige äußere Bodenbelag des Felsendoms war als »heller Bereich« sofort gut zu erkennen. Allerdings würden auf hochempfindlichem Spezialfilm, der auf die Wellenlänge von Infrarotlicht reagiert, eine unterirdische Kammer oder eine Zisterne dunkel erscheinen, da die Luft im Hohlrauminneren kühler ist als die ihn umgebenden Felsen oder Steine.

Eine Stelle auf der Oberfläche des *Haram al-Sharif* weist eine Anomalie auf, wenn man Vergleichsbilder heranzieht, die mit »normalem« Filmmaterial aufgenommen wurden. Zisterne V liegt knapp südöstlich des Felsendoms. Auf der Infrarotaufnahme sind drei unterschiedlich starke schwarze Linien zu erkennen, die von der Mauer des Felsendoms her direkt auf die nordwestliche Ecke von Zisterne V zulaufen. Damit könnte Warrens Vermutung bestätigt werden, daß der von ihm auf dem *Sakhra* untersuchte Kanal, den er als Abzugskanal für die »nördlichen« Waschbecken identifizierte, tatsächlich weiter in südöstliche Richtung verlief, und zwar bis zum Altar über dem nordwestlichen Ende von Zisterne V. Zugleich erhält Warrens Theorie von der genauen Positionierung des Salomo-Tempels zusätzliches Gewicht. Zisterne V war also für diesen Teil des Tempelkomplexes eine zentrale Entwässerungsstelle und somit der wahrscheinlichste Standort des Altars.

Es existieren auch andere Verfahren, den Boden des Tempelbergs zu untersuchen. Jede Methode hat allerdings Nachteile. Eine elektronisch gestützte Oberflächenkartierung verbietet sich schon wegen der Oberflächendichte des *Haram al-Sharif*. Die Vereinigten Staaten lassen die Bodendichte von einem Satelliten erfassen und messen, um die Bunker und Paläste Saddam Husseins zu erforschen. Dieses Verfahren würde es möglich machen, tief in den Berg einzudringen. Doch ein solches satellitengestütztes System steht der Öffentlichkeit nicht zur Verfügung. Somit besitzen wir nur die durch Infrarotaufnahmen ermittelten Informationen; diese scheinen jedoch Warren recht zu geben. Sollte sich dessen Theorie, daß der Salomo-Tempel südlich des Felsendoms lag, als korrekt erweisen, dann ist die unterirdische Kammer zwischen Felsendom und al-Aksa-Moschee zu vermuten. Archäologische Ausgrabungen in diesem Bereich würden uns eine große Chance bieten, die Bundeslade zu finden.

Die Aussicht, daß eine Grabungsgenehmigung für den *Haram al-Sharif* gewährt wird, ist derzeit äußerst gering. Aber was würde geschehen, wenn man die Bundeslade eines fernen Tages fände und unbeschädigt aus ihrem Versteck holte? Einige Forscher, etwa Dr. Vendyl Jones, glauben, daß dies der Auftakt zu einem goldenen Zeitalter des Friedens wäre.[31] Als ich dem Oberrabbiner Israels, Rabbi Israel Meir Lau, diese Frage stellte, antwortete er, daß ein solcher Fund der Welt die Wahrhaftigkeit der Bibel bestätigen würde.[32] Der Großmufti von Jerusalem und Prediger der al-Aksa-Moschee, Scheich Mohammed Hussein, erklärte, daß das Wort des Korans »über allem« stehe; daher wäre eine solche Entdeckung für Muslime irrelevant.[33] Strenggläubige Juden rechnen nicht nur mit dem Fund der Bundeslade, sondern sogar damit, daß dieses Ereignis kurz bevorsteht und die Ankunft des Messias bestätigen wird. Da die Orthodoxen jedoch die Absicht hegen, den Dritten Tempel auf dem *Haram al-Sharif* zu errichten, ist anzunehmen, daß die Entdeckung der Bundeslade zu einem weiteren Konflikt zwischen orthodoxen Juden und der muslimischen Bevölkerung von Jerusalem führen würde.

**Abb. 9.1:** (a) Eine Fotografie des *Haram* auf normalem Film im Vergleich zu (b) einer Infrarotaufnahme. Beide Bilder zeigen die zum östlichen Ende von Zisterne V führenden Kanäle. (Aufnahmen des Autors)

## TEMPEL DER VERHEISSUNG

Im September 1998 spielten die jüdischen Sicherheitskräfte in Jerusalem einige Szenarien durch, mit denen Angriffe rechtsextremistischer Attentäter auf den Tempelberg verhindert werden könnten.[34] Im Rundfunksender der Armee erklärte der israelische Verteidigungsminister Yitzhak Mordechai dazu: »Wir nähern uns dem Jahr 2000. In diesem Jahr könnten alle möglichen Extremisten – Christen, Muslime und Juden – plötzlich eine ›göttliche Eingebung‹ erhalten und gefährliche Dinge tun..., und jede derartige Aktion könnte einen Flächenbrand auslösen.« Die Israelis befürchten, daß jüdische oder christliche Extremisten den Versuch unternehmen wollen, den Felsendom oder die al-Aksa-Moschee in die Luft zu sprengen, oder daß muslimische Fanatiker einen Bombenanschlag auf die Juden an der Westmauer verüben könnten. Der israelische Geheimdienst hat mittlerweile die Sicherheitsmaßnahmen für den Ministerpräsidenten und den Staatspräsidenten verschärft. Anlaß dazu boten Meldungen, daß jüdische Extremisten das Land mit einer Welle politischer Attentate überziehen wollen, damit die israelische Regierung gezwungen wird, sich den Forderungen der Orthodoxen zu beugen und die Muslime ein für allemal vom *Haram al-Sharif* zu vertreiben.

Die Zukunft des *Haram al-Sharif* bleibt ungewiß, denn die gegenwärtige Situation, die von Mißgunst und religiösen Differenzen gekennzeichnet ist, wird zusätzlich verschärft durch die Aktivitäten von Politikern wie Hanan Porat, einem Abgeordneten der Nationalreligiösen Partei in der Knesset. Dieser kündigte im September 1998 die Einberufung einer Parteikonferenz an, um den Bau des Dritten Tempels zu diskutieren. Angesichts einer derartig bewußten Mißachtung des muslimischen Erbes in Jerusalem durch israelische Parlamentsabgeordnete erscheint die Bemerkung keineswegs übertrieben, daß die Heilige Stadt im neuen Jahrtausend das schwierigste Problem für die Gemeinschaft repräsentieren wird.

Und doch ist das Jahr 2000 eine neue und aufregende Herausforderung für Israelis wie für Palästinenser. Der Ort, an dem Gott vor fast viertausend Jahren Abraham daran hinderte, seinen Sohn zu opfern, bietet unzweifelhaft die Aussicht auf einen dauerhaften Frieden. Eine umfassende interreligiöse Vereinbarung über die Zusammenarbeit auf dem Tempelberg könnte dazu beitragen, die Spirale der Gewalt zu durchbrechen. Diese Eskalation hat seit den Zeiten Davids und Salomos bis in die Gegenwart immer wieder die Hoffnungen und Träume zahlloser Generationen von Gläubigen zerschlagen. Würde Jerusalem endlich Frieden finden, so könnte die Stadt ein Leitstern der Hoffnung für ein drittes christliches Jahrtausend werden. Ende der neunziger Jahre taucht das Wort »Vision« unablässig in den Medien und in den Reden der Politiker auf. Die vielleicht einzig reale Vision ist die, in der Stadt König Davids, Jesu von Nazareth und des Propheten Mohammed einen dauerhaften Frieden zu erlangen. Nach dreitausend Jahren liegt die Entscheidung, entweder Gott oder einem erneuten Blutvergießen auf dem Berg Morija näher zu sein, bei allen Angehörigen jedweder Religion.

# DANKSAGUNG

Viele Personen waren mir beim Schreiben dieses Buches behilflich. Ursula Bender ebenso wie Vivienne Schuster und Diana Mackay haben mich seit den ersten Recherchen in meiner Arbeit bestärkt. In Jerusalem war Silvia Krapiwko von der Israelischen Altertumsbehörde unablässig bemüht, mir die neuesten archäologischen Erkenntnisse über den Tempelberg und die Davidstadt zu beschaffen. Ja'acov Bilich und Professor Ronnie Reich waren so großzügig, mir ihre kostbare Zeit und ihr Fachwissen über den Robinson-Bogen zur Verfügung zu stellen; sie verschafften mir auch Zutritt zu diesem Ort. Siegfried Austs vortrefflicher Bericht aus dem Jahr 1997 führte dazu, daß auf der Basis meiner Arbeit eine Dokumentation des Zweiten Deutschen Fernsehens (ZDF) innerhalb der Reihe *Terra X* in Auftrag gegeben wurde. Die Dreharbeiten waren äußerst beschwerlich, denn wir mußten in einsturzgefährdeten Tunnels arbeiten, manchmal bis zur Hüfte in kaltem Wasser stehen und viele Stunden in der Sommerhitze von Jerusalem und Qumran ausharren: Mein Dank gilt dem Produktionsleiter George Graffe, dem Kameramann Manes Avni, dem Toningenieur Misha und unserem ausgezeichneten Location Manager in Israel, Gideon Gadi. Außerdem schulde ich tiefen Dank Ralf Gemmeke und Alex Seip von UNIT TV, Mainz, mit denen ich in Großbritannien zusammenarbeitete. Ich danke ferner Nir Toib von G. M. Communications, Tel Aviv, und seinen Mitarbeitern für die Produktion der hervorragenden Interviews mit Gershon Solomon und der orthodoxen Gemeinde von Jerusalem. Valentine Vester, Najati Tahhan, Mahadi Tahhan, Yousef Rasas, Hani Shebeita und George vom American Colony Hotel haben mir einen großen Teil ihrer Zeit gegönnt. Adnan Huseini und seine Mitarbeiter im Büro der Waqf haben mir freundlicherweise Zugang zu den heiligsten Stätten des *Haram* verschafft. Hava Zimuky lieferte mir Fakten, wann immer ich diese am dringendsten benötigte.

In England hat mir Dr. Rupert Chapman vom Palestine Exploration Fund (PEF) bereitwillig geholfen, sooft ich ihn darum bat. Brian Tremain unterstützte mich bei den Fotografien. Dr. Yolande Hodson hat mich zu Geschichte und Methoden der viktorianischen Kartographen beraten. Christopher Warren stellte mir unschätzbares Material über Leben und Wirken seines Urgroßvaters, Sir Charles Warren, zur Verfügung. David Ruskin verdanke ich Fachinformationen zu antiken Münzen. Richard Boulton, ein wahrer Zauberer, hat mir umfangreiches Material aus Pressearchiven verschafft.

Die meisten Autoren müssen sich irgendwann darauf verlassen, daß ihnen ihr Lektor die Richtung weist. Rebecca Wilson bin ich für ihre vielen Stunden engagierter Arbeit dankbar. Mein Dank geht auch an Elmar Klupsch vom Gustav Lübbe Verlag und an die Übersetzerinnen Karin Miedler und Heike Schlatterer vom Büro Dr. Ulrich Mihr in Tübingen. Gillian und David Holl, John und Deborah Andrews und meine anderen Familienmitglieder haben mir wertvolle Unterstützung zukommen lassen. Zu guter Letzt möchte ich mich bei meiner Frau Gina und bei meiner Tochter Sophie für ihre Fürsorge und Geduld während der Arbeit an diesem Projekt bedanken.

# ANMERKUNGEN

**1** Dieser Name bezeichnete früher generell einen sichtbaren Teil der herodianischen, Zweiten Tempelmauer, der als Gebetsplatz der Juden diente. Heute nennt man ihn »Westmauer«.

**2** Die Internetseite zum Tempelberg bringt immer wieder aktuelle Informationen und Nachrichten zur Lage.

KAPITEL 1: DER BERG MORIJA

**1** Diesen Geheimauftrag bestätigte Wilson später persönlich. Vgl. Wilsons Memorandum *On a proposed Survey of Palestine*, PEF WS/3, London 1869, Archiv des Palestine Exploration Fund.

**2** Vgl. *A History of the Ordnance Survey*, hrsg. v. W.A.Seymour, Folkestone 1980.

**3** Siehe S. Gibson/D. Jacobson, *Below the Temple Mount of Jerusalem*, Oxford 1996, S. 14.

**4** Zit. nach *History of the Corps of Royal Engineers*, Chatham 1954, Kap. 3, S. 268f.

**5** ebd., S. 270.

**6** Zwischen dem 14. und 16. Juni 1997 habe ich rund um den *Haram* sowie in der Altstadt nach Wilsons Festpunkten gesucht. Von insgesamt neun Punkten, die in der Kartierung festzustellen sind, fand ich die Überreste von dreien. Der besterhaltene befindet sich an der Südseite des Löwentors (Stephanstor); er ist in diesem Buch wiedergegeben. Eine ausgezeichnete Beurteilung dieser und anderer Festpunkte, die Wilson an den Mauern der Stadt hinterließ, liefert Michael M. Shurman, »Wilson's Bench Marks in the Old City of Jerusalem«. In: *Palestine Explorations Quarterly*, Nr. 126, 1994; dort auch Yolande Hodsons exzellente Erklärung des Ur-

sprungs und der Bedeutung der Vermarkungspunkte.

**7** Die genaue Zahl der Opfer von Jack the Ripper ist nicht bekannt.

**8** »Uru« in babylonischer Schrift bedeutet Stadt, was in den Tafeln Tell el-Amarnas von etwa 1400 v. Chr. überliefert ist. Vgl. George Adam Smith, *Jerusalem from the Earliest Times to 70 AD*, London 1907, Bd. 1, S. 252; dort auch eine ausführliche Erörterung der Bezeichnung »Ur« oder »Uru« im Zusammenhang mit der Entwicklung des Namens Jerusalem.

**9** *Historical Atlas of the Jewish People*, hrsg. v. E. Barnavi, engl. Ausgabe, hrsg. v. M. Eliav-Feldon, New York 1992, S. 2.

**10** 1. Mose 17,17.

**11** ebd., 22,2.

**12** Diese und andere Datierungen aus dem Alten Testament sind noch immer umstritten. Aufgrund der archäologischen Funde der letzten hundert Jahre und der noch nicht beendeten Grabungen in Israel, Syrien und Ägypten – hierbei sind insbesondere jene von Bedeutung, die sich mit dem Einfluß der ägyptischen Dynastien beschäftigen – kann der zeitliche Rahmen der biblischen Ereignisse zumindest etwas schärfer umrissen werden.

KAPITEL 2: DAS ALLERHEILIGSTE, 1290 – 963 V. CHR.

**1** Der Exodus kann nicht ganz genau belegt werden, die Datierung schwankt zwischen 1295 und 1275 v.Chr.

**2** David Rohl hat viel Energie auf die Erstellung einer neuen Chronologie verwandt. Vgl. David Rohl, *A Test of Time*, London 1996. Ägyptologen zweifeln Rohls Thesen stark an. Für seine Ansichten zum Jerusalem von König Salomo liegen keine beweiskräftigen archäologischen Funde vor.

**3** Die Unsicherheit der Wissenschaftler hinsichtlich der historischen Wahrheit im Alten Testament erstreckt sich inzwischen auch auf den Sieg der Israeliten über die Kanaaniter. Eine neuere, abweichende Meinung zur tradierten Geschichtsdarstellung wurde in einem Seminar geäußert, das von Professor Whitelam und Israel Finkelstein an der Universität von Tel Aviv geleitet wurde. Vgl. dazu den Bericht von Karen Glaser in *The Jewish Chronicle* vom 30.5.1997. Finkelstein schließt sich Whitelams Meinung an, daß die Entstehung des frühen Israel kein »einzigartiges Ereignis« gewesen sei, sondern »eher eines von vielen immer wiederkehrenden Ereignissen«.

**4** 1. Samuel 31,10.

**5** 1. Chronik 10,10.

**6** 1. Samuel 5, gesamter Text.

**7** Zu den Beziehungen zwischen den Jebusiten und David vgl. Karen Armstrong, *Jerusalem, die Heilige Stadt*, München 1996, S. 36.

**8** Eine eingehendere Erklärung der wissenschaftlichen Zusammenhänge findet sich in *The New Encyclopaedia of Archaeological Excavations in the Holy Land*, hrsg. v. Israel Exploration Society and Carta, New York, London 1993, S. 700.

**9** J. W. Mollett, *Dictionary of Art and Archaeology*, London 1883, S. 21.

**10** Diese Parallele zieht Graham Hancock, *Die Wächter des heiligen Siegels. Auf der Suche nach der verschollenen Bundeslade*, Bergisch Gladbach 1992, Abb. 56 und 57.

**11** 2. Mose 31,2–9

**12** Kathleen Kenyon, *Digging up Jerusalem*, London 1974.

**13** Vertrauliche, vom Autor geprüfte Information.

**14** Siehe J. Maxwell Miller, »Solomon: International Potentate or Local King?« In: *Palestine Exploration Quarterly* Nr. 122, 1990/91; dieser Aufsatz war eine Antwort auf Alan R. Millard, »Texts and Archaeology: Weighing the Evidence: The Case for King Solomon«. In: *Pales-*

*tine Exploration Quarterly* Nr. 122, 1990/91.

**15** 2. Chronik 3,2.

**16** 1. Könige 5,15–26.

**17** 2. Chronik 2,2.

**18** ebd., 2,9.

**19** ebd., 2,16–17.

**20** C. R. Conder, *The City of Jerusalem*, London 1909, S. 119.

**21** ebd., S. 118 f.

**22** Charles Warren, *The Recovery of Jerusalem*, London 1871, Schluß.

**23** ebd., S. 67.

**24** Einige Wissenschaftler vertreten die Meinung, daß Salomo nur einen älteren kanaanitischen Tempel auf dem Tempelberg umgebaut habe. Vgl. dazu Edward Lipinski, »Phoenicia and the Bible«. In: *Proceedings of the Conference held at Leuven, 15–16 March 1990*, Löwen 1991. Diese These, welche die Bedeutung der salomonischen Zeit und der biblischen Berichte über den Tempel stark einschränkt, weist jedoch das gleiche Problem auf, dem sich auch alle anderen Forscher gegenübersehen: Es gibt für sie kaum archäologische Beweise aus der Entstehungszeit des Salomo-Tempels.

KAPITEL 3: DER NABEL DER WELT, 962–954 V. CHR.

**1** 1. Könige 6,18.

**2** ebd., 6,21.

**3** ebd., 6,32.

**4** Kathleen Kenyon leitete die British School of Archaeology in Jerusalem von 1951 bis 1966. Ihre Begeisterung für die Schönheit der archäologischen Vergangenheit Jerusalems ist unübersehbar. Ihr zufolge überstieg die ständige Verwendung von Gold im Salomo-Tempel jegliches Maß. Sie beschrieb den verschwenderischen Gebrauch des Edelmetalls, wie er im Buch der Könige dargestellt wird, recht zurückhaltend als »etwas protzig«. Vgl. Kathleen Kenyon, *Digging up Jerusalem*, London 1974, S. 120.

**5** 1. Könige 9,24.

**6** ebd., 11,1.

**7** In der englischen Übersetzung der Bibel wird Hiram in 2. Chronik 2,13–14 als *Huram* bezeichnet. Möglicherweise ist dieser Unterschied historisch bedeutungslos, vielleicht verweist die Ähnlichkeit mit dem Namen des Königs aber auch darauf, daß der Name ein Titel war, der *Meister* oder *Herr* bedeutete. Vgl. dazu Michael Baigent/Richard Leigh, *Der Tempel und die Loge. Das geheime Erbe der Templer in der Freimaurerei*, Bergisch Gladbach 1990, S. 154.

**8** *Abba* bedeutet im hebräischen Vater; *Abiff* ist vermutlich im Sinne von Führer oder Meister davon abgeleitet.

**9** Die Namen der beiden gewaltigen Säulen gingen in die Rituale der Freimaurer als Paßwort ein; die Kenntnis jedes Wortes signalisiert den jeweiligen Grad innerhalb der freimaurerischen Hierarchie.

**10** Dabei wird von der königlichen Elle mit 21 Zoll oder 53,4 Zentimetern ausgegangen.

**11** Siehe *Bible et Terre Sainte* Nr. 25, Januar 1960.

**12** 1. Könige 7,46. Sukkoth liegt auf halbem Weg zwischen Jericho und Bet She'an am Ostufer des Jordan. Zarethan (Zereda im 2. Buch der Chronik) ist vermutlich Zarathan oder Zeradah, das zehn Kilometer näher bei Jerusalem am Westufer des Jordan liegt.

**13** Josephus Flavius, *Jüdische Altertümer*, 8. Buch, 3. Kap., 4.

**14** 1. Könige 7,23.

**15** ebd., 7, 32 – 34.

**16** Josephus Flavius, *Jüdische Altertümer*, 8. Buch, 3. Kap., 6, und 2. Chronik 4,6 und 10 – 11.

**17** 1. Könige 7,45.

**18** ebd., 7,47.

**19** Josephus Flavius, *Jüdische Altertümer*, 8. Buch, 3. Kap., 7 – 8.

**20** 1. Könige 6,36.

**21** Josephus Flavius, *Jüdische Altertümer*, 8. Buch, 3. Kap., 9.

**22** W. Whiston, *The Complete Works of Josephus*, Dissertation V, 3.

**23** 1. Chronik 13,10.

**24** 2. Chronik 8,14.

**25** Josephus Flavius, *Jüdische Altertümer*, 8. Buch, 3. Kap., 8.

**26** Elektrum galt im alten Ägypten als wertvollste Legierung. Thutmosis III.

ließ damit zwei Säulen verkleiden, die den Eingang seines Tempels in Theben flankierten. Diese Säulen, die vom syrischen König Assurbanipal geraubt wurden, wogen zusammen 2500 Talente oder 166 650 Pfund (75,75 Tonnen). Königin Hatschepsut ließ zwei Obelisken in Karnak mit Elektrum verkleiden. Die Säulen und Rillen, in welche die Elektrumplatten eingesetzt wurden, sind heute noch zu sehen. Vgl. Christiane Desroches Noblecourt, *Leben und Tod eines Pharao: Tut-ench-Amun*, Berlin, Frankfurt am Main 1963, S. 33 f.

**27** In der Bibel finden sich keine genauen Angaben zu Tag oder Monat.

**28** Josephus Flavius, *Jüdischer Krieg*, 1. Buch, 22. Kap., 1.

**29** Josephus Flavius, *Jüdische Altertümer*, 8. Buch, 4. Kap., 1.

**30** ebd.

**31** Watkin W. Williams, *The Life of General Sir Charles Warren*, Oxford 1941, S. 49.

**32** Charles Warren, *Underground Jerusalem*, London 1876, S. 345.

**33** Charles Warren, *The Recovery of Jerusalem*, London 1871, S. 60.

**34** 2. Mose 30,4.

**35** 1. Könige 8,8 [Hervorhebung durch den Autor].

**36** 2. Chronik 5,9.

**37** Vgl. Robert H. Pfeiffer, *Introduction to the Old Testament*, London 1953.

**38** Die Bewahrung geheimen Wissens war im Altertum nicht ungewöhnlich. Heutige Bücher wie Michael Drosnins *Der Bibel-Code*, München 1997, haben sich erfolgreich der schriftlichen Verschlüsselung von Geheimwissen gewidmet – eine Methode, die, wie viele Wissenschaftler vermuten, auch in Werken wie dem Neuen Testament oder den Qumran-Rollen verwendet wurde. Vgl. dazu Burton L. Mack, *The Lost Gospel*, New York 1993, und Geza Vermès, *The Dead Sea Scrolls – Qumran in Perspective*, London 1977 und 1994.

**39** Vgl. 1. Könige 8,4.

**40** Robert H. Pfeiffer, *Introduction to the Old Testament*, London 1953, S. 796 ff.

**41** Die Wahrscheinlichkeit nimmt noch zu, wenn man bedenkt, daß der Verfasser der Chronik berichtet, den Leviten

seien von Salomo neben dem Musi-
zieren, dem Transport der Bundeslade
und dem Türhüten noch eine weitere
Aufgabe zugewiesen worden. Sie
sollten »... über die Schätze des Hauses
Gottes ... und über die Schätze,
die geheiligt wurden«, wachen
(1. Chronik 26,20).
**42** Vgl. Felipe Fernández-Armesto,
*Truth*, London 1997.
**43** Josephus Flavius, *Jüdische Altertümer*, 8. Buch, 4. Kap. 2.

KAPITEL 4: DER BUND MIT GOTT,
953 – 597 V. CHR.

**1** Josephus Flavius, *Jüdische Altertümer*, 8. Buch, 4. Kap., 2.
**2** 2. Chronik 6,12.
**3** Josephus Flavius, *Jüdische Altertümer*, 8. Buch, 4. Kap., 3.
**4** 2. Chronik 7,7.
**5** Josephus Flavius, *Jüdische Altertümer*, 8. Buch, 4. Kap., 5.
**6** 2. Chronik 7,15.
**7** 1. Könige 9,4 – 6.
**8** Charles Warren, *The Recovery of
Jerusalem*, London 1871, S. 312 ff.
**9** ebd., S. 316; ders., *Underground
Jerusalem*, London 1876, S. 78 f.
**10** The British Academy, *Text of the Old
Testament*, The Sweich Lectures [1916],
Oxford 1915.
**11** Charles Warren, *The Recovery of
Jerusalem*, London 1871, S. 111.
**12** ebd., S. XV.
**13** Kathleen Kenyon, *Digging up Jerusalem*, London 1974, S. 115 f.
**14** ebd., S. 111 f.
**15** Esra 3,12 – 13.
**16** Mündliche Mitteilung gegenüber dem
Autor.
**17** Diese Methode, die erstmals von Dan
Bahat unterbreitet wurde, ist in der
Praxis an der Südostecke der Ställe Salomos zu sehen, zu welcher der Autor im
Juli 1998 mit Genehmigung des Waqf Zugang hatte.
**18** Dieser Steinblock befindet sich im
Südsektor der bei der Zerstörung des
Tempels hinuntergestürzten Steine unterhalb des Robinson-Bogens. Die Echt-

heit der Zeichen wurde dem Autor 1998
von Professor Ronnie Reich von der
Israelischen Altertumsbehörde bestätigt.
Reich leitete die Grabung, bei welcher
der Stein gefunden wurde.
**19** Zu einer ausführlichen Zusammen-
fassung vgl. John F. Healey, *The Early
Alphabet*, London 1990.
**20** Psalm 48,1.
**21** 1. Könige 9,27 – 28.
**22** Kathleen Kenyon schreibt in *Digging
up Jerusalem*, S. 107: »Allgemein nimmt
man an, obwohl es auch abweichende
Meinungen gibt, daß die Königin von
Saba über ein Gebiet in Südarabien
herrschte.«
**23** 1. Könige 10,1.
**24** ebd., 10,2.
**25** ebd., 10,10; ein Talent entspricht
etwa 27 britischen Pfund (12 Kilogramm).
**26** ebd., 10,2.
**27** ebd., 10,13.
**28** ebd., 10,14 – 15.
**29** ebd., 10,16 – 18.
**30** ebd., 10,21.
**31** Michael Baigent/Richard Leigh, *Der
Tempel und die Loge. Das geheime Erbe
der Templer in der Freimaurerei*, Bergisch
Gladbach 1990, S. 157.
**32** A. Horne, *King Solomon's Temple in
the Masonic Tradition*, Wellingborough
1972, S. 277.
**33** James George Frazer, *Der Goldene
Zweig. Das Geheimnis von Glauben und
Sitten der Völker*, Köln 1968, S. 280 f.
**34** Dies wurde dem Autor von rang-
hohen Freimaurern berichtet. Vgl. dazu
auch A. Horne, *King Solomon's Temple
in the Masonic Tradition*, Wellingborough 1972; dort auch umfassende
Textbelege.
**35** 1. Könige 11,28.
**36** ebd., 11,33.
**37** ebd., 11,40.
**38** Vgl. David Rohl, *Pharaonen und
Propheten. Das Alte Testament auf dem
Prüfstand*, München 1996. Rohl präsentiert in seiner Studie zur Chronologie
der ägyptischen Geschichte überzeugende
Beweise dafür, daß der biblische Schischak nicht, wie die traditionelle Lehrmeinung lautet, mit Scheschonk I., dem

Begründer der 22. Dynastie, identisch ist, sondern mit Ramses II.
**39** 2. Chronik 12,3.
**40** 1. Könige 14,22 – 24.
**41** 2. Chronik 12,9.
**42** ebd., 12,7.
**43** Vgl. T. J. Meek, *Hebrew Origins*, New York 1960, S. 136: »Während Moses der Begründer der levitischen Priesterschaft war, so war Aaron ... der überlieferte Begründer des Stierkults ...«
**44** ebd., S. 134 – 147.
**45** 2. Mose 32,26 – 28.
**46** 1. Könige 11,7.
**47** Vgl. T. J. Meek, *Hebrew Origins*, New York 1960, S. 140.
**48** 2. Chronik 22,11.
**49** ebd., 23,2 – 6.
**50** ebd., 23,7.
**51** ebd., 23,9.
**52** ebd., 23,15.
**53** Vgl. George Adam Smith, *Jerusalem from the Earliest Times to 70 AD*, London 1908, Bd. 2, S. 107.
**54** Vgl. T. J. Meek, *Hebrew Origins*, New York 1960, S. 150 f.
**55** 2. Könige 9,11; Jeremia 29,26.
**56** Vgl. T. J. Meek, *Hebrew Origins*, New York 1960, S. 171.
**57** Jesaja 1, Verse 11, 15, 17.
**58** 2. Könige 16,8.
**59** ebd., 16,3.
**60** 2. Chronik 28,2 – 3.
**61** 2. Könige 16,13.
**62** 2. Chronik 28,24.
**63** ebd., 28,23.
**64** 2. Könige 16,17.
**65** Vgl. George Adam Smith, *Jerusalem from the Earliest Times to 70 AD*, London 1908, Bd. 2, S. 266.
**66** ebd., S. 267.
**67** 2. Könige 18,15 – 16.
**68** Es gibt Anhaltspunkte dafür, daß Sanherib in den Jahren 690/89 v. Chr. ein weiteres Mal versuchte, Jerusalem Tribut abzuzwingen. Zu einer detaillierten Erläuterung vgl. George Adam Smith, *Jerusalem From the Earliest Times to 70 AD*, London 1908, Bd. 2, S. 148 – 174.
**69** 2. Könige 19,35.
**70** ebd., 20,14 – 17.
**71** Vgl. George Adam Smith, *Jerusalem from the Earliest Times to 70 AD*, London 1908, Bd. 2, S. 190.
**72** 2. Chronik 33,6.
**73** George Adam Smith, *Jerusalem from the Earliest Times to 70 AD*, London 1908, Bd. 2, S. 267.
**74** 2. Könige 21,16.
**75** Vgl. George Adam Smith, *Jerusalem from the Earliest Times to 70 AD*, London 1908, Bd. 2, S. 263; Smith war ein ausgewiesener Experte für die Sprache des Alten Testaments.
**76** Vgl. Hesekiel 43,7 – 9.
**77** 2. Chronik 33,22 – 24.
**78** Jeremia 2,8.
**79** 2. Könige 23,2.
**80** ebd., 23,10.
**81** Vgl. ebd., 23,20.
**82** Vgl. Josephus Flavius, *Jüdische Altertümer*, 10. Buch, 5. Kap., 1.
**83** 2. Chronik 36,5.

KAPITEL 5: VON DER ZERSTÖRUNG DES TEMPELS BIS ZUR GEBURT JESU, 596 – 4 V. CHR.

**1** 2. Könige 24,9.
**2** ebd., 24,12.
**3** ebd., 24,13.
**4** 2. Chronik 36,9.
**5** 2. Könige 24,16.
**6** Josephus Flavius, *Jüdische Altertümer*, 10. Buch, 7. Kap., 1.
**7** 2. Könige 24,14 und 16.
**8** Jeremia 24,2.
**9** ebd., 24,6 – 7.
**10** ebd., 24,9 – 10.
**11** ebd., 26,23.
**12** ebd., 28,3 – 4.
**13** ebd., 28,2.
**14** Siehe Definition »Yoke« im *Oxford English Dictionary*.
**15** Jeremia 28,11.
**16** W. O. Oesterley/T. H. Robinson, *A History of Israel*, Oxford 1932, Bd. 1, S. 438.
**17** ebd., Bd. 1, S. 439 f.
**18** Jeremia 37,21.
**19** ebd., 38,6.
**20** Josephus Flavius, *Jüdische Altertümer*, 10. Buch, 8. Kap., 1.
**21** Jeremia 14,16.

**22** Dieses Datum ändert sich von Jahr zu Jahr. Es gibt verschiedene Auslegungen über die Kalenderberechnungen der Vergangenheit, wobei der 2. August als das wahrscheinlichste Datum gilt.

**23** Josephus Flavius, *Jüdische Altertümer*, 10. Buch, 8. Kap., 2.

**24** 2. Könige 25,4.

**25** Josephus Flavius, *Jüdische Altertümer*, 10. Buch, 8. Kap., 2.

**26** 2. Könige 25,4.

**27** ebd., 25,8.

**28** ebd., 25,9.

**29** ebd., 25,14-15.

**30** ebd., 25,12.

**31** ebd., 25,24.

**32** W. O. Oesterley/T. H. Robinson, *A History of Israel*, Oxford 1932, Bd. 1, S. 442.

**33** Josephus Flavius, *Jüdische Altertümer*, 10. Buch, 8. Kap., 5.

**34** Jeremia 38,7-11.

**35** ebd., 38,28.

**36** ebd., 39,14.

**37** ebd., 40,4.

**38** Werner Keller, *Und die Bibel hat doch recht. Forscher beweisen die Wahrheit des Alten Testaments*, Düsseldorf 1955, S. 267.

**39** 2. Chronik 35,3.

**40** Jeremia 52,25-27.

**41** Auszüge aus den *Klageliedern* des Jeremia 1,1; 1,8; 5,18.

**42** In der Wissenschaft gibt es eine heftige Diskussion über die Urheberschaft der *Klagelieder*. Strittig ist, ob sie Jeremia oder vielmehr Augenzeugen der Zerstörung zuzuschreiben sind. Vgl. dazu die Argumentation bei Robert H. Pfeiffer, *Introduction to the Old Testament*, London 1953, S. 720-724.

**43** Jeremia 52,28-30.

**44** Josephus Flavius, *Jüdische Altertümer*, 10. Buch, 9. Kap., 7.

**45** Vgl. dazu George Adam Smith, *A History of Jerusalem from Ancient Times to 70 AD*, London 1908, Bd. 2, S. 296 f.

**46** Jeremia 41,5.

**47** 2. Chronik 36,21.

**48** Hesekiel 1,26-28.

**49** Hesekiel 2.

**50** Vgl. hierzu die Diskussion bei W. O. Oesterley/T. H. Robinson, *A History of Israel*, Oxford 1932, Bd. 2, S. 42-50.

**51** ebd., Bd. 1, S. 453.

**52** Jesaja 45,1, 2, 3 und 7.

**53** Trevor Ling, *A History of Religion East and West*, London 1968, S. 75-82.

**54** Jeremia gibt insgesamt 4600 an. Vgl. Jeremia 52,30.

**55** Josephus Flavius, *Jüdische Altertümer*, 11. Buch, 1. Kap., 3.

**56** ebd.

**57** ebd.

**58** ebd.

**59** Esra 4,17-24.

**60** ebd., 6,1-5.

**61** Haggai 1,4.

**62** Siehe Robert H. Pfeiffer, *Introduction to the Old Testament*, London 1953, sowie Haggai 1,15.

**63** Esra 3,12. Diese Tränen werden häufig als Tränen der Enttäuschung gedeutet. Weitaus plausibler wäre aber eine emotionale Reaktion auf die Erfüllung der Prophezeiungen in der Gefangenschaft.

**64** Esra 3,7.

**65** Haggai 2,1-5.

**66** Esra 6,11.

**67** Josephus Flavius zitiert diese Maße nach Hecataeus, in *Josephus Flavius gegen Apion*, 1. Buch, 22. Die Größenberechnung basiert auf der königlichen ägyptischen Elle von 53,30 cm.

**68** Mischna, *Joma*, 5,2.

**69** Robert H. Pfeiffer, *Introduction to the Old Testament*, London 1953, S. 266.

**70** Im Buch *Joma* als *Bet Hedudo* bezeichnet.

**71** Das Wort *Joma* leitet sich aus dem Aramäischen ab und bedeutet »der Tag«. Es ist nicht sicher, ob die Beschreibung in *Joma* sich nur auf die Zeit des Zweiten Tempels unter Herodes bezieht. Die bedeutende Rolle der Priesterschaft deutet jedoch darauf hin, daß es sich in Wirklichkeit um die Zeit Serubabels handelt. In *Joma* wird beschrieben, daß einer Verfügung des Hohenpriesters zufolge nur ein anderer Priester den Ziegenbock wegführen konnte. Vgl. *Babylonischer Talmud*, hrsg. v. Lazarus Goldschmidt, Berlin 1901, Bd. 2.

**72** Mischna, *Joma (Joma)* 6,6, Fol. 67a, hier zitiert nach der Ausgabe des *Baby-*

*lonischen Talmud*, hrsg. v. Lazarus Goldschmidt, Berlin 1901, Bd. 2.

**73** Jesaja 1,18.

**74** James George Frazer, *Der goldene Zweig. Eine Studie über Magie und Religion*, Köln 1968, S. 841.

**75** ebd.

**76** Jesaja 65,1-12.

**77** Die Datierung ist aufgrund der willkürlichen Zusammenstellung der Bücher Nehemia und Esra umstritten, doch die meisten heutigen Wissenschaftler plädieren für dieses Datum. Robert H. Pfeiffer schreibt in *Introduction to the Old Testament*, S. 829: »Diese Memoiren wurden von Nehemia selbst nach 432 [v. Chr.] verfaßt. In ihnen werden die tatsächlichen Ereignisse und die Gefühle, die sie beim Verfasser auslösten, in einem lebhaften und offenen Stil wie in einem privaten, nicht zur Veröffentlichung bestimmten Tagebuch geschildert.«

**78** Man weiß nicht, ob Nehemia auf einem Pferd oder einem Esel ritt; er schrieb nur: »Das Tier, auf dem ich ritt.« (Nehemia 2,12)

**79** Genauer »Schakalquell«. Vgl. Kathleen Kenyon, *Digging up Jerusalem*, London 1974, S. 181.

**80** Nehemia 2,13.

**81** Kathleen Kenyon, *Digging up Jerusalem*, London 1974, S. 181.

**82** Nehemia 2,15.

**83** Dazu George Adam Smith, *Jerusalem from the Earliest Times to 70 AD*, London 1907, Bd. 1, S. 81 f.: »Josephus Flavius erwähnt das Kidron-Tal mehrmals und beschreibt es im allgemeinen als Tal oder Schlucht; einmal verwendet er die griechische Bezeichnung für ›Winter‹ oder ›Sturmflut‹, die auch im Neuen Testament [Johannes 18,1] benutzt wird. In diesem Sinne müssen wir auch den hebräischen Begriff ›nahal‹ interpretieren, der den Kidron im Alten Testament bezeichnet [2. Samuel 15,23; 1. Könige 15,13; 2. Könige 23,6 und 12; Jeremia 31,40]. ›Nahal‹, das in unseren Versionen mit ›Bach‹ übersetzt wird, bedeutet nichts anderes als ein Tal, durch das nach heftigen Regenfällen vorübergehend ein Wasserlauf fließt ... Von den Tälern Jerusalems wird nur der Kidron

an zwei Stellen als *der* Nahal bezeichnet. Das zeigt, daß sich weder im Tyropöon-Tal noch an anderer Stelle in der Stadt ein Wasserlauf befand, der die Bezeichnung ›Sturm‹ oder ›Winterbach‹ verdient hätte.«

**84** Nehemia 6,15; laut Josephus Flavius, *Jüdische Altertümer*, 11. Buch, 5. Kap., 8, betrug die Bauzeit zwei Jahre und vier Monate.

**85** Nehemia 3,1-32.

**86** ebd., 4,12.

**87** ebd., 4,15-17.

**88** Siehe ebd., 10-12.

**89** ebd., 13,1-2.

**90** Eine ausführliche Beschreibung der Abgaben und des Zehnten für den Tempel findet sich bei George Adam Smith, *Jerusalem from the Earliest Times to 70 AD*, London 1907, Bd. 1.

**91** Nehemia 13,10-14.

**92** ebd., 13,15-16.

**93** ebd., 13,25-26.

**94** ebd., 13,30.

**95** Zur Datierung vgl. W. O. Oesterley/ T. H. Robinson, *A History of Israel*, Oxford 1932, Bd. 2, S. 128-139.

**96** Den Titel erhielt Esra von dem persischen König Artaxerxes. Vgl. Esra 7,11.

**97** Esra 7,15.

**98** Die Authentizität Esras ist umstritten. Eine Analyse bieten W. O. Oesterley/ T. H. Robinson, *A History of Israel*, Oxford 1932, Bd. 2, Kap. 10.

**99** Esra 7,25-26.

**100** ebd., 10,11.

**101** ebd., 10,13.

**102** Laut Esra fand die Versammlung am zwanzigsten Tag des neunten Monats statt (10,9) und die Registrierung am ersten Tag des zehnten Monats (10,16).

**103** Esra 10,11.

**104** Issos liegt am Golf von Iskenderun, mit dem Fluß Pyramos im Norden und Westen und dem Fluß Orontes im Süden. Vgl. W. O. Oesterley/T. H. Robinson, *A History of Israel*, Oxford 1932, Bd. 2, S. 189.

**105** ebd., Bd. 2, S. 198.

**106** Kathleen Kenyon datiert das Schisma mittels archäologischer Funde auf »wahrscheinlich Anfang des 3. Jahrhunderts v. Chr.« (K. Kenyon, *Digging up Jerusalem*, London 1974, S. 189).

**107** W. O. Oesterley/T. H. Robinson, *A History of Israel*, Oxford 1932, Bd. 2, S. 201, und Robert H. Pfeiffer, *Introduction to the Old Testament*, London 1953, S. 811.

**108** Die Ereignisse, die zur Eroberung Jerusalems durch die Seleukiden führten, sind immer noch nicht ganz geklärt. Zu einer fundierten historischen Bewertung vgl. W. O. Oesterley/T. H. Robinson, *A History of Israel*, Oxford 1932, Bd. 2, S. 207.

**109** Josephus Flavius, *Jüdische Altertümer*, 12. Buch, 3. Kap.

**110** George Adam Smith, *Jerusalem from the Earliest Times to 70 AD*, London 1907, Bd. 1, S. 401.

**111** Statt dessen wurden die Bezeichnungen »Adonai« (Herr) oder »El Eyon« (der Höchste) verwendet.

**112** Josephus Flavius, *Jüdische Altertümer*, 12. Buch, 3. Kap., 3–4.

**113** George Adam Smith, *Jerusalem from the Earliest Times to 70 AD*, London 1908, Bd. 2, S. 429.

**114** 2. Makkabäer 3.

**115** George Adam Smith, *Jerusalem from the Earliest Times to 70 AD*, London 1908, Bd. 2, S. 432.

**116** Auszüge aus dem Buch Daniel 8,5–11.

**117** Robert H. Pfeiffer nennt in *Introduction to the Old Testament* das erste vorchristliche Jahrhundert als weitere mögliche Datierung.

**118** George Adam Smith, *Jerusalem from the Earliest Times to 70 AD*, London 1908, Bd. 2, S. 434, und 2. Makkabäer 5,21.

**119** Josephus Flavius, *Jüdischer Krieg*, 1. Buch, 1. Kap., 1.

**120** Josephus Flavius, *Jüdische Altertümer*, 12. Buch, 5. Kap., 4.

**121** W. O. Oesterley, Professor für hebräische Sprache und Exegese des Alten Testaments am King's College in London, vertrat diese Ansicht. Siehe W. O. Oesterley/T. H. Robinson, *A History of Israel*, Oxford 1932, Bd. 2, S. 224. Die anerkannten Übersetzungen von Josephus Flavius lassen jedoch Raum für Interpretationen.

**122** Josephus Flavius, *Jüdische Altertümer*, 12. Buch, 5. Kap., 4.

**123** Das geht aus zeitgenössischen apokalyptischen Ergänzungen des Buches Sacharja im Alten Testament hervor. W. O. Oesterley und T. H. Robinson datieren die Kapitel 9 bis 12 in ihrer *History of Israel*, London 1932, Bd. 2, S. 245, auf das 2. Jahrhundert v. Chr. Eine andere Ansicht vertritt Robert H. Pfeiffer in *Introduction to the Old Testament*, London 1953, S. 607–612.

**124** Sacharja 9,9.

**125** Josephus Flavius, *Jüdische Altertümer*, 13. Buch, 13. Kap., 5.

**126** Das Heiligtum, das aller Wahrscheinlichkeit nach vom Sohn und Erben des Onias III. erbaut wurde, bestand bis 73 n. Chr., also nur drei Jahre länger als der Tempel in Jerusalem, der 70 n. Chr. zerstört wurde. Siehe *The Clarendon Bible, Judaism in the Greek Period*, hrsg. v. G. H. Box, Oxford 1932, Bd. 5, S. 34, und Josephus Flavius, *Jüdische Altertümer*, 13. Buch, 3. Kap., 1.

**127** Siehe Michael Baigent/Richard Leigh, *Verschlußsache Jesus. Die Qumranrollen und die Wahrheit über das frühe Christentum*, München 1991, S. 215–221.

**128** Die archäologische Untersuchung von Qumran ergab, daß eine religiöse Gemeinschaft dort ungefähr zwischen 150 und 140 v. Chr. lebte.

**129** Josephus Flavius, *Jüdischer Krieg*, 1. Buch, 7. Kap., 6.

**130** Josephus Flavius, *Jüdische Altertümer*, 14. Buch, 7. Kap., 1.

**131** Josephus Flavius, *Jüdischer Krieg*, 1. Buch, 13. Kap., 9.

**132** Josephus Flavius, *Jüdische Altertümer*, 14. Buch, 15. Kap., beschreibt die genaue Zusammensetzung der Truppen des Herodes.

**133** Josephus Flavius, *Jüdische Altertümer*, 14. Buch, 15. Kap., 14.

**134** ebd., 14. Buch, 16. Kap., 2.

**135** ebd., 14. Buch, 16. Kap., 4.

**136** ebd., 17. Buch, 6. Kap., 5.

**137** Diese Maßnahme wird Herodes nur im Evangelium des Matthäus im Neuen Testament zugeschrieben.

**138** Josephus Flavius, *Jüdische Altertümer*, 15. Buch, 11. Kap., 1.

**139** ebd.

**140** Kathleen Kenyon, die sich auf eine jahrzehntelange Erfahrung berufen kann, war sich über das Ausmaß von Serubabels Tempelbau sicher: »Man kann dennoch davon ausgehen, daß Serubabels Arbeit auf den salomonischen Fundamenten aufbaute. Auch wenn der Tempel zerstört war, dürften noch Reste vorhanden gewesen sein.« (K. Kenyon, *Digging up Jerusalem*, London 1974, S. 177)

**141** Charles Warren, *Underground Jerusalem*, London 1876, S. 81.

**142** Die Entfernung zwischen der Südostecke und der Nahtstelle betrug nach Warrens unterirdischen Messungen am Gesteinssockel 108 Fuß oder 32,91 Meter. Der Niveauunterschied von 19 Zentimetern zwischen Warrens Stollen und der heutigen ebenen Oberfläche ist auf das Fluchten einzelner Quaderreihen in Richtung der Tempelplattform zurückzuführen, wodurch die Perspektive optisch ausgeglichen wurde.

**143** Josephus Flavius, *Jüdische Altertümer*, 15. Buch, 11. Kap., 1.

**144** Josephus Flavius, *Jüdischer Krieg*, 1. Buch, 21. Kap., 1. Die Maße der salomonischen Tempelanlage ohne den Königspalast werden auch in der Mischna genannt; siehe Traktat *Middot*, 2.

**145** Rabbi Leibel Reznick erklärt in *The Holy Temple Revisited*, New Jersey 1996, S. 56 f., daß jüdische Priester laut Talmud einen nichtjüdischen Friedhof betreten durften, was den Zweck des Friedhofs zunichte macht.

**146** ebd., S. 55–59.

**147** Die Maße basieren auf der durchschnittlichen Länge und Breite des Gebiets: des herodianischen mit 300 auf 475 Meter, des salomonischen mit 220 auf 335 Meter.

**148** Josephus Flavius, *Jüdische Altertümer*, 15. Buch, 11. Kap., 6.

**149** ebd., 15. Buch, 11. Kap., 3.

**150** ebd.

**151** Josephus Flavius, *Jüdischer Krieg*, 5. Buch, 5. Kap., 2. Der archäologische Fund einer solchen Tafel mit griechischer Aufschrift bestätigt diesen Sachverhalt. Eine Nachbildung ist im Rockefeller Museum in Jerusalem ausgestellt.

**152** Josephus Flavius, *Jüdische Altertümer*, 15. Buch, 11. Kap., 5.

**153** George Adam Smith, *Jerusalem from the Earliest Times to 70 AD*, London 1908, Bd. 2, S. 502.

**154** Josephus Flavius, *Jüdische Altertümer*, 15. Buch, 11. Kap., 3.

**155** Die Entwicklung des Hexagramms in der Geometrie ist zu kompliziert, um sie in diesem Buch zu untersuchen. Informationen dazu finden sich in jeder guten Einführung in die Mathematik.

**156** Josephus Flavius, *Jüdische Altertümer*, 15. Buch, 11. Kap., 3.

**157** Dan Bahat, *Ancient Jerusalem Revealed*, Jerusalem 1994, S. 181.

**158** Das vom Hersteller angegebene Gewicht einer Boeing 747 beträgt leer 176 847, voll beladen 377 850 Kilogramm.

**159** Josephus Flavius, *Jüdische Altertümer*, 15. Buch, 11. Kap., 5.

**160** Josephus Flavius, *Jüdischer Krieg*, 5. Buch, 5. Kap., 6.

**161** ebd.

**162** Ein Stilvergleich findet sich in *The New Encyclopaedia of Archaeological Excavations in the Holy Land*, hrsg. v. Israel Exploration Society and Carta, New York, London 1993, S. 739.

**163** Josephus Flavius, *Jüdische Altertümer*, 15. Buch, 11. Kap., 5.

**164** Josephus Flavius, *Jüdischer Krieg*, 1. Buch, 33. Kap., 1.

**165** In Rabbi Leibel Reznicks Buch *The Holy Temple Revisited*, New Jersey 1996, S. 5, ist die Fotografie einer Statue abgebildet, »von der man annimmt, sie stelle König Herodes dar«.

**166** Josephus Flavius, *Jüdischer Krieg*, 1. Buch, 33. Kap., 3.

**167** ebd.

**168** ebd., 1. Buch, 33. Kap., 5.

**169** Josephus Flavius, *Jüdische Altertümer*, 17. Buch, 6. Kap., 5.

KAPITEL 6: VON JESUS BIS
ZUR ZERSTÖRUNG DES TEMPELS,
3 V. CHR. – 70 N. CHR.

**1** Vgl. Josephus Flavius, *Jüdische Altertümer*, 17. Buch, 7. Kap., 3, und *Der Jüdische Krieg*, 1. Buch, 33. Kap., 9.

2 Matthäus 2,9.

3 Zu einer ausgewogenen Bewertung der komplexen Zusammenhänge dieser These vgl. Werner Keller, *Und die Bibel hat doch recht: Forscher beweisen die Wahrheit des Alten Testaments*, Düsseldorf 1955.

4 Josephus Flavius, *Jüdische Altertümer*, 17. Buch, 9. Kap., 3.

5 Vgl. ebd.

6 Josephus Flavius, *Jüdischer Krieg*, 2. Buch, 3. Kap., 2.

7 Vgl. Josephus Flavius, *Jüdische Altertümer*, 17. Buch, 10. Kap., 3.

8 Vgl. ebd., 17. Buch, 10. Kap., 10.

9 R. B. Brownrigg, *Who's Who in the New Testament*, London 1971, S. 208.

10 Vgl. Matthäus 2,23.

11 Vgl. 4. Mose 6,13.

12 Lukas 2,27.

13 ebd. 2,46.

14 Siehe John Dominic Crossan, *Der historische Jesus*, München 1994, Anhang 2, S. 586, und Josephus Flavius, *Jüdischer Krieg* bzw. *Jüdische Altertümer*, 2. Buch, 22. Kap., 1f.; 17. Buch, 10. Kap., 5; 2. Buch, 22. Kap., 2; 17. Buch, 10. Kap., 6; 2. Buch, 4. Kap., 3; 17. Buch, 10. Kap., 7.

15 Siehe Barbara Thiering, *Jesus von Qumran. Sein Leben – neu geschrieben*, Gütersloh 1993.

16 Die Details dieser Darstellung, die Mohammed ad-Dib in den letzten Jahren einem Archäologen lieferte, weichen von mehreren anderen Versionen ab.

17 Dies konnte der Autor 1998 persönlich überprüfen.

18 Interview mit General Scharon. In: Michael Baigent/Richard Leigh, *Verschlußsache Jesus. Die Qumranrollen und die Wahrheit über das frühe Christentum*, München 1991, S. 48.

19 Zu dieser Datierung vgl. Geza Vermès, *The Dead Sea Scrolls*, London 1994, S. 53.

20 Übersetzung von Fragmenten des Qumran-Dokuments 4 Q 521 nach Robert Eisenman und Michael Wise, *Jesus und die Urchristen. Die Qumran-Rollen entschlüsselt*, München 1993, S. 29.

21 Der einzige Hinweis darauf, daß Jesus seine eigene Person jemals mit einer messianischen Rolle in Verbindung brachte, ist im Wortlaut der nach seinem Tod verfaßten Evangelien zu finden. So heißt es bei Matthäus 20,23, Jesus habe auf seinen »Vater« im Himmel verwiesen.

22 George Adam Smith, *Jerusalem From The Earliest Times to 70 AD*, London 1907, Bd. 1, S. 361–364.

23 Matthäus 22,21.

24 Auszüge aus dem Evangelium nach Matthäus 23,6, 7, 13 und 17.

25 Wie das Geburtsdatum von Jesus ist auch das genaue Datum der Kreuzigung, die man zwischen 30 und 33 n. Chr. ansetzt, nach wie vor umstritten.

26 Matthäus 21,13.

27 Im Tempel war zur Zeit des Verrats an Jesus die Silbermünze Tetradrachmon, das Vier-Drachmen-Stück, oder Schekel von Tyrus das gebräuchliche Zahlungsmittel. Zu einer genauen Erläuterung der Verwendung des Schekels vgl. *Babylonischer Talmud*, hrsg. v. Lazarus Goldschmid, Berlin 1901, S. 875. Ein Schatz mit 561 Münzen, darunter viele Shekalim von Tyrus, wurde 1955 bei Ausgrabungen in Qumran gefunden. Zu einer fotografischen Abbildung dieses Schatzes und weiterem Qumran-Material siehe *Scrolls from the Dead Sea*, Ausstellungskatalog Vatikanische Bibliothek, Rom 1994.

28 Im Evangelium nach Markus bejaht Jesus die Frage; vgl. Markus 14,62.

29 Vgl. Dan Bahat, *Jerusalem. 4000 Jahre Geschichte der Heiligen Stadt*, Marburg 1985, S. 33.

30 Matthäus 24,2.

31 Vgl. Josephus Flavius, »Selbstbiographie«. In: ders., *Kleinere Schriften*, Wiesbaden 1993.

32 Vgl. Johannes 19,33.

33 Vgl. Markus 15,43–45.

34 Zu einer gründlichen Erläuterung dieser Theorie siehe Barbara Thiering, *Jesus von Qumran. Sein Leben – neu geschrieben*, Gütersloh 1993, S. 143–158.

35 Hippolytos zog weitere Vergleiche zwischen dem Leben Jesu und den Maßen der Bundeslade; siehe Robin Lane Fox, *Pagans and Christians*, London 1986, S. 267.

36 Josephus Flavius, *Jüdischer Krieg*, 2. Buch, 9. Kap., 3.

37 ebd., 2. Buch, 9. Kap., 4.

**38** In Vienne, wohin ihn Nero verbannt
hatte.
**39** Josephus Flavius, *Jüdischer Krieg*,
2. Buch, 10. Kap., 1.
**40** ebd., 2. Buch, 10. Kap., 4.
**41** ebd.
**42** Eine Kohorte war ein Zehntel einer
römischen Legion, die zwischen 3000
und 6000 Mann umfaßte.
**43** Josephus Flavius, *Jüdischer Krieg*,
2. Buch, 12. Kap., 1.
**44** Der ausgegrabene Bodenbelag unter
dem Robinson-Bogen am südlichen Ende
der Westmauer des *Haram al-Sharif*
stammt, so wird heute angenommen,
aus der Zeit Agrippas II. In ihm befindet
sich das einzige bekannte antike Beispiel
einer aus massivem Stein hergestellten
Abflußabdeckung.
**45** Josephus Flavius, *Jüdischer Krieg*,
2. Buch, 13. Kap., 2.
**46** ebd., 2. Buch, 13. Kap., 4.
**47** Josephus Flavius zufolge nach dem
lateinischen *sicae*, »Dolche«; siehe *Jüdische Altertümer*, 20. Buch, 8. Kap., 10.
Im modernen Italienisch wird das Wort
*sicario* noch immer gebraucht, um einen
Meuchelmörder oder Attentäter zu bezeichnen.
**48** Josephus Flavius, *Jüdischer Krieg*,
2. Buch, 13. Kap., 3.
**49** ebd., 2. Buch, 14. Kap., 9.
**50** ebd., 2. Buch, 16. Kap., 4.
**51** ebd., 2. Buch, 19. Kap., 9.
**52** Vgl. ebd., 5. Buch, 2. Kap., 2.
**53** ebd., 5. Buch, 1. Kap., 4.
**54** ebd., 5. Buch, 1. Kap., 3.
**55** ebd., 5. Buch, 10. Kap., 1.
**56** ebd., 5. Buch, 11. Kap., 1.
**57** ebd., 5. Buch, 12. Kap., 1.
**58** ebd., 5. Buch, 12. Kap., 3.
**59** ebd., 5. Buch, 13. Kap., 3.
**60** Josephus Flavius macht nicht
das reguläre römische Heer, sondern
die arabischen und syrischen Hilfstruppen für dieses Vorgehen verantwortlich, obwohl es unwahrscheinlich
ist, daß diese die alleinigen Übeltäter
waren.
**61** Josephus Flavius, *Jüdischer Krieg*,
7. Buch, 1. Kap., 7.
**62** Josephus Flavius, *Bellum Judaicum*,
ins Englische übersetzt von G. A. Wil-

liamson, überarbeitet von Mary Smallwood, 1981, S. 358.
**63** ebd., S. 359.

KAPITEL 7: VON ROM BIS SALADIN,
71 – 1187 N. CHR.

**1** Josephus Flavius, *Jüdischer Krieg*,
6. Buch, 8. Kap., 3.
**2** ebd.
**3** Die Ansicht, daß die Bundeslade von
Titus verschleppt wurde und sich heute
in den Gewölben des Vatikans befindet,
ist weit verbreitet. Dafür gibt es aber
keinerlei historische Anhaltspunkte. Ich
habe 1998 einzelne Mitglieder der ultraorthodoxen Gemeinde in Jerusalem be-
fragt, die fest an diese Theorie glauben.
**4** Josephus Flavius, »Selbstbiographie«,
§ 75. In: ders., *Kleinere Schriften*,
Wiesbaden 1993.
**5** ebd.
**6** Josephus Flavius, *Jüdischer Krieg*,
6. Buch, 9. Kap., 4.
**7** Auf den Stempeln der 10. Legion, der
»Fretensis«, waren Buchstaben mit einem
Delphin oder mit einem Eber, seltener
mit einem Schiff zu sehen.
**8** Diese Ascheablagerungen sind deutlich zwischen den ausgegrabenen
Blöcken unter dem Robinson-Bogen zu
erkennen.
**9** Kathleen Kenyon, *Digging up Jerusalem*, London 1974, S. 257.
**10** Es gibt unterschiedliche Schreib-
weisen, zum Beispiel Kosiba, Koseba,
Cozeba.
**11** Die Identität dieses Onkels ist
umstritten. Die Mehrzahl der Kommen-
tatoren beschreibt ihn als Priester. Zur
Klärung dieser Frage anhand von Münz-
funden vgl. Ya'akov Meshorer, *Ancient
Jewish Coinage*, Jerusalem 1982, S. 136 ff.
**12** Rabbi Leibel Reznick, *The Holy
Temple Revisited*, New Jersey 1996,
S. 155 f.
**13** Ya'akov Meshorer, *Ancient Jewish
Coinage*, Jerusalem 1982, S. 140.
**14** Josephus Flavius, *Jüdische Altertümer*, 3. Buch, 6. Kap., 4.
**15** 4. Mose 24,17.
**16** Basierend auf Zahlen bei Dio Cassius.

17 Eusebius, *Demonstratio evangelica*, 8, 3, 11–12.

18 *The Bordeaux Pilgrim: Itinerary from Bordeaux to Jerusalem*, ins Englische übersetzt von Aubrey Stewart, New York 1971.

19 Dan Bahat, *Carta's Historical Atlas of Jerusalem*, Jerusalem 1986, S. 39.

20 R. B. Brownrigg, *Who's Who in the New Testament*, London 1971, S. 99.

21 J. E. Hanauer, *Walks In and Around Jerusalem*, London 1926, S. 356 f.

22 H. Chadwick, *The Penguin History of the Church*, London 1993, Bd. 1, S. 156.

23 Jerusalem liegt am Ende der Senke, die in Nord-Süd-Richtung durch das Jordan-Tal und das Tote Meer verläuft. Qumran wurde während seiner Besiedlungszeit durch Erdbeben schwer beschädigt.

24 J. E. Hanauer, *Walks In and Around Jerusalem*, London 1926, S. 178 f.

25 Antiochos Strategos, *Conquest of Jerusalem*, 14, 14–17.

26 P. K. Hitti, *History of the Arabs*, London 1940, S. 111.

27 Der Koran, übersetzt von Max Henning, Stuttgart 1960.

28 P. K. Hitti, *History of the Arabs*, London 1940, S. 113 f.

29 ebd., S. 116.

30 Koran, Sure 2, 125.

31 Diese Geschichte wird, manchmal reich ausgeschmückt, von den amtlichen Fremdenführern des *Haram* in Jerusalem erzählt.

32 Jelal ed din es Siyuti, *The History of the Temple of Jerusalem*, 1836, übersetzt von Reverend J. Reynolds, und *The Work of Kemal ed din ibn Abi Sherif*, 1817, übersetzt von Paul Lemming.

33 E. H. Palmer, »History of the Haram Es Sherif«. In: *Palestine Exploration Quarterly*, London 1870/71, in drei Teilen.

34 Internet-Seite, *Temple Mount*, 1997/98.

35 K. A. C. Creswell, *The Origin of the Plan of the Dome of the Rock*, London 1924, S. 29 f.

36 Die Fotografien stammen von Richard Andrews.

37 Eine ausgezeichnete Beschreibung und Bewertung all dieser geschicht-lichen Theorien findet sich bei S. Gibson und D. Jacobson, *Below the Temple Mount in Jerusalem*, Oxford 1996, S. 283–289.

38 Wie im Koran angedeutet, etwa als »der entfernte Ort der Anbetung«. Vgl. E. H. Palmer, *History of the Haram Es Sherif*, London 1870/71, S. 132.

39 ebd.

40 Die Tradition wird angeführt in G. Le Strange, *Palestine Under the Moslems: A Description of Syria and the Holy Land from AD 650 to 1500*, ins Englische übersetzt von Alexander P. Watt für das Committee des Palestine Exploration Fund, London 1890, S. 142.

41 E. H. Palmer, *History of the Haram Es Sherif*, London 1870/71, S. 130.

42 Der Verbleib des Goldes, mit dem der Felsendom überzogen war, ist unbekannt. Manche Autoren meinen, es sei zu jenem Zeitpunkt entfernt worden, aber Palmer betont, daß Gold und Silber nur von den Türen abgenommen wurden. Siehe E. H. Palmer, *History of the Haram Es Sherif*, London 1870/71, S. 166.

43 Kenneth Nebenzahl, *Atlas zum Heiligen Land. Karten der Terra Sancta durch zwei Jahrtausende*, Stuttgart 1995, S. 33.

44 Nach der englischen Übersetzung in Frances Gies, *The Knight in History*, New York 1984, S. 21, aus: *Historia Hierosolymitana* von Robert dem Mönch.

45 Steven Runciman, *Geschichte der Kreuzzüge*, München 1957, Bd. 1, S. 132–135.

46 ebd., Bd. 1, S. 162.

47 ebd., Bd. 1, S. 265.

48 ebd., Bd. 1, S. 269.

49 ebd., Bd. 1, S. 274.

50 Karen Armstrong, *Jerusalem, die Heilige Stadt*, München 1998, S. 393.

51 Steven Runciman, *Geschichte der Kreuzzüge*, München 1957, Bd. 1, S. 273.

52 Hier zit. nach Hanns Wollschläger, *Die bewaffneten Wallfahrten gen Jerusalem*, Zürich 1973.

53 Joshua Prawer, *Die Welt der Kreuzfahrer*, Wiesbaden 1974, S. 27.

54 Fulcher von Chartres, *Historia*, Bd. 1; englische Ausgabe: *A History of the Expedition to Jerusalem, 1095–1127*, 1969, Bd. 1, S. 33.

**55** P. K. Hitti, *History of the Arabs*, London 1940, S. 639.

**56** Steven Runciman, *Geschichte der Kreuzzüge*, München 1957, Bd. 1, S. 299.

**57** Fulcher von Chartres, *Historia*, Bd. 1; englische Ausgabe: *A History of the Expedition to Jerusalem, 1095–1127*, 1969, Bd. 1, Kap. 31, S. 5-10.

**58** Reverend Hanauer bekräftigte die Legende. Ihm zufolge war Dr. Frankel, dem Autor von *Nach Jerusalem*, 1856 das gleiche berichtet worden. Vgl. Reverend J. E. Hanauer, *Walks In and Around Jerusalem*, London 1926, S. 180 f.

**59** Entdeckt und fotografiert von Richard Andrews.

**60** Es hat immer große Unterschiede im Hinblick auf die Datierung der Ordensgründung gegeben. Vgl. in diesem Zusammenhang Malcolm Barber, *The New Knighthood*, Cambridge 1994, S. 9.

**61** Diese Zahl ist bereits in die Legende eingegangen. Dem widerspricht allerdings Michael der Syrer, der dreißig Ritter unter Führung Hugos von Payens erwähnt. Siehe Malcolm Barber, *The New Knighthood*, Cambridge 1994, S. 7.

**62** Zu ersehen aus Dokumenten über Landtransaktionen. In: M. d'Albon (Hg.), *Cartulaire général de l'Ordre de Temple*, Paris 1913.

**63** Theodoricus, 17, S. 26 f. *Jerusalem Pilgrimage 1099–1185*, hrsg. v. J. Wilkinson/J. Hill/W. F. Ryan. In: *The Hakluyt Society*, Bd. 167, 1988.

**64** ebd.

**65** Malcolm Barber, *The New Knighthood*, Cambridge 1994, S. 94.

**66** Steven Runciman, *Geschichte der Kreuzzüge*, München 1957, Bd. 2, S. 362, 380.

**67** *Beeton's Dictionary of Universal Biography*, London 1862/63, S. 119.

**68** Steven Runciman, *Geschichte der Kreuzzüge*, München 1957, Bd. 2, S. 449.

KAPITEL 8: DER TRIUMPH DES ISLAM, 1188–1916

**1** P. K. Hitti, *History of the Arabs*, London 1940, S. 661.

**2** Steven Runciman, *Geschichte der Kreuzzüge*, Bd. 3, München 1960, S. 62.

**3** Barbara Tuchman, *Bibel und Schwert. Palästina und der Westen. Vom Frühen Mittelalter bis zur Balfour-Declaration 1917*, Frankfurt a. M. 1983, S. 81.

**4** Steven Runciman, *Geschichte der Kreuzzüge*, Bd. 3, München 1960, S. 70.

**5** ebd., S. 180.

**6** ebd., S. 198.

**7** Jesaja 66,14.

**8** Dan Bahat, *Jerusalem. 4000 Jahre Geschichte der Heiligen Stadt*, Marburg 1985, S. 43.

**9** Die Grabung wurde von Ronnie Reich und Ya'akov Bilich geleitet.

**10** P. K. Hitti, *History of the Arabs*, London 1940, S. 658.

**11** Vgl. Henry Lincoln/Michael Baigent/Richard Leigh, *Der Heilige Gral und seine Erben. Ursprung und Gegenwart eines geheimen Ordens. Sein Wissen und seine Macht*, Bergisch Gladbach 1984, und Keith Laidler, *The Head of God*, London 1998.

**12** Malcolm Barber schreibt in *The New Knighthood*, S. 311, daß die Dokumente im Salomo-Tempel verwahrt worden seien, womit er vermutlich das Hauptquartier des Ordens, die al-Aksa-Moschee, meint.

**13** Übersetzung des Autors aus dem Original, das sich im al-Aksa-Museum in Jerusalem befindet.

**14** Ein Dokument aus der Grafschaft Tripolis von 1152 und eines aus dem Königreiches Jerusalem von 1166. Wahrscheinlich wurden alle Unterlagen in den letzten Tagen des lateinischen Königreiches vernichtet.

**15** Kilmartin Church, Argyll, und in Syrien von Warren, vgl. *Journal of the PEF 1871*, AGM, S. 332.

**16** K. A. C. Creswell, *The Origin of the Plan of the Dome of the Rock*, London 1924, S. 11 f.

**17** G. Le Strange, *Palestine under the Moslems*, London 1890, S. 130.

**18** Der offiziellen Hinweistafel vor Ort zufolge.

**19** Malcolm Barber, *The New Knighthood*, Cambridge 1994, S. 14.

**20** Ein Teil der Darstellung fehlt inzwischen.

21 Vgl. Robert Brydon, *The Guilds of Masons and the Rosy Cross*, Midlothian 1994.

22 Solche Zeichen lassen sich auch gut in der Ruine von Jervaulx Abbey in Yorkshire erkennen, wo viele herabgefallene Steinblöcke als Baumaterial für Grenzmauern verwendet wurden.

23 Beispielsweise die der Temple Church in der Nähe von Edinburgh.

24 P. K. Hitti, *History of the Arabs*, London 1940, S. 671.

25 Dokumente des muslimischen Gerichtshofes aus den Jahren 1391 bis 1394, die 1975 in der al-Aksa-Moschee entdeckt wurden, zeugen vom Mitwirken der Juden an der Stadtverwaltung.

26 P. K. Hitti, *History of the Arabs*, London 1940, S. 703 f.

27 Barbara Tuchman, *Bibel und Schwert. Palästina und der Westen. Vom Frühen Mittelalter bis zur Balfour-Declaration 1917*, Frankfurt a. M. 1983, S. 166.

28 Barbara Tuchman beschreibt Napoleons Proklamation in *Bibel und Schwert* als Spiegelfechterei und militärischen Kunstgriff. Das erscheint um so merkwürdiger, als die Juden in der Diaspora keine Streitkräfte besaßen und weltweit nur über geringen politischen Einfluß verfügten.

29 Barbara Tuchman, *Bibel und Schwert. Palästina und der Westen. Vom Frühen Mittelalter bis zur Balfour-Declaration 1917*, Frankfurt a. M. 1983, S. 166.

30 ebd., S. 169, und *Le Moniteur*, 22. 5. 1799.

31 Privatunterlagen, mit freundlicher Genehmigung von Christopher Warren.

32 Bisher unveröffentlichter Auszug aus *The Life of Major General Sir Charles Warren* von Watkin W. Williams, einem Freimaurer und Enkel von Charles Warren, mit freundlicher Genehmigung von Christopher Warren. Jeder Loge wird aus Gründen der Klarheit eine Nummer angewiesen.

33 Auszug aus einer internen Veröffentlichung der Freimaurer, verfaßt von Bruder A. C. F. Jackson, 11. 9. 1986, mit freundlicher Genehmigung von Christopher Warren.

34 Bisher unveröffentlichter Auszug aus *The Life of Major General Sir Charles Warren* von Watkin W. Williams, mit freundlicher Genehmigung von Christopher Warren, S. 17c.

35 Charles Warren, »Letters to the PEF«. In: *Palestine Exploration Quarterly* 1867–1870, S. 56.

36 Vgl. Charles Warren, *The Recovery of Jerusalem*, London 1871, S. 51–55.

37 ebd., S. 87.

38 ebd.

39 ebd., S. 89.

40 Bei seiner Rückkehr nach Chatham im Jahr 1870 wurde Birtles Chinin gegen Malaria verschrieben. Vgl. *Service Record, Sergeant Major H. Birtles*, PRO.

41 Charles Warren, *The Recovery of Jerusalem*, London 1871, S. 132 f.

42 Charles Warren, *Underground Jerusalem*, London 1876, S. 402.

43 ebd., S. 404.

44 ebd., S. 405.

45 ebd.

46 ebd., S. 406.

47 Vielleicht kannte Warren auch die Beschreibung in der Mischna, in der für das Blut ein Abfluß in den Kidron erwähnt ist. Vgl. *Joma* IV,6.

48 Auszug aus der Korrespondenz, mit freundlicher Genehmigung von Christopher Warren.

49 Bisher unveröffentlicher Auszug aus *The Life of Major General Sir Charles Warren* von Watkin W. Williams, mit freundlicher Genehmigung von Christopher Warren, S. 17b.

50 Aus einem Brief an Watkin W. Williams vom 24. 8. 1924, mit freundlicher Genehmigung von Christopher Warren.

51 Warren-Archiv, Palestine Exploration Fund, London.

52 Auszug aus einer internen Veröffentlichung der Freimaurer, verfaßt von Bruder A. C. F. Jackson, 11. 9. 1986.

53 2. Chronik 35,3.

54 Neil Asher Silberman, »In Search of Solomon's Treasures«. In: BAR International, London, Juli/August 1980, S. 33.

55 ebd.

56 Bertha Spafford Vester, *Our Jerusalem*, London 1950, S. 227 f.

57 ebd., S. 228.

58 *The Times*, 16. 9. 1910.

59 Neil Asher Silberman, »In Search of Solomon's Treasures«. In: BAR International, London, Juli/August 1980, S. 37.
60 Bertha Spafford Vester, *Our Jerusalem*, London 1950, S. 227.
61 *The Times*, 4. 5. 1911.
62 ebd.
63 The *New York Times*, 7. 5. 1911.

KAPITEL 9: EIN GOTT UND DAS ENDE DES JAHRTAUSENDS, 1917 – 2000

1 W. T. Massey, *How Jerusalem was Won*, London 1919, S. 158.
2 T. E. Lawrence, *Die sieben Säulen der Weisheit*, München 1991, S. 558.
3 ebd., S. 430.
4 ebd., S. 430 f.
5 David Garnett, *The Essential T. E. Lawrence*, London 1951, S. 143
6 Vgl. Barbara Tuchman, *Bibel und Schwert. Palästina und der Westen. Vom Frühen Mittelalter bis zur Balfour-Declaration 1917*, Frankfurt a. M. 1983, S. 282 ff.
7 Alan R. Taylor, *Prelude to Israel. An Analysis of Zionist Diplomacy 1897 – 1947*, New York 1959, S. 4.
8 Vgl. Alan R. Taylor, *Prelude to Israel*, New York 1959, S. 8.
9 Das zentrale Ziel des vier Punkte umfassenden Basler Programms, zit. nach Manfred Krupp, *Zionismus und der Staat Israel. Ein geschichtlicher Abriß*, Gütersloh 1983, S. 44.
10 Winston Churchill, *House of Commons Report*, 23. 5. 1939.
11 *Documents Relating to the Palestine Problem*, hrsg. v. Jewish Agency for Palestine, 1945, S. 16.
12 *Al Qibla* (Mekka) Nr. 183, 23. 3. 1918.
13 John Marlowe, *The Seat of Pilate*, London 1959, S. 114 f.
14 *Documents Relating to the Palestine Problem*, hrsg. v. Jewish Agency for Palestine, 1945, S. 37; Auszug aus T. E. Lawrence, *Oriental Assembly*, o.O., o. J., S. 92.
15 *Documents Relating to the Palestine Problem*, hrsg. v. Jewish Agency for Palestine, 1945; Auszüge aus der Verordnung für das Mandat, 24. 7. 1922.

16 John Marlowe, *The Seat of Pilate*, London 1959, S. 255.
17 *Newsweek Magazine*, 19. 6. 1967, S. 15.
18 ebd., S. 16.
19 ebd., S. 20.
20 Im August 1998 befragte der Autor Gershon Solomon, den Gründer der »Getreuen des Tempelbergs«. Ihm zufolge sollten Felsendom und al-Aksa-Moschee abgetragen und nach Mekka gebracht werden.
21 *Newsweek Magazine*, 19. 6. 1967, S. 21.
22 *New Scientist Magazine*, Juni 1996, S. 49.
23 Aus einem Gespräch, das der Autor mit Archäologen der Israelischen Altertumsbehörde führen konnte. Zudem wurde er 1998 Zeuge religiöser Demonstrationen.
24 Alan R. Taylor, *Prelude to Israel*, New York 1959, S. 32.
25 Presseinformation der Israelischen Altertumsbehörde, Juli 1998.
26 Graham Hancocks Folgerung in *Die Wächter des heiligen Siegels* stützt sich vor allem auf seine Interpretation des Augenzeugenberichts eines armenischen Priesters namens Dimotheos Vartabet Sapritchian, der Aksum 1869 zusammen mit seinem Patriarchen aufsuchte. Hancock meint, man habe Sapritchian nur eine Nachbildung der Tafel mit den Zehn Geboten gezeigt. Doch in Wirklichkeit sah dieser das *tabot* oder die Tafel, die den Äthiopiern zufolge einzigartig war und die Zehn Gebote enthielt (in direktem Widerspruch zu den beiden in der Bibel beschriebenen Steintafeln). Dabei handelte es sich offenkundig um eine Fälschung, denn die Gebote waren mit abessinischen Schriftzeichen des 14. Jahrhunderts eingemeißelt worden. Außerdem erhoben die Äthiopier keinen Anspruch auf den Besitz der ursprünglichen Bundeslade; sie verwahrten ihr *tabot* in einem kleinen, in Indien gefertigten Holzkasten. Zu weiteren Informationen siehe: Dimotheos Sapritchian, *Deux Ans de Séjour en Abyssinie*, Jerusalem 1871, S. 135–144.
27 Interview mit dem Autor, Qumran, August 1998.

28 Ja'acov Bilich, *Sunday Times*, 26. 7. 1998, und Meir ben Dov in einem Gespräch mit dem Autor.

29 Vgl. Josephus Flavius, *Jüdische Altertümer*, 3. Buch, 6. Kap., 5.

30 1. Chronik, 15,2.

31 Interview mit dem Autor, Qumran, Juli 1998.

32 Das Interview wurde im August 1998 in Jerusalem geführt.

33 Interview mit dem Autor, Juli 1998.

34 Amy Klein und verschiedene Nachrichtenagenturen, Jerusalem.

# LITERATURVERZEICHNIS

Die Bibel, nach der Übersetzung Martin Luthers, Stuttgart 1965.

Die Bibel mit Apokryphen, nach der Übersetzung Martin Luthers, Stuttgart 1985.

Der Koran, aus dem Arabischen übersetzt von Max Henning, Stuttgart 1960.

Babylonischer Talmud, hrsg. v. Lazarus Goldschmidt, Berlin 1901.

Abel, Le P. F.-M., *Les Livres des Maccabées*, Paris 1949.

Aharoni, Y., *Excavations at Ramat Rahel*, Jerusalem 1962.

*Al Qibla* (Mekka) Nr. 183, 23. 3. 1918.

Albon, M. d' (Hg.), *Cartulaire général de l'Ordre de Temple*, Paris 1913. (Signatur der Bodleian Library: 127324195.)

Armstrong, Karen, *Jerusalem, die Heilige Stadt*, München 1996.

Bahat, Dan, *Jerusalem. 4000 Jahre Geschichte der Heiligen Stadt*, Marburg 1985.

Bahat, Dan, *Ancient Jerusalem Revealed*, Jerusalem 1994.

Baigent, Michael/Richard Leigh, *Der Tempel und die Loge. Das geheime Erbe der Templer in der Freimaurerei*, Bergisch Gladbach 1990.

Baigent, Michael/Richard Leigh, *Verschlußsache Jesus. Die Qumranrollen und die Wahrheit über das frühe Christentum*, München 1991.

Baker, G. P., *Twelve Centuries of Rome*, London 1934.

Barber, Malcolm, *The Trial of the Templars*, Cambridge 1978.

Barber, Malcolm, *The New Knighthood: A History of the Order of the Temple*, Cambridge 1994.

Barnavi, Eli (Hg.), *Universalgeschichte der Juden. Von den Ursprüngen bis zur Gegenwart. Ein historischer Atlas*, Wien 1993.

*Beeton's Dictionary of Universal Biography*, London 1862/63.

Betz, Otto/Rainer Riesner, *Jesus, Qumran und der Vatikan. Klarstellungen*, Gießen 1993.

Bevan, Edwyn, *Jerusalem under the High Priests*, London 1924.

Boardman, J./J. Griffin/O. Murray (Hg.), *The Oxford History of the Classical World*, Oxford 1986.

*The Bordeaux Pilgrim: Itinerary from Bordeaux to Jerusalem*, engl. Übersetzung v. Aubrey Stewart, London 1887, New York 1971.

Box, G. H. (Hg.), *Judaism in the Greek Period*, Oxford 1932.

Brandon, S. G. F., *The Trial of Jesus of Nazareth*, London 1968.

Brauer, George C. jun., *Judea Weeping*, New York 1970.

Bray, Warwick/David Trump, *Dictionary of Archaeology*, Harmondsworth 1982.

Brownrigg, R. B., *Who's Who in the New Testament*, London 1971.

Brox, Norbert, *Kirchengeschichte des Altertums*, 3. Aufl., Düsseldorf 1989.

Brumbaugh, R. S., *Plato's Mathematical Imagination*, Bloomington 1954.

Brydon, Robert, *The Guilds of Masons and the Rosy Cross*, Midlothian 1994.

Busch, Fritz Otto, *Gold und Myrrhe. Die Herodier und ihre Zeit*, Hameln 1965.

Cary, M., *A History of the Greek World from 323 to 146 BC*, London 1932.

Churchill, Winston, *House of Commons Report*, 23. 5. 1939.

Conder, C. R., *The City of Jerusalem*, London 1909.

Coneybeare, F., »Antiochos Strategos: Account of the Sack of Jerusalem«. In: *English Historical Review* Nr. 25, 1910.

Creswell, K. A. C., *The Origin of the Plan of the Dome of the Rock*, London 1924.

Crossan, John Dominic, *Der historische Jesus*, München 1994.

Crossan, John Dominic, *Who Killed Jesus? Exposing the Roots of Antisemitism in the Gospel Story of the Death of Jesus*, San Francisco 1995.

Daillez, Laurent, *Les Templiers, ces inconnus*, Paris 1972.

Desroches Noblecourt, Christiane, *Leben und Tod eines Pharaos. Tutench-Amun*, Berlin 1963.

Dimont, Max I., *Jews, God and History*, New York 1994.

Dix, G./H. Chadwick (Hg.), *The Treatise on the Apostolic Tradition of St. Hippolytus of Rome, Bishop and Martyr*, London 1992.

Drosnin, Michael, *Der Bibel-Code*, München 1997.

Eisenman, Robert/Michael Wise, *Jesus und die Urchristen. Die Qumran-Rollen entschlüsselt*, München 1993.

Eusebius von Caesarea, *Kirchengeschichte*, hrsg. u. eingel. v. Heinrich Kraft, München 1967.

Evergates, Theodore (Hg.), *Feudal Society in Medieval France*, Philadelphia 1993.

Ferguson, *The Temples of the Jews*, London 1878.

Ferguson, Everett, *Backgrounds of Early Christianity*, Grand Rapids, Mich., 1987.

Ferguson, G., *Signs and Symbols in Christian Art*, Oxford 1954.

Fernández-Armesto, Felipe, *Truth*, London 1997.

Filoramo, Giovanni, *A History of Gnosticism*, Oxford 1990.

Foote, Shelby, *The Civil War: A Narrative*, 3 Bde., London 1992.

Fox, Robin Lane, *Pagans and Christians*, London 1986.

Frazer, Sir James George, *Der goldene Zweig. Eine Studie über Magie und Religion*, Köln 1968.

Fulcher von Chartres, *A History of the Expedition to Jerusalem, 1095–1127*, Tennessee 1969.

Garnett, David, *The Essential T. E. Lawrence*, London 1951.

Gibson, S./D. Jacobson, *Below the Temple Mount in Jerusalem*, Oxford 1996 (BAR International, Series 637, Tempus Reparatum).

Gies, Frances, *The Knight in History*, New York 1984.

Gilbert, Martin, *First World War*, London 1995.

Ginsberg, H. L., BASOR 109, 1948.

Glaser, Karen, Artikel in: *Jewish Chronicle*, London, 30. 5. 1997.

Glubb, John Bagot, *Jenseits vom Jordan. Soldat mit den Arabern*, München 1958.

Hancock, Graham, *Die Wächter des heiligen Siegels. Auf der Suche nach der verschollenen Bundeslade*, Bergisch Gladbach 1992.

Hanauer, Reverend J. E., *Walks In and Around Jerusalem*, London 1926.

Harley, J. B., *Ordnance Survey Maps: A Descriptive Manual*, Southampton 1975.

Healey, John F., *The Early Alphabet*, London 1990.

Hengel, Martin, *Königsherrschaft Gottes und himmlischer Kult im Judentum, Urchristentum und in der hellenistischen Welt*, Tübingen 1991.

Herodot, *Das Geschichtswerk des Herodotus von Halikarnassos*, übertragen von Theodor Braun, 3. Aufl., Leipzig 1958.

Herzl, Theodor, *»Wenn Ihr wollt, ist es kein Märchen«. Altneuland/Der Judenstaat*, hrsg. v. Julius H. Schoeps, 2. Aufl., Königstein/Ts. 1985.

Hitti, P. K., *History of the Arabs*, London 1940.

Hoehner, H. W., *Herod Antipas*, Cambridge 1972.

Horne, A., *King Solomon's Temple in the Masonic Tradition*, Wellingborough 1972.

Institution of Royal Engineers, *History of the Corps of Royal Engineers*, Chatham 1954.

Israel Antiques Authority Exhibition Catalogue, *Scrolls from the Dead Sea*, Rom, Vatikanische Bibliothek, 30. 6.–2. 10. 1994.

Israel Exploration Society and Carta (Hg.), *The New Encyclopaedia of Archaeological Excavations in the Holy Land*, Bd. 2, New York, London 1993.

Jacquot, F., *Défense des Templiers*, Nîmes 1992 (Originalausgabe: Paris 1882).
Jennings, Hargrave, *The Rose Cross and the Age of Reason*, London 1870.
Jennings, Hargrave, *Die Rosenkreuzer. Ihre Gebräuche und Mysterien*, Berlin 1902.
Jewish Agency for Palestine (Hg.), *Documents Relating to the Palestine Problem*, London 1945.
Joseph, Morris, *Judaism as Creed and Life*, London 1920.
Josephus Flavius, *Jüdische Altertümer*, Wiesbaden 1980.
Josephus Flavius, *Bellum Judaicum*, ins Englische übers. von G. A. Williamson, überarbeitet von Mary Smallwood, 1981.
Josephus Flavius, *Die Geschichte des Jüdischen Krieges*, Wiesbaden 1991.
Josephus Flavius, »Selbstbiographie«. In: ders., *Kleinere Schriften*, Wiesbaden 1993.

Keller, Werner, *Und die Bibel hat doch recht. Forscher beweisen die Wahrheit des Alten Testaments*, Düsseldorf 1955.
Kenyon, Kathleen, *Digging up Jerusalem*, London 1974.
Kersten, Holger/Elmar R. Gruber, *Das Jesus-Komplott. Die Wahrheit über die Auferstehung*, 2. Aufl., München 1992 (Tb-Ausgabe, München 1997, mit dem Untertitel: *Die Wahrheit über das »Turiner Grabtuch«*).
Knight, Steven, *The Brotherhood: The Secret World of Freemasons*, London 1984.
Krey, August C., *The First Crusade: The Accounts of Eye Witnesses and Participants*, Princeton, London 1921.
Krupp, Manfred, *Zionismus und der Staat Israel. Ein geschichtlicher Abriß*, Gütersloh 1983.

Laidler, Keith, *The Head of God*, London 1998.

Lambert, Malcolm, *Ketzerei im Mittelalter. Eine Geschichte von Gewalt und Scheitern*, Freiburg i. Brsg. 1991.
Lange, Nicholas de, *Jüdische Welt. Kunst, Geschichte und Lebensformen*, München 1984.
Lawrence, T[homas] E[dward], *Oriental Assembly*, London 1947.
Lawrence, T[homas] E[dward], *Die sieben Säulen der Weisheit*, München 1991.
Lemming, P., *The Work of Kemal ed din ibn Abi Sherif*, London 1817.
Léonard, E. G., *Introduction au Cartulaire Manuscrit du Temple 1150 – 1317*, Paris 1930.
Le Strange, G., *Palestine under the Moslems: A Description of Syria and the Holy Land from AD 650 to 1500*, übersetzt v. Alexander P. Watt für den Palestine Exploration Fund, London 1890.
Lincoln, Henry/Michael Baigent/Richard Leigh, *Der Heilige Gral und seine Erben. Ursprung und Gegenwart eines geheimen Ordens. Sein Wissen und seine Macht*, Bergisch Gladbach 1984.
Ling, Trevor, *Die Universalität der Religion. Geschichte und vergleichende Deutung*, München 1971.
Lipinski, Edward, *Phoenicia and the Bible: Proceedings of the Conference held at Leuven, 15.–16. 3. 1990*, Löwen 1991.
Livingstone, Elizabeth A. (Hg.), *The Concise Oxford Dictionary of the Christian Church*, Oxford 1977.
Lizerand, Georges, *Le Dossier de l'Affaire des Templiers*, Paris 1923.
Lüdemann, Gerd, *Die Auferstehung Jesu. Historie, Erfahrung, Theologie*, Göttingen 1994.

Mack, Burton L., *The Lost Gospel: The Book of Q and Christian Origins*, New York 1993.
Marlowe, John, *The Seat of Pilate*, London 1959.
Massey, W. T., *How Jerusalem was Won*, London 1919.
Mazar, Amihay, *Archaeology of the Land of the Bible 10 000 – 586 BC*, New York 1990.

Mazar, Benjamin, *Der Berg des Herrn. Neue Ausgrabungen in Jerusalem,* Bergisch Gladbach 1979.

McManners, John (Hg.), *Geschichte des Christentums,* Frankfurt a. M. 1993.

Meek, T. J., *Hebrew Origins,* New York 1960.

Meshorer, Ya'akov, *Ancient Jewish Coinage,* Jerusalem 1982.

Millard, Alan R., »Texts and Archaeology: Weighing the Evidence: The Case for King Solomon«. In: *Palestine Exploration Quarterly* Nr. 122, 1990/91.

Miller, J. Maxwell, »Solomon: International Potentate or Local King?« In: *Palestine Exploration Quarterly* Nr. 122, 1990/91.

Mollett, J. W., *Dictionary of Art and Archaeology,* London 1883.

Nebenzahl, Kenneth, *Atlas zum Heiligen Land. Karten der Terra Sancta durch zwei Jahrtausende,* Stuttgart 1995.

*New Scientist Magazine,* Juni 1996.

*Newsweek Magazine,* 19. 6. 1967.

Nock, A. D., *Early Christianity and its Hellenistic Background,* New York 1964.

Oesterley, W. O./T. H. Robinson, *A History of Israel,* Oxford 1932.

Otto von Freising, *Die Taten Friedrichs oder richtiger Cronica,* hrsg. v. Franz-Josef Schmale, Darmstadt 1965.

Pace, Edward, *Ideas of God in Israel,* London 1924.

Palmer, E. H., »History of the Haram Es Sherif«. In: *Palestine Exploration Quarterly* Nr. 2, 1870/71.

Pfeiffer, Robert H., *Introduction to the Old Testament,* London 1953.

Phillips, Jonathan (Hg.), *The First Crusade, Origins and Impact,* Manchester 1997.

Prawer, Joshua, *Die Welt der Kreuzfahrer,* Wiesbaden 1974.

Reznick, Rabbi Leibel, *The Holy Temple Revisited,* New Jersey 1996.

Ritmeyer, Leen, *The Temple and the Rock,* Harrogate 1996.

Robinson, James M. (Hg.), *The Nag Hammadi Library in English,* Leiden 1988.

Rodinson, Maxime, *Mohammed,* Luzern, Frankfurt a. M. 1975.

Rogerson, John, *The New Atlas of the Bible,* London 1985.

Rohl, David, *Pharaonen und Propheten. Das Alte Testament auf dem Prüfstand,* München 1996.

Rosslyn, The Earl of, *Rosslyn Chapel,* Rosslyn Chapel Trust 1997.

Runciman, Steven, *Geschichte der Kreuzzüge,* 3 Bde., München 1957–1960.

Schonfield, Hugh, *Die Essener. Das Geheimnis des wahren Lehrers und der Einfluß der Essener auf die menschliche Geschichte,* Südergellersen 1985.

Sear, David R./Eva Szaivert/Wolfgang Szaivert, *Griechischer Münzkatalog,* 2 Bde., München 1980–1983.

Seymour, W. A. (Hg.), *A History of the Ordnance Survey,* Folkestone 1980.

Shurman, Michael M., »Wilson Bench Marks in the Old City of Jerusalem«. In: *Palestine Exploration Quarterly* Nr. 126, 1994.

Silberman, Neil Asher, »In Search of Solomon's Treasures«. In: BAR International, London, Juli/August 1980.

Simons, J., *Jerusalem in the Old Testament: Researches and Theories,* Leiden 1952.

Sinclair, Andrew, *The Sword and the Grail,* London 1993.

Siyuti, Jelal ed din es, *The History of the Temple of Jerusalem,* London 1936.

Smith, A. L., *Church and State in the Middle Ages,* Oxford 1913.

Smith, George Adam, *Jerusalem from the Earliest Times to 70 AD,* 2 Bde., London 1907/08.

Soggin, J. Alberto, *I manoscritti del mar morto,* Rom 1978.

Spong, John Shelby, *Born of a Woman,* New York 1992.

Spong, John Shelby, *Resurrection: Myth or Reality?,* New York 1994.

Stade, Bernhard, *Geschichte des Volkes Israel,* Berlin 1887.

Sturzo, Luigi, *Church and State,* London 1939.

Suetonius, Tranquillus Gaius, *Cäsaren-leben*, eingeleitet und übersetzt v. Max Heinemann, Stuttgart 1986.

*The Sunday Times*, 26. 7. 1998.

Sussman, Ayala/Ruth Peled, *Scrolls from the Dead Sea*, Washington DC 1993.

Tacitus, Publius Cornelius, *Historien*, Stuttgart 1995.

Taylor, Alan R., *Prelude to Israel: An Analysis of Zionist Diplomacy 1897–1947*, New York 1959.

Theodoricus, *Jerusalem Pilgrimage 1099–1185*, London 1988.

Thiering, Barbara, *Jesus von Qumran. Sein Leben – neu geschrieben*, Güters- · loh 1993.

Thiering, Barbara, *Jesus of the Apocalypse*, New York, London 1996.

Thomson, William M., *The Land and the Book*, London 1881.

Tibble, Steven, *Monarchy and Lordships in the Latin Kingdom of Jerusalem 1099–1291*, Oxford 1989.

Tuchman, Barbara, *Bibel und Schwert. Palästina und der Westen. Vom Frühen Mittelalter bis zur Balfour-Declaration 1917*, Frankfurt a. M. 1983.


United Grand Lodge (Hg.), *Constitutions of the Ancient Fraternity of Free and Accepted Masons*, London 1984.


Vermès, Geza, *The Dead Sea Scrolls: Qumran in Perspective*, London 1977 und 1994.

Vermès, Geza (Hg.), *Journal of Jewish Studies*, Bd. 31, Nr. 2. (Oxford Centre for Postgraduate Hebrew Studies, 1980).

Vester, Bertha Spafford, *Our Jerusalem*, London 1950.

Warren, Sir Charles, *The Recovery of Jerusalem*, London 1871.

Warren, Sir Charles, *Underground Jerusalem*, London 1876.

Warren, Sir Charles, *Plans, Elevations, Sections Showing the Results of the Excavations at Jerusalem 1867–1870*, London 1884.

Warren, Sir Charles, *The Ancient Cubit and Our Weights and Measures*, London 1903.

Watson, Sir Charles M., *The Life of Major General Sir Charles Wilson*, London 1909.

Welch, Adam C., *The Work of the Chronicler: Its Purpose and its Date*, London 1939 (The Schweich Lectures of the British Academy 1938).

Whitelam, Keith, *The Emergence of Israel: A Historical Perspective*, Stirling 1996.

Wilkinson, J./J. Hill/W. F. Ryan (Hg.), *Jerusalem Pilgrimage 1099–1185*, London 1988.

Williams, Watkin W., *The Life of General Sir Charles Warren*, Oxford 1941.

Wilson, Sir Charles, *Ordnance Survey of Jerusalem*, Southampton 1865. ·

Wilson, Sir Charles, *Memo: On a Proposed Survey of Palestine*, London 1869 (Palestine Exploration Fund Archives: PEF WS/73).

Wilson, Sir Charles (Hg.), *Picturesque Palestine, Sinai and Egypt*, London o.J.

Wilson, Edmund, *Die Schriftrollen vom Toten Meer*, München 1956.

Woolley, C. Leonard, *Dead Towns and Living Men*, London 1920.

# ZEITTAFEL

| | |
|---|---|
| um 1800 v. Chr. | Ankunft Abrahams und versuchte Opferung von Isaak. |
| um 1290 v. Chr. | Auszug aus Ägypten und Bau der Bundeslade. |
| um 1000 v. Chr. | Gründung der Stadt Davids auf dem südlichen Ausläufer des Berges Morija. |
| 962–956 v. Chr. | Bau des Ersten Tempels unter König Salomo und Transport der Bundeslade von der Stadt Davids in das Allerheiligste des Tempels. Ermordung Hiram Abiffs. |
| um 620 v. Chr. | König Josia bittet die Leviten, die Bundeslade aus ihrem Versteck zu holen und sie wieder ins Allerheiligste zu bringen (letzte Erwähnung der Bundeslade). |
| 596 v. Chr. | Die Babylonier erobern Jerusalem. |
| 586 v. Chr. | Die Babylonier zerstören den Tempel. Viele Juden werden nach Babylon deportiert. Hinrichtung der Leviten und Hohenpriester in Ribla. Jeremia bleibt in Jerusalem. |
| um 538 v. Chr. | Rückkehr der Juden aus der Babylonischen Gefangenschaft. |
| 520 v. Chr. | Grundsteinlegung für den Wiederaufbau des Salomo-Tempels. |
| 516 v. Chr. | Wiedereinweihung des Tempels unter Serubabel. |
| 168 v. Chr. | Entweihung des Tempels durch Antiochos IV. Aufstand der Juden unter Führung von Judas Makkabäus. |
| 63 v. Chr. | Entweihung des Heiligtums durch Pompejus. |
| 19 v. Chr. | Herodes der Große beginnt mit dem Bau des Zweiten Tempels. |
| um 7 v. Chr. | Geburt Jesu Christi. |
| um 65 n. Chr. | Josephus Flavius beschreibt den Tempelberg. |
| 66 n. Chr. | Ausbruch des Jüdischen Krieges. |
| 70 n. Chr. | Belagerung Jerusalems durch Titus und Zerstörung des Tempels. Josephus Flavius wird Augenzeuge dieses Ereignisses. |

| | |
|---|---|
| 132–135 n. Chr. | Aufstand der Juden unter Führung von Bar Kochba. Münzen mit dem Abbild der Bundeslade werden geschlagen. Wiedererrichtung der römischen Herrschaft. |
| 362 n. Chr. | Der Versuch der Juden, den Tempel wiederaufzubauen, scheitert. |
| 571 n. Chr. | Geburt des Propheten Mohammed. |
| 638 n. Chr. | Die Muslime erobern Jerusalem. Der *Sakhra* wird gereinigt und der Tempelberg in *Haram al-Sharif*, verehrungswürdiges Heiligtum, umbenannt. |
| 688–691 n. Chr. | Bau des Felsendoms. |
| 715–716 n. Chr. | Rekonstruktion der al-Aksa-Moschee. |
| 1099 n. Chr. | Die Kreuzfahrer erobern Jerusalem. Der Felsendom wird in eine christliche Kirche umgewandelt, den *Templum Domini*, und über dem *Sakhra* entsteht ein Altar. |
| 1120 | Gründung des Tempelritterordens. Die al-Aksa-Moschee wird Hauptsitz der Templer. |
| 1187 | Jerusalem fällt an Saladin. Der *Haram* dient dem Islam wieder als Heiligtum. |
| 1260–1516 | Die Mamelucken bauen den *Haram* prachtvoll aus. |
| 1520–1536 | Die Mauern des *Haram* werden von Suleiman verstärkt. Man bringt Keramikfliesen an der Außenseite des Felsendoms an. |
| 1840–1860 | Das archäologische Interesse am Tempelberg und seiner Rolle als christlicher und biblischer Stätte nimmt zu. |
| 1864–1865 | Amtliche Landvermessung des *Haram* durch Charles Wilson. |
| 1867–1870 | Vermessung und Ausgrabung der Tempelberg-Fläche durch Charles Warren. |
| 1909–1911 | Montagu Brownlow Parker gräbt nach den Tempelschätzen König Salomos. |
| 1917 | Die Balfour-Deklaration sichert den Juden eine Nationale Heimstätte zu. Die britische Armee erobert Jerusalem. Der *Haram* bleibt ein Ort muslimischer Frömmigkeit. |
| 1948 | Gründung des Staates Israel. |
| 1949 | Am Ende des Unabhängigkeitskrieges befindet sich der Tempelberg in den Händen der Araber. |
| 1967 | Während des Sechstagekrieges wird Jerusalem von Israel erobert, und der Tempelberg gerät unter die Kontrolle der israelischen Armee. |

| 1967 | Moshe Dayan gesteht den Muslimen die weitere Oberhoheit über den *Haram* zu. |
| 1996 | Eine rote Färse wird in Israel geboren – ein prophetisches Zeichen für den Anbruch des messianischen Zeitalters. |
| 1997 | Der »Hasmonäische Gang« wird freigelegt. Blutige Auseinandersetzungen zwischen Arabern und israelischen Sicherheitskräften schließen sich an. |
| 1998 | Ultraorthodoxe Juden bringen die Stätten künftiger archäologischer Grabungen unter ihre Kontrolle. |

# REGISTER